东 亚 古 物
Antiquities of Eastern Asia

Antiquities of Eastern Asia

东亚古物

［A 卷］

南京师范大学文博系　编

王仁湘　汤惠生　　主编

文物出版社

责任印制　陆　联

责任编辑　张征雁

图书在版编目（CIP）数据

东亚古物〔A卷〕/南京师范大学文博系编.

—北京：文物出版社，2004.12

ISBN 7－5010－1715－8

Ⅰ.东…　Ⅱ.南…　Ⅲ.文物－考古－东亚

Ⅳ.K883.1

中国版本图书馆 CIP 数据核字（2005）第 000115 号

东　亚　古　物〔A卷〕

南京师范大学文博系　编

————————————

文物出版社出版发行

（北京五四大街 29 号）

http://www.wenwu.com

E-mail:web@wenwu.com

北京安泰印刷厂印刷

新　华　书　店　经　销

787×1092　　1/16　　印张：21.25

2004 年 12 月第一版　2004 年 12 月第一次印刷

ISBN 7－5010－1715－8/K·895

定价：128.00 元

目　录

东亚地区更新世末期到全新世初期的文化发展初探

[中国香港] 吕烈丹

传统上，"东亚地区"包括了现代的中国、日本、朝鲜半岛、蒙古以及俄罗斯的东部，即北起西伯利亚，南到中国的岭南地区，西部以中国的青藏高原为界，东到日本列岛的东部边界，或者说是大约东经73°～145°，北纬55°～18°这一片广袤的大陆。不过，本文讨论的"东亚地区"，主要指青藏高原以东地区，即大约东经100°～145°，北纬55°～20°的区域之内（图一）。这是因为这一地区在全新世初期出现了比较引人注目的史前文化变化。

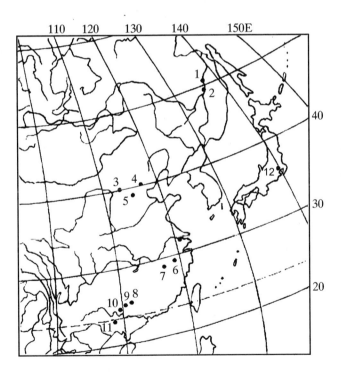

图一　东亚更新世末期到全新世纪初期
发现早期陶器的主要遗址

1. Khummay 遗址　2. Gasya 遗址　3. 虎头梁　4. 东胡林　5. 南庄头　6. 上山　7. 仙人洞　8. 玉蟾岩　9. 桂林大岩、庙岩和甑皮岩　10. 鲤鱼嘴　11. 顶蛳山　12. 日本月见野上野遗址

这一地区位于欧亚大陆的东部，地形复杂多样，包括了山地、丘陵和平原，有黑龙江、黄河、长江、珠江等大河流经其间。本区幅员广阔，跨越了从高到低不同的纬度，而气候的变化主要受到季风的影响，以及不同地形地貌的调控，因此差别很大。在酷寒的西伯利亚，

冬天的最低温度可到零下 67℃；中国最北的黑龙江和邻近的西伯利亚地区，年平均温度只有零下 4℃ （《中国自然地理》编辑委员会，1984）；而在四季如春的岭南，年平均温度在 22℃左右，冬天最低温度不过是零度左右（引文同上）。降雨量方面，西伯利亚地区的年降雨量大约在 250 毫米 （Breckle，2002），中国北部黑龙江地区的年降雨量在 400 毫米左右，黄河流域的降雨量大约在 600～900 毫米之间，而岭南地区的年平均降雨量可达到 1600～2000 毫米（引文同上）。

　　在如此多样的地理环境和气候中，生长着不同的动植物群。西伯利亚和中国最北部地区主要是苔原植物，以及针叶、落叶松类和冷杉类树种，即所谓 "泰加（taiga zone）森林"（Breckle，2002）。其中，东部和西部西伯利亚地区的植被又有所分别。东部以落叶松林为主，西部以针叶松林和冷杉类为主（引文同上）。在朝鲜半岛和日本列岛北部，主要的植被是针叶树，但也有桦木等树种（引文同上）。内蒙古地区以草原为主，黄河流域以温带针叶落叶混交林为主，而长江流域和岭南地区分别以温带和亚热带阔叶落叶和常绿阔叶树木为主（Liu，1988）。动物方面，据研究，以长江中、下游为界，长江以北主要分布着属于温带和寒温带的 "古北界" 动物，而长江以南主要分布着属于暖温带到亚热带的 "东洋界" 动物（《中国自然地理》编辑委员会，1979）。大体上，北纬 55°～46°左右的寒温带区域内，以适应寒冷地区生存的物种为主，其中的哺乳类动物有驯鹿、驼鹿、雪兔、貂、棕熊、东北虎以及一些啮齿类动物（引文同上）。从北纬 46°～42°左右，即黄河流域以北地区，气候相对温和，植被包括了草原和森林，动物群以各种啮齿类、鸟类、两栖类为多，还有若干食草类动物如野马、野驴、羚羊等；在华北地区，南、北方的动物均有发现，属于前者的有果子狸和猕猴；属于后者的有一些啮齿类、狍子、獾等；到了长江流域和岭南地区，适应暖湿气候的动物种类则明显增加，包括鱼类、鸟类、著名的大熊猫、各种鹿类、啮齿类、灵长类以及小型食肉类等（引文同上）。

　　根据气候、自然地理和动植物组合，本文所讨论的东亚地区，以长江中下游为界，或者在大约北纬 30°左右，可以分为南北两个亚区。北部的亚区，或称东北亚地区，大陆性季风的影响较强，受太平洋季风的影响较弱，属于温带和寒温带地区，气候偏向寒冷干燥，植物组合以针叶、落叶木本及草本为主。本区的现代动物群属于古北界（《中国自然地理》编辑委员会，1979）。南部的亚区包括从长江中下游以南到岭南地区，主要受来自太平洋的温暖季风影响，属于暖温带、亚热带到热带，气候偏于温暖湿润，植物组合以阔叶落叶和常绿植物及其他草本、根茎类物种为主。本区的现代动物群属于东洋界（引文同上）。由于长江中下游和岭南地区在自然环境和资源，以及史前文化及语言方面与东南亚大陆的相似性，在西方考古学界，往往将史前的长江中下游及其以南地区列入"东南亚大陆"的范畴（Bellwood, 1992）[1]。不过，为讨论方便，本文仍然将长江流域、岭南地区和现代意义上的东南亚地区分开。

众所周知，在大约距今 2 万～1.8 万年间是第四纪的盛冰期，气温急剧下降，许多适应于温暖气候的动植物或绝灭，或迁徙。在大约 1.5 万年以后，全球范围内的气温逐步回升。在大约距今 1.1 万～1 万年间出现了一次短促的降温事件，即"新仙女木冰期"；此后气候逐步趋向温暖，到全新世早中期，即大约距今 9000～5000 年间是最为温暖的时期（Zhou *et al*. 1996）。本文所讨论的东亚地区，气候变化的基本模式和全球的模式大体一致，但在不同纬度地区，其气候差异和变化并不完全相同。近年科学界对于东亚地区古气候的研究表明，在更新世末期到全新世初期的升温时期，青藏高原地区的升温比较早，但结束也较早；而青藏高原以东的低海拔地区，全新世暖期的开始和结束都比较晚（He *et al*. 2004）。此外，东亚的高纬度地区在冰期气候变化比较明显，而低纬度地区冰期气候变化相对较小（李文漪，1998）。

显然，距今 1.4 万年～9000 年间是地球气候从干冷到暖湿的转变时期。值得注意的是，在此时期，人类的文化也出现了新的变化。根据考古学资料，东亚地区此期出现了一些重要的文化发展，其中，工具制作技术的变化、早期陶器的制造以及经济形态的变化是值得注意的文化现象。

一　细小石器工业的发展

本文的"细小石器工业"，指的是以燧石、石英、水晶等矿物为原料制作的细小石叶或石片的石器工业，其中包含了两种不同的工艺传统。第一种工艺传统的主要技术特征是选用燧石为主要的石料，先行修理石核的台面，然后用压剥法或间接打击法剥制出形制规范、两边基本平行的细长石叶，其长度通常不超过 5 厘米，宽通常不超过 1 厘米，厚通常不超过 0.5 厘米（盖培，1985）。剥片后的石核，往往成锥状、半锥状、扇形、楔形或船底形，合称为细石核。这一石器工业被称为"东北亚－西北美细石叶工艺传统"（Smith, 1974），在中国亦称"细石器工业"[2]，其萌芽时期的器物可追溯到旧石

---

〔1〕　又如欧洲东南亚考古学会的定义：However, we consider that much of southern China before the Han expansion can be regarded as Southeast Asia。http://www.british-museum.ac.uk/oa/oanoev.html accessed on 13th Oct. 04）.毋庸赘言，史前文化与现代国家疆域自然是两个完全不同的概念。

〔2〕　"细石器"在中国有不同的定义。本文所指的"细石器"采用安志敏先生的定义，即"细石器"只包括细石叶和细石核以及相关的制成品（安志敏，1999），不包括用小石片制成的石器如刮削器、石钻、雕刻器等；并且建议将"细石器"称为"细石叶"（microblade）工艺传统（Lu, 1998）。

器晚期的峙峪遗址（安志敏，1999），在距今 1.8 万～1.3 万年间工艺趋于成熟，到更新世末期至全新世初期进一步发展，广泛分布于黄河上游、华北地区、蒙古、日本列岛以及西伯利亚和北美洲，在朝鲜半岛也有发现（贾兰坡，1978；Bae，1992；Lu，1998；Smith，1974）。随后在全新世中晚期也见于长江上游的四川中子铺、下游的江苏地区、岭南的西樵山以及西南地区（Lu，1998）。日本学者将此工业传统称之为细石叶（microblade）工业（Kobayashi 1970），可以和西亚地区的几何形细石器工业（microlithic）加以区分（Lu，1998）。

第二种工艺传统是以燧石、石英、水晶和玻璃陨石等矿物为原料，基本不见修理台面的石核，细小的石片通常由直接或间接打击法产生，石片表面可见打击点和石片疤，形状比较多样，有近方形、近圆或椭圆形，但基本不见上述双边基本平行的细长石叶。这类细小石片，据笔者所见到的标本，其长度和宽度往往小于 5 厘米，厚度则往往小于 1 厘米。近年在江西万年仙人洞、广西柳州鲤鱼嘴和邕宁顶蛳山的考古发现表明，这种用硅质矿物打制细小石片的工艺技术在更新世末期到全新世初期开始在长江流域和岭南地区出现[1]。为了和上述东亚北美的细石叶工艺传统相区别，可将长江流域及其以南地区发现的硅质细小石片称为"细石片"（microflake）工艺传统。

从加工工艺的角度来看，黄河流域及其以北地区乃至日本和北美地区的细石叶工艺传统，和长江流域及其以南地区的细石片工艺传统区别甚大，不可归为一类。然而，如果从选择和利用石料加工器物的角度来分析，则两个工艺传统又具有一定的共同性。首先，两者都选择了燧石、石英、水晶、火山玻璃（黑曜岩），甚至玻璃陨石（见于广西顶蛳山）等硬度在摩氏 7° 左右、比较坚硬、质地比较均匀的细晶质或隐晶质硅质矿物作为原料。用这类原料制作的石片，刃缘比较锋利和规整。同时，由于这类石料的硬度高于砂岩之类的河流砾石（后者在摩氏 5°～5.5° 左右），因此对打片技术的要求更高。此外，两个工艺传统都是制作非常小的石片或石叶，都属于一种细化的石器工业，即利用较少的石料生产出较多的工具锋刃。所以，细小石器的出现，既反映了更新世末期以来人类选择和利用石料的知识积累和发展，也反映了打片工艺技术的进步。

值得注意的是，与此大体同时或稍早，在西亚和欧洲一带也出现了细石器（mi-

---

〔1〕 有学者认为这些细小石片属于碎屑。根据笔者的实验，制作砾石石器过程的确产生大量的碎屑，其中相当部分具有小石片的特征，如打击点和半锥体等（中国社会科学院考古研究所等，2003）。但砾石制作产生的石屑与石器同属一种原料；而仙人洞、鲤鱼嘴的细小石片和同出的砾石石器，明显属于不同的原料，显然不可能是打制砾石器的碎屑。顶蛳山一期则只有玻璃陨石的小石片。换言之，如果目前所见的细小石片都是制作石器过程中产生的碎屑，那么应当还有用同样原料制成的器物。但目前没有发现后者。因此，仙人洞、鲤鱼嘴和顶蛳山出土的细小石片，其中不能排除有碎屑在内，但相当部分应当是人类有意识打制的。

crolithic) 工业。虽然西亚欧洲地区细石器工业的制作技术和东亚地区细小石器工业的制作技术并不相同，但其共同点都是选择质料较好的硅质矿物如燧石等，用较少的原料制作出较多的工具锋刃。这类"细化"石器工艺的出现，反映了更新世末期到全新世初期人类选择和利用自然资源能力的发展。

二　陶器的出现

在世界范围内，目前所见最早的陶器均出自东亚地区。从现有的考古学资料来看，年代在 1 万年以前的陶器，在西伯利亚东部沿海地区、日本列岛、黄河流域、长江流域和岭南地区都有发现，简单归纳如下。

(一) 西伯利亚东部地区

20 世纪 90 年代以来，俄罗斯科学家相继在这个地区发现早期陶器。目前所见，年代早于 1 万年的陶器主要发现在黑龙江下游、西伯利亚东岸以及靠近日本的萨哈林岛，其中以 Gasya 和 Khummy 两个地点 (Zhushchikhovskaya 1997) 的发现较为引人注目。

Gasya 遗址位于黑龙江西岸。据报道，遗址的底部发现了砾石制作的石锛、刮削器、矛头、石刀等，还有楔形细石核和石叶，属于 Osipovskaya 石器时代的工具组合 (Zhushchikhovskaya，1997)。出于同一层位的陶器器表黑色，以石英、长石和植物纤维作为掺杂物，可能是手制而成，烧制火候很低，大约在 400～500℃ 左右；陶胎厚度在 1 厘米以下且易碎；器形可能只有一种平底大口罐 (Yaroslav et al. 1999)。并且俄罗斯学者指出在其中一件陶器表面有密集的细凹纹，可能是用缠有植物纤维的陶拍修理陶器外表留下的痕迹 (Zhushchikhovskaya，1997)。发现这些陶器的文化层测出的 C14 年代是距今 12，960±120 年和 10875±90 年（引文同上）。

另外一个遗址 Khummy，北距 Gasya 大约两百公里左右，也位于黑龙江流域。据报道，遗址有不同文化时期的堆积，而在遗址的底部出土了和 Gasya 石器组合相似的工具套，还有砾石做的网坠 (Zhushchikhovskaya，1997)。与这些工具同出了几片无法复原器形的陶片，夹杂长石、石英、云母和植物纤维（据鉴定是莎草科植物）；成形方法可能是模制成形，而烧制温度只有 600℃ 左右（引文同上）。C14 测定表明这一文化层的年代在距今 1.3 万～1 万年之间（引文同上）。

此外，在黑龙江中游地区，西伯利亚东部海岸地区以及萨哈林岛的一些遗址也发现了早期陶器，年代比上述两个遗址稍晚。其夹杂物多数是长石、石英、植物纤维，甚至有风化花岗岩沙粒；烧制温度都比较低，器形简单，能够复原的都是平底大口罐；共出的石器属于西伯利亚地区更新世末期到全新世初期的器物，C14 年代测定都在距今 1.2 万年~9000 年之间（Zhushchikhovskaya，1997）。

（二）黄河流域及其以北地区

黄河流域和华北地区目前以河北阳原虎头梁、河北徐水南庄头和北京东胡林遗址出土的陶器为较早，年代都在距今 1 万~1.2 万年左右（郭瑞海和李珺，2000；严文明，2000；赵朝洪等，2003）。但是这几个遗址的考古学遗存组合有一定的差别。

据现有发表的材料，虎头梁 20 世纪 90 年代发掘出土的陶片是夹砂陶，火候很低，没有纹饰，质地疏松，器形为平底罐类，推论可能为盛器（郭瑞海和李珺，2000）。据报道，同出的除了细石叶、细石核和其他石片石器如刮削器、尖状器、雕刻器等之外，还有贝类和骨角类装饰品，并发现了灶坑遗迹；同出的动物遗存有各种啮齿类、狼、野马、野驴、野猪、鹿、牛、黄羊和羚羊等；年代大概在距今 1.1 万年左右（引文同上）。

南庄头遗址已经过数次发掘，出土了磨石、磨棒、骨锥、骨镞类器物，陶片以及鹿类等动物骨骼，还有灰坑和用火遗迹（郭瑞海和李珺，2000）。据报道，陶片的烧制火候低，质地疏松，夹砂，分为灰陶和黄褐陶两类，前者陶片掺蚌壳末和石英颗粒，器表有绳纹或附加堆纹，后者多为素面，质地也比较坚硬；据测定，遗址的年代在大约 1 万年~9000 年左右（引文同上）。

东胡林遗址是最近几年发现和发掘的。据报道，出土的石器有石磨盘、磨棒以及其他打制石器，陶器为夹砂陶，夹石英颗粒，可能以泥片贴塑法制成，器形似为罐类器物；以素面为主；同出较多鹿类动物的骨骼，并有螺蚌壳等；此外还发现了烧火遗迹和残存人骨（赵朝洪等，2003）。东胡林考古学遗存的年代测定在距今 1 万年前后（引文同上）。

根据发表的材料，很明显，虎头梁遗址的工具组合，有别于东胡林、南庄头遗址的工具组合。前者以细石叶和石片石器为主，未见报道发现石磨盘、石磨棒；后两者未见报道发现细石叶和细石核，但都发现了石磨盘和磨棒。而这两种不同的工具套都和早期陶器共存。如果说工具套的组合至少在一定程度上反映了工具使用者的经济生活方式，那么，虎头梁所代表的经济形态和南庄头、东胡林所代表的经济形态，是否有所差别？如果是，那么三者不同的经济形态，是否可以代表华北地区更新世末期到全新世初期史前文化，特别是生计方式和居住模式的变化？在这些遗址中发现的陶器，是否也有不同的功能？虎头梁考古遗存的年代早于南庄头和东胡林遗存，三者之间有无文化关系？这些问题都有待进一步的研究。

（三）长江流域

长江流域目前发现的早期陶器，见于江西万年仙人洞、湖南道县玉蟾岩和浙江上山遗址。其中，前两者的年代都超过1.2万年；上山的年代大约在1万年左右（蒋乐平等，2003）。根据已发表的资料，仙人洞早期陶器的羼和料是似乎未经筛选的石英岩颗粒及少量长石，陶器成型方法可能包括了泥片贴塑和泥条叠筑；部分器表有条纹，也有素面陶；陶器器壁厚度在0.7～1.2厘米之间，烧成温度不高，器形推测为圜底的罐形器（张弛，2000）。与早期陶器同出的有砾石打制的大型石器、骨角器物以及少量燧石、石英和水晶制作的细小石片石器（王幼平，2000a），但没有见到石磨盘和磨棒。

玉蟾岩的陶器分别发现于1993和1995年。据报道，陶器可能是用泥片贴筑及手捏法成形，胎质厚而疏松，掺杂似乎未经筛选的石英砂及碳，部分器表有绳纹；经复原的器形都是尖圜底釜形器（袁家荣，2000）。与陶器共存的文化遗存包括大量的打制石器，原料以砾石为主，有少量石英；石器以小型石片石器为主，次为中型石器，有少量大石器；器形主要有刮削器、砍砸器、锄形器、石锤等；有机质工具包括了骨铲、骨锥、角铲和穿孔蚌器等；同出大量的动物骨骼，以鹿科动物和鸟类为多；此外还发现了多种淡水贝类；植物遗存达40余种，并发现少量稻壳（引文同上）。没有报道发现石磨盘和磨棒。

浙江省浦江县上山遗址也是近年考古新发现之一。与上述两个洞穴遗址不同，上山位于长江下游地区，属于旷野遗址。据报道，上山遗址发现了柱洞，出土器物包括石器和陶器，其中石器工具主要有砾石打制的石球、穿孔石器以及石磨盘和磨棒，还有少量石片石器，以及通体或局部磨制的斧形或锛形器；陶器多是素面，有少量绳纹和其他纹饰；陶胎常夹杂稻谷壳，可能是用泥片贴塑法成形，器形多数是一种平底敞口带环钮的盆形器，还有少量釜、罐类残片（蒋乐平等，2003）。据北京大学对夹碳陶的测定结果，上山遗址的年代在距今大约1.14万～8600年之间（引文同上）。

上述三个遗址的材料均未完全发表。从现有材料来看，上山遗址的年代明显晚于仙人洞、玉蟾岩的考古遗存。后两者的陶器与上山的陶器在制作技术上显然也有早晚之别。在文化面貌方面，仙人洞和玉蟾岩都是洞穴遗址，而上山是旷野遗址。三个遗址的工具套中都以砾石工具为主，反映其文化都属于长江流域以南到东南亚大陆的砾石工业传统。但是三个遗址的砾石工具组合仍有所区别。上山的石器工具以砾石为主，其中的穿孔石器在仙人洞以及华南地区都有类似发现，但年代在1万年左右的石磨棒和磨盘似乎是首次见于长江流域地区。石球最早见于黄河流域旧石器中期的许家窑文化，在长江中游澧水地区有广泛的发现（袁家荣，1995），而最近在浙江省西苕溪流域的旧石器地点中也发现了石球（张森水等，2002）。看来，上山遗址与本地旧石器文化有着一定的联系。

三个遗址都发现了稻的遗存，表明采集和栽培水稻是重要的经济活动。在仙人洞和玉蟾岩发现了大量野生动物的遗存，但在上山遗址没有类似的发现。当然，这与不同遗址的土壤酸碱度和保存情况有关。三个遗址的工具套有一定差别，是否反映了经济形态中狩猎采集经济和栽培经济比例的差别，还是有其他的原因？这三个遗址与长江流域更新世初期的彭头山稻作文化又有何联系？这些问题都有待研究。

（四）岭南地区

岭南地区的早期陶器，主要发现于桂北地区的庙岩、甑皮岩和大岩遗址以及桂南地区的顶蛳山遗址；去年发掘的柳州鲤鱼嘴遗址也发现了陶片，年代可能稍晚。另外，据报道粤北的牛栏洞遗址也有早期陶器的发现。

桂林庙岩于20世纪80年代发掘。据报道，出土的陶片只有5块，器形不明，都是素面陶，胎质疏松，夹杂细石英颗粒和碳粒（谌世龙，1999）。同出华南地区常见的砾石工具如砍砸器、刮削器、穿孔石器等，还有打制的石片、石核以及骨锥、骨铲等骨器和穿孔蚌器等；没有磨制石器发现（引文同上）。地层中还发现了大量的啮齿类、食肉类、偶蹄类等陆地动物和14种淡水贝类（引文同上）。据C14测定，出土陶片的年代都在1.2万年或以上（引文同上）。

桂林甑皮岩遗址2001年第二次发掘，其中第一期文化出土了砾石打制石器、骨器和蚌器等；同出的素面陶器厚度在1.4~3.6厘米之间，夹杂粗大的方解石颗粒，胎质疏松，捏制成形，器形为圜底釜（中国社会科学院考古研究所等，2003）。据测试，这件陶器的烧成温度可能没有达到250℃（吴瑞等，2003）。若如此，则可能代表了陶器制作的最初期阶段，或称"土器"。与这件早期陶器同出的也是华南地区常见的砾石砍砸器、切割器、穿孔石器等，还有磨制的骨铲和骨锥，以及大量的陆地动物和淡水贝类；第一期文化的年代在距今1.2万年左右（中国社会科学院考古研究所等，2003）。

与甑皮岩遗址相距不远的临桂县大岩洞穴遗址2000~2001年进行试掘，在其中属于旧石器晚期向新石器时代过渡的地层出土了似经过烧制的陶土块，同出打制砾石石器、穿孔蚌器和磨制骨锥等；而在属于新石器早期的地层中发现了素面陶器，夹杂粗大的石英颗粒，胎厚超过2厘米，器形为圜底器，表面有烟炱；同出的器物与前期相似，但骨器数量增加，磨制工艺亦有所发展；陶器的年代大约在距今1.2万左右（傅宪国等，2001）。

位于广西中部的柳州鲤鱼嘴遗址2003年经过再次发掘。鲤鱼嘴第一期的地层中发现砾石打制石器和燧石质的细小石片石器；在属于第二期文化的地层中，石器组合基本变化不大，但发现了陶器，器形包括绳纹圜底的陶釜，推断年代在距今 9000 年左右；此外还发现大量陆地和淡水动物遗存（傅宪国等，2004）。

广西南部南宁地区的顶蛳山遗址 20 世纪 90 年代后期数次发掘，其中第一期出土的陶器夹杂粗石英颗粒，质地疏松，器表有粗绳纹和附加堆纹，器形只见釜一种；同出的有穿孔石器和用玻璃陨石打成的细小石片和石核；年代推断在距今 1 万年左右（中国社会科学院考古研究所广西工作队等，1998）。

20 世纪 90 年代后期发掘的粤北英德牛栏洞，据报道也发现了一些胎质厚重，手制的绳纹夹砂陶片；同出的也是华南地区常见的砾石打制石器、骨角器和大量的水陆生动物，包括淡水贝类；此外据报道还发现了稻的植硅石；年代测定在距今 1 万年左右（英德市博物馆等，1999）。

以上六个遗址，除了顶蛳山坐落在河流阶地上之外，其余 5 个都属于石灰岩地区的洞穴遗址。在遗址的早期地层中都发现了距今 1.2 万年～9000 年左右的陶器。同出的考古学文化遗存都是长江流域以南地区常见的砾石打制石器如砍伐器、刮削器、穿孔石器等，以及骨角器物和大量的水陆生动物遗存。另外，在鲤鱼嘴和顶蛳山分别发现了用燧石和玻璃陨石制作的细小石片石器。对甑皮岩和顶蛳山遗址都进行过植硅石分析，在发现早期陶器的地层中尚未发现水稻的遗存或植硅石。大岩、庙岩和鲤鱼嘴遗址还有待进行进一步分析，目前有关植物遗存的情况还不完全清楚，但都发现了大量的水陆生动物遗存。

根据现有材料，以上 6 个遗址出土的工具套和动物遗存高度相似，似反映了更新世末期到全新世初期在广西和广东北部的史前居民，其经济形态可能是颇为相似的，都是以狩猎、采集淡水贝类和其他植物作为食物的主要来源。

（五）日本列岛

根据目前的考古发现，日本列岛所见年代最早的陶器是素面陶片（原文称"无文陶器"），还有带刺突文的陶片，尚未见到可复原的器物；陶片主要发现于日本东部，其年代可早到距今 1.5 万～1.2 万年左右（堤隆，2000）。从日本神奈川县月见野上野遗址的地层系列来看，在陶器出现之前的文化层中，出土了标准的细石叶工业传统和砾石砍砸器，其年代大概在距今 1.3 万年左右；与陶器同出的石器包括打制的石斧、尖状器和刮削器以及细石叶，其年代大概在距今 1.28 万年左右（引文同上）。据日本学者的观点，陶器的出现始于末次大冰期后期，当时日本列岛上大型的哺乳动物已经绝灭，动物群主要是鹿、野猪等中小型动物，而细石叶的出现是为了满足狩猎这些动物的需要；另外，鲑鱼和各种植物果实也是当时狩猎采集群体的主要食物资源，而陶器的出现可能与烹饪、处理植物果实有关（引文同上）。此外，陶器的出现据说也对日本列岛狩猎采集群体的游动方式产生了影响，导致这些群体从游动改变为季节性定居，并随之引起一系列的文化变化，包括资源交换的发展和房屋的出现（引文同上）。

三　讨论

东亚地区包括了从寒带、温带到亚热带不同的气候区域。每个区域内的气候，包括日照、气温和降雨等，都有不同的变化和组合。在每个区域内生存的动植物也是多种多样，千差万别。现代研究表明，在距今2万~1.5万年左右的末次大冰期时期，虽然全球气候都进入降温阶段，但在纬度较低的地区，降温幅度比纬度高的地区要小。相应地，与高纬度地区相比，低纬度地区的动植物资源所受到的影响也应当较小。而末次大冰期结束以后，全球气温普遍上升，降雨增加，海平面以及相应的河流平面升高，动植物的组合也随之发生变化。同样地，由于纬度的差异，在低纬度地区，这些变化相对比较平缓。换言之，在更新世末期到全新世初期，或距今1.4万年~9000年左右，低纬度地区的气候和自然资源和高纬度地区相比，应当相对比较稳定。这些自然环境和资源的差异，不可避免会对各地区的文化发展产生一定的影响。

然而，人类文化的发展有自身的规律，和自然环境及资源的差异并不是简单的对应关系。根据目前的考古资料，在更新世末期到全新世初期的东亚地区，从寒冷的西伯利亚到温带的黄河流域和日本列岛，到属于亚热带和热带的岭南地区，都出现了细小石器（包括细石叶和细石片）和早期陶器；而且，细小石器往往出现在陶器之前。这种文化发展的相似性及其动因，值得我们深入研究。

当然，这些发现细小石器和陶器的地区，其考古学文化有年代早晚之别。有些地区应当是细小石器和陶器的起源地区，另外一些地区出现的细小石器和陶器则可能是受到文化交流影响的结果。就细小石器工业而言，一般认为东亚北美细石叶传统的起源地在黄河流域，其源头是当地的小石片石器工业传统；起源的中心地区主要是今天的山西一带；随后向其他地区发展（贾兰坡，1978）。值得注意的是，近年在西伯利亚地区更新世末期的许多遗址都发现了修理石核后打制的大型石叶，如 Afontova Gora, Malta 和 Buryet 等遗址，年代在距今2.1万年左右（Aikens and Akazawa, 1996）。末次大冰期以后，在西伯利亚地区如 Verkholenskaia Gora 遗址第一期遗存发现了大型石叶和细石叶共存的现象，年代为距今12, 500 ± 180 年，同出骨角器，动物遗存包括驯鹿、马、牛、啮齿类、鱼类还有鸟类等（Powers, 1996）。从打片技术发展的角度来看，修理石核后打制的长而窄的大石叶，在制作程序和技术上与细石叶技术相当接近，其中是否有渊源关系、东亚北美细石叶工艺的起源是否不限于一个源头,都值得进一步探讨。

如果说东亚北部地区的细小石器可以从当地或邻近地区的石片石器或大石叶工业中找到渊源,那么,细石片在长江流域以南地区的出现,其来源尚有待研究。从更新世早中期开始,砾石石器就是东亚大陆南部的长江流域和岭南地区史前文化主要的工具,其特点是以粗颗粒[1]的砂岩、石英砂岩等河流砾石作为主要原料,用单面或双面直接打击法制成工具;形制一般比较粗大,器类以砍砸器、尖状器等为主。这一石器工业与东南亚大陆地区同期的砾石工业属于同一个传统,西方考古学界称为"砍伐器和砍砸工具传统"("Choppers and Chopping Tools" tradition),又称为"和平文化"工业传统(Bell-wood, 1992)。到了更新世末期,在长江流域和岭南地区都出现了细小石片石器。值得注意的是,近年在缅甸和泰国南部也发现了属于更新世末期的石叶和细小石器(Schep-artz et al. 2000),在东南亚的岛屿地区亦发现了燧石和石英质的小石片石器(Bellwood, 1992)。显然,细小石器在更新世末期的东亚地区甚至邻近的东南亚地区的出现,并不是一个孤立的现象。

对于长江流域和岭南地区细石片工业的来源和发展,目前所知不多。根据近年的考古发现,云贵高原发现的一些旧石器晚期文化遗存,如贵州普定穿洞距今 1.6 万年左右的早期文化,所用石料即以燧石为主,并有石英和水晶,毛坯多呈片状(王幼平,2000b)。长江中游的湖北丹江口张家营遗址也发现大量燧石石片石器(引文同上)。不过,目前尚不清楚这些旧石器时代晚期文化与江西仙人洞、吊桶环遗址,广西柳州鲤鱼嘴和邕宁顶蛳山遗址第一期的细石片之间的关系。从现有的测年资料来看,仙人洞和吊桶环遗址发现的细石片应当在距今 1.3 万年以前(张弛,2000)。广西鲤鱼嘴的年代尚未测定。顶蛳山第一期的年代估计在距今 1 万年左右(中国社会科学院考古研究所等,1997)。长江流域及其以南地区细石片的出现,是否和黄河流域文化交流的结果?长江流域和岭南地区以及东南亚大陆的细小石片之间又有无联系?这些都是有待解决的问题。

细小石器(包括细石叶和细石片)通常选用隐晶质的燧石或细晶质的石英之类矿物作为原料,制作出来的石片刃缘比较锋利和规整。这一工艺技术在更新世末期东亚地区的出现,除了反映人类选择和利用石料能力的提高,以及剥制石片的工艺技术得到发展之外,应当也是为了满足当时某种主要社会功能的需要。

根据西亚、欧洲、北美和东亚地区的研究,细石叶主要是用于制作箭头、标枪以及复合的刀具供渔猎经济活动之用(如:Bar-Yosef, 1996;堤隆,2000;Elston and

---

[1] "粗颗粒"是相对于燧石、黑曜岩等隐晶质的岩石、矿物而言。

Kuhn, 2002；贾兰坡，1978；Mithen et al. 2001）。由于细石叶的制作和使用，大大提高了狩猎的效率和回报，特别是有助猎获奔跑速度较快的动物如马、鹿等。根据目前的材料，更新世末期到全新世初期，这类食草类动物在东亚许多地区都是主要的狩猎对象。由此可以推论，细小石器，特别是细石叶的发展，主要是为了满足当时渔猎经济发展的需要。不过，在西亚地区，微痕研究表明细石器制成的复合刀具也用于采集和收割植物（Anderson, 1992）。因此，对于东亚地区细小石器的研究，也应当考虑综合微痕分析、残余物分析和其他方法，进一步深入研究其功能，包括这类石器所具有的经济活动功能和其他社会功能，以及与细小石器相关的文化发展，包括经济形态的变化、人类居住模式的变化以及社会结构的变化等。

如上所述，在西伯利亚东部、日本九州北部以及黄河、长江流域和岭南部分地区，和细小石器同出的往往有制作比较粗糙的早期陶器，或者细小石器较早出现，随后出现陶器和细小石器共存的现象。这是更新世末期到全新世初期东亚地区另外一个值得注意的文化现象。

何谓"陶器"（pottery）？现代考古学界定的陶器，是人类将泥土加水制成一定形状，并通过 400 摄氏度以上的加温将这种形状固定的器皿（Darvill, 2002）。因为只有达到这个温度，陶器才基本定型，不会经水泡还原为黏土（引文同上）。当然，在"陶器"这个大类中还可以根据其陶胎和烧制温度以及表面形态等进一步划分，如"土器"、"硬陶"以及"瓷器"等（Rice, 1987）。

如果根据以上标准，又如果对甑皮岩一期陶器烧制温度的推测无误，则甑皮岩的陶器还没有完全进入"陶器"的范畴，或者还处于制作陶器的尝试阶段。这也正是甑皮岩"陶器"的重要性所在：它很可能是更新世末期人类尝试制作陶器的物证，或者说是陶器起源阶段的物证。

关于陶器起源的地点和动因，学术界比较一致的意见认为是多元的，即陶器是在不同的地区，因应不同的人类需要而由不同的群体多次发明（Rice, 1987）。从东亚地区的情况来看，目前虽然还难以确认到底有多少个陶器起源的中心，但从年代来看，至少在日本列岛、西伯利亚、黄河和长江流域以及岭南地区所发现的陶器，年代都早到距今1.1 万年以前。从制作技术来看，可以推论，在陶器制作的初期或尝试阶段，陶土的制作和淘洗应当是不规范的，加入掺杂物以及对掺杂物的筛选也应当是在反复试验的过程中逐步掌握的技术；陶器成型应当是从手制向泥条盘筑或泥片贴筑，乃至后来的其他成型方法发展（引文同上）；陶胎的厚度应当是从厚变薄；最早的陶器表面应当是素面，或只有制作成型时留下的痕迹（如植物滚压形成的绳纹或其他痕迹等），而只具有装饰功能的纹饰应当是后来制作工艺发展的结果。烧制温度也应该是逐步提高的。简言之，从工艺技术的角度来看，陶器的起源和发展可从陶土制作、掺杂物、成型方法、胎壁厚度、器表形态以及烧制温度这几个方面去研究。

从以上数方面分析，桂林甑皮岩和大岩出土的陶器，应当是陶器制作最初期阶段的产品（傅宪国等，2002；中国社会科学院考古研究所等，2003）。黄河和长江流域发现的早期陶器，根据现有的资料，仙人洞陶器的胎质相对较薄，烧制温度比较高，已达到800℃左右（吴瑞等，2003），显然已经脱离了陶器制作的初始阶段。玉蟾岩的陶器胎厚也达到2厘米（袁家荣，2000），其他具体资料目前还没有全部发表，难以比较。西伯利亚地区的陶器，陶胎相对也比较薄，不到1厘米，而烧制温度达到400℃或以上（Zhushchikhovskaya，1997），明显高于甑皮岩一期陶器的250℃（吴瑞等，2003），似乎也不属于最初期阶段的产品。同样，日本列岛的早期陶器和甑皮岩一期的陶器相比，也表现出相对成熟的特征，如陶胎较薄，掺杂物较规范，烧制温度相对较高等（Rice，1999）。当然，这不是说甑皮岩就是东亚地区陶器起源的中心，只是说甑皮岩所出代表了制作陶器的初期尝试，而其他各个地区的陶器似乎都已经是陶器制作工艺比较成熟的产品。换言之，在陶器起源的中心地区，应当曾经存在类似甑皮岩所出，胎壁非常厚，烧制温度非常低的初期"土器"。

对于早期陶器的功能，也有不同的诠释。西伯利亚陶器的出现，据认为可能与熬炼鱼油有关；日本的陶器被认为和烹饪各种食物原料有关；黄河、长江流域的陶器可能与储存和烹饪有关；而岭南地区的陶器，可能与烹饪贝类有关（堤隆，2000；严文明和安田喜宪，2000；中国社会科学院考古研究所等，2003）。事实上，陶器既是一种人类在不同环境、不同经济形态中的工具，帮助人类进行食物的处理；又是文化和艺术的产物，具有审美、礼仪乃至等级标志等多种功能和意义（Rice，1999）。一方面，陶器和农业、定居都没有必然的关系，并不是农业社会所独有的器物（引义同上）；另外一方面，陶器的出现，显然和更新世末期到全新世初期东亚地区经济形态的变化有关。不论东亚地区早期陶器的制作和使用者是西伯利亚、日本和岭南地区的渔猎群体，或者是黄河和长江流域的狩猎采集者；不论这些陶器是用作熬炼鱼油，或烹饪果仁和植物种子，或炊煮贝类，或储存食物，早期陶器作为生产工具，既是广谱采集狩猎经济发展的产物，也提高了这种经济形态的功能和效率，如加快了果仁、贝类和野生植物种子的处理过程，从而推动人类更加大量采集这些食物。食物采集方式的变化，又可能引起人类居住模式和社会结构等方面的一系列变化，包括游动性的减低，相对定居或半定居的出现，在部分地区栽培经济的出现，以及社会的复杂化等等。因此，陶器的出现，对于史前东亚文化的发展变化产生了极为重要的影响；而陶器在如此广袤的东亚大陆不同地区几乎同时出现，所揭示的文化多样性、独特性和共性，以及自然环境和人类文化发展的关系，都值得我们深入研究。

简言之，末次冰期结束之后的更新世末期到全新世初期，无论在自然环境或文化发展方面都是一个非常重要的时期。这个时期最大的自然变化，就是末次冰期结束，全球的气温、降雨量、海平面和河流水平面的升高，以及由此引发的一系列自然地貌以及动植物资源的变化，包括某些地区沙漠的出现，另外一些地区海岸线的后退；某些地区森林的繁茂，可食植物果仁和种子的增加；另外一些地区植物的消亡，某些大型动物的灭绝，以及鱼类、贝类和其他水生植物在不同地区出现的繁盛。因此，末次冰期的变化在不同地区对于人类生存的影响是多方面的。某些地区的群体可能因为海平面升高或沙漠化的出现而必须离开原有的领地，但同时他们又可能因此获得较多的水产资源，或由于迁徙到新的地区，在新的自然环境中创造了新的文化。因此，自然环境和资源的变化，既有从表面看来有利人类生存的因素，也有似乎不利人类生存的因素。

然而这些自然因素对于人类文化的影响，并不是简单直线的对应关系；不见得在表面看来比较"不利"的气候环境下，人类文化就一定趋向没落；在比较"有利"的气候条件下，人类文化就一定"繁荣"。需要强调，人类对于自然环境的适应方式与动物的适应方式不同之处在于人类的适应不是完全被动的，而是一种选择性的适应。而人类的选择不仅限于自然环境，还受制于不同群体原有的文化，包括技术水平、经济形态、社会结构乃至宗教信仰，以及群体之间的文化交流和互相影响（Lu, 2004）。近年有些学术论述将黄河和长江流域史前文化的变化，与史前气候变化相对应，将某些地区文化的"衰落"，简单归结为自然环境及资源变化所致，认为史前文化的繁荣或衰落与自然环境和气候的变化是直接对应的关系，这其实是一种在西方学术界早已被扬弃的"环境决定论"，其最大的问题是将人类文化发展变化简单化和表面化，并且忽略了人类所创造的文化对于人类行为，包括选择适应方式的影响。

在自然环境和人类发展的互动过程中，人类不仅仅是被动的"生存者"。人类之所以有别于动物，是因为人类具有文化。而人类创造的文化又对人类的进一步发展产生决定性的影响。西方的"新考古学"曾经非常强调自然环境对人类文化的影响，而忽略了人类自身所创造的文化对于文化发展的影响；这是"新考古学"最受批评的弱点之一（Renfrew and Bahn, 2000）。中国的考古学研究，不应当追随"新考古学"的弱点。

从文化变迁的角度来看，更新世末期到全新世初期东亚史前文化的主要特征，应当是细小石器工业和陶器的出现，以及广谱采集经济的发生和发展。细小石器中的细石叶作为复合工具用于渔猎和采集的经济活动，大大提高了人类获得食物的能力。而陶器的出现，作为人类处理甚至储存食物能力的工具，进一步提高了人类利用贝类、果仁、植物种子等自然资源的能力；而其结果则是这些自然资源在人类食物组合中的重要性不断加强。借助于细小石器和陶器这两类新的工具，此期东亚地区的史前人类广泛而更有效率地利用陆地和水中的各种动植物资源，前者包括了东亚地区从北到南的各种食草类动物和各类果仁、植物种子和根茎；后者包括了东北亚的鲑鱼，整个东亚地区广泛分布的海洋和淡水鱼类和贝类，以及东亚南部地区的龟鳖类等等。正是在广泛采集植物种子的基础上，全新世早期在东亚的黄河和长江流域出现了新石器时代的农业[1]。而在另外一些地区，如东北亚、日本列岛及岭南地区，狩猎采集群体也不断繁衍发展。因此，更新世末期到全新世初期是东亚地区从旧石器向新石器时代发展的一个重要的过渡阶段。至于这个过渡阶段如何称呼，是否称为"中石器时代"，是一个比较复杂的问题，不拟在此讨论。

细小石器（包括西亚和欧洲的几何形细石器，东亚的细石叶和细石片）在更新世末期广泛见于非洲、欧洲和亚洲（包括西亚和东亚、东南亚）地区，并且在全新世时期见于北美及澳大利亚（Kuhn and Elston, 2002），以及陶器在更新世末期开始在东亚地区不同地点的出现，反映了史前人类文化在不同自然环境和不同文化背景下出现的某种相似性。如何解释这种文化现象，是对当代考古学理论的一个挑战。现代考古学，特别是隶属人类学的北美考古学，趋向于放弃寻求人类文化发展的"共性"，而强调从个别考古学文化的自然和文化背景去了解文化发展的"个性"，或者说注重研究古代文化的多样性（Preucel and Hodder, 1996）。在这一理论框架之中，各大洲出现的相似的石器细化（microlithization）现象不应视为人类文化单线演化的证据，而仍应当将不同地区出现的细小石器工业放在当时当地的自然和社会文化背景中去考察（Kuhn and Elston, 2002）。

毋庸置疑，东亚地区更新世末期到全新世初期东亚地区的考古学文化有其丰富的多样性，并不是每个文化都出现细小石器和陶器。但是，细小石器和陶器显然是两个新出现的文化因素，尽管这两者并不构成固定的组合，例如在仙人洞遗址两者都有发现，但甑皮岩只见到早期陶器。因此，我们应当深入探讨东亚地区更新世末期到全新世初期各地考古学文化的发展，包括那些出现细小石器和早期陶器的考古学文化，通过分析这些文化的自然和文化背景，从而了解这两种文化现象出现的多种原因。

同时，我们也不可完全抹煞人类文化发展的某些共同特征。如果没有这些共同特征，人类基本的文化阶段无法界定（如旧石器时代和新石器时代的界定），不同群体的文化发展就无法对比，人类历史也就不具有共性。因此，在研究文化多样性和具体性的

---

[1] 有关南韩近年发现距今1.5万年的稻谷问题，据笔者与南韩学者交流所得，存在若干疑问，故不在此讨论。

基础上，也应当分析其中是否存在某些文化发展的共性或者共同特征。这有助于我们建立东亚地区史前文化发展的年代框架，了解现代人（Homo sapiens sapiens）的智力发展和知识积累，以及在不同的自然环境条件下如何选择相似的适应方式；不同群体之间是否存在持续而广泛的交流和接触，后者对史前文化的发展又有何影响等等。

　　总的说来，东亚地区更新世末期到全新世初期的文化，既有各个文化的独特性，又有一些共性。本文着重提出细小石器和陶器的出现这两个共性，但毋庸置疑，不同的考古学文化，其经济形态、游动或居住方式，包括对细小石器和陶器的使用，都各有其独特之处。而这些独特性，又决定了全新世早中期东亚地区文化发展的多样性－其中有些考古学文化发展为农业栽培文化，另外一些则仍然保存其狩猎或渔猎采集的经济方式。更新世末期出现的广谱狩猎采集经济，只是为农业的出现提供了一个必须的前提，并不一定导向农业。这正好说明人类文化的发展不是单线的，没有一条所谓"必经之路"；尽管不同的考古学文化在某个时期出现了某些相似的现象或者因素，但每个考古学文化的发展，最终仍然取决于该群体原有的整体文化。

参考资料：

Aikens and Akazawa, 1996. The Pleistocene-Holocene Transition in Japan and Adjacent Northeast Asia: Climate and Biotic Changes, Broad-Spectrum Diet, Pottery, and Sedentism, in *Humans at the End of the Ice Age*, 215～228. Ed. by L. G. Straus, B. V. Eriksen, J. M. Erlandson, and D. R. Yesner. New York and London: Plenum Press.

Anderson, P. 1992. Experimental cultivation, harvest and threshing of wild cereals, in *Prehistory of Agriculture*, ed. by P. Anderson, 118～144. Paris: CNRS Press.

安志敏：《细石器的一百年》，《中石器文化及有关问题研讨会论文集》68～80 页，英德市博物馆、中山大学人类学系、广东省博物馆编，广东人民出版社，1999 年。

Bae, Ki-dong, 1992. Pleistocene Environment and Palaeolithic Stone Industries of the Korean Peninsula, in *Pacific Northeast Asia in Prehistory*, 13～21. Ed. by C. M. Aikens and S. N. Rhee. Washington: Washington University Press.

Bar-Yosef, O. 1996. The Impact of Late Pleistocene-Early Holocene Climatic Changes on Humans in Southwest Asia, in *Humans at the End of the Ice Age*, 61～78. Ed. by L. G. Straus, B. V. Eriksen, J. M. Erlandson, and D. R. Yesner. New York and London: Plenum Press.

Bellwood, P. 1992. "In a purely geographical senses, Southeast Asia falls conveniently into two parts: mainland, comprising China south of the Yangtze, Burma (Myanmar), Thailand, Indochina and peninsular Malaysia; and island…" Southeast Asia before history, in *The Cambridge History of Southeast Asia*, 55. Cambridge: Cambridge University Press（《剑桥东南亚史》，1992 年剑桥大学出版社。但中文译本改动了原作者有关东南亚大陆的定义，并删去了原注的相当一部分）。

Breckle, Sigemar-W. 2002 Walter's Vegetation of the Earth. Fourth Edition. Berlin and Heidelberg: Springer-

Verlag.

谌世龙:《桂林庙岩洞穴遗址的发掘与研究》,《中石器文化及有关问题研讨会论文集》150~165 页。英德市博物馆、中山大学人类系、广东省博物馆编,广东人民出版社,1999 年。

Darvill, T. 2002. *The Concise Oxford Dictionary of Archaeology*. Oxford: Oxford University Press.

堤隆(岳晓桦译,赵辉校):《日本列岛晚冰期人类对环境的适应和陶器的起源》,《稻作、陶器和都市的起源》65~80 页,严文明、安田喜宪主编,文物出版社,2000 年。

Elston, R. G. and S. L. Kuhn, 2002 Eds. *Thinking Small: Global Perspectives on Microlithization*. Arlington: American Anthropological Association.

傅宪国、贺战武、熊昭明、王浩天:《桂林地区史前文化面貌轮廓初现》,《中国文物报》2001 年 4 月 4 日一版。

傅宪国、蓝日勇、李珍、李文、孙国瑞:《柳州鲤鱼嘴遗址再度发掘》,《中国文物报》2004 年 8 月 4 日一版。

盖培, 1985. Microlithic industry in China, in *Palaeoanthropology and Palaeolithic in the People's Republic of China*, 225~241, ed. by Wu Rukang and J. W. Olsen. Florida: Academic Press Inc.

郭瑞海、李珺:《从南庄头遗址看华北地区农业和陶器的起源》,《稻作,陶器和都市的起源》51~63 页,严文明、安田喜宪主编,文物出版社,2000 年。

He, Y., W. Theakstone, Z. Zhang and another five authors, 2004. Asynchronous Holocene climatic changes across China. *Quaternary Research* Vol. 61 (1): 52~63.

贾兰坡:《中国细石器的特征和它的传统、起源和分布》,《古脊椎动物与古人类》16 卷 2 期 137~143 页。

蒋乐平、郑建明、芮顺淦、郑云飞:《浙江浦江县发现距今万年左右的早期新石器时代遗址》,《中国文物报》2003 年 11 月 17 日一版。

Kuhn, S. L. and R. G. Elston, 2002. Introduction: Thinking Small Globally, in *Thinking Small: Global Perspectives on Microlithization*, 1~7. Elston, R. G. and S. L. Kuhn Eds. Arlington: American Anthropological Association.

李文漪:《中国第四纪植被与环境》,科学出版社,1998 年。

Kobayashi, T. 1970. Microblade Industries in the Japanese Archipelago. *Artic Anthropology* Vol. VII (2).

Liu, Kam-biu, 1988. Quaternary history of the temperate forest of China. Quaternary Science Reviews Vol. 7: 1~20.

Lu, L-D, 1998. The microblade tradition in China: regional chronologies and significance in the transition to Neolithic. *Asian Perspectives* Vol. 37 (1): 84~112.

2004 in press. Mid-Holocene Climate and Cultural Dynamics in Eastern Central China, in *Mid-Holocene Climate and Cultural Dynamics in the World*, Eds. by D. Sandweiss and K. Maarch, University of Maine.

Mithen, S., N. Finlay, W. Carruthers, and P. Ashmore, 2001. Plant use in the Mesolithic: Evidence from Staosnaig, Isle of Colonsay, Scotland. *Journal of Archaeological Science* Vol. 28: 223~234.

Powers, 1996. Siberia in the Late Glacial and Early Postglacial, in *Humans at the End of the Ice Age*, 229~242. Ed. by L. G. Straus, B. V. Eriksen, J. M. Erlandson, and D. R. Yesner. New York and London: Plenum Press.

Preucel, R. W. and I. Hodder Eds. 1996. *Contemporary Archaeology in Theory*. Oxford: Blackwell.

Price, T. D. 1983. The European Mesolithic. *Annual Review of Old World Archaeology* Vol. 48 (4): 761~771.

Renfrew, C. and P. Bahn 2000. *Archaeology: Theories, Methods and Practice*. London: Themes & Hudson.

Rice, P. M. 1987. *Pottery Analysis-A Sourcebook*. Chicago: The University of Chicago Press.

1999 On the origin of pottery. *Journal of Archaeological Methods and Theory* Vol. 6 (1): 1~54.

Schepartz, L. A., S. Miller-Antonio and D. A. Bakken, 2000. Upland resources and the early Palaeolithic occupation of Southern China, Vietnam, Laos, Thailand and Burma. *World Archaeology* Vol. 32 (1): 1~13.

Smith, J. W. 1974. The Northeast Asian-Northwest American Microblade Tradition (NANAMT). *Journal of Field Archaeology* Vol. 1 (3~4): 347~364.

王幼平：《复原仙人洞人历史的石制品》，《中国文物报》2000 年 7 月 5 日三版。

吴瑞、邓泽群、吴隽、李家治、傅宪国：《甑皮岩遗址出土陶器的检测和分析》，《桂林甑皮岩》652~661 页，中国社会科学院考古研究所、广西壮族自治区文物队等编，文物出版社，2003 年。

严文明：《稻作、陶器和都市的起源》，《稻作、陶器和都市的起源》3~16 页，严文明、安田喜宪主编，文物出版社，2000 年。

Kuzmin, Y. V. and L. A. Orlova, 2000. The Neolithization of Siberia and the Russian Far East: Radiocarbon Evidence. *Antiquity* Vol. 74: 356~364.

英德市博物馆、中山大学人类学系、广东省文物考古研究所：《英德史前考古报告》，广东人民出版社，1999 年。

袁家荣：《略谈湖南旧石器的几个问题》，《湖南史前考古论文集》1~12 页，湖南省文物考古研究所编，1995 年。

袁家荣：《湖南道县玉蟾岩 1 万年以前的稻谷和陶器》，《稻作、陶器和都市的起源》31~41 页，严文明、安田喜宪主编，文物出版社，2000 年。

张弛：《江西万年早期陶器和稻属植硅石遗存》，《稻作、陶器和都市的起源》43~49 页，严文明、安田喜宪主编，文物出版社，2000 年。

张森水、徐新民等：《改写浙江无旧石器文化遗物地点的历史》，《中国文物报》2002 年 12 月 11 日一版。

赵朝洪、郁金城、王涛：《北京东胡林新石器时代早期遗址获重要发现》，《中国文物报》2003 年 5 月 9 日一版。

中国社会科学院考古研究所、广西壮族自治区文物队等编：《桂林甑皮岩》，文物出版社，2003 年。

中国社会科学院考古研究所广西工作队、广西壮族自治区文物工作队、南宁市博物馆：《广西邕宁顶蛳山遗址的发掘》，《考古》1998 年 11 期 11~33 页。

《中国自然地理》编辑委员会：《中国自然地理－动物地理》，科学出版社，1979 年；《中国自然地理－气候》，科学出版社，1984 年。

Zhou, Weijian, D. Donahue, S. Porter and another six authors 1996 Variability of Monsoon Climate in East Asia at the End of the Last Glaciation. *Quaternary Research* Vol. 46: 219~229.

Zhushchikhovskaya 1997. On Early Pottery－making in the Russian Far East. *Asian Perspectives* Vol. 36 (2): 160~174.

中国史前的聚落围沟[*]

裴安平

史前聚落围沟是一种与聚落环壕、城址城壕有很大区别的聚落设施。很长时间以来人们一直将三者混为一体，这不仅模糊了各自不尽相同的基本功能，也模糊了史前聚落演进的许多细节。为此，本文将在各地已有资料的基础上，重点探讨聚落围沟的特点与演变，以及相关的一些问题。

一 长江流域

（一）围沟的特点

长江流域的聚落围沟最早发现于湘西北澧阳平原的澧县八十垱遗址[1]，距今约8000年，属彭头山文化。围沟的北部和西部完全利用了自然河道，东部与南部为人工开掘；其中，东部南北向长约200余米，南部东西向宽约170余米，整体近长方形，面积约3万平方米。

据发掘，该围沟具有五个明显的特点。

第一，规模小，防御功能微弱。

第二，开口宽约4米，开口的地表高度与聚落居住面完全一致。由于聚落所在地表平整，高差小，沟口的开口落差也较小；但沟底呈坡状，落差较大，由南向北倾斜，最大落差近1.5米。其中，南部浅，仅深0.5米；北部深，约2米。

第三，沟内没有常年积水，系干沟。除底部有约0.15米的黑色淤积层外（图一：G7h），整个沟内全部是晚期的洪水淤积（图一：G7a－g）。

第四，围沟与周边河道的关系，不是二者具有完全一致的水平面，而是围沟底部高出河面，可常年向河道排水。人工围沟之所以与河道连接起来，目的只是要在聚落外

———————————

＊ 本课题得到南京师范大学"211建设工程"资助。

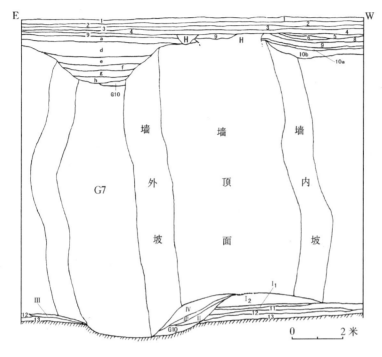

图一　湖南澧县八十垱聚落围沟平、剖面图

（1～13，地层编号；Ⅰ～Ⅲ，墙体堆积编号；a～h，围沟内堆积编号）

围形成一个封闭的"半干"、"半湿"或"半人工"、"半自然"的圈。

第五，在围沟内侧用挖沟之土堆筑土垣，规模很小，高不过 0.6 米（图一：墙Ⅰ）。此外，为了保持流水畅通，沟内还经常清淤，并将清淤之土覆盖在土垣外侧（图一：墙Ⅱ–Ⅳ）。

长江流域另一个发现聚落围沟的地点也在湘西北澧阳平原，即临澧县胡家屋场遗址，距今约 7000 年，1986 年发现。由于当时发掘面积有限，围沟全貌不详，未予确认。不过，根据发掘报告可知，在当时面积仅 160 平方米的"发掘区遗址为沟状堆积，呈南北走向，开口在耕土层下，宽 10 余米，长约 150 米，深 0.75～0.9 米，""遗址各层堆积均分布在沟内"[2]。

与八十垱相比，胡家屋场的围沟是另一种类型，已见四个方面的重要特点。

第一，由于聚落位于缓坡岗地的顶部和坡面，围沟的整体与开口都明显随地表倾斜和起伏。

第二，沟底大体同深，可从高处往低处排水。同时，沟内也不见在南方湿热条件下长年蓄水形成的黑色淤土。

第三，沟旁没有发现土垣。

第四，宽度是八十垱的 2.5 倍，显示时代愈晚围沟愈宽、防御意识愈强的发展趋势。

（二）围沟的演变

从距今 6500 年开始，伴随环壕聚落与城址的先后出现，长江流域不再发现聚落围沟，而是初显围沟向环壕，再向城壕演变的发展动向。在这方面，湘西北澧阳平原的城头山遗址可谓突出代表[3]（图二）。

遗址连续 11 年发掘，证实它从一个环壕聚落演变为城址，期间经历了五个发展阶段。

第I段：环壕聚落，属汤家岗文化，距今 6500 年。环壕所处位置与以前的

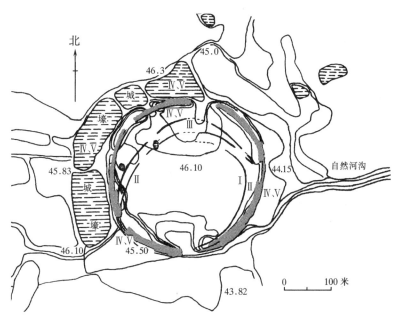

图二　湖南澧县城头山遗址历次挖沟筑墙位置示意图（据郭伟民，2003 年）

围沟有很大变化，不再与聚落居住面等高，而是整体下移至聚落所在岗坡与平原面的交界处。据环壕东北段的解剖可知，它开口距现代地表深 2.55、宽 15.3、深约 0.5 米，沟旁内侧的土垣高不低于 0.75 米。沟内满是黑色淤土，显示与常年积水有关。

第II段：环壕聚落向城址过渡，属大溪文化一期，距今约 6000 年。这一期聚落重新开挖环壕并堆筑土垣。其中，新的土垣直接叠压在前一期的环壕之上，而新的环壕则向外推出并开挖在聚落周边的平原面上。有关发掘剖面显示，这一期重建经历了早晚二次挖筑过程，且在土垣上表现为两种颜色不同的层位堆积，在壕沟内坡则拥有两个不同层位的开口，充分地显示了这一期段的过渡性质。最后，土垣底宽 8～10、高 1.6～2 米；壕沟开口与前段接近，距地表深 2.75、口宽 12、深 2.2 米；另沟内全部塞满了淤泥，黑色与灰白相间，内含较多动植物残骸与骨木器；在南部的环壕内还出土了船桨、船艄等木器，更证明环壕与临近的自然河沟已完全连为一体，不仅成为了自然河沟的延伸部，也由此获得了常年稳定的水源。应该指出的是，由于本段最终形成的环壕深度和土垣高度均接近或超过一个正常人的身高，防御作用明显。因此，这一期的墙与壕又可视为城墙与城壕，并且是中国史前城址最早的象征。

第III至第V段的时代属于大溪文化二期至屈家岭文化中期，期间城址不断向平原区扩展。每新挖新筑一次城壕与城墙，城址的规模就向外扩大一次，最终聚落本身的居住

面也从汤家岗文化时期约 5 万平方米扩展到 8 万平方米。

在长江流域发现聚落环壕的地点还有湖南澧县的鸡叫城与江苏省吴江同里。

鸡叫城的聚落环壕是 1998 年解剖遗址城墙时发现的，距今约 5000 年，属屈家岭文化中期早段[4]；沟内全是黑色淤土，还发现有近似桥状的木构件，大部为人工整治得十分规则的木板，一般长 50、宽 20、厚 5～15 厘米。大约在屈家岭文化中晚期，聚落始筑新城。其中仅西部一个方向，城壕内侧的开口位置就向外扩出近 60 米，自宽 40～70 米，使城墙以内整个聚落的居住范围由早期约 6.5 万平方米扩大到近 10 万平方米。还值得注意的是，鸡叫城的发展模式与城头山一模一样，城壕与周边的河沟河道也是完全相通。

江苏吴江同里，面积约 16 万平方米，位于太湖东南岸，所见聚落环壕距今约 5000 年，属崧泽文化时期[5]。经调查与钻探，整个遗址近似台型遗址，普遍高于周边地区 0.5 米，中心区更高于周边 1.5 米。环壕位于台型遗址外缘最低处，宽约 10 米，沟旁没有发现土垣。

（三）小结

长江流域的史前聚落围沟虽然目前报道发现的地点并不太多，但它面目特点清晰，发展与演变的轨迹一目了然。

1. 流行干沟。

2. 主要存在时段为距今 6500 年以前。

3. 二种围沟类型的演变都具有明显的规律性。其中带土垣的围沟，距今 6500 年前后开始演变成常年积水并带土垣的环壕；距今约 6000 年，那种环壕又进一步发展为沟旁有高大城墙的城壕。另一种无土垣的围沟，尽管目前暂时还未发现转型期的遗存，但它的演变方向与前一类大同小异，最终也转变成积水的环壕。

二　黄河流域

（一）围沟的特点

黄河流域现已发现聚落围沟的地点不仅数量较多，分布面宽，从甘青地区一直到山东半岛，而且延续的时代也很长。最早报道发现围沟线索的是距今 8000 年的河南舞阳贾湖遗址[6]，最晚的是青海民和喇家，下限有可能越过了距今 4000 年。目前，已经正式发掘面貌较清楚的地点有山东章丘小荆山、陕西临潼姜寨、西安半坡、甘肃大地湾、河南陕县庙底沟、山东青岛平度逄家庄、青海民和喇家等。

　　山东章丘小荆山是黄河流域经过发掘时代最早的围沟聚落[7]，属后李文化，距今约7500年。围沟外形呈等边圆角三角形，沟内面积约5.6万平方米，开口与居住面等高，并随聚落所在山前缓坡地而倾斜起伏。其中北部与东部北段系人工挖成，较窄，宽4~6、深2.3~3.6米；西部与东部南段为自然冲沟，宽19~40、深3.2~6米。据发掘报告，围沟底部有明显含沙的淤土。西部自然冲沟，后李文化期的淤土深约1.3米；东部与北部人工围沟，深1.6和1.35米。由于遗址的地势以及围沟与周边的自然河道并不相通，故促成沟内普遍存有含沙淤土的原因不太可能是常年性的静水沉积，而更可能是自然冲沟汇聚和带来的季节性降水。

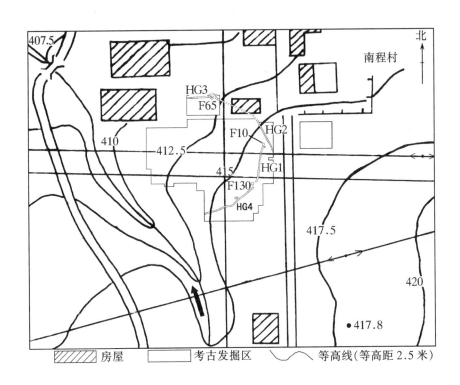

图三　陕西临潼姜寨遗址地形及发掘位置示意图（据陕西省测绘局，1989年）

　　陕西临潼姜寨围沟聚落遗址，距今约6000年，属仰韶文化早期。遗址地处临、渭两河交汇处的二级阶地，属山前黄土台塬，地势高亢，形似山岗，又名岗寨[8]。据陕西省测绘局1989年印制的万分之一地图，遗址所在范围南北高差近4米（图三）。经发掘，遗址围沟整体呈不规则椭圆形，内部面积约2万平方米，东西长轴210米，南北短轴160余米。其中，围沟共发掘四小段、三大段。西南因已靠近河岸没有发现围沟，可能原来有，但晚期被冲毁了；也可能没有，而是直接向河里排水。在已发掘的区段中，围沟的北大段（HG2、HG3）是相互贯通的，整体东高西低。其中，HG2 南段开口宽 1.5、深 1 米；HG3 中段开口 2～2.5、深 1.5～1.66 米。即使不考虑地表倾斜等因素，北大段东西两端之间至少存在 0.5 米的落差，明显朝河岸边倾斜。南段（HG4）残长约 73 米，整体也是东高西低，以利排水。这些现象表明，那里的围沟也是一条干沟。还值得注意的是，围沟的东段（HG1），由于与南北二段都不通，也不能承担排水的作用，所以长度最短，为 46 米。然而，就在介于各段互不相连的缺口处内部却各有小房址一座，似专司把守之职，又显示围沟的形成与一定的防御意识有关。不过，由于整条围沟的宽度都很窄，故其防御功能更多的只是一种象征意义，实际也根本不可能承担御敌于家门之外的重任。

西安半坡遗址[9]属仰韶文化早期，距今约 6000 年，所在地形为浐河东岸的二级阶地，现在距河床约 800 米，高于河床约 9 米。遗址的围沟整体呈不规则圆形，规模较大，开口宽 6～8、深 5～6 米，靠居住区一侧沟口的高度比外侧高出 1 米多，系挖沟之土堆筑所致。由于周边无任何与围沟开口高度近似的稳定的自然水源，估计这里也是一条与姜寨大体同时的干沟。不过，这条干沟又宽又深，防御功能既明显又突出。

坐落在甘肃秦安清水河南岸阶地及与其相连的缓坡山地上的大地湾遗址[10]，南高北低，发现的聚落围沟外观近椭圆形，时代较半坡、姜寨略晚，大体属仰韶文化早期晚段。由于地形所致，围沟整体呈倾斜状，开口西部宽 7.5～7.8、东部宽 5.5～8 米；深度，西部 3.5 米，东部 3.5～3.8 米。据 1983 年以前发掘的 T6、T13 二个相邻探方的东壁显示，围沟开口的第 5 层在南北向仅 20 米的范围内高差竟超过 1.6 米（图四），由此

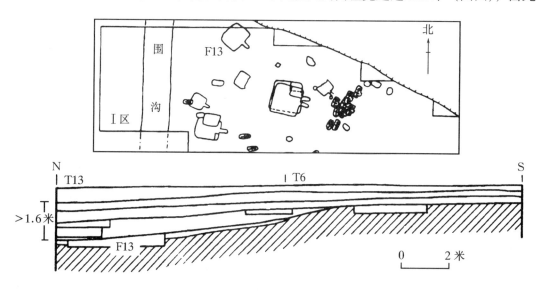

图四　秦安大地湾 F13 位置及 T6、T13 东壁剖面图（据甘肃省文物考古研究所，2003 年）

可知这里的围沟不仅是一条干沟，而且倾斜的沟底也具有明显的排水功能。

河南陕县庙底沟是仰韶文化中期的典型遗址，近年也发现了可能是环绕聚落的围沟，坐落在遗址的西部，东南－西北走向。口宽底窄，底部多填碎石块，最深处距地表有近 8 米，现已清理长度近 100 米。从清理的情况看，围沟的深浅程度依地势而变，一般从东南向西北渐次增深。为此，发掘者认为"除了防御外界的侵袭外，防洪排水也是当时壕沟的一大功能"[11]。

山东青岛平度逄家庄遗址的聚落围沟属于龙山文化早期[12]，整体呈圆角长方形，位于遗址中、南部的缓坡地上，现存东、北、西三面，南面地势较高，基岩裸露，围沟已破坏。经钻探可知，围沟一般宽 12～14 米，最窄处 6～8 米；深度由北向南随地势升高逐渐变浅，最深处可达 2.2 米；沟内堆积可分二部分，上部为围沟废弃后的垃圾，下部是浅黄褐色粉砂质淤土，基本呈水平状，并可见有过一次清淤行为。由于围沟的底部明显倾斜，且淤有浅色粉砂质土，故可知沟内之水深浅不一，也缺少常年滞水而常见的灰色或颜色更深的淤土。因此，这里也应是一条干沟。

青海省的喇家遗址隶属民和县官亭镇，坐落在官亭盆地黄河二级阶地的前缘[13]。附近有二条季节性泄洪沟，东部是岗沟，自北向南流入黄河；北部有吕家沟，绕过遗址后汇入岗沟。2000 年遗址钻探发现宽大的齐家文化聚落"环壕"，一般宽约 10 余米，深 5～6 米，底部有明显的水淤土层，厚约 1 米。但是"环壕"周边并没有发现任何稳定的常年性的自然水源，所以它不应该是环壕，而应该是围沟，是干沟；至于沟内的水淤土，也可能与那些季节性冲沟带来的季节性积水有关。

（二）围沟的演变

黄河流域虽然至今尚未发现明显能长午蓄水的聚落环壕，但从距今约 5000 年以后，中、下游地区却出土了许多城址，如河南郑州西山、新密古城寨、山东章丘龙山城子崖等。它们多数既有高大的城墙，又有宽阔的城壕，还显示这里的聚落围沟经历过独特的演变道路，其中郑州西山古城更显示可能就是这一过程的关键环节。

西山古城属于仰韶文化晚期，位于郑州市邙山区古荥镇孙庄村，距今 5300～4800 年，是目前黄河流域发现的时代最早的城址[14]。该城地处豫西丘陵与黄淮平原的交界处，西北是邙山余脉的西山，整体地势由西北向东南呈缓坡状，高差约 20 米；南部有一条季节性河流枯河，遗址就坐落在枯河北岸二级阶地的南缘，高出河床约 15 米。整个城的面积并不大，约 3.4 万平方米，近圆形，直径约 200 米。

根据《文物》1999 年第 7 期发表的《郑州西山仰韶时代城址的发掘》，城墙西部中段经历了三个修筑阶段（图五）。第I期残高 1.6 米，第II期是从外侧对前段城墙做的修

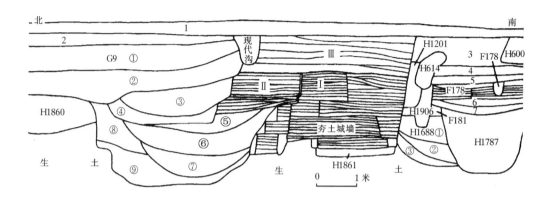

图五　郑州西山古城 TG5 东壁剖面图（据国家文物局考古领队培训班，1999 年）

补，顶高与前相同；第Ⅲ期是继续加高加宽城墙，最后形成的城墙最高为 2.8 米，底部最宽为 5 米。城外也有护城壕，编号为 G9，宽约 4～7 米。至于壕沟是否亦可按修筑时间来分段，简报没提。对此，作者认为城墙与城壕的对应关系还可多作一些介绍。不过，这与本文的主旨无关，故不予详细讨论。但有一个问题却对理解城壕究竟是干沟还是水沟颇为重要。

如以 G9⑧层的层面为准，人们不难发现沟的最早开口明显高于第Ⅰ期城墙的墙基 1.2～1.4 米，而距墙顶的高度却不足 1 米。这种城墙的基础比"壕沟"的开口还低很多的现象，在全国已有的发现中是不多见的。假设这种组合关系成立，而且沟内又能保持常年积水，那就意味着墙体的大部分都要常年浸泡在水中，这显然不利于城墙的长期稳固和有效防御。然而，发掘资料似表明墙体不仅不见因浸泡而坍塌的迹象，甚至"斜压城墙，推测是在城墙外侧抹泥使之光滑，以防攀登"的泥土至今还大体保持着原始状态。显然，这都是一些相互矛盾的现象，它们共同表明城壕应该被理解为一条干沟，也不积水。人工夯筑高墙的目的既是作为干沟的内坡，增加沟的深度，又可在沟的内侧形成一堵又陡又高的屏障，以增强防御功能。

应该指出的是，如与早期的聚落围沟和晚期的城墙相比，西山古城具有明显的过渡性。在这里，无积水的"城壕"实际是城址的围沟，源于当地早期或同期的聚落围沟，而沟旁人工夯筑的城墙，实际又开了此后黄河流域古城墙建筑工艺的先河。

位于河南新密曲梁乡大樊庄境内的古城寨城址[15]时代较晚，属龙山文化。该城规模较大，约 20 万平方米。其中，北墙西端从地面到墙顶高 16.5 米，墙底宽 50 米；东南因地势很低，先民在城墙下夯筑了宽阔的墙基，最宽竟达 136 米；整个城墙的顶部也较宽，目前保存最宽处 6～7 米。最重要的是，已有的发掘还显示，古城寨的护城河即城壕开口宽度为34~90米，其中既有自然河道又有人工河道。自然河道为滦水，筑城者直接利用它作为西北方向的护城河，然后引滦入人工城壕，顺北墙外东流，至城东北角又南，到城东南角与另一无名小河汇流，最后于城西南再入滦水。

与河南新密古城寨类似，山东章丘城子崖龙山文化古城也是将城壕的开口降到与周边自然河道完全相等的高度，并相互连通（图六）。如此，既确保了城壕拥有常年稳定的水源，又可利用河道与外界保持水路联系。

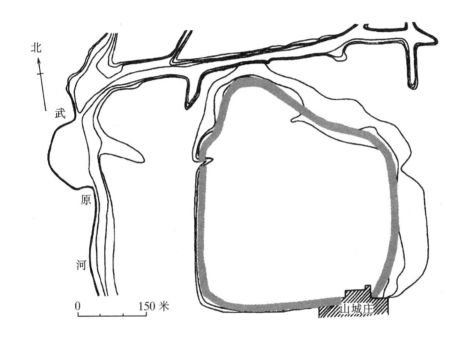

图六　山东章丘城子崖平面图（据严文明，1997年）

（三）小结

黄河流域史前聚落围沟的发展与演变具有如下明显特点。

1. 聚落围沟不仅流行干沟，而且延续的时间长，规模普遍较大，尤其是深度一般都超过长江流域。

2. 就围沟的营建模式而言，也可见二种类型：西安半坡型，将挖沟之土堆筑在沟旁；临潼姜寨型，沟旁无堆土。

3. 就围沟的发展演变而言，地域特点明显。其一，沟旁无土垣的类型，延续时间很长，一直到史前末期，甚至更晚都有发现；其二，那种沟旁带土垣的类型很可能就是距今5000年前后崛起的以干沟为特点的城址前身；其三，由于当地没有传统，距今

4500 年前后兴起的以水沟为特点的城壕，可能系外来影响的结果。

三　北方地区

北方地区发现聚落围沟的地点有两个相对集中的区域。一个是内蒙古东南与辽宁西部，代表性的地点是敖汉旗兴隆洼[16]、林西白音长汗[17]、敖汉旗西台、兴隆沟第二和第三地点；另一个区域是内蒙古中南部，有代表性的地点是乌兰察布盟凉城县石虎山Ⅰ遗址[18]、王墓山坡中遗址等。

（一）聚落围沟的特点

位于内蒙古自治区东南敖汉旗兴隆洼遗址的聚落围沟系遗址第一地点的第一期遗存，属兴隆洼文化，距今约 8000 年。整体呈椭圆形，沟内面积约 2.4 万平方米。其中，东北－西南长轴 183 米，东南－西北短轴 166 米；沟自宽仅 1.5～2、深 0.55～1 米。根据地形与发掘所得，这里的围沟不仅是一条典型的干沟，而且还规模很小，几乎不具备任何防御功能。

围沟之所以为干沟，皆因聚落选址所致。遗址大体位于大凌河支流牤牛河上游的低山丘陵边缘，高出附近地面约 20 米，本身所在是一个坡面，东高西低。聚落内所有半地穴式房址，东北侧穴壁的深度都明显高于西南侧的穴壁。遗址附近虽有两处水源，一处在西南坡下，为泉水；另一处是河道，距遗址东面 1.5 公里。但它们只能解决人类的日常饮水问题，而无法往上方的围沟注水。此外，围沟本身的开口与聚落居住面等高，还同时顺坡面而倾斜，因而也不具备任何蓄水能力。

敖汉旗林西县的白音长汗遗址，文化属性与兴隆洼同，地处西拉木伦河北岸山势较平缓之处，周边被大兴安岭南段余脉群山环抱。

在这里，遗址明显分成两个部分，每一部分皆有围沟环绕，并共同构成一个两合组织结构的聚落。其中，G1 位于北部，平面近圆形，直径 123～132 米，周长 427 米。现存沟宽 0.8～2.3 米，底宽 0.5～2 米，深 0.2～1 米。G2 位于南部，平面呈椭圆形，南北残长 132.5、东西残宽 92.5 米，现存围沟长 224.5 米；西部保存较好，南侧与东侧已缺失。沟口宽约 0.95～2.2 米，底宽 0.9～1.65，深 0.3～0.9 米。G2 的北部与 G1 相邻，两者相距仅 7.75 米。由于这两条围沟都位于 2°～6°的坡地上，因而 G1、G2 南北两端的高差至少都在 4 米以上；又由于周边不见任何可能供水的自然水源，所以它们都是干沟，都只能排水，不能蓄水。

在敖汉旗，近年还发掘了三个红山文化及以后的围沟聚落，一个是西台，另两个是兴隆沟第二和第三地点。

西台遗址属红山文化，距今约 5000 年。与白音长汗非常相似，整个聚落也是分成两个部分，每一部分皆有围沟环绕，并连接呈凸字形，共同构成一个两合组织结构的聚落。据介绍，聚落坐落在王家营子乡村东 200 米的岗阜上，南临牤牛河，现高出河床约 20 米。在两条围沟之中，东南部的规模较大，周长约 600 米，西北部的规模小，仅前者的三分之一。

兴隆沟遗址位于敖汉旗东部的兴隆沟村，地处大凌河支流牤牛河上游左岸，东南距兴隆洼遗址 13 公里。该遗址可分三个地点，第二地点属于红山文化晚期聚落，位于村北约 200 米的坡地上，地势西北略高，东南和东北渐低，面积约 2 万平方米。该聚落的围沟整体近长方形，东北与东南段比较清楚，仅宽 1 米左右。第三地点属于距今 4000～3000 年的夏家店下层文化，位于村西南约 1.2 公里的坡地上，地势西南较高，东北与东部偏低。该聚落的围沟面积较小，1 万平方米左右，圆形。由于这两个地点与前述西台一样，都身处高位，地势坡状，故围沟均属干沟之列。

内蒙古中南部岱海附近的石虎山I遗址年代相当仰韶文化早期，所见夹砂陶饰绳纹及小口长颈瓶等皆与仰韶文化半坡类型有缘。遗址所见围沟，整体长圆形，东西长 130、南北宽 90 米。保存较好的地段围沟自宽 1.3～1.5、深 0.5～1.3 米，还发现东、南、北三面各有一个出口。此外，经 T13、T14、T20 的发掘解剖，还发现挖掘围沟的土都堆积于沟的内侧，形成土垣状，底宽约 2 米，残高最大 0.55 米。由于遗址所在地形为石虎山山顶向东下坡的马背形斜坡台地上，据发表的遗址地形图可知，围沟南北向最大高差超过 6 米，东西向超过 3 米（图七）。

王墓山坡中遗址年代相当仰韶文化晚期早段，所在位置为王墓山西北坡的中部，坡势较陡，水土流失严重，不少陶片都被冲到坡下。遗址的主体系围沟聚落，围沟南北向约 50、东西向约 80 米，整体面积约 4000 平方米。此外，围沟本身上口宽 0.6～1.1 米，底宽 0.1、深 0.6～1.5 米。据发表的遗址地形图，围沟之内的最大高差也有近 6 米。

由于石虎山I与王墓山坡中两遗址围沟所在地高差较大，也不见与任何稳定的自然水源建立了联系，故两者属干沟无疑。

（二）围沟的演变

内蒙古地区聚落围沟的演变各区域互有不同。

在中南部岱海周围，仰韶文化晚期以后那里的聚落围沟就消失了，也没有发现比它更晚的聚落环壕与城壕。取而代之的普遍都是用大量石头石块垒筑的石墙与石城，而

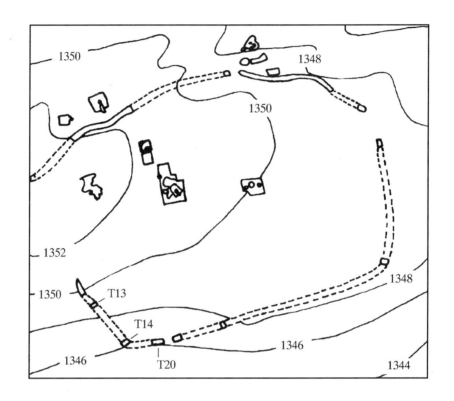

图七　内蒙古凉城县石虎山I遗址地形（据内蒙古自治区文物考古研究所，2001 年）

::::::　围沟　　　□　发掘探方（沟）　　0　　　　　　40 米

这一类聚落的外围则基本不见任何形式的围沟或环壕。这表明，史前晚期那里的聚落形态发生了重大变化。

在内蒙古的东南与辽宁西部地区，类似的变化也同样存在，自红山文化开始石料垒筑的聚落围墙、城墙、房址、祭坛都大量出现。但是，沿袭以往的土沟、土墙和土城也依然存在，并显示继续发展变化的脉络，其中敖汉旗东南夏家店下层文化的大甸子遗址值得关注。

大甸子位于大凌河支流牤牛河上游地区一处状貌高于周边的高台地上，"近旁并无古河道"，即使是遗址西部深约 10 米的沟崖也是清光绪年间被大雨冲刷出来的[19]。遗址在发掘中特别对聚落外围的墙与沟进行了解剖（图八），并发现墙是一次性夯筑而成的，底宽 6.15 米，现存高度 2.25 米，外坡 70°，内坡 60°。墙外的沟明显挖过二次，第一次深约 2.8 米，开口宽至少 12 米；第二次是在第一次的沟淤满后原地重新开挖的，开口宽约 11、深约 2.1 米。根据发掘报告，沟内的淤土也与长期积水无关；例如在第一次挖成的沟内，填充物"主要是从夯土墙方向移动过来的"，显示可能与某种人为活

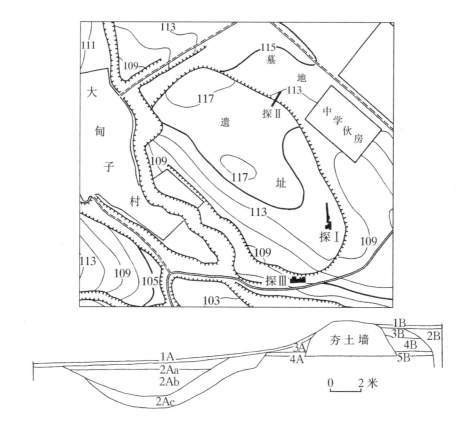

图八　内蒙古敖汉旗大甸子遗址地形与探ⅡT5 东壁剖面图
（据中国社会科学院考古研究所，1998 年）

动或降雨对沟口上方地表的洗刷有关。

　　值得注意的是，这个聚落的围沟和土墙都已经具有了早期城墙的模样，尤其与中原早期的郑州西山城相似。两者都流行干沟和宽沟，墙的高度都在 2 米左右，而且两者都使用夯土工艺筑墙。当然，大甸子的规模明显嫌小，居住面积仅 6000 平方米，根本不足以晋级城址之列。但它的意义不可小视，因为它是北方地区东南部聚落形态演变的重要环节，并清晰地显示了当地聚落围沟的发展方向以及与中原的联系。

（三）小结

　　以内蒙古为代表的我国北方地带，史前聚落围沟及其发展演变很有地方特点。

　　第一，聚落围沟不仅普遍为干沟，而且也是全国同类中规模最小的；即使到红山文化时期，这种规模又小又浅又窄的造型依然沿袭，直到夏家店下层文化时期才转换成又宽又深的式样，敖汉旗大甸子即如此。

第二，流行沟旁无土垣类型，但也有沟旁堆筑土垣的实例；在东部地区，还发现了同一聚落两条围沟这种新的不见于全国其他地区的营建模式。

第三，岱海周围聚落围沟的历史较短，大约仰韶文化晚期以后不见。在东南部地区，围沟从距今约 8000 年开始，纵贯整个史前时期。

第四，围沟的发展演变大致呈如下序列：

带土垣型：石虎山，距今 6000 年→大甸子，大干沟＋夯土墙，距今 4000～3000 年；

无土垣型：兴隆洼，距今 8000 年→兴隆沟第二、第三地点，距今 4000～3000 年；

双沟型：白音长汗，距今 8000 年→西台，距今 5000 年。

四　相关问题讨论

这里主要讨论两个相关问题。第一个是关于各地区聚落围沟的相互关系，第二个是各地区聚落围沟特点形成及其演变的有关原因。

（一）各地区聚落围沟的相互关系

就目前的资料而言，中国史前聚落围沟的许多特点在时间和空间上都存在由南向北逐步推进演变的历史现象。

第一，全国最早的沟旁堆筑土垣类型就发现在长江中游地区的八十垱遗址，而黄河流域的出现却要晚到距今 6000 年的仰韶文化半坡类型，如西安半坡。大约与此同时，在受到仰韶文化强烈影响的内蒙古中南部的同期遗址中也才有所发现，石虎山I遗址就是明证。

第二，长江流域首先完成从干沟到水沟，从聚落围沟到聚落环壕的转变，湖南城头山距今 6500～6000 年的聚落形态演变就是这种变化的标志。但是，黄河流域与北方地带却迟迟不见类似变化，并一直将干沟持续到史前末期。这很可能是一个地域特征问题。截至目前为止，纬度最北的聚落环壕只发现于淮河流域的安徽蒙城尉池寺，距今约 4600 年。据发掘报告，该遗址的环壕有两个特点。一个是，整个聚落类似台型遗址，高于周边地区，而环壕的开口却下移到台型遗址的边缘与最低处；另一个是，从环壕的发掘剖面可见沟内的堆积，宽达 30 米以上，且从下往上全部都近似水平状，显示成因与常年积水有关。

第三，长江流域是全国最早出现城址与积水城壕的地区，湘西北城头山遗址经过环壕聚落这一中间环节再到城址的过程，不仅具有明显的地方特色，而且也显示完成的时间相对其他地区也特别早，最晚不超过大溪文化一期，距今约 6000 年。但在黄河流域，真正将城壕做成水沟的时代却是史前晚期，距今约 4500 年以后，较长江流域晚近千余年。

正因此，在史前聚落围沟的发展演变过程中，长江流域尤其是长江中游地区，对中国各地，也包括黄河流域和北方地区都曾有过重要的影响。

当然，黄河流域也很有自身特点，在我的北方地区也曾留下过许多影响的印迹。

第一，黄河流域从始至终流行无水的干沟，即使史前晚期城址出现以后，拥有干沟的围沟聚落依然与以水沟为特点的城壕和城址并行不悖。这一点在内蒙古地区也有相应反映，而且整个史前时期那里都只见干沟，不见水沟。

第二，黄河流域由聚落围沟向城址的过渡，目前所见完全不同于长江流域由围沟经环壕再到城址的模式，而是直接在围沟和干沟的基础上，再加夯土城墙而形成的。郑州西山古城就是这类城址雏形的代表。值得注意的是，在内蒙古敖汉旗大甸子遗址，它那又宽又深的干沟与沟旁的夯土墙，不仅标志当地围沟的发展模式与黄河流域如出一辙，同时也让人看到了郑州西山古城的影子。唯一的区别只是年代比西山至少晚近 1000 年。

（二）各地聚落围沟特点形成及其演变的原因

种种迹象表明，中国史前各地区聚落围沟、环壕、城壕特点的形成与发展既受制于自然环境因素，又受到人为与社会原因的制约。

就长江流域而言，聚落围沟之所以能在全国率先从干沟演变为积水的环壕与城壕，基础性的原因应该就是长江流域高温多雨，降水充沛；平原河网如织，地势开阔平坦，地下水位高，史前聚落所在岗地相对高度较低等优越的环境条件所致。例如城头山，现在城内与城外平原面的相对高度仅 2～3 米，只要将环壕置于岗坡与平原间的过渡地带，即使不与周边的自然河道连通，仅依靠天上降水和地下渗水亦可造就一条水沟。此外，许多聚落周边的自然河沟，以及由这些自然河沟形成的自然环壕，也给人们的变革转型提供了许多启示和可能（图九）。

尤其值得关注的是，长江中游所见我国史前私有制的最早萌芽就是在距今 6500 年的汤家岗文化时期[20]，与当地聚落围沟向环壕的转型完全同期，这似又表明推动这种转型的原动力来自于社会形态的发展和转变，来自于社会财富的不平衡；围沟向环壕转型的根本意义很可能就在于表明，当时的社会已从无需保护的自然状态，开始进入需要保护财富保护既得利益的阶段。此外，还有线索表明，当时人口的增长聚落规模的扩张，也是同步推动围沟聚落向环壕聚落、再向城址转型的重要动力。湖南西北城头山遗址的扩张史可以说就是这方面的最佳诠释。城头山前后五次挖沟筑墙，最简单最直观的原因就是让聚落不断地向平原扩展，并利用城垣将整个聚落营造成一处高度不断往上增加的人工台型遗址（图十）。这种台型遗址是自然界原本没有的，并有四大优点。其一，可随时调整聚落的居住面积与规模；其二，使整个聚落的生活面都大致保持在同一平面上；其三，促使城墙越筑越高，防御能力也越筑越强；其四，巨大的土筑高台有助于聚落从容应对洪水的袭击。

近年来，学术界有一种

图九 湖南澧县彭头山遗址周围自然河沟鸟瞰

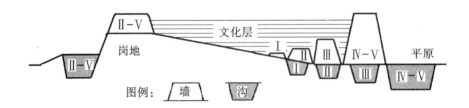

图十 城头山遗址发展模式示意图

观点认为史前城址的出现、宽大的城壕与城墙的出现均与防洪有关。对此，人们不妨设想，如果是为了防洪，那还需要从聚落围沟转型为聚落环壕与城壕吗？因为与自然河沟相连的宽大的环壕与城壕最容易在最短的时间内将祸水引到自家门口；此外，如果是仅出于防洪这一单纯目的，那平原地区的聚落就应该永远滞留在越来越不适应发展的岗地上。正因此，史前人类之所以从围沟聚落转型为环壕聚落，再到城址，最本质的内涵应该还是社会发展的需要使然。

黄河流域之所以长期流行无积水的干沟，尤其是北方长城地带直到夏家店下层文化时期也依然以干沟为主，这种越北越"干"的现象很可能正是那些地方越北气候越干冷，降水越稀少，地下水位越低等自然环境和条件的反映。在黄土地区及我国的北方地区，疏松的土壤，渗水性强，水土流失严重，也应是造成当地干沟又多、持续时间又长的自然原因。另外，降雨的季节性突出，河床下切与阶地抬升的速度较快，也会使聚落的所在位置不断高于河面和远离自然水源，并导致聚落的水沟难以存在，即使存在也难以为继。

还有一个值得注意的现象是，长江流域的聚落围沟明显是流行浅沟，尽管沟的宽度随时间推移不断增加，如距今7000年的胡家屋场沟宽就是8000年以前的八十垱的两倍，但它们的深度却长期维持不变；即使到距今6500年城头山汤家岗文化的环壕，深度也不超过1米。为什么那里的史前先民只关注沟的横向拓展，而忽视纵深呢？这也许又与南方土质黏重，越深越紧越难挖掘有关。

与长江流域不同，黄河流域的围沟规模是全国最大的，多数又宽又深，尤其是深度骇人，深5~6米的都很常见。之所以如此，或许与黄土高原那些纵横交错的自然冲沟一样，也与黄土地区土质疏松，易于水土流失有密切联系。

北方地区的围沟明显是全国各地中规模最小的，又浅又窄。大多数已发现的地点，沟宽都在1~2米之间。这也许正是那里降水较少，围沟使用期普遍较短，未曾经历较多冲刷的反映。

结　语

我国史前的聚落围沟，无论地域南北，也无论时间早晚，都以常年不见积水为特点；并明显区别于常年有积水的聚落环壕，以及又见长年积水又见沟旁高大城墙的城壕。

由于各地自然环境和地理条件的不同，长江、黄河与北方地带各自围沟的特点及其演变道路也不尽一致。其中，长江流域不仅各种类型的出现时间又早又典型，而且后续的演变也给其他地区较多的影响和启示。如果说，宽大的积水城壕与高耸的城墙是我国史前文明的重要象征，那么长江流域在这方面的成就与影响就正是它对我国史前文明进程的重大贡献之一。

不过，应该指出的是目前学术界对聚落围沟以及环壕、城壕的区分和特点的研究还不够重视，发掘中只注意它们的解剖而忽略它们与当地各种自然和人为因素相互关系的现象也比比皆是。这不仅影响发掘质量，更影响中国史前文明进程研究的深入和细化。

　　但愿本文的写作能引起人们对上述问题的关注；同时也诚恳地欢迎对本文的错误和不足予以批评指正。

〔1〕 湖南省文物考古研究所：《湖南澧县梦溪八十垱新石器时代早期遗址发掘简报》，《文物》1996 年12 期。

〔2〕 湖南省文物考古研究所：《湖南临澧县胡家屋场新石器时代遗址》，《考古学报》1993 年2 期。

〔3〕 湖南省文物考古研究所等：《澧县城头山古城址 1997～1998 年度发掘简报》，《文物》1999 年6 期。郭伟民等：《澧县城头山考古发现史前城墙与城壕》，《中国文物报》2002 年2 月22 日；郭伟民：《城头山城墙、壕沟的营建及其所反映的聚落变迁（提要)》，《中国社会科学院古代文明研究中心通讯》6 期。

〔4〕 湖南省文物考古研究所：《澧县鸡叫城古遗址试掘简报》，《文物》2002 年5 期。

〔5〕 江苏省苏州博物馆资料。

〔6〕 河南省文物考古研究所：《舞阳贾湖》，科学出版社，1999 年。

〔7〕 山东省文物考古研究所等：《山东章丘小荆山后李文化环壕聚落勘探报告》，《华夏考古》2003 年3 期。

〔8〕 半坡博物馆等：《姜寨——新石器时代遗址发掘报告》，文物出版社，1988 年。

〔9〕 中国科学院考古研究所等：《西安半坡》，文物出版社，1963 年。

〔10〕 甘肃省文物考古研究所：《甘肃秦安乡大地湾遗址仰韶文化早期聚落发掘简报》，《考古》2003 年6 期。

〔11〕 樊温泉等：《庙底沟遗址再次发掘又有重要发现》，《中国文物报》2003 年2 月14 日。

〔12〕 高明奎等：《胶东半岛发现龙山文化环壕聚落》，《中国文物报》2003 年4 月18 日。

〔13〕 中国社会科学院考古研究所等：《青海民和县喇家遗址 2000 年发掘简报》，《考古》2002 年12 期。

〔14〕 国家文物局考古领队培训班：《郑州西山仰韶时代城址发掘》，《文物》1999 年7 期。

〔15〕 河南省文物考古研究所资料。

〔16〕 中国社会科学院考古研究所内蒙古考古工作队：《内蒙古敖汉旗兴隆洼聚落遗址 1992 年发掘简报》，《考古》1997 年1 期。

〔17〕 内蒙古自治区文物考古研究所：《内蒙古林西县白音长汗新石器时代遗址发掘简报》，《考古》1993 年7 期；《内蒙古林西县白音长汗新石器时代遗址 1991 年发掘简报》，《文物》2002 年1 期。

〔18〕 内蒙古自治区文物考古研究所等编著：《岱海考古（二）—中日岱海地区考察研究报告集》，科学出版社，2001 年。

〔19〕 中国社会科学院考古研究所：《大甸子》，科学出版社，1998 年。

〔20〕 裴安平：《澧阳平原史前聚落形态的研究与思考》，《庆祝张忠培先生七十岁论文集》，科学出版社，2004 年。

雕龙碑彩陶艺术小识

王仁湘　雷　然

中国新石器时代的彩陶，以黄河流域出土最多，代表着史前彩陶的一个繁荣时代。在黄河以外的区域，许多新石器文化中都发现有彩陶，但在数量上和艺术表现力上一般都无法与黄河彩陶相比，尤其是不能与仰韶文化彩陶相提并论。倒是在属于长江中游地区的湖北枣阳雕龙碑遗址，在1990～1992年的发掘中出土了大量的彩陶标本，让我们感到非常意外。更让人觉得意外的是，这些彩陶除了体现长江本土文化的特点外，多具有黄河彩陶的风格，是黄河文化扩展至长江流域的一个重要见证，或者说它是黄河与长江文明密切交流的一个重要见证，这是非常值得深入研究的一个课题。

本文试图对雕龙碑遗址的彩陶特征作初步描述，由文化分期探寻彩陶的发展与演变轨迹。对这批彩陶出现的文化背景以及它们的艺术功能，也要进行初步探讨。

一　雕龙碑遗址彩陶的艺术特点

雕龙碑遗址出土彩陶非常丰富，虽然能复原的完整器形并不多，但彩陶片数以千计，数量相当可观。在长江中游乃至整个长江地区，雕龙碑彩陶最为丰富，不仅数量最多，纹饰种类也比较多，富于变化。

初步观察的印象，雕龙碑彩陶器体为泥质陶，器表多呈红色或橙红色，外体较为光滑。彩陶器形以盆类器较多，也有一些罐和碗类，中期还有少量蛋壳彩陶。绘彩的部位主要是在器表上部，部分小型器通体上彩。有些盆类器口沿上也绘有纹饰，地色与彩色互为映衬，构图简约明了。

雕龙碑彩陶的色彩比较艳丽，以多层次的复彩表现纹饰，各种色彩相得益彰。纹饰所用色彩主要有黑、褐、红三色，红色和褐色还有深浅之分。少量深色纹饰采用白彩勾边，有意强调对比效果（图一）。还见到罕有的黄彩，与深色纹饰搭配使用，亮色和暗色互为映衬，对比也很强烈。特别引人注意的是，大量的纹饰都采用白色作衬地，更

图一　雕龙碑白彩勾勒彩陶片

图二　雕龙碑白地黑彩陶片

图三　雕龙碑花瓣纹彩陶

加突显出深色纹饰的构图效果,有一种特别的感染力(图二)。在这些白地纹饰中,可以发现很多地纹彩陶,这种地纹彩其实是深色反衬为地,以白色为主体纹样。如较多见到的花瓣纹,它虽然是以深色的弧边三角作纹,但却是为了反衬浅色的地子,真实的纹样显现在并没有着笔的地方,浅色的四片五片乃至六片花瓣很自然地出现在眼前(图三)。

中国史前彩陶中本来是存在地纹彩陶的[1],但过去研究者没有注意到这一点,有时还将地纹等同一般彩陶纹饰看待,虽然强作解释,却还是不得其解。在雕龙碑遗址也发现了一定数量的地纹彩陶,都是二方连续式的构图,采用深色作衬色,纹样有花瓣纹、旋纹、叶片纹、菱形纹和花蕾纹等,属于最精致的一类纹饰(图四)。雕龙碑彩陶中的地纹因为白色地子的广泛采用,纹饰显得更有张力,更加引人注目(图五)。

彩陶绘画的技法,一般是色块与线条结合使用,也有的是单纯以线条或色块表现主题。相当多的纹饰画得非常认真,构图严谨,线条流畅。当然也有部分纹饰显得较为潦草,笔法稚拙。那些精致的纹样显然是出自于熟练老道的陶工之手,笔法细腻,一丝不苟。那些重叠繁复的纹样,在正式绘彩之前可能有一个起稿的过程,所以能做到错落

图四　雕龙碑地纹彩陶

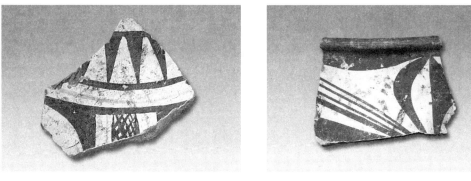

图五　雕龙碑白地彩陶

有致，繁而不乱。

雕龙碑彩陶纹样全部为点、线、面构成的几何形，纹饰的构图主要采用了一种非常成熟的图案结构方式，就是二方连续形式。二方连续构图展示出均衡、对称、重现的原则，纹样在器无首无尾，在有限空间体现了无限循环。这也是中国新石器时代彩陶使用最广泛的构图方式，它是彩陶技术成熟的一个标志。雕龙碑彩陶的二方连续式图案比较丰富，现在有把握作复原展开的纹饰，基本都是二方连续式构图。这些图案的基本元素变化较大，统计数量在 10 种以上。

根据一般的分类原则，雕龙碑彩陶按构图单元划分，可以归纳出宽带纹、弧边三角纹、平行线纹、菱形纹、网格纹、花瓣纹、叶片纹、旋纹、斜行线纹、并行弧线纹、并行三角纹、角状地纹、大圆点纹和太阳纹等 10 多类，其中以弧边三角纹、平行线纹、菱形纹、网格纹、花瓣纹和旋纹数量较多，雕龙碑彩陶的整体风格由这些纹饰体现出来。

在雕龙碑彩陶中，大多数纹饰都体现有连续和重复的特征。二方连续式图案自不必说，其他许多纹饰也都是用平行和并行方式重复排列组合，平行线纹、斜行线纹、并行弧线纹、并行三角纹都是如此，简单的重复就能体现出不同的美感。

当然也应当看到，雕龙碑遗址出土彩陶虽然数量不少，但却是以碎片为主，可以复原的完整器太少。我们尽可能将可以观察出构图的纹饰作了展开复原，这样可以获得更为清晰一些的印象。不过能复原的纹饰所占比例并不高，多数因为陶片过于破碎而无法完全复原。虽然如此，从复原展开的纹饰和可以观察到局部纹饰的陶片上，遗址彩陶的整体风格与特征还是可以把握住的。

二 雕龙碑遗址彩陶分期特征

雕龙碑遗址是一处新石器时代中晚期聚落遗址，根据发掘者的研究，大致可分为早中晚三期。遗址地层堆积的第 5 层为一期文化，第 4A、4B 层为二期文化，第 3、2 层为三期文化。从出土彩陶的数量上看，属于一期的最少，属于二期的最多，但都是以陶片为主，能复原的很少。

一期彩陶的特征色彩较为单一，纹饰构图也比较简单，以弧边图案为主要单元。色彩以黑、褐两色为主色，褐色一般较深，与晚期的浅褐色区别明显。绘彩有时用单色，有时又两色并用。一般地子为泥陶本身的自显红色，由于火候原因，红地有深有浅。也有近半数在红陶色外涂以纯白色作地，然后以黑、褐色作图。少数虽然不涂白地，但却采用白彩为黑彩勾边，黑白互衬，对比非常强烈。

　　相比而言，一期纹饰构图较为简单，全部为几何纹。以弧边三角为主要图形单元，代表性纹饰有旋纹、叶片纹、四片对称花瓣纹、大圆圈加圆点纹和不多的凹边菱形框网格纹。多采用二方连续样式，沿器物上腹部构成主要纹饰带（图六）。不难看出，纹饰多接近黄河流域庙底沟彩陶风格（图七）。图案大都描绘认真大方，走笔谨慎细腻，色块边缘平滑，线条流畅整洁。

图六　雕龙碑一期文化彩陶复原展开图

　　属于二期文化的彩陶片出土数量最多，纹饰种类也最为丰富。二期白地彩在数量上有明显增加，达到一半以上，还较多运用红彩加入，并见到新石器时代罕有的黄彩。一期的纹饰在二期基本都能见到，弧边三角依然是主要的结构单元，二方连续样式的旋纹、花瓣纹和凹边菱形框网格纹等仍然保留了早期的风格，构图没有明显变化。新出现的纹饰主要有直边菱框网格纹、平行线纹、斜行线纹、并行弧线纹、圆点菱形纹、宽带纹、角状地纹、大圆点纹等，多数纹饰也都是以二方连续形式出现（图八）。

　　二期还见到了蛋壳彩陶，都是小型的杯碗，橙红色的地子上绘宽带纹、绳索形和排点状黑彩，风格与大件彩陶明显不同。

　　与一期相比较，二期彩陶有一个显著变化，就是采用不同纹饰所作的简单组合与复杂组合的现象较为普遍，构图繁复，用红、褐、黄、黑彩分绘不同的单元，辅以白地作衬，对比强烈，纹样亮丽。如标本 T2722F12（4）4，复原为一件宽沿浅腹盆，这种

图七　雕龙碑一期文化彩陶

器形并不多见。上层的彩绘很有特点，先在红陶底上满涂一层白地，再用深褐色在平展的沿面上绘一周弧曲的宽带纹，弧曲部位另绘并列弧边三角作支撑，最后在宽带上再以白彩均匀地点染三列小圆点。盆腹外侧对称地用褐彩衬出白地上的大朵花蕾图形，构图比较简练。这件彩陶不仅器形少见，平沿上的纹饰也是首次见到，可能有特定的含义（图九）。其他还有一些用地纹表现手法绘成的图案，表现了成熟的绘画技巧。

　　三期文化的彩陶在总体风格上与二期区别不太明显，构图仍然是以二方连续式为主（图十）。只是复杂组合纹饰有明显增加，而且构图更加繁复。复杂组合常常表现为纹饰的多层次重复叠加，绘制非常细腻，表现了相当高的绘画技巧。大量见到白地彩陶，所占比例要高到90％以上。纹饰中较有特色的是网格纹，而且多为细网格纹。新见的还有并列长三角纹和类似太阳图形的纹样，也许都是为着表现太阳，是几何化了的天体象征（图十一）。三期最精致的一件彩陶作品是编号为F17：4的小口双耳罐，中腹以上满饰彩绘。先衬一层白地，再用深褐色绘出图案，间以红色细线条勾勒。纹饰分三层以二方连续方式排列，上两层构图相同，下层纹饰稍宽大，均为弧边三角和弧线组成的花瓣纹，图案样式不见于其他遗址。下层为双排菱形纹，以地纹方式描绘（图十二）。还有H5：1小口罐，图案亦是分多层排列，一层叠一层，以红线作间隔，以白彩作地。上下两层纹样相同，是以地纹方式描绘的二方连续角状图案，角状中间饰圆点。中层以较细的线条绘菱形纹，中间填有平行的斜线（图十二）。还值得特别提到的是T2208（3）11小口罐，在白地上绘有精致的旋纹图案，构图均衡对称，线条流畅自然，是难得的史前彩陶精品佳作（图十二）。

　　雕龙碑彩陶早晚三期有一些共性，如流行白地复彩，有相同和相似的纹饰组合。

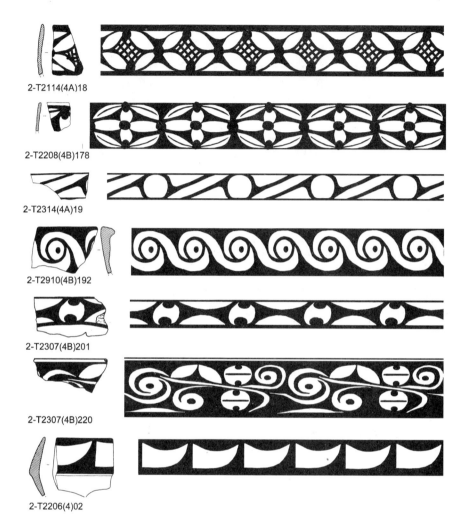

2-T2114(4A)18

2-T2208(4B)178

2-T2314(4A)19

2-T2910(4B)192

2-T2307(4B)201

2-T2307(4B)220

2-T2206(4)02

图八　雕龙碑二期文化彩陶复原展开图

图九　雕龙碑二期文化彩陶盆

3-T2209(2)7

3-T2309(1)01

3-T2808(2A)44

3-T2619(2A)01

3-T2417(3)42

3-T2215(3)36

图十　雕龙碑三期文化彩陶复原展开图

图十一　雕龙碑三期文化太阳纹彩陶

早晚的变化趋势也有轨迹可寻，如弧线和弧边色块在早期运用较多，也较为熟练，晚期用直线较多，白地有明显增加的趋势，由早期的不足50％上升到晚期的90％以上。另外菱形边框网格纹早期较少，中期渐多，晚期更甚，且变化也多。

尽管我们在分期上对遗址出土彩陶的变化进行了考查，形成了一些初步认识，但是这还不能说是什么结论。雕龙碑彩陶留下的

图十二　雕龙碑三期文化彩陶

问题很多，例如我们不能明白陶片数量可以多到数以千计，但是能复原的却只有 10 件左右，而按最低的估计，彩陶的个体当有数百件之多。而且绝大多数陶片破损得过于碎小，不论出自地层的或是灰坑的都是如此。又如有些纹饰在三期中都能见到，而且晚期见到明显表现有早期特点的彩陶，这令我们不得不作出这样的判断：在地层堆积上会不会有早期扰动？事实上晚期地层上混入早期遗物也是正常的埋藏现象，但是有时要明确分辨它们却又不是轻而易举的事。在以上所作的分期研究中，我们对这种可能存在混淆现象作出了臆断，也尽量不以个别例子举证，但是依然不能肯定讨论是否客观、结论是否可靠。后续的深入研究，还有待相关遗址更多资料的获取，还需要更丰富的材料作比较研究。

三　从雕龙碑彩陶看黄河、长江史前文化的交流

雕龙碑遗址这样丰富的彩陶遗存，为我们提出了多方面的研究课题，其中有一个不能回避的问题是，这里的彩陶传统的形成过程是怎样的？换言之，雕龙碑彩陶的源头在哪里？

直接的观察印象告诉我们，雕龙碑彩陶除了它自身的特点外，还体现有浓郁的长江中游两岸的文化色彩，而且更多地体现有黄河中游地区的文化色彩。也即是说，雕龙碑彩陶至少有两个源头可寻，一是长江中游，一是黄河中游，两地文化的交汇是雕龙碑彩陶表现出灿烂色彩的主要原因。

　　雕龙碑遗址所在的湖北枣阳市武庄村，处于鄂西北东部、南阳盆地南部地区，北有桐柏山，南有大洪山，两山脉之间是著名的随枣走廊，从史前时代起，这里就是关中和中原与江汉平原之间交往的重要陆路通道之一。西部依次有唐白河水系和汉丹水系，为鄂西北、豫西南山区与江汉平原及至长江沿岸之间交往提供了便利的水上通道。在河流沿岸附近地区分布着许多古代文化遗址，雕龙碑遗址就是其中一处重要的新石器时代中晚期聚落遗址。由于雕龙碑遗址地处中国古代长江与黄河南北文化的接壤地带，促使这一地区的区域性文化在发展过程中形成了一种比较复杂的面貌，在与周边文化频繁交流过程中兼收并蓄，在形成自身特点的同时兼具周边文化因素，文化特征具有了明显的混合性，这是一个与南北文化有着千丝万缕联系的杂交体。这样的文化遗存在考古学上并不多见，它为探寻南北文化相互交流提供了重要的实证。

　　从出土器物观察，雕龙碑既有类似北方半坡文化的尖底瓶和庙底沟文化的陶釜陶炉，也有南方大溪文化和屈家岭文化的黑陶和蛋壳陶。由彩陶的发现看，雕龙碑彩陶明显地具备了一种双重特征，同时体现有长河与黄河文化的色彩。彩陶器类包括曲腹杯、戳孔圈足豆、陶响球和蛋壳彩陶等，与大溪文化和屈家岭文化所见相同，表明它们之间具有密切的联系。不过彩陶中更多见到的旋纹、花瓣纹、弧线三角纹、网格纹、宽带纹等，又具有浓厚的仰韶文化色彩。雕龙碑彩陶中的庙底沟文化色彩特别浓厚，表明黄河文化在这里已经不是用"影响"可以确切描述的了，可以说黄河文化在此一度成为了主流文化。纹饰中较多见到的花瓣纹和旋纹等，都是庙底沟文化典型的风格。如 T2307 (4B) 220 彩陶盆片，纹饰是单旋、双旋、圆点、圆圈、花瓣的复杂组合，这是庙底沟彩陶中一种最经典最富时代性的纹饰组合（图十三）。在复原的不多的几件彩陶中，半数以上都属于仰韶文化的典型器，制作工艺并不在仰韶居民之下（图十四、十五）。我们由仰韶系统文化在豫东南和鄂西北的广泛分布看，雕龙碑遗址体现的双重文化特征也是可以理解的，这里是文化交流碰撞的一个"特区"。

　　其实黄河史前文化对长江流域的影响，在整个汉水支流都是存在的。在汉水中上游地区，从前仰韶时期到仰韶文化时期，黄河文化的影响并不是局部的或短暂的，这一地区实际上是可以划入大黄河文化地理范围之内的。这么看来，大体处于汉水中游范围内的雕龙碑遗址体现出浓厚的黄河文化色彩也就不足为怪了。这一地区至少从新石器时代中期开始，也即是从仰韶时期开始，就是黄河与长江文明的荟萃之地，是南北文化交融之所，这是一个值得更多关注的重要地区。

　　从这个意义上说，雕龙碑遗址的发现是非常难得的，我们所发现的不仅是一座彩陶文化宝库，我们同时还发现了一个文化汇聚地带。雕龙碑居民的包容精神，雕龙碑文化的兼容特性，由这些彩陶上得到了充分体现。

T2307（4B）220

图十三　雕龙碑出土庙底沟文化风格彩陶

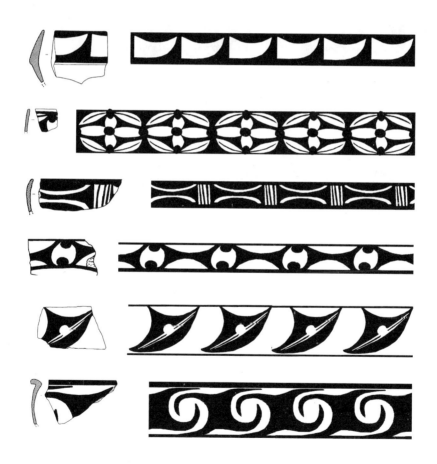

图十四　雕龙碑出土庙底沟文化风格彩陶

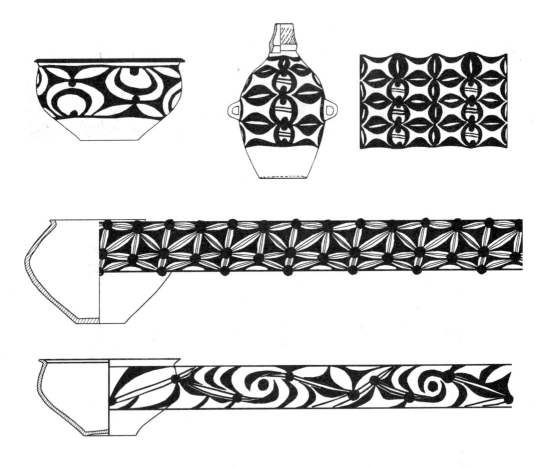

图十五　雕龙碑出土庙底沟文化风格彩陶

四　余论：史前彩陶的意境

　　中国彩陶是中国远古艺术中灿烂的篇章之一。中国新石器时代的彩陶艺术不仅体现了史前先民能动的艺术创造能力，而且同时体现了史前先民的艺术表达能力，彩陶纹饰向我们展示了史前时代所达到的绘画艺术水平，也展示了当时人们精神生活中的未知世界。

　　彩陶上的纹饰所具有的欣赏性，从它强烈的艺术性上体现出来。彩陶作为一种古老的视觉艺术，它由视觉途径将美感传达给人的大脑。当时虽然掌握的色彩类型并不太多，图案结构也不是太复杂，但就是一些简单的色块与线条，也能给人们的心灵以愉悦的感受，而且这感受还会一代一代传递下去，一个一个地域传播出去。彩陶是迄今发现最早的中国装饰艺术品，它在很大程度上奠定了中国古代绘画艺术的审美基础，奠定了中国古代装饰艺术的基础。彩陶纹饰取材丰富，日月星辰、工具、植物、动物和人本身等等，都是史前人乐意在彩陶上描绘的客体。描绘的方式或抽象或具象，以写意的抽象方式表达为主。

　　一般说来，史前彩陶纹饰的创作原则起初应该是对客观世界的视觉描摹，即"观物取像"的创作原则。在半坡文化和庙底沟文化的彩陶上，就有一些象形图案，有各种人面，有鱼、鸟、蛙、鹿等（图十六）。一些研究者认为许多三角形和弧线形图案，是从象形的鱼和鸟的图形抽象出来的，经过了一个再创作的过程。正如人的认识过程一样，几何纹饰一般是直接从自然物象中产生或抽离出的，而另一种情况则是有意识地由"象形"不断变化逐渐演化出来的。在两种可能性中，都离不开"观物取像"的艺术原则。彩陶艺术的出现，促进了人们的形象思维能力和审美意识，使人类的造型能力、装饰能力由此进入了一个高度发展的阶段。到了新石器时代晚期，彩陶艺术的发展达到了高峰，庙底沟文化彩陶就是卓越的代表。史前各种彩陶文化纷呈异彩，向我们展示着在没有文字记录的远古人类的精神面貌。

　　成熟的彩陶又绝不仅仅只是单纯描绘客观世界，它最终所要表达的还是精神层面的东西，所以从这个意义上说，彩陶又是先民主观世界的体现，是先民精神世界的缩影。纹饰并不仅是为了单纯的艺术欣赏，因为人们感兴趣的母题非常集中，而且不同地域又有太多的相似性，这是一种认知传统的传承，而不单单只是艺术传统影响的结果。

　　半坡和庙底沟文化彩陶是中国史前彩陶的代表。两个文化都盛行几何图案和象形花纹，纹样的对称性较强。发展到后来，纹饰格调比较自由，内容增多，原来的对称结构发生了一些明显变化。半坡居民的彩陶流行用直线、折线、直边三角组成的几何形图案和以鱼纹为主的象形纹饰，象形纹饰有人面、鹿、蛙、鸟和鱼纹等，鱼纹常绘于盆类陶器上，被研究者视为半坡居民的标志。鱼纹一般表现为侧视形象，有嘴边衔鱼的人面鱼纹、单体鱼纹、双体鱼纹、鸟啄鱼纹等。早期鱼纹写实性较强，到晚期部分鱼纹逐渐向图案化演变，有的简化成三角和直线等线条组成的写意图案。陕西西乡何家湾遗址出土的一件彩陶盆中心绘一较大的人面，其周围绘有 4 个小人面，与半坡遗址所见的人面彩绘相似，但不见鱼纹装饰。在陕西南郑龙岗寺遗址出土的一件尖底陶罐上见到的人面彩绘更加精彩，尖底罐腹部上下分两排绘 10 个神态不同的人面像（图十七）。

　　庙底沟文化的彩陶增加了红黑兼施和白衣彩陶等复彩，纹饰显得更加亮丽。彩绘的几何纹以圆点、曲线和弧边三角为主，图案显得复杂繁缛，其中以一种"阴阳纹"彩陶最具特色。阳纹为涂彩部分，阴纹是未涂彩的地色，阴阳纹都体现有强烈的图案效果。庙底沟几何纹彩陶主要表现为花卉图案形式，它是庙底沟彩陶的一个显著特征。花

图十六　半坡文化彩陶纹饰

卉图案以若干相同的单元并列，构成二方连续式的带状纹饰。花卉图案在庙底沟类型从早到晚的发展中，经历了由较为写实向简化的过渡，庙底沟彩陶对周围地区的影响也主要表现为这些花卉图案的大范围传播上。

庙底沟彩陶的象形题材主要有鸟、蟾和蜥蜴等，鸟纹占象形彩陶中的绝大多数，既有侧视的，也有正视的形象，鸟姿多样，有的伫立张望，有的振翅飞翔，还有的伺机捕物或奋力啄食。与半坡的鱼纹一样，庙底沟的鸟纹也经历了由写实到抽象、简化的发展过程，一部分鸟纹也逐渐演变成一些曲线而融会到流畅的几何形彩陶中。

在这样一个繁荣的彩陶时代，有些彩陶纹饰是某一地某文化所仅见的，也有些纹饰在不同的地区都有发现，受到不同文化传统居民的共同喜爱，由此可以看到远古文化

图十七　半坡文化彩陶纹饰

存在地区间的交流，也表现了一定意义上的文化融合。如庙底沟文化彩陶常见的花瓣纹和旋纹，在大汶口文化、大溪文化和雕龙碑文化彩陶上都有较多的发现，它的分布几乎遍及整个黄河流域和长江中下游地区，而且年代也比较接近，构图表现出惊人的相似。

　　彩陶不仅仅是将粗糙的陶器变得多姿多彩了，丰富的纹饰也不是陶工们随心所欲的作品，而是那个时代精神的表露，是人类情感、信仰的真情流露。考古已经发现了许多新石器时代的彩陶艺术珍品，它们的纹样有的让我们一看便似乎能明了其中的意义，有的却又让我们百思不得其解。例如仰韶居民在彩陶上描绘的人面鱼纹，在关中和陕南地区都有发现，基本构图都比较接近，圆圆的脸庞，黑白相间的面色，眯缝的眼，大张的嘴，尖尖的帽子，左右有鱼形饰物。或以为它是半坡人的图腾标记，或以为是当时巫师的形象，现在要检验这些认识的正确与否并不容易。

　　在《山海经》中，有一个神话说太阳的运转是乌载着的，汉代时的帛画与画像石上将太阳中间绘有三足乌，就是这神话的形象写照。在庙底沟文化的彩陶上见到了金乌负日的图像，与汉画意境非常相似，这使我们不得不相信《山海经》的神话一定是从史前流传下来的，它反映中国古代天文学传统应当可以上溯到遥远的野蛮时代。我们还在郑州大河村遗址和山东大汶口文化遗址出土的陶器上，看到绘有光芒四射的太阳纹，这些恐怕不仅仅只是表明先民们对天体的一种兴趣。大河村人在他们的陶钵上一下子绘有 12 个太阳，这可能说明当时已建立了明确的年与月的概念。农耕文化部落在对天文气象的观测中形成了自己的宇宙观，在丰富的经验积累中建立起初步的历法体系。

在雕龙碑遗址的彩陶上，也见到了光芒四射的太阳图形，也有庙底沟文化典型的旋纹和花瓣纹，可以说身处长江流域的雕龙碑人的艺术精神与黄河流域的庙底沟人是同一的，他们有同样的信仰，有同样的艺术表现形式，有不分彼此的彩陶。

彩陶纹饰是史前先民装饰器表最形象和最直接的艺术语言，它是陶工用线条和图案表达的那个时代的审美精神以及文化传统。从雕龙碑遗址出土的丰富的彩陶上，我们明确地感受到了这种细腻的艺术精神，也隐约感受到了彩陶纹饰的意境所在。但是，要完全真切感受彩陶的意境，也许是不可能的。因为史前人将自己的灵魂注入到了他们的艺术中，就像有的人类学家说的那样，我们可能永远也不会知道史前艺术家在进行他们的艺术创作时想到了什么。我们如何才能理解史前人的艺术语言呢？最简单而又最不容易的办法是，让我们的大脑穿越时空，回到遥远的史前。过去人类学家这样告诫过我们：我们今天拥有的古代图像是一个古代故事的若干片断。虽然我们迫切想了解它们含义的愿望是强烈的，但明智的做法是承认我们理解力可能会有限制。这话非常有道理，可我们的好奇心常常驱使着我们，要将那些一时无法真正明白的事物考究出一个结论来。这种努力是必要的，也是值得的，未来学者也许会拥有对先祖行为完全理解的能力，总会对史前艺术理解得越来越透彻，到那个时候，彩陶的意境一定会得到更好地揭示。

---

〔1〕 王仁湘：《中国新石器时代地纹彩陶辨识》，《21 世纪的中国考古学与世界考古学》，中国社会科学出版社，2002 年。

龙山时代城址与良渚文化的中心聚落

陈声波

龙山时代大体相当于中国古史传说中的五帝时期，这一时代风云激荡，各考古学文化竞相崛起，文明的曙光交相辉映。与此同时，与文明起源有密切关系的史前城址也大量涌现，主要分布在文化发展水平较高的黄河流域与长江流域，此外内蒙古中南部地区也发现了一批石城址。一时间龙山城址如雨后春笋，使龙山时代聚落形态的面貌为之一变。

从目前的考古发现来看，龙山时代城址数量最多、分布最密集的地区在黄河中下游。黄河中游地区的龙山城址主要分布在河南境内[1]，有登封王城岗、淮阳平粮台、郾城郝家台、辉县孟庄、安阳后冈等。而黄河下游地区的龙山城址分布更为密集，数量也最多[2]，主要有山东寿光县边线王、章丘县龙山镇城子崖，邹平县丁公、五莲县丹土、临淄田旺、阳谷县景阳岗、皇姑冢、王庄、茌平县教场铺、大尉、乐平铺、尚庄、东阿县王集，此外还有江苏连云港滕花落[3]等等。值得关注的是，分布于鲁西平原的8座龙山城址明显可以分为南北两组，南组以景阳岗为中心城，包括皇姑冢与王庄。北组以教场铺为中心城，包括大尉、乐平铺、尚庄、王集。每组中的中心城面积较大，景阳岗城面积约为38万平方米，教场铺城面积约为40万平方米，而环绕在中心城周围的小城面积仅有3~6万平方米。这些小城的地位虽低于中心城，但又明显高于一般聚落，具有邑城性质。这样每一组城便形成了都、邑、聚的分级体系。另外，两座中心城内均发现有大、小夯筑台基。以景阳岗城为例，大台基的面积约9万平方米，小台基的面积也有1万多平方米。根据大台基上的台面及其地层堆积情况推测，这里应是大型宫室基址。而在小台基上的灰坑中发现了比较完整的动物骨骸以及带有礼器色彩的陶器，说明这些灰坑当为祭祀坑，小台基或许具有宗庙性质[4]。而宫殿与宗庙的出现表明，黄河下游地区的中心城址已具有原始城市的性质。

在长江流域，龙山城址主要分布在中游地区。从20世纪90年代起，这一地区相继发现了多座史前城址[5]，主要有湖南澧县城头山、鸡叫城，湖北天门石家河、石首走马岭、荆州阴湘城、荆门马家垸、公安鸡鸣城等等。其中湖南澧县城头山城址的建筑年代最早，因其早期城垣被大溪文化早期偏晚阶段的地层所叠压，估计其始建年代在距今6000年左右，以后至少有过三次修筑，一直使用到石家河文化晚期[6]。从城址的规模来看，最引人注目的是石家河城址。该城址位于湖北省天门市石家河镇北约1公里处，平面大致呈方形，南北长约1200、东西宽约1100米，总面积超过120万平方米[7]。如此巨大的规模，在龙山时代的城址中显得非常突出。调查与试掘所揭示的种种迹象表明，石家河城址内的不同区域存在着文化或社会功能上的区分，说明此时凌驾于社会成员之上的公共权力机构已具有强大的活动组织能力和社会调控功能。

内蒙古中南部地区的史前城址类型较为特殊，其城垣建筑不是单纯的土筑，而是由石头垒砌或在土筑城垣外用石块包砌，从而成为石城。这一地区的龙山城址在空间分布上形成较为集中的三大群：包头市大青山西段南麓、凉城岱海西北岸和准格尔与清水河之间的黄河两岸[8]。

综上所述可知，进入龙山时代以后，聚落形态已由中心聚落普遍发展成带有城垣的城址形态，并且城址的数量较多，构成了这一时期聚落形态的一个显著特征。然而令人感到奇怪的是，在文化发展水平较高的广阔的长江下游地区，迄今为止还没有发现一座带有城垣建筑的城址。长江下游地区在龙山时代主要是良渚文化，良渚文化由马家浜文化、崧泽文化发展而来，到龙山时代时已经高度发达，其文明成就绝不逊色于同时代的任何一个考古学文化。然而在聚落形态上，良渚文化却不像其他地区那样由中心聚落发展成带有城垣建筑的城址形态，表现出了自身的特殊性，以至于在整个龙山时代，长江下游地区竟然没有发现一座带有城垣建筑的史前城址。

一般而言，史前聚落的产生是与农业的出现密切相关的，并随着农业的发展而不断演进。严文明将中国史前聚落的演进划分为五个阶段，其中新石器时代的早、中、晚期分别代表了史前聚落遗址的发生、扩大和发展阶段，铜石并用时代早期是聚落遗址的分化阶段，铜石并用时代晚期是早期城址出现的阶段[9]。王震中则进一步结合世界各地的考古发现，将包括中国在内的世界上第一批原生形态的文明起源和国家形成划分为三大阶段：即由大体平等的农耕聚落形态发展为含有初步分化和不平等的中心聚落形态，再发展为都邑国家形态[10]。王震中所划分的第一阶段即大体平等的农耕聚落阶段相当于严文明所划分的前三段，后两段也基本一致，实质上与严文明的划分法并不冲突。根据王震中的划分，中国史前聚落发展到初步分层与分化的中心聚落阶段时，典型时期是公元前3500～前3000年间的仰韶文化后期、红山文化后期、大汶口文化后期、屈家岭文化前期、崧泽文化和良渚文化早期等。也就是说，良渚文化出现的时候，中国的史前聚落就已经步入到中心聚落阶段。问题是，随着聚落形态的进一步演化，到了龙山时代，黄河中下游以及长江中上游的广大地区都进入到严文明所称的早期城址阶段，带有城垣建筑的城址普遍出现，而良渚文化所处的长江下游地区迄今为止却没有发现一座同时代的带有城垣建筑的城址，这种聚落形态上的特殊性究竟是由什么造成的呢？

从考古学的角度来看，在各种考古遗迹中，聚落遗址所能提供的有关考古学文化的信息量是最为丰富的。我们不仅能从聚落的分布、选址、环境等方面看到人与自然的关系，还可以从聚落内部的布局、结构以及聚落与聚落之间关系进一步探讨该文化的组织结构以及社会形态等方面的问题，从而更加全面深入地了解一个考古学文化。良渚文化的特殊性在聚落形态上的这种表现为我们进一步探讨其文化内涵提供了一个绝佳的视角。

良渚文化的中心聚落一直没有发展成带有城垣建筑的早期城址，这种聚落形态的特殊性究竟是由什么原因造成的呢？经济基础决定上层建筑，我们首先从经济的角度进行探讨。进入龙山时代以后，农业经济最发达的地区在黄河流域与长江流域，同时这里也是史前文化最发达的地区。黄河流域的农业主要是粟作，长江流域的农业主要是稻作，但是毫无疑问，进入龙山时代以后，无论是粟作农业还是稻作农业都已经相当发达，可以生产出足够多的剩余财富，为建造城垣这一类相对于史前而言工程浩大却又非生产性的劳动支出成为可能。问题是，对于良渚文化而言，其农业经济与黄河中下游以及长江中上游地区相比是否也一样发达从而足以应对建造城垣这样的浩大工程呢？

良渚文化的经济基础是稻作农业。长江下游地区的稻作农业早在河姆渡文化时期便已初具规模，从马家浜文化到崧泽文化，再由崧泽文化发展到良渚文化时，稻作农业已经相当发达。首先从农业生产工具看，良渚文化的石器均通体磨光，制作精致，穿孔技术发达，普遍使用管钻法，而且已经出现了石犁和破土器，说明其农业已经告别了刀耕火种以及耜耕的原始农业阶段而进入到先进的犁耕农业阶段，大大提高了农业生产效率。正如游修龄所言："良渚石犁和破土器的出土，是从河姆渡、罗家角时期的耜耕向人力犁耕过渡的转折点和里程碑"，并推测良渚文化水稻的产量能够达到播种量的15倍左右[11]，这在史前已经是相当高的产量了。此外，良渚文化的农业生产工具多配套使用，如耕地用的石犁，田间管理用的耘田器和石锄，收获用的石镰、石刀等，有木制、骨制、竹制的农业生产工具，可谓种类繁多。从农作物的品种看，良渚文化不仅广泛种植粳稻与籼稻，在钱山漾与水田畈遗址还发现了像蚕豆、芝麻、花生、西瓜子、酸枣核、毛桃核、葫芦等植物的遗存[12]，说明其农业经济的多样性。由此可见，良渚文化的农业经济已经相当发达，与黄河流域以及长江中上游地区相比可以说有过之而无不及。良渚文化的中心聚落之所以未能发展成带有城垣建筑的早期城址，并非良渚文化没有经济实力去修筑，非不能也，乃不为也。也就是说，经济基础与良渚文化中心聚落的这种特殊性没有本质的关系。

如果说带有城垣建筑的早期城址的出现反映的不仅仅是经济实力的强大，更反映了行政控制与组织管理的强有力，出现了凌驾于社会成员之上的强制性的公共权力，而这种公共权力的产生又是与阶层与阶级的分化相结合的。如果良渚文化时期尚未出现明显的阶层与阶级的分化以及强制性的公共权力，那么即便其农业经济再发达，也是没有能力去建造那些浩大的城垣建筑的。这样一来，良渚文化的中心聚落没有发展成带有城垣建筑的城址也就好解释了。然而事实并非如此。

在龙山时代，良渚文化的文明进程绝不逊色于同时代的任何文化，不仅有明显的阶层与阶级的分化，已形成金字塔式的社会等级结构，而且公共权力机构也是强有力的。

良渚文化金字塔式的社会等级结构在墓葬当中表现得尤为突出，贵族墓与平民墓各居其所，差别非常大。而从某种意义上来说，墓葬其实是人类生前生活的实际反映。浙江余杭反山、瑶山，上海青浦福泉山，江苏吴县草鞋山、张陵山、武进寺墩等贵族墓地都建在人工堆筑的高大的土台之上，墓内有木棺或木椁，有的还涂有朱漆彩绘。随葬品异常丰富，尤以玉器最为精绝。如反山墓地已清理出的 11 座大墓所出玉器以成组成串计即达 1100 余件，占全部随葬品的 90% 以上，以单件计数则多达 3200 余件。其中琮、璧、钺、冠形器、三叉形器等玉礼器种类齐全，制作精美，玉礼器上的神人兽面纹更是雕刻得如鬼斧神工[13]。与贵族墓地形成鲜明对照的是在上海马桥、松江广富林等地发现的平民墓地，墓葬小且无葬具，随葬品多为一两件陶器或石器，有的一无所有。就良渚文化的贵族墓地而言，其实还可以细分为几个等级，如反山墓地的规格明显高于像福泉山这样的贵族墓地，而福泉山又高于像少卿山这样的贵族墓地。同样平民墓葬也可以进一步划分，再加上像赵陵山所见的人牲这样的社会最底层[14]，良渚文化金字塔式的等级结构在墓葬当中反映得已十分清楚。

再从强制性的公共权力机构看，良渚文化已有足够的证据表明这种权力机构确实存在，并且是强有力的，这一点集中体现在大量的大型建筑工程上。良渚文化的大型建筑工程很多，有前面已述及的由人工堆筑而成的规模巨大的贵族高台墓地，有人工堆筑或依山修建的祭坛，更有被称为"土筑金字塔"的莫角山大型夯土台基。这在说明强制性权力机构的存在上最有代表性。

莫角山遗址为良渚遗址群中的中心遗址，整个遗址规模巨大，呈长方形土台状，东西长约670、南北宽约450米，总面积达30余万平方米。据莫角山发掘工作负责人王明达介绍："在已经开挖的13个探方中，红烧土坯以下的看似生土的地层，实际是经过人工搬动的，即人工用自然土筑成的，其最深的一处已达 7 米。"[15]如此巨大的土台，竟由人工堆筑而成！此外土台上还有近3万平方米的大型夯土基址，表明这里曾有像宫殿一样的大型建筑。吴汝祚认为："良渚遗址的整个礼制建筑，由于规模庞大，估计至少需300万个或更多一点人工，要调动大量的人力，这绝非氏族社会的能力所能达到，需要高于它的社会组织层次，即早期国家的产生。"[16]如果没有一个强有力的强制性公共权力机构的保障，规模巨大的莫角山"土筑金字塔"便不可能突兀而起。

以上我们仅从最典型的事例说明到了良渚文化时期，已经出现了强制性的公共权力机构以及金字塔式的社会等级结构。在发达的农业经济的保证下，良渚文化完全有能力建造带有城垣建筑的城址。实际上，莫角山的人工堆筑土台其工程量绝不逊色于龙山时代的任何一座城垣建筑。如此看来，良渚文化的中心聚落之所以没有发展成带有城垣建筑的早期城址，既非经济因素，也不在于文化的发达程度，而是另有原因。

良渚文化中心聚落的特殊性要从良渚文化自身的特殊性上去寻找答案。相对于龙山时代的其他文化而言，宗教巫术的盛行以及政教合一是良渚文化最为独特之处，而这正是良渚文化的中心聚落未能发展成带有城垣建筑的早期城址的主要原因。

良渚文化的宗教巫术十分盛行，整个社会都笼罩在强烈的宗教氛围之中。赵辉在论及良渚文化的宗教与社会时指出："良渚文化的宗教性遗物数量之多和品质之精是空前的，此还不算许多和教义有密切关系的反映良渚人的仪仗、祭祀、丧葬习俗方面的遗物遗迹资料。""良渚文化的宗教性器物集中出土在大型墓地和大型墓葬的倾向，使研究者们相信当时的社会已经出现了一个高于基层大众的特殊僧侣阶层，用中国的称呼方式就是巫觋。"[17]良渚文化的巫觋已经凌驾于社会之上成为特权阶层，并且垄断了宗教大权。根据《国语·楚语》一书中关于"绝地天通"的一段记载，在宗教权力被垄断之前，曾经有过"民神杂糅，不可方物，夫人作享，家为巫史"的阶段，因此颛顼才命南正重司天属神，命火正黎司地属民。张光直认为这一段记载是有关古代中国巫觋最重要的材料，为我们认识巫觋文化在古代中国政治中的核心地位提供了关键的启示[18]。颛顼"绝地天通"的实质是巫觋对宗教权力的垄断，从而使自己成为凌架于社会之上的特权阶层。良渚文化中具有特权的巫觋阶层的出现正是当时宗教巫术盛行的一种反映。

在良渚文化的贵族墓葬中，出上了许多精美的玉器，其中琮、璧等玉器，尤其是内圆外方的玉琮被认为是巫觋与神沟通的宗教法器。《周礼·大宗伯》中就有"以苍璧礼天，以黄琮礼地"的记载。有关良渚文化玉琮的功用，各家说法不一，张光直认为，琮内圆像天，外方像地，中间的圆孔表示天地的贯通，良渚文化的玉琮是巫觋用来贯通天地的法器，同时也是权力的象征[19]。此外，良渚文化的神人兽面纹也被认为是具有宗教色彩的神徽，在很多玉器上都能见到。如果将良渚文化的大墓与大汶口文化中晚期、龙山文化、陶寺类型等诸文化的大墓相比就会发现，后者的随葬品更多地表现的是对世俗权力的集中和财富的占有，带有宗教色彩的遗物甚少，而良渚文化大墓中带有宗教色彩的遗物则数量众多，质量精美，突出说明了宗教巫术在良渚文化中所占的重要地位。

良渚文化不仅宗教巫术盛行，而且还具有政教合一的特点，即神权与世俗权力结合在一起。在良渚文化的不少大墓中，琮、璧、钺共出。如果说琮、璧是神权的象征，则钺代表的是兵权或王权，亦即世俗权力。琮、璧、钺共出反映了墓主人既拥有宗教权力，同时也拥有世俗权力。反山墓地 M12 出土的玉钺上刻有神人兽面纹，亦是神权与世俗权力结合的生动写照。张忠培在论述良渚文化时指出，在良渚文化社会中，军权尚未高于神权，两者在社会的位置基本上处于同等地位。这点亦可从他们同居一墓地的事实中得到说明。中国古代社会的历史，是军权演变为王权，军（王）权愈来愈高于神权，日益凌驾于神权之上。军（王）权与神权并重，当是良渚文化社会的一个基本特征[20]。正因为良渚文化的神权还没有被军（王）权所凌驾，因此良渚文化的社会生活中笼罩着浓重而神秘的宗教氛围。

在宗教巫术盛行的情况下，良渚文化大量的劳动支出没有用在生产上，也没有用在建造城垣建筑上，而是用在与宗教有关的大型工程上，这就是良渚文化的中心聚落没有发展成带有城垣建筑的城址的主要原因。

与宗教有关的大型建筑工程首先表现在由人工堆筑而成的高台墓地上。与龙山时代的其他文化相比，高台墓地是良渚文化最为独特之处，几乎所有的大墓都葬在由人工堆筑而成的高土台上，墓主人当然都是那些握有宗教与世俗权力的贵族。从目前的考古发现来看，余杭反山、青浦福泉山、昆山赵陵山、武进寺墩、吴县张陵山、苏州草鞋山等良渚文化大墓莫不如是。高台墓地规模庞大，需要花费大量的人力、物力。如福泉山墓地东西长 94、南北宽 84、高出地面 7.5 米[21]；寺墩墓地东西长 100、南北宽 80、高出地面 20 米[22]；草鞋山墓地东西长 120、南北宽 100、高出地面 10.5 米[23]。这些由人工堆筑的高台墓地不仅数量众多，而且规模庞大，其工程量之大、耗费的人力物力之巨是可想而知的。

除高台墓地外，良渚文化的祭坛也与宗教有着密切的关系。目前发现良渚文化祭坛的遗址已不在少数，主要有浙江余杭瑶山、汇观山、反山，海宁大坟墩，奉化名山后，上海青浦福泉山，江苏昆山赵陵山等。这些祭坛不仅有堆筑而成的，还有依山修建的。如瑶山祭坛建于海拔 35 米的小山顶上，平面呈方形，外围边长 20 米，总面积约 400 平方米。祭坛由多色土精心营筑成内外三重，中心部分为红土台，其外是灰土围沟，最外层则由黄褐色斑土筑成[24]。良渚文化祭坛的规模虽不及高台墓地，但无疑也要耗费大量的人力物力。

在良渚文化的大墓中，厚葬显然已成为一种习俗，尤其是用大量精美的带有宗教色彩的玉器来随葬。数量众多的玉器从开采、运输到最后的精雕细琢无疑也要耗费大量的人力物力。在巫政合一的良渚社会，玉器尤其是带有礼器色彩的玉器，制作不惜成本，一如商周时期的青铜礼器。尽管玉器的制作在人力、物力的消耗上不像大型建筑工程那样一目了然，但良渚人无疑为此付出了巨大的代价。

就良渚文化而言，莫角山遗址也许是唯一一处能体现出一点现实价值的工程。前面所说的高台墓地与祭坛等大型工程不仅是非生产性的劳动支出，而且宗教意味浓厚，简言之，是为死人服务的，莫角山遗址却是为活人服务的。然而从大型夯土建筑基址看，除了活人居住的宫殿外，必有像后世那样的宗庙，再加上高台上的祭祀遗迹，可以说，宗教的成分在莫角山依然突出。莫角山遗址前面已经介绍过了，可谓规模宏大，气势磅礴。吴汝祚估计至少需 300 万个或更多一点人工，这样的规模在龙山时代是很罕见的。良渚人倾注了极大的热情，耗费了巨大的人力物力，营筑起来的不过是突兀而起的一个大土台。这个大土台以及土台上可能有的宫殿宗庙建筑完全是一种非生产性的劳动支出，没有任何经济效益。这也许只能从宗教的角度才能解释得通。试想良渚人如果将营建高台墓地、祭坛、莫角山超大型高土台基址以及精雕细琢玉器的人力与物力都用来建造带有城垣的城址，那么在长江下游地区，也必像黄河中下游地区那样城址广布。可惜良渚人为宗教奉献了太多，他们没有这样做，也无力这样做，这也许就是良渚文化的中心聚落没有发展成带有城垣建筑的城址的主要原因。

良渚文化的中心聚落之所以没有发展成带有城垣建筑的城址，还有一个重要原因。这个原因可以称之为外因，而前面所论的可谓内因。内因起主要作用，但外因也是不可或缺的。这个外因便是在龙山时代，良渚文化所处的长江下游地区没有受到大规模战争的威胁。

良渚文化所处的龙山时代，相当于中国古史传说中的五帝时期。根据文献记载，五帝时期爆发过几次大规模的战争。在黄河中下游地区，先是黄帝与炎帝之间的阪泉之战，然后是黄帝与蚩尤之间的涿鹿之战。阪泉之战是华夏集团内部的战争，而涿鹿之战则是华夏集团与东夷集团之间的一次对决。除了像这样的大规模战争外，小的冲突更是此起彼伏。在这种背景下，黄河中下游地区在龙山时代便崛起了一批带有城垣建筑的城址。可以说，带有城垣建筑的城址的出现是与战争密切相关的。长江中游地区史前城址的兴废与古史传说中苗蛮集团的崛起以及尧、舜、禹征三苗息息相关，并得到了考古发现的证实。至于长江上游地区的史前城址，或许与苗蛮集团战败以后沿江西迁有关，即文献上所说的"迁三苗于三危"。纵观龙山时代古史传说中的几次大规模战争，其发生地集中在黄河中下游以及长江中游地区，而这些地区正是龙山城址分布最密集的地区，这绝不是一种偶然，而是有着必然的联系。

　　良渚文化所处的长江下游地区，在古史传说中并没有大规模战争的记载，从考古发现来看，也缺乏有关战争的资料。可见在龙山时代，当黄河中下游以及长江中游地区到处笼罩着战争的阴云时，长江下游地区并未受到战争的实质性威胁，其中心聚落也一直未筑城垣以加强防御。由于良渚文化的宗教势力异常强大，因此尽管其分布区域很广，但各地出土的玉礼器的类型与形制却基本一致，具有宗教神徽性质的神人兽面纹更是被广泛接受，此外各地高台墓地与祭坛的形制也大同小异，这一切说明在宗教巫术的统治下，各地区尽管有不同的中心，但有着大致相同的宗教信仰，这使得良渚文化的凝聚力大大加强，文化认同感大大加强，在没有外来战争威胁的情况下，良渚文化内部之间也不会爆发出大规模的战争冲突。既然没有战争的威胁，那么与战争密切相关的带有城垣建筑的城址也就没有存在的必然理由，这也客观上促使了良渚人能够将大量的人力与物力都投入到与宗教有关的非生产性劳动支出上。因此，良渚文化的中心聚落便出现了这样一种特殊的现象，即当别的地区带有城垣建筑的龙山城址纷纷崛起之时，高度发达的良渚文化还深深地沉浸在宗教的氛围之中，其中心聚落也就一直没有发展成带有城垣建筑的城址。

　　最后需要说明的一点是，尽管良渚文化的中心聚落一直没有发展成带有城垣建筑的城址，但这丝毫不会影响良渚文化的文明成就。因为城址仅就是否带有防御性的城垣建筑而言，而与中心聚落的性质并无本质的关系。在这里，需要辨析两个概念，即城址与城市的概念。如前所述，城址仅就是否带有防御性的城垣建筑而言，而城市则是一种以政治军事职能为主、作为邦国权力中心的聚落形态。就城址而言，城垣建筑主要是出于军事防御上的需要，而与作为文明要素之一的城市有着本质的区别。如西亚巴勒斯坦的耶利哥，早在距今1万年～9000年前就由于军事和其他特殊的原因（如保卫宗教上的圣地圣物等）而修筑了带有城垣建筑的城址[25]，这样的城址显然不具备城市的要求。中国早期出现的城址，如大溪文化的湖南澧县彭头山古城[26]以及仰韶文化的郑州西山古城[27]同样也没有达到城市的要求。也就是说，作为带有城垣建筑的城址，体现的主要是防御上的功能，至于是否发展到城市这一阶段，还要看其内含，而不是看城垣，并非所有的城址都能成为城市。就城市而言，也并非一定要带有防御性的城垣建筑。中国早期的城市体现的主要是政治与宗教上的功能，还不具备贸易中心的性质。正如张光直所言，中国早期的城市，不是经济起飞的产物，而是政治领域中的工具，是统治阶级用以获取和维护政治权力的工具[28]。良渚文化的中心聚落尽管没有防御性的城垣建筑，还不能够称为城址，但已初步具备了早期城市的性质。以莫角山中心聚落为例，在良渚遗址群近34平方公里的范围内，已发现聚落遗址40余处，莫角山为一级中心聚落，人工堆筑的土台面积达30万平方米；二级聚落遗址9处，面积3～9万平方米；三级聚落遗址 30 处以上，面积在 2 万平方米以下，其中约有三分之一都未超过 5000 平方米[29]。张学海从莫角山中心聚落内的大型夯土建筑基址以及反山、瑶山、汇观山等高台墓地与祭坛等一系列要素推论在良渚聚落群中已形成"都、邑、聚"的金字塔式等级结构，莫角山中心聚落已具备王都的性质，莫角山古国已经出现[30]。

---

〔1〕　任式楠：《中国史前城址考察》，《考古》1998 年 1 期。

〔2〕　张学海：《试论山东地区的龙山文化城址》，《文物》1996 年 12 期；山东省文物考古研究所等：《鲁西发现两组八座龙山文化城址》，《中国文物报》1995 年 1 月 22 日；张学海：《鲁西两组龙山文化城址的发现》，《中国文物报》1995 年 6 月 4 日。

〔3〕　林留根等：《藤花落遗址聚落考古取得重大收获》，《中国文物报》2000 年 6 月 25 日。

〔4〕　山东省文物考古研究所等：《山东阳谷县景阳岗龙山文化城址调查与试掘》，《考古》1997 年 5 期；张学海：《试论山东地区的龙山文化城》，《文物》1996 年 12 期。

〔5〕　任式楠：《中国史前城址考察》，《考古》1998 年 1 期。

〔6〕　蒋迎春：《城头山为中国已知时代最早古城址》，《中国文物报》1997 年 8 月 10 日。

〔7〕　北京大学考古系等：《石家河遗址群调查报告》，《南方民族考古》五辑，1993 年。

〔8〕　田广金：《内蒙古长城地带石城聚落址及相关诸问题》，《纪念城子崖遗址发掘 60 周年国际学术讨论会文集》，齐鲁书社，1993 年。

〔9〕　严文明：《中国新石器时代聚落形态的考察》，《庆祝苏秉琦考古五十五年论文集》，文物出版社，1989 年。

〔10〕　李学勤主编：《中国古代文明与国家形成研究》14～15 页，云南人民出版社，1998 年。

〔11〕　游修龄：《良渚文化时期的农业》，《良渚文化研究》，科学出版社，1999 年。

〔12〕　浙江省文物管理委员会：《吴兴钱山漾遗址第一、二次发掘报告》，《考古学报》1960 年 2 期；浙江省文物管理委员会：《杭州水田畈遗址发掘报告》，《考古学报》1960 年 2 期。

〔13〕　浙江省文物考古研究所反山考古队：《浙江余杭反山良渚墓地发掘简报》，《文物》1988 年 1 期。

〔14〕　江苏省赵陵山考古队：《江苏昆山赵陵山遗址第一、二次发掘简报》，《东方文明之光——良渚文化发现 60 周年纪念文集》，海南国际新闻出版中心，1996 年。

〔15〕　严文明：《良渚随笔》，《文物》1996 年 3 期。

〔16〕　吴汝祚：《良渚文化——中华文明的曙光》，《文明的曙光——良渚文化》，浙江人民出版社，1996 年。

〔17〕　赵辉：《良渚文化的若干特殊性——论一处中国史前文明的衰落原因》，《良渚文化研究》，科学出版社，1999 年。

〔18〕　张光直：《美术、神话与祭祀》29 页，辽宁教育出版社，2002 年。

〔19〕　张光直：《谈"琮"及其在中国古史上的意义》，《中国青铜时代》，三联书店，1999 年。

〔20〕　张忠培：《良渚文化的年代和其所处社会阶段》，《文物》1995 年 5 期。

〔21〕　上海市文物管理委员会：《福泉山——新石器时代遗址发掘报告》，文物出版社，2000 年。

〔22〕 南京博物院：《1982 年江苏常州武进寺墩遗址的发掘》，《考古》1984 年 2 期。

〔23〕 南京博物院：《苏州草鞋山良渚文化墓葬》，《东方文明之光——良渚文化发现 60 周年纪念文集》，海南国际新闻出版中心，1996 年。

〔24〕 浙江省文物考古研究所：《余杭瑶山良渚文化祭坛遗址发掘简报》，《文物》1988 年 1 期。

〔25〕 李学勤主编：《中国古代文明与国家形成研究》59 页，云南人民出版社，1998 年。

〔26〕 蒋迎春：《城头山为中国已知时代最早古城址》，《中国文物报》1997 年 8 月 10 日。

〔27〕 国家文物局考古领队培训班：《郑州西山仰韶时代城址的发掘》，《文物》1999 年 7 期。

〔28〕 张光直：《关于中国初期"城市"这个概念》，《中国青铜时代》，三联书店，1999 年。

〔29〕 费国平：《余杭良渚遗址群概况》，《文明的曙光——良渚文化》，浙江人民出版社，1996 年。

〔30〕 张学海：《论莫角山古国》，《良渚文化研究》，科学出版社，1999 年。

农具与文明
——石斧、石钺、玉钺的演变关系探究

王根富

一

恩格斯指出，"人类社会区别于猿群的特征又是什么呢？是劳动。……劳动是从制造工具开始的。"[1]人类社会为了生存和发展，必须不断创造和供给生活资料。在人类社会的早期阶段，生活资料的来源主要是依赖于自然界。随着社会的不断发展进步，通过劳动而创造的生活资料份额逐渐加大，而且这一加大的趋势日益增强，并使人类逐渐摆脱了自然界的束缚。这一过程中起关键作用的是人类的劳动，人类劳动在改造自然界的同时也促进人类自身体质的进化，而劳动的实施中离不开劳动工具。人类社会最初使用的工具往往是些便于获取、制作简单的树枝、木棍或石块。由于受到客观保存条件的制约，我们现今所见的大多是些石质工具。

人类在生产活动中使用的各类生产工具，最初是不受质料、形制的限制，主要在于实用，故实用性占有重要地位。就考古发现的早期工具观察，该类工具的加工部位集中在刃部和柄把部，随着生产的发展及加工技术的成熟，工具制作在注重实用的同时开始逐渐注意形式美，使实用与美观相统一。如旧石器时代多打制工具，而新石器时代工具则多采用磨制技术，使石器不但实用而且也很美观；经过长期的生产实践，一些类型的工具已经基本定型化，形成一套相对固定的制作技术方法，并在实践中逐步完善和推广。

劳动工具的定型化与广泛使用存在十分密切的关系。在生产活动过程中所有的工具都发挥着不同的作用，有些工具起主导或重要作用，有些则起辅助性作用，这样工具从它的开始产生时就存在分化条件。一些具有特殊性的工具逐渐从中分化出来，以致形成区别于其他类工具的特殊性质，或者当时人们赋予它一些特殊的功能。有些甚至具备工具本身以外的特殊用途，这就形成工具的最初分化。

　　工具的分化与人类社会、文化、经济等的发展相适应。当人类社会发展至一定阶段时，人们自然地需要有一种力量来统一或规范日常行为，为了达到这一目的，其中之一的可能往往就是选择一些为大多数人所熟悉，并同时广为使用的劳动工具，这就为在工具中分化出一些特殊的门类提供了广泛的社会基础。马克思主义者认为，生产工具是生产力发展的客观尺度，生产力的发展首先是生产工具的发展。因此，对生产工具的分析研究在研究人类历史中具有十分重要的意义。早期文明的起源或产生都可以通过对生产工具的研究得到合理阐述，在目前探讨中国古代文明起源问题时，以农业生产工具的分化为切入点，将有十分重要的意义。

二

　　经过数十年的考古工作和研究得知：中国农具的分化约产生于新石器时代晚期，这时的经济、文化已发展到一定高度和水平。这里所讲的"分化"是指从实用性工具中分化出一些脱离其原有功能而具有礼仪性质的器物，这些器物虽然具有工具的造型，但已脱离了工具的基本功能或基本用途。新石器时代的工具也从另一个侧面反映当时的经济、文化发展水平，该时期也正是探讨文明起源的关键时期。

　　作为农具的分化必须有内在的原因和外在条件。其内在原因是，分化的工具必须在现实生活中占有极重要的地位，是生产中的主要工具类型并广为人们所使用和接受，使用者在当时的生产中应具有主导地位。在新石器时代晚期，经济以农业经济为主，人们的生活依赖于原始农业，考古资料证明农业的发达程度与原始文化的发展水平存在十分密切的关系，农业生产工具在早期的人们生活中始终占据主导地位，而农具的使用者多为男性，我们在新石器时代晚期墓葬中随葬品的组合状况可以清楚地发现这一特点；由于农具在生产活动中的特殊地位，从技术层面考察，长期以来农具的制作和加工技艺较为完善，能够制作出形制规整、工艺精良的器具，从某种意义上讲，该类（件）工具已有一定的美感信息存在。作为工具分化的外部条件，是当时经济、文化发展已达到一定的水平，生活资料也很丰富，已有产生剩余产品的可能，更有少量可以脱离生产劳动的人员存在，开始出现小规模的中心组织等等。为了统一人们的意旨并规范人们的社会活动，似乎此时不得不产生一种大家认可的"标志物"来承担这一重任，而能担此重任的只有广为人们所熟悉且被接受、使用的某种定型化的劳动工具，这就是促使劳动工具首先分化的外在客观条件。考古学研究表明，新石器时代最为广泛的农业生产工具便是石斧，其造型一致、制作技术完善，全国各地的遗址中都有发现。1978 年河南临汝阎村出土了一件"鹳鱼石斧图"陶缸（图一），缸体外壁绘有一幅 37×44 厘米的彩

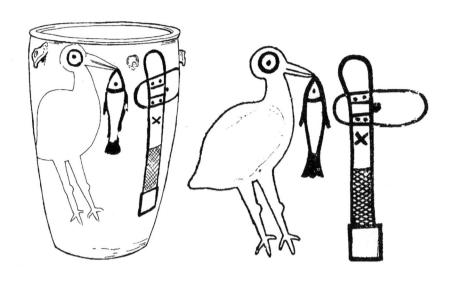

图一　河南临汝阎村出土陶缸、鹳鱼石斧图

画。画面左侧绘一只傲立的白鹳，以它的长喙衔着一条垂死的大鱼，画面右侧绘一件竖立的圆弧刃穿孔石斧，斧柄上有缠绕的织物或细绳[2]。有人考证此彩绘陶缸可能是一个部落联盟中心部落酋长的葬具，画中的石斧是其权力的标志物，鹳和鱼则应是两个氏族的图腾[3]。此现象说明最先是从实用的生产工具——石斧中分化出石钺，继而发展成玉钺，到商周时期则演变为青铜钺，其礼仪、权力性质逐渐明朗。钺是拥有者权力、地位、身份的象征，起着规范、统一人们意识的作用，是文明起源阶段最早出现的礼器门类，随着历史的进一步发展，其后礼器的种类日益丰富、庞杂。

新石器时代石制生产工具中的石斧（也有称之为石铲），具有使用广、制作精、形制简单而稳定的特点。基本形制是扁平长方形，双面刃呈直、弧线形，通体磨光。出土时在斧头顶部常见到凹槽、横脊、段、肩、孔这些特征，全都是为了安装把柄而设置的，有些石斧尚留有明显捆柄固定磨损的痕迹。石器装柄是一项重要的技术创造，但人类取得这项创造并不简单。前苏联社会学家普列汉诺夫指出"石斧最初是没有斧柄的。史前考古学很确凿地证明，斧柄对原始人类来说是一个相当复杂而又困难的发明。"[4]其中一部分石斧有从厚向薄变化的趋势，就其实用功能分析，平薄的斧身不便使用且牢固度也大大降低，唯一的解释就是非实用性和礼器化，这类扁薄体石斧往往制作精致、刃口多无使用痕迹，似乎也说明这一点。

早期考古学对斧柄的考察较为欠缺，更多的是关注石斧本身。在有些墓的随葬品出土时，位于石斧附近同一平面往往发现"骨雕筒"[5]、"骨套"[6]、"玉柄饰"[7]、"玉格

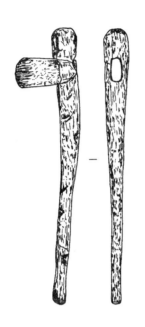
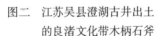
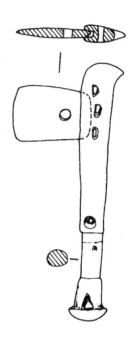

图二　江苏吴县澄湖古井出土
的良渚文化带木柄石斧

图三　江苏海安青墩中层（崧
泽文化）出土带柄陶斧

饰"[8]等等，这往往是根据出土器物本身形状、质料而命名的，其实它们仅仅是斧（钺）的一部分，联系两者的木柄部分因朽烂而不易被发现。考古发现的带柄石斧为认识这一问题提供了科学依据。1974 年江苏吴县澄湖一口良渚文化土井中出土了一件带木柄石斧（图二），形制结构保存较为完整，应是一件实用器物，木柄长 74 厘米，是用直径约 8 厘米的树枝修砍而成，柄一端有贯通的扁圆形卯眼便于安装石斧[9]。1979 年在江苏海安青墩遗址文化层中出土了一件有柄穿孔陶斧（图三），长 18.2 厘米，泥质红陶，由柄和穿孔斧两部分组成，柄的前端翘起似为斧饰，后端呈半球形似为端饰，应是按实物仿制的模型，只是形体较小[10]。这两件带柄斧的发现为认识石斧整体结构及其装柄方法提供了可靠的实物证据。1986 年发掘的反山、1987 年发掘的瑶山良渚文化墓葬中发现并复原了最早的完整玉钺（图四、五），玉钺由钺身、冠状饰、端饰及木柄等部分组成[11]。此后有人对玉钺的特征、结构、用途等作了进一步的研究，明确了钺在良渚文化中的特殊地位[12]。

反山共计发现玉钺 5 组，一墓出 1 件，均出于墓主一侧，大致认定钺的柄端握于死者左手，钺身在左肩，通长约 70～80 厘米。出土玉钺的都是大型墓葬，随葬品丰富，以琮、璧、钺等玉制礼仪用器最具特色，象征墓主人拥有神权、财富和军事统率权，说

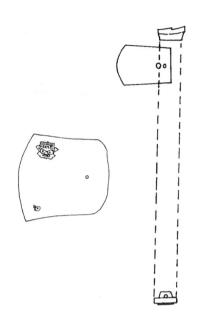

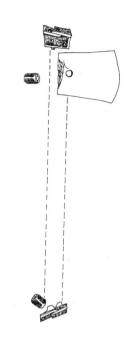

图四　浙江余杭反山良渚文化墓葬
（左 M12，右 M14）出土玉钺

图五　浙江余杭瑶山良渚文化
墓葬（M7）出土玉钺

明墓主是一批部族显贵。其中 M12 出土的玉钺最为精致（图四），通体呈"风"字形，器身扁薄，精磨抛光，双面弧刃，刃口且保存完好，双面均有一浅浮雕"神徽"和"神鸟"，彰显其与众不同、神秘莫测的特性[13]。

瑶山共有玉钺 6 件，出土于 6 座墓中，每墓出 1 件，也是大型墓，形制特点与反山玉钺相同，从 M7 中出土的玉钺复原观察，钺通长 80 厘米[14]（图五）。

寺墩 M3 出土可复原完整玉钺 1 套，位丁墓主上半身左侧，由钺身、冠饰、端饰及木柄（？）等部分组成，通长 68 厘米（图六），钺身为狭长梯形，弧形顶，侧边平直，双面弧刃，近顶部有一穿孔，通体精磨抛光，长 19.5、宽 13、厚 0.6 厘米。M3 墓主是一 20 岁左右的青年男性，出土随葬品 124 件，以玉琮、璧、钺等最具特色，另有少量的石质生产工具和陶器[15]。

福泉山于 7 座墓中出土玉钺 14 件，其中 1 件 3 座、2 件 2 座、3 件 1 座、4 件 1 座；钺位于墓主右侧，各墓的随葬品较为丰富。其中具备钺身、冠饰、端饰的有 3 套。钺身呈扁薄长方梯形，双面弧刃，刃口完好，近顶中部有穿孔便于装柄固定，通体精磨抛光。复原的一套 M65 的玉钺，通长 75 厘米，身长 15.9、厚 0.5 厘米[16]（图七）。

大汶口出土玉钺（原报告称为玉铲）2 套，分出两座墓葬中，由钺和骨雕筒组成，

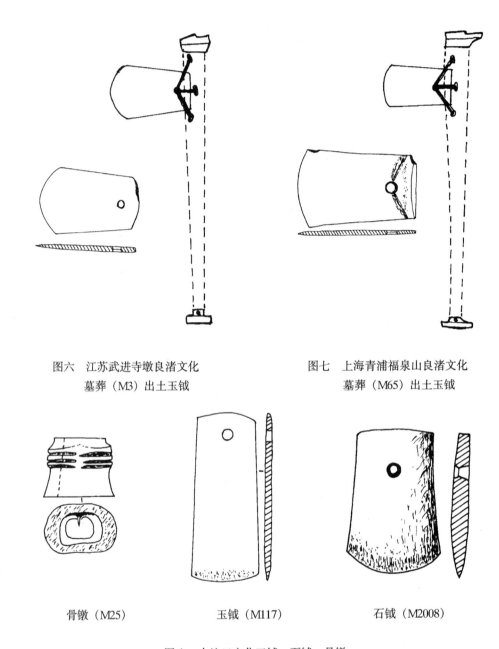

图六 江苏武进寺墩良渚文化
墓葬（M3）出土玉钺

图七 上海青浦福泉山良渚文化
墓葬（M65）出土玉钺

骨镦（M25）   玉钺（M117）   石钺（M2008）

图八 大汶口文化玉钺、石钺、骨镦

木柄残缺，通长约60厘米。钺身为扁平长方形，三面刃，刃口完好，通体精磨抛光，近顶中部有一穿孔便于装柄，厚0.7厘米。骨雕筒即为柄端饰，利用动物骨骼制成，外表磨光并雕刻有花纹[17]。1974、1978年再次发掘的大汶口遗址墓葬中出土了两件石钺，但未见端饰（图八、九）。钺位于墓主左胸，钺身呈梯形，双面弧刃外鼓、侧边外张，

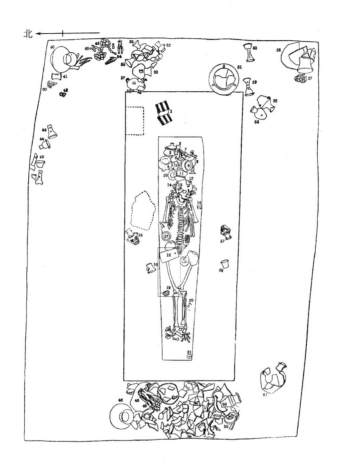

图九　大汶口 M10 出土玉钺组合结构示意图
（图中方框内的 18 为玉钺、19 为骨镦）

近顶中部有穿孔，高 14.8、宽 10、厚 1.7 厘米[18]（图九）。

　　湖北黄梅陆墩出土并复原石钺 2 套，出于两座二次葬墓，一为中年男性，一性别不明，每座墓的随葬品有 10 余件。其中石钺由钺身和骨端饰组成，没有发现钺冠状饰，钺身高 17.9、宽 13.6、厚 0.9 厘米，复原的全长约 66 厘米[19]（图十）。

　　阎村彩画石斧图、澄湖古井带柄石斧、青墩带柄陶斧的出土首次解决了石斧的结构和装柄问题，良渚文化玉钺的整体出土与复原进一步明确了钺的一般结构，为探讨玉钺的功能提供了依据。随着玉钺的大量发现及研究的深入，玉钺的渊源问题引起了人们的关注，就外形观察分析钺是起源于石斧，从石斧逐渐演化而来，但却一直缺少这方面的实物资料，往往只是就石斧头造型特点分析论述。1993～1998 年在江苏金坛三星村遗址出土了两套结构复杂、造型基本相同的石钺，第一次明确、可靠地证实玉钺应源于

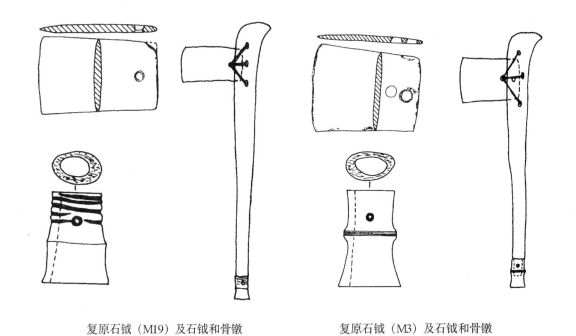

复原石钺（M19）及石钺和骨镦　　　复原石钺（M3）及石钺和骨镦

图十　湖北黄梅陆墩出土的两件石钺

石钺[20]。金坛石钺分别出于两座墓葬中（M38、M531），需要说明的是在该遗址发掘的千余座墓葬中，出土如此精美石钺的墓并不是规模最大、随葬品最多的墓葬，似说明有其特殊的意义。M38 是一中年男性，单人仰身直肢一次葬，随葬品有石钺 1 套 3 件、陶尊 1、陶罐 1、陶鼎 1、砺石 1、骨器 2、鱼骨等。其中石钺位于墓主左下腹，由石钺身、骨质帽饰、牙质镦及木质柄（残缺）组成，钺身平放在上部，刃口朝外，墓主手握柄部中段，镦在下部，全长 53 厘米（图十一）。M531 是一青年男性，单人仰身直肢一次葬，随葬品有石钺 1 套 3 件、陶鼎 1、玉玦 1 套 2 件。石钺的组合结构和出土位置与 M38 相同，全长 45 厘米（图十二）。钺身呈环刃舌形，顶部弧平，中上部有双面钻孔眼，通体磨光，刃口多完好未见使用痕迹。M38 钺身稍显粗糙，高 12.4、宽 9.4、厚 1.9 厘米；钺帽饰保存完整，侧面观呈鳄鱼首形，体扁薄，前部低矮，后部呈弧状凸起，后部偏上有一圆形大孔，器形前后端斜直，底边平直，在底边中部等距离分布四个半月形穿孔，器体两面纹饰对称分布，分前后两部分组成，前半部斜向分布三组圆圈纹，每组由三小排构成，排列规整，后半部有弧形凹纹，长 10.5、高 5、厚 0.75 厘米；象牙质镦（柄端饰），雕刻线条流畅，制作精良别致，通体呈鼓状，上下端平整，侧面外鼓，纹饰分四组，前后左右对称分布，前后是巨目枭首正面纹，左右为喙部外凸的立体鸟首纹，尤

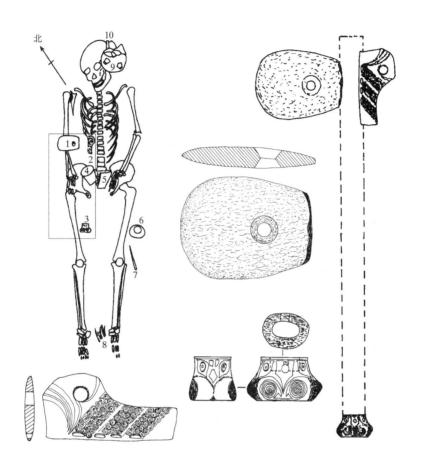

图十一　金坛三星村（M38）出土石钺

（图中框内 1、2、3 为石钺组件）

以眼部传神逼真，上端中部有一圆形凹坑便于容纳木柄并有一小圆形销孔贯通前后，器表磨光，高 3、宽 5.2 厘米（图十一）。M531 出土石钺结构与 M38 出土的套装石钺完全一致，帽饰、镦的纹饰稍简单，钺身为扁薄环刃舌形，器表精磨并抛光，高 14.8、宽12.7、厚 1.25 厘米；骨质钺帽饰的形状特点及纹饰与 M38 钺帽饰基本一致，长 12.3、高 4.6、厚 0.5~0.4 厘米；骨质镦呈贯通的圆管状，两端平整，骨壁较厚，内外壁均经加工并磨光，外壁上部刻有六道等距凹槽纹，下部刻有相对应的半月形纹一组，通体经抛光，高 3.3、直径 3.5~3.9 厘米[21]（图十二）。

三星村所出两套有完整组合关系的石钺，其结构复杂、造型优美，特点完全相同，更与良渚文化玉钺相似，说明此种石钺早在玉钺之前已成定制，从生产工具类的穿孔石斧首先明确分化出这种具有礼仪性的石钺，这应是一个质的飞跃，具有划时代的意义，

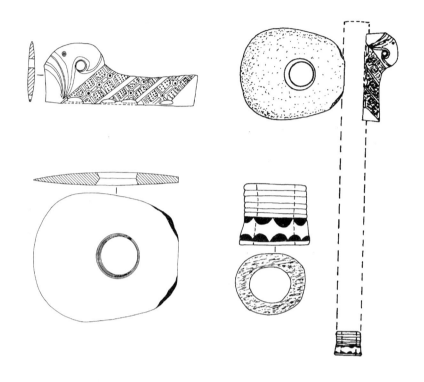

图十二　金坛三星村（M531）出土石钺

其后发展到良渚文化时期的玉钺、商周时期的青铜钺，这一前后递变的渊源关系十分清晰，对于我们进一步认识钺的起源与发展及其在中国文明起源研究中的地位有十分重要的意义；三星村石钺的结构复杂，帽饰、镦饰雕刻的纹饰形象生动，再据其保存完好的刃部分析，无疑是一种具有特殊用途的器物，绝非一般的实用性生产工具，而应是一件代表墓主人生前所拥有权力、地位及身份的标志物，是一件礼器。斧是钺的前身，石钺应是玉钺的前身。《说文》"戉（钺），大斧也。"钺在中国古代是王权的象征，王权有来源军事酋长统帅之权的一面，因此钺是原始部落中酋长或首领权力的标志物。鳄鱼和枭（猫头鹰）是长江下游地区最常见的两种凶猛动物，郭沫若先生早就提出铜器铭文中"图形文字乃古代国族之名号"、"凡图形文字之作鸟、兽、虫、鱼之形者必系古代民族之图腾或其孑遗"[22]。据此我们可以将三星村石钺上的鳄鱼、枭理解为原始部落群中部落神，或是两部落的联盟而结成的部落联盟之神器——石钺[23]。

我们进一步对三星村所出土的两套石钺钺身观察分析发现：一件稍显粗糙而且质料一般，一件精美质料上乘。如没有其他配件与其伴出，很难将粗糙的那件定为钺，但它又确实是石钺。针对这种现象，我们可以推论在整理新石器时代的相关出土资料时，石斧中一定混入了石钺，只是我们在工作时没有注意或发现而已。石斧就是石斧，只有在一定的关系下，它才成为石钺；石斧是劳动的工具，只有在一定条件下，它才成为具有礼器性质的石钺。这种关系、条件必须通过考古学的研究和分析来认识，这种关系就是人们在生产中发生的相互关系，这种条件就是生产力发展的状况与水平。因此对新石器时代石制工具的深入分析研究很有必要，可以探明农业工具所包含的一些深层次的信息。

三

人类社会的发展必须有一定的基础，人类首先要解决生活资料的生产，早期阶段尤为重要，可以说此时的一切活动都将围绕生产展开，而在所有的生产活动中又以农业生产的地位最为重要，发达、稳定的原始农业可以为人们提供可靠的生活来源，农业的水平还决定着社会群体的规模，不难想象在生活没有基本保证的情况下社会是不可能向前发展的。原始农业的发展除受环境、气候等自然因素制约外，劳动工具的发展水平在这一过程中起着十分重要的作用。新石器时代遗址的考古发现一再向我们展示出这样的信息：文化发展水平与农业生产工具存在十分密切的关系，从早向晚期发展这一现象日趋明显，在早期墓葬中随葬品的组合上可以看出，除生活用具（陶器）外，常伴有生产工具（农业、手工业）出土，到新石器时代晚期阶段，随葬劳动工具的情况尤其显著，并分化出礼器性质的农具。说明原始农业在人们生活中的地位非同一般。例如：1993 年 4 月中旬，浙江省余杭县文管会在横山清理的两座良渚文化墓葬（M1、M2）中都发现了大量的石钺和少量玉钺（图十三）。一号墓已残；出土石钺 23 件、玉钺 1 件及

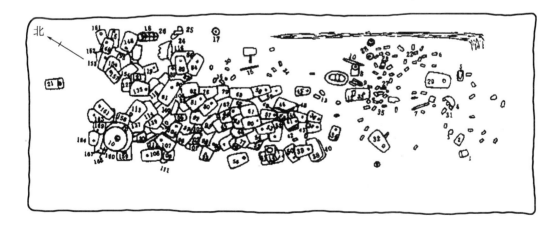

图十三　浙江横山良渚文化墓葬（M2）出土石钺示意图
（出土大小器物共 284 件，其中有石钺 132 件、玉钺 1 件）

玉琮、玉璧、小型玉饰等共 107 件。二号墓保存完整，出土陶器 1 件、石钺 132 件、玉钺 1 件及小型玉饰等共 284 件。两墓都有很多的石钺出土，是迄今为止良渚文化墓葬中出土石钺最多的，"这些石钺在制作上均未开刃，亦略显粗糙，显非实用器"[24]，无疑是具有礼器性质的器物。

中国是一个历史悠久的文明古国，探讨中国古代文明的起源问题不仅仅是考古、历史学界的研究课题，更是一庞大的系统工程。我们从农业工具的"分化"角度来探讨文明起源是一新的尝试，希望通过分析发现一些起源的新线索、新信息。纵观中国早期历史的发展，农业生产在人们的生活中始终占有主导的地位，发达的原始农业是古代文明起源的坚实基础，而标志或代表农业发展水平的则是当时广泛使用的生产工具。我们通过生产工具的分析可以探明工具所包含的深刻内涵并解读工具表象后面的社会关系，故此不失是一个探讨文明起源的新途径。

综上所述，在研究文明起源的课题时，我们从农具分化的角度入手具有十分重要的意义。因为人们的生活首先要解决足够的食物，而食物的可靠来源则非农业莫属，在农业生产过程中起中介作用的则是农业工具，就此而论农具与生活密切相关。由于农具的特殊地位和重要性，最先可能从农具中分化出具有礼仪（器）性质的石钺，可以说中国最早的礼器就是石钺，自石钺而后，随着生活及社会发展的需要，礼器的种类逐渐扩大丰富、完善，因此对农具分化问题的探讨对于研究文明起源课题具有十分重要的意义。

〔1〕恩格斯：《自然辩证法：劳动在从猿到人转变过程中的作用》，《马克思恩格斯选集》第三卷 513 页，人民出版社，1972 年。

〔2〕临汝县文化馆：《临汝阎村新石器时代遗址调查》，《中原文物》1981 年 1 期。

〔3〕严文明：《鹳鱼石斧图跋》，《文物》1981 年 12 期。

〔4〕普列汉诺夫著：《论艺术》，生活·读书·新知三联书店，1964 年。

〔5〕山东省文物管理处、济南市博物馆编：《大汶口——新石器时代墓葬发掘报告》，文物出版社，1974 年。

〔6〕中国社会科学院考古研究所湖北工作队：《湖北黄梅陆墩新石器时代墓葬》，《考古》1991 年 6 期。

〔7〕南京博物院编：《花厅——新石器时代墓地发掘报告》，文物出版社，2003 年。

〔8〕南京博物院：《1982 年江苏常州武进寺墩遗址的发掘》，《考古》1984 年 2 期。

〔9〕本书编委会：《南京博物院藏宝录》，上海文艺出版社、三联书店（香港）有限公司，1992 年。

〔10〕南京博物院：《江苏海安青墩遗址》，《考古学报》1982 年 2 期。

〔11〕浙江省文物考古研究所：《浙江余杭反山良渚墓地发掘简报》，《文物》1988 年 1 期；浙江省文物考古研究所：《余杭瑶山良渚文化祭坛遗址发掘简报》，《文物》1988 年 1 期。

〔12〕　张明华：《良渚玉戚研究》，《考古》1989 年 7 期。

〔13〕　浙江省文物考古研究所：《浙江余杭反山良渚墓地发掘简报》，《文物》1988 年 1 期

〔14〕　浙江省文物考古研究所：《良渚遗址考古报告之一——瑶山》，文物出版社，2003 年。

〔15〕　南京博物院：《1982 年江苏常州武进寺墩遗址的发掘》，《考古》1984 年 2 期。

〔16〕　上海市文物管理委员会编：《福泉山——新石器时代遗址发掘报告》，文物出版社，2000 年。

〔17〕　山东省文物管理处、济南市博物馆编：《大汶口——新石器时代墓葬发掘报告》，文物出版社，1974 年。

〔18〕　山东省文物考古研究所编：《大汶口续集——大汶口遗址第二、三次发掘报告》，科学出版社，1997 年。

〔19〕　中国社会科学院考古研究所湖北工作队：《湖北黄梅陆墩新石器时代墓葬》，《考古》1991 年 6 期。

〔20〕　江苏三星村联合考古队：《江苏金坛三星村新石器时代遗址》，《文物》2004 年 2 期。

〔21〕　南京师范大学、金坛市博物馆编：《金坛三星村》，南京出版社，2004 年。

〔22〕　郭沫若：《殷彝中图形文字之一解》，《殷周青铜器铭文研究》，科学出版社，1961 年。

〔23〕　王根富：《金坛三星村遗址的发掘与思考》，《中国文物报》1996 年 9 月 22 日三版。

〔24〕　浙江省余杭县文物管理委员会：《浙江余杭横山良渚文化墓葬清理简报》，《东方文明之光——良渚文化发现 60 周年纪念文集》，海南国际新闻出版中心，1996 年。

青铜之路：上古西东文化交流概说

易 华

一 引 言

李希霍芬提出丝绸之路产生了广泛而持久的共鸣，已成为世界历史的核心概念之一[1]。有关丝绸之路的研究方兴未艾，对秦汉以降东西方的物质、技术与文化交流已有较清楚的认识，[2]但是上古西东人口迁徙和文化交流并未引起人们足够的重视。

李约瑟等对古代中国的科学与文明进行了长达半个世纪的研究，发现从汉到宋千余年间中国是地球上社会经济最繁荣、科学技术最发达的地区，丝绸之路上传播的不只是丝绸、陶瓷、茶叶等物品，还有四大发明等技术观念[3]。到了近代欧洲开始领先世界，丝绸之路逐渐荒废，各种先进的技术通过海路传到中国，其中包括改进了的造纸、印刷、炸药和指南针。

考古发现和研究表明公元前3000~前2000年欧亚大陆存在着广泛的文化交流。西亚或近东对欧洲的巨大影响已举世公认，对东亚的影响仍处于扑朔迷离之中。李济认为所有伟大文明都是文化接触的结果，殷商文化是一个多方面的综合体，融会了很多不同的文化源流，但他并没有明确指出哪些文化是本土起源哪些是外来的[4]。他在最后一次公开演讲的结尾处谨慎地指出："商人的殉葬习惯恐怕不是中国自己的习惯，我疑惑这是与两河流域接触的结果。两河流域远在比商朝早二千年就有杀人殉葬的情形，并且所有铜器时代的文化都有杀人殉葬的事，例如墨西哥如此，早期希腊如此，米索不达米亚如此，埃及也如此。假如青铜器没有发明，我怀疑杀人殉葬会有这么大的规模，因为人们那个时候有了青铜刀，砍人容易，结果杀人就如杀一头猪或一头羊一样；杀人殉葬也就是人类发明了利器以后也发明了自己杀自己。[5]"

如果杀人殉葬之风来自西亚，那么青铜技术也就不太可能是东亚的发明。因此，本文试图以青铜之路为题概述丝绸之路开通之前即上古欧亚大陆、特别是西亚与东亚之间的文化交流。研究表明青铜技术的传播并不是孤立的现象，而与羊、羊毛、牛、牛奶、马、马车等技术的传播密切相关。为方便起见，特从四个方面分别论述。殊途同归，此道不孤，青铜之路依稀可见。

二　青铜技术与青铜器

青铜时代是人类历史上的一个关键时代，但不同地区进入青铜时代有早晚之分。西亚早在 5000 年前已进入青铜时代，在此之前还有一个上千年的铜石并用或红铜时代，表明由新石器时代向青铜时代过渡是缓慢而艰难的。东亚大约 4000 年前才进入青铜时代，龙山文化和仰韶文化遗址中有零星铜器出土，但不足以表明东亚进入了铜石并用时代。古墓沟文化、四坝文化、齐家文化、朱开沟文化、夏家店下层文化、二里头文化遗址中出土了大量青铜器才标志着东亚进入了青铜时代。商周之际东亚青铜文化达到鼎盛时期，西亚赫梯王国已进入铁器时代。虽有一二千年的时间差，西亚东亚之间相距近万公里，青铜技术的传播这一复杂的人文历史过程并不是一目了然的。泰列克特等早就明确指出金属冶炼技术公元前 2000 年左右经高加索或伊朗传入东亚[6]，国内仍有学者坚信和假定中原是青铜文化的起源地之一[7]。

世界冶金史大事记[8]

公元前 9000 年：已知最早的锻打。

公元前 3200 年：（美索不达美亚）最早的铸件"红铜青蛙"。

公元前 3000～2500 年：（近东）发明失蜡法，铸造小件物品。

公元前 3000 年：发明石范铸造武器和工具。

公元前 1500 年：（近东）锻打铁制品。

公元前 600 年：（中国）铸铁制品。

公元前 233 年：（中国）铸造铁犁铧。

安诺、纳马兹加、阿凡纳谢沃、安德罗诺沃、古墓沟、四坝、齐家、朱开沟、夏家店、二里头文化遗址就像一组坚实的桥墩，如果充分考虑到游牧民的桥梁作用，我们就会发现丝绸之路开通之前早已存在 一条青铜之路。

青铜冶炼和铸造是高度复杂的技术活动，不可能是一人一时一地完成，有一个不断完善和改进的过程，是众人协作的结果。在旧大陆不大可能有两个独立的起源[9]，尽管有人坚持巴尔干[10]（Balkans）和伊比利亚[11]（Iberian）半岛是冶金术的独立发源地。冶金术的具体起源地还难以确定。巴尔干到安纳托利亚一带早在 7000 年前已开始冶金实践，5000 年前已发明范铸法和失蜡法，不同比例的砷青铜、锡青铜、铅青铜或铅锡青铜也相继发明。也就是说 4000 年前西亚已进入青铜时代的鼎盛时期，主要的青铜冶铸技术均已发明，并对周围世界产生了重大影响[12]。

安诺文化（Anau Culture）是中亚铜石并用时代文化，纳马兹加（Nomazga IV-VI culture）文化、竖穴墓文化（Pit Tomb Culture）、洞室墓文化（Cata combs Culture）、阿凡纳谢沃文化（Afanasievo Culture）、安德罗诺沃文化（Andronovo Culture）标志着中亚及其附近地区 4000 年前左右进入了青铜时代[13]。常见的青铜器是刀子、凿、针、锥、耳环、指环、斧、剑、头盔、镞、镜、马衔等[14]。这些文化有一个共同的特点是畜牧业和父权日益发展和膨胀，而种植业和母权相对萎缩。金芭坦丝将其中畜牧业和父权占明显优势的文化称为库尔干文化，认为是原始欧印人孕育了游牧文化，并且改变了欧洲和其他地区的社会进程和文化格局[15]。

西北，特别是新疆地区青铜时代遗址的发掘和研究填补了青铜冶铸技术由西向东传播的空白[16]。古墓沟文化遗址[17]的发掘和研究表明大约 4000 年前新疆部分地区已进入青铜时代[18]，且与中亚、西亚、中原均有联系[19]。梅建军等认为安德罗诺沃文化在欧亚大陆青铜文化传播过程中起了关键作用，对新疆青铜文化的影响是明显的[20]。库兹美娜指出是欧亚大草原的牧羊人创造和传播了安德罗诺沃和塔里木盆地的青铜文化[21]。

新疆地区与甘肃地区青铜文化的联系亦异常密切[22]。四坝文化[23]、齐家文化[24]、朱开沟文化[25]是青铜文化由西北向西南、东北、中原传播的中继站。三星堆[26]、大甸子[27]、二里头[28]遗址的青铜器可能是本地制造的，但亦是文化传播的结果，上述地区不太可能是冶金术的起源地。

中原，特别是夏商统治的中心地区缺铅少锡，铜锭亦来自周边。二里头、二里岗和殷墟都只是青铜的铸造中心，原料主要来自江西瑞昌铜岭、湖北大冶铜绿山、湖南、河北、辽宁[29]，或来自山西中条山[30]、云南[31]和四川[32]。

车马具、兵器、动物纹青铜器广泛分布于欧亚大草原及其附近地区，一般认为是游牧文化的体现，西方学者多称之为斯基泰式青铜器。田广金等认为这些青铜器是中国古代北方游牧民族的代表性器物，可以称之为鄂尔多斯式青铜器[33]，它们渊源于朱开沟文化[34]。林沄发现这些青铜器多见于鄂尔多斯以外，称之为北方系青铜器，指出不同的成分有不同的来源，其中短剑可能来自古代伊朗或西亚[35]。乌恩称之为北方青铜器，同意管銎斧、管銎戈源自西亚，并提醒大家不要低估欧亚大陆草原诸游牧或半游牧民族在沟通东西文化方面所起的积极作用[36]。他认为称之为"鄂尔多斯式青铜器"是不确切的，称之为"斯基泰式青铜器"更是错误的[37]。最近林沄又号召破除把北方系青铜器和游牧文化等量齐观的过时偏见[38]。

其实此类青铜器内容繁杂，功能多样，不可能起源于一时一地，并因时因地而变，是游牧社会不断发展和吸收的结果。它们和中国古代北方民族关系固然密切[39]，但起源于中国北方的青铜器并不多见。

车马具与骑马驾车技术同步传播，欧亚草原常见车马具大同而小异，北方地区发明和改进青铜车马具的可能性不大。高效挽具胸带和套包子是罕见的例外[40]，且不是青铜器。

所谓动物纹（Animal style）是一个模糊而又包罗万象的概念，绝大多数是青铜制品，亦有部分金、银、铁、玉、石、骨制品，但表现的大都是游牧民偏爱的形象。从工艺角度考察可以分为透雕、浮雕和圆雕，都不是游牧民所擅长的手艺。这些体现游牧风格的动物纹饰大都是游牧民强迫或雇用手工艺人制造的。

鹿石、岩画和墓葬发掘均表明游牧民有系带的传统。他们习惯将武器或生活用具挂在腰带上。腰带上的装饰日益丰富，有的整个腰带都布满了带饰，或者说由带饰组成了完整的腰带。带饰，俗称"西蕃片"，是动物纹饰的主要组成部分，在中国北方有大批出土[41]。春秋战国之际系带之风盛行中原，带上亦系挂刀、剑、印章等物。系带和带钩争奇斗妍，层出不穷[42]。"带不厌新，钩不厌旧"[43]；"满堂之坐，视钩各异，于环带一也"[44]。带钩成了时尚或身份的象征，其实用功能逐渐被人遗忘。

刀、剑、斧、弓、箭、盔、甲、套索是游牧民的主要兵器，其实只有套索是游牧民特有的武器，其他均是定居民的发明，并且一直在共用。青铜刀、剑、斧、镞、盔、甲广泛分布于欧亚大陆，且大同小异，与青铜技术的起源和传播密切相关，提高了游牧民的战斗力，促使游牧民走上了军事化的道路，从而将青铜兵器传播到了遥远的地方。限于篇幅，仅以剑为例说明青铜兵器大致的传播过程。

青铜短剑是古代游牧武士随身携带的武器，广泛分布于欧亚大陆，其中西亚和中亚的短剑较为古朴[45]，东亚的剑种类繁多，且异常精致[46]。一般认为柳叶剑或偏颈剑为众剑之祖，其具体的起源地还难以确定，不太可能起源于东亚。林梅村将考古学与语言学相结合论证了中国佩剑之俗起于西北游牧民，而青铜剑在商周之际传入中国北方草原、巴蜀地区和中原与印欧人在东方的活动有关。"丝绸之路流行的 17 种古代东方语言或方言中的'剑'无一例外都源于古印欧语。古代印欧人最初是游牧民……公元前1500 年前后，欧亚草原的古代游牧部落不断分化，并向四方迁徙，史称'雅利安人大迁徙'"[47]。剑在古代汉语中又称径路或轻吕，显然亦是外来词。汉代匈奴将径路神当作九天神之一，是战神的代名词，在汉匈交叠的地区曾有祭祀剑神的寺庙[48]。《汉书·地理志》云："云阳有休屠金人及径路神祠三所"。这是古代波斯和斯基泰人剑崇拜文化的延续。

青铜镜是不属于"游牧三要素"的一种特殊青铜器，亦广泛分布于欧亚大陆，中原较早的铜镜见于殷墟妇好墓，可能源于齐家文化。宋新潮曾谨慎地指出以水鉴容是中原农业民族传统映像方式，用金属铸造镜子则可能首先为西北游牧民族所发明，殷商时期铸镜照容才传入中原，直到春秋以前在中原地区尚未流行[49]。其实，铜镜也是巫师或萨满的法器，齐家文化遗址出土的铜镜只不过是中亚或西亚铜镜的翻版而已。二里头文化铜镜的十字纹和齐家文化铜镜的七角星几何纹正是巴克特利亚青铜文明的典型标志[50]。

中原虽然不是冶金术的起源地和冶炼中心，在青铜铸造方面还是取得了辉煌的成就，在工艺美术方面有独到之处。青铜鼎、鬲、爵[51]和戈[52]等是东亚人偏爱的器物，罕见于他处，很可能是东亚的创造。广泛分布于欧亚大草原的青铜鍑亦可能源于中原，被认为是马具、野兽纹、兵器三大特征之外的第四个反映游牧文化的显著特征[53]。东亚为游牧生活方式的完善作出了贡献。铜铃演变成了铎和钟，并对朝鲜和日本产生了深远的影响，形成了独特的铜铎文化圈[54]和钟文化[55]。戈和戟是东亚特有的兵器，戈亦可能是夏人的标志性器物[56]，主要分布于中原，西方人称之为中国戈戟（Chinese Ko-halberd）[57]。

总之，从技术史的角度考察，无论红铜冶炼、范铸法、失蜡法还是砷青铜、锡青铜、铅青铜、锡铅青铜都是西亚早于东亚。而且铜以外的其他金属如金、银、铁等冶炼东亚亦不早于西亚[58]。泰列克特等主张的青铜冶炼铸造技术由西向东传播的假说仍未遇到有力的反证。但是从器物类型考察，青铜鼎、鬲、戈、戟、爵等颇具东方特色，很可能是东亚的创作，并有反向传播的可能。在这一过程中游牧民起了桥梁作用，并且从中充实和改进了自己技术装备。青铜冶炼和铸造是定居者的事业，不可能在马背上进行。因此游牧民只是传播了青铜文化，并且巧妙地利用了青铜器，完善了游牧生活方式，走上了游牧军事化的道路。

因此，公元前2000年左右，西亚、中亚、东亚之间存在一条西东文化交流的青铜之路。青铜之路上传播的不止是青铜技术和青铜器，而且包括众多的技术和观念，比如牛、马、羊及相关技术。

三 羊与羊毛

羊是草原游牧民的衣食之源，包括生物学上两个不同的物种山羊（Capra hircus）和绵羊（Ovis aries）。山羊和绵羊都是喜欢群居和容易驯化的动物，经常被混合放养。绵羊吃草跑得快，俗称跑青；山羊吃得仔细，几乎无所不吃，还喜欢拔草根，啃树皮，对草原的破坏较严重。

生物学研究表明山羊是所有主要家养动物中变异最少的动物。全世界所有的山羊形态非常相似，基因差异亦很小[59]。这不仅表明其有共同的祖先，而且很少生殖隔离形成独具特色的地方品种。绵羊的地方品种较多，外形差异较大，但同样具有共同的祖先。驯化地理学研究表明绵羊、山羊和犬一样（尽管狗的最早驯化地还不清楚）不仅是最早的驯化动物，而且是分布最广的动物[60]。羊适应能力强，能提供肉、皮、奶、毛，在人类迁徙、殖民、商业活动中起了重要作用[61]。

山羊和绵羊骨骼经常同时出现在西亚新石器时代遗址中。位于伊拉克和伊朗之间的扎格罗斯（Zagros）山脉及其附近地区可能是山羊和绵羊的最早驯化地。1960 年 Solocki 夫妇在扎格罗斯山脉北端发现了距今 1 万年以前的萨威·克米（Zawi Chemi）野营地遗址；后来又发现了距此 4 公里的旧石器时代晚期洞穴遗址沙尼达（Shanidar），其中 BI 层与萨威·克米 B 层时代相当，文化相同。由此推断沙尼达洞穴是当时狩猎采集者冬天的住所，他们夏天到萨威·克米营地生活，并开始了种植和驯养动物的活动[62]。帕金斯从中发现了绵羊和山羊的骨骼，并鉴定为最早的驯养动物，C14 断定为公元前 8935 ±300 年[63]。

类似的野营地、洞穴遗址和动物骨骼不是孤立的。20 世纪 60 年代丹麦考古队与伊朗考古协会合作在扎格罗斯山脉南端霍来兰山谷（Holailan Valley）发现了旧石器时代晚期和新石器时代早期的 7 处洞穴文化和 8 处野营地遗址，绵羊和山羊是仅有的两种家畜，C14 年代为公元前 6460±200 年[64]。帕金斯对西亚家养动物的起源作了总结，指出绵羊和山羊是当地最早的驯养动物，牛、猪、狗次之[65]。最近 Zeder 和 Hesse 对扎格罗斯山脉南端的甘兹·达列赫（Ganj Dareh）和阿里·库什（Ali Kosh）出土的山羊骨骼进行了重新研究，进一步确证西亚大约在 1 万年前已经放养山羊了[66]。

东亚养羊与西亚相比大约晚了 5000 年。在数百处经科学发掘的新石器时代遗址中大约有 40 处出土过羊骨或陶羊头[67]。"目前已发现的年代最早的新石器时代遗存中都没有羊的骨骸。磁山的动物群中没有羊，裴李岗也没有发现羊骨，只有陶制的羊头，但造型简单，羊角粗大，形状似野盘羊的角，不大可能是家羊，西安半坡的绵羊（Ovis sp）标本很少，不能确定是家羊"[68]。兴隆洼文化和大地湾文化遗址中也未发现羊骨。河姆渡文化遗址中出土的陶羊头表现的既不是绵羊，也不是山羊，而可能是苏门羚。苏门羚（Capricornis sumatraensis）是河姆渡遗址出土的 61 种动物中唯一的羊亚科动物[69]。位于蒙古草原的富河沟门和赵宝沟遗址也未见家羊的骨骼。

在新石器时代遗址中唯有龙岗寺遗址中羊骨数量可观，其中半坡类型文化层羊骨数量居同期几种家畜之首[70]。遗憾的是至今未见正式的动物考古学报告发表，不知其中多少是山羊，多少是绵羊，抑或全都是野生的羊亚科动物。此外部分红山文化和龙山文化遗址中有少量可疑的羊骨出土，但大多数遗址中并没有羊骨。

青铜时代遗址中出土的山羊和绵羊骨骼才是确凿无疑的家羊[71]。这说明在羊在东亚新石器时代混合农业经济中所占比重不大，几乎可以忽略不计。新石器时代遗址中出土的少量羊骨（如确是山羊或绵羊）只表明羊及其相关技术已传播到东亚，为青铜时代东亚养羊业的发展打下了基础。

进入青铜时代后，从新疆到中原遗址中羊的数量明显增多。在齐家文化和殷墟遗址中均有完整的羊骨骼出土。羊在青铜时代人们经济生活和精神生活中的地位明显增高。到了商代，在西北羌人已以养羊为业，并以此著称。到了周代，中原养羊亦已蔚然成风。《诗·小雅·无羊》："谁谓尔无羊，三百维群。谁谓尔无牛？九十其犉。尔羊来思，其角濈濈。尔牛来思，其耳湿湿。"

新石器时代羊主要是食用，青铜时代羊毛日显重要。目前尚未发现新石器时代的毛织品。进入青铜时代之后，西亚一些遗址中的毛纺轮逐渐增多，剥皮工具却有所减少；山羊和绵羊的比例亦发生了相应的变化。这意味着羊毛逐渐成了重要的纺织或编织原料。大约公元前1000年西亚发明了铁制羊毛剪，加速了对羊毛的开发利用。巴比伦帝国羊毛、谷物、油并立为三大物产；古希腊亦以绵羊、油橄榄、小麦为主要产品。羊是财富的象征，羊毛被称之为软黄金；金羊毛的故事广为流传。

中国以丝绸和布衣著称，羊毛衫、毛料裤到20世纪才普及。东亚较早利用羊毛制品的是北方或西北的游牧民。最近在新疆出土了一批青铜时代的毛制品[72]，从纺织技术史的角度看，与西亚毛纺织传统一脉相承[73]，特别是其中的斜纹织物（Twill）至今在欧洲流行。这表明3000多年以前羊毛与羊毛纺织技术与羊一起传播到了东亚的边缘。

毛料的应用是构成游牧生活方式的一个重要方面[74]。剪毛、打毛、制毡、纺线、制绳是牧民的日常劳动[75]。不过蒙古草原羊毛与毛织品一直处于自给自足状态，并未形成产业。

岑仲勉早就注意到渠搜是上古东迁的游牧部落[76]。据马雍考证渠搜意为氍毹，是一种毛织品的名称[77]。渠搜可能是一个生产、使用或从事毛制品贸易的部落集团。相传尧、舜、禹、汤时代已有渠搜。《尚书·禹贡·雍州》云："织皮昆仑、析支、渠搜，西戎即叙"。《史记·夏本纪》、《汉书·地理志》中有类似记载。师古曰："昆仑、析支、渠叟，三国名也。言此诸国皆织皮毛，各得其业，而西方远戎，并就次叙也"。佘太山认为渠搜出于少昊，亦译为"允姓"[78]。允姓之戎不止活跃于西域，也可能参与了夏朝的建立。

因此，绵羊、山羊、毛制品及毛纺织技术在夏、商、周三代经青铜之路传入东亚是完全可能的。

四 黄牛与牛奶

水牛可能起源于东亚或南亚，而黄牛很可能来自西亚。从河姆渡到兴隆沟，东亚新石器时代遗址中出土的牛骨多为水牛骨骼。黄牛与绵羊、山羊生态习性相近，是西亚新石器时代的主要家畜，在东亚几乎可以忽略不计[79]。到了青铜时代，黄牛才在东亚大量出现，距今约 4000 年的甘肃大何庄遗址[80]、秦魏家遗址[81]齐家文化层中出土的黄牛骨骼是典型代表。黄牛与山羊一样经历了大致相同的驯化和传播过程。

喝人奶是自然，喝畜奶却是文化。另一项与游牧生活方式有关的技术是挤奶（Milking）。西亚和中亚农民新石器时代就已开始挤奶[82]，东亚农民至今仍不习惯挤奶，这有生物学和文化上的原因。

动物乳中含有丰富的（约 5%）乳糖（Lastose），而乳糖的消化有赖于乳糖酶（Lastase）的参与。大多数人随着年龄的增长体内产生乳糖酶的能力逐渐降低，乃至消失，这种现象称之为乳糖不耐（Lastose intolerance）、乳糖酶缺乏（Lastase - deficient or hypolactasia）或乳糖不吸收（Lactose malabsorption）。乳糖酶缺乏的人饮用新鲜牛奶会出现胃胀、恶心、腹泻等副作用，不仅不能消化乳糖，而且会影响其他营养的吸收。对于具有乳糖酶的人来说，畜奶就是营养丰富的完美食品（Perfect food）。

广泛的调查和研究表明成人乳糖酶缺乏现象在东亚和东南亚高达 85～100%，而北欧、澳大利亚、新西兰不到 10%，其他地区介于两者之间，中欧 20～40%，南欧 40～70%，非洲 13～90%，印度 30～80%[83]。就中国而言，成年人（14～66 岁）中汉族92.3%、蒙古族 87.9%、哈萨克族 76.4%缺乏乳糖酶[84]。人类遗传学研究表明乳糖酶的产生与乳糖酶基因（Lastase gene）有关，是基因点突变（Point mutations）和重组（Recombination）的结果，可分为 A、B、C 和 U 四种类型，其中 A 型与印欧人密切相关[85]。非洲表现出更大的多样性，为人类走出非洲（Out of Africa）假说提供了又一佐证。

早在 1970 年 Simoons 提出了一种解释此种现象的文化历史假说（the Culture-Historical Hypothesis）[86]。McCracken 亦以此为例来说明文化进化与人类演化逻辑上密不可分[87]。新石器时代西亚和中亚就有了大群的泌乳动物牛、羊、骆驼、马和能够消化乳糖的人群，挤奶实践成为可能。有图像证据表明公元前 4000 年左右西亚已经开始挤奶。挤奶或奶业（Dairying）是谢拉特提出的"第二次产业革命"的重要内容[88]，亦是游牧生活方式形成和普及的关键。

东亚新石器时代的主要家畜是猪、狗，是当时居民肉食的主要来源之一[89]，都不适合挤奶。到了青铜时代才有大群泌乳动物黄牛、羊、马出现[90]，挤奶才有可能。甲骨文、金文中亦有关于挤奶的零星记录。但不难想像试图饮用畜奶的人十有八九会有不愉快的经历。随着中原精耕细作农业的发展，牛、马、羊成群的景象逐渐消失，饮奶习俗一直未在中原普及。

　　由此看来，东亚挤奶活动的出现与羊、牛、马的东传大体同步。哈萨克、蒙古、汉族中成年人体内产生乳糖酶者的比例依次降低，表明其与印欧人的亲缘关系或接触与交流程度相应减少。考虑到太平洋某些从未与印欧人接触过的岛民 100% 缺乏乳糖酶[91]，东亚游牧民和农民均受到过印欧人血缘和文化的影响是明显的。

　　由于东亚游牧民大都缺乏乳糖酶，不能像大多数印欧人或贝督因人一样以畜奶为生，因此游牧民对农业的依赖较为迫切。另一方面东亚农民并不喜欢畜奶和奶制品，容易鄙视或不重视畜牧业的发展。在欧洲种植业和畜牧业的结合异常紧密，在东亚却出现了明显的分野。乳糖酶的有无不仅是中国与欧洲饮食方式差异的原因之一[92]，而且影响了欧亚大陆历史的进程。

　　黄牛和青铜技术一起传入了中原和南方，逐渐变成了耕牛，但挤奶和游牧生活方式一直没有在中原普及。

五　马、骑马与马车

　　家马（Equus caballus）的野生祖先主要分布于欧亚草原的西端。乌克兰和哈萨克草原新石器和青铜时代文化遗址中大量马骨的出土显示了从野马到家马的驯化过程。骑马和马车技术可能源于西亚的骑驴和牛车制作技术[93]。

　　乌克兰德雷夫卡（Dereivka）斯勒得尼斯托格（Sredni Stog）文化遗址出土的马骨曾一度被认为是最早的家马骨骼[94]，后来发现作为研究标本的马骨属于斯基泰文化时代。于是考古学家将研究兴趣转移到了时代略晚的波台（Botai）文化遗址。波台位于哈萨克草原北部，是一处特殊的铜石并用时代（公元前 3500～前 3000 年）遗址。出土动物骨骼 30 余万块，其中 99.9% 是马骨。安东尼等研究表明，这些马主要是用于食用、祭祀（随葬）和骑乘，至少部分是家马[95]。

　　野马或家马无疑是新石器和青铜时代欧亚草原西端居民的主要肉食来源之一。安东尼等发现马在当时人们信仰体系中亦占有相当重要的地位。例如位于伏尔加河中游略早于波台文化的 khvalynsk 文化墓地中出土了牛、羊、马的头骨和趾骨，表明马、牛、羊在死者心目中占有重要地位[96]。这种以"头蹄"随葬的习俗在青铜时代的欧亚草原很流行[97]，一直延续到匈牙利人时代[98]。

安东尼等坚信马嚼造成马齿磨损可以作为马是否用于骑乘的证据。为此他们专门作了实验，表明行之有效；然后测量了波台遗址出土的 19 匹 3 岁以上的足够成熟的马的牙齿，发现了 3 匹马的 5 颗牙齿有明显磨损。他们由此推断波台的一些马被用过嚼子，并被骑乘了数百小时[99]。一般认为野马较矮小，高头大马是人工选择的结果。他们还发现波台的马 17% 高达 136～144 厘米，与当代美洲印第安人乘骑的马大小相当（130～140 厘米）。因此他们肯定地指出自从公元前 4000 年已开始马和牛、羊一样具有类似的经济价值和象征意义。到公元前 3500～前 3000 年的波台文化时代，至少部分马已被用于乘骑，并有可能用来追捕野马，放牧牛、羊。

不过，亦有人持保留态度。例如列文认为乘骑必然会导致马脊椎特别是第 13～15 腰椎变形。她检测了波台遗址出土的 41 个样本，却没有发现相应的变化。她由此推断波台文化的主人是狩猎采集者，以狩猎野马为主，也许兼营小规模的农业[100]。

在东亚数百处经科学发掘的遗址中从未发现马的骨架，只有零星的马齿或马骨出土，不能确定为家马的遗迹[101]，很可能是普氏野马或其他动物的遗物。也就是说，和西亚一样，东亚没有发现 4000 年前的家马骨骼和其他证据，确凿无疑的家马和马车见于商代晚期[102]。

河南安阳武官村北地遗址出土马骨架 117 具，表明商代晚期东亚养马业已初具规模[103]。甲骨文中有"马方"、"多马羌"的记载，指的很可能是以善于养马著称的方国或部落集团。西安老牛坡遗址出土的马骨可为佐证[104]。这意味着西北养马业要早于或盛于中原。

此后 3000 余年的历史证明中原并不适合于养马。尽管不断引进优良马种，"买马以银，养马以金"，中原从未培育出优良的地方马品种。古称水土不宜，今为生态不适应。马耐寒怕热，特别适应干燥凉爽的欧亚大草原。马一入中原便容易生病，师皇、岐伯、伯乐、宁戚应运而生。唐代《司牧安骥集》和明代《元亨疗马集》是中国人对养马业做出的独特贡献。大量车马坑的发现表明中原确系马的"葬身之地"[105]。绢马贸易，茶马互市等引进了无数马匹，大都郁郁而死。从马的分布来看，中原一直是"贫马"地区[106]。

马车（Chariot），此处特指青铜时代流行于欧亚大陆的一种有辐两轮轻快马拉车，主要用于战争、狩猎、礼仪和比赛，也普遍用来陪葬。这类马车在西亚（主要是安纳托利亚和两河流域）、中亚（主要是乌克兰和哈萨克斯坦草原）和东亚（主要是商、周文化遗址）中均有出土，不仅基本形制相似，而且许多细节相同，充分表明它们有共同的起源，不太可能是独立的发明。

安东尼等主张马车起源于欧亚草原西端[107]。他们的主要根据是辛塔什塔－彼德罗夫卡（Sintashta-petrovka）文化墓葬中出土的 14 辆车遗物。木质车轮已腐朽，据推测轮径为 90 厘米，有 8～12 根轮辐，车舆宽约 90 厘米，未发现辕和轭的痕迹；其年代约为公元前 2100～前 1700 年。

　　李特尔等仍然坚持真正的马车起源于西亚。早在 20 世纪 70 年代他们就系统地研究了车辆的起源和传播，指出无辐车和有辐车均起源于西亚，然后分别传入欧洲、非洲和亚洲的中亚、南亚和东亚[108]。埃及的马车无疑来自西亚，并且可以作为西亚马车的代表。针对辛塔什塔－彼德罗夫卡文化中出土的马车李特尔等指出它们过于原始和简陋，不适于作战和比赛，还不是真正的马拉战车[109]。

　　鉴于中亚草原和西亚均存在公元前 3000～前 2000 年的四轮或两轮原始车辆[110]，皮格特等提出了一种折中的看法[111]，认为西亚和中亚可能各自独立地发明了马车。与其说是发明，不如说是改进。

　　从目前出土的早期马车来看，东亚安阳马车可能是最先进的：轮径最大，轨距最宽，车厢最大，时代较晚。孙机[112]、林梅村[113]等曾试图从系驾法和制作工具等方面来论证东亚马车的本地起源。但是东亚没有发现原始的车辆遗物，林巳奈夫[114]、夏含夷[115]等明确主张东亚的马车来源于西亚或中亚草原。最近王海城对马车进行了细致的系统考察，指出东亚不具备独立发明马车的基本条件[116]。这意味着青铜时代欧亚大陆有一条沟通东西的"青铜之路"。

表一：东西方马车车轮数据比较表（单位：厘米）[117]

	轮径	牙高	牙厚	辐数	毂长	轨距	时代（公元前）
辛塔什塔	90～100	8～10	4～5	8～10	20	125～130	2100～1700
喀申	98～102	8	4～5	8～28	43	165	1600～1500
埃及	74～100	5	4～5	4～6	32～45	147～180	1440～1330
殷代	122～147	7～8	6	16～26	22～44	215～240	1300～1100

　　李约瑟早就从一种艺术的马姿（现实中不可能）注意到了东西方之间马与马车之联系[118]。古代汉语中有大量印欧语词汇，lubotsky 认为汉语中的车和一些车具名词是吐火罗语借词[119]，从而佐证了马车由西向东的传播过程。车的读音在欧亚大陆亦很近似，安东尼等坚信马、四轮车（wagon）和马车与印欧语的传播密切相关[120]。殷墟遗址出土的马和马车无疑源于西方或北方。夏含夷注意到甲骨文中"车"出现于武丁后期，仅十六见，其中至少五次是人名或地名，另外四次似乎来自一次占卜，却至少有十三种不同的写法。他推测这种不稳定的写法表示当时是新近接触马车，正如现代语言中

的外语借词的标准化之前有一个即兴变化阶段[121]。此外，车的零件如轴、轮、轩、辕、轭、辐、辖等均有车旁，亦表明汉字的创造者先认识整车，后认识车的零件。很少有证据表明商人在战斗中应用过马车；相反，有众多证据表明他们从西部或北部的敌人手中夺取马车。李家崖文化遗址中马骨和车马器的出土表明鬼方或土方、舌方等西、北方国使用马车不晚于殷商。《小盂鼎》、《师同鼎》、《多友鼎》记录了西周时代戎人使用马车的状况。欧亚草原上众多的车、马岩画亦表明早在青铜时代欧亚之间有一条西东文化交流的"青铜之路"。

骑术与马、车大体同时出现在东亚。石璋如研究了小屯及西北冈两处出土的遗物后指出车上的武士用弓，步行的武士也用弓，甚至骑马的战士也用弓。但弓与车的关系较密切，弓与步兵的关系次之，弓与马的关系又次之。仅 M164 墓中弓与马同坑出土，但骑射已达到相当高的水平[122]。

Goodrich 仔细考察了古代中国骑乘与马鞍问题，指出战国时代才有大规模的骑兵队伍，秦汉时代才有使用马鞍的确证，二者均晚于中亚的斯基泰，应该充分考虑草原游牧民对中国骑马文化的影响[123]。Yetts 在《马：中国古代史中的一个因素》[124]中指出，汉代以前中国和其北部邻居拥有的是一种矮小的本地土种马，汉武帝时代才从西域大宛等地引进良种马。西域良马和苜蓿的引进又一次促进了东亚养马业的发展。马因人工选育而改良，这也从一个侧面证明中亚养马早于或优于东亚。

"很少有发明像马镫那样简单，而且很少有发明具有如此重大的历史意义"[125]。马镫加强于人马的结合或共生关系，提高了游牧民族的战斗力。而马镫很有可能是东方的发明[126]，在蒙古西征和南征过程中发挥了令人难以想像的作用。马镫是东亚人对骑马术做出的独特贡献之一。

马的驯化确实是一个世界性的难题。Carles Vila 等对来自 10 个不同时代和地方的 191 匹马的细粒体 DNA 进行了研究，展示了丰富的遗传多样性，支持家马是多地区或多次驯化的假说[127]。

马是一种很难驯化却容易野化的动物。因此有野马分布的欧亚大草原及其附近地区都有可能参与马的驯化活动。主要分布于东亚或蒙古草原的普氏野马（Equus Prze-walskii）与家马染色体数目不同，是一种不可驯化的动物。家马染色体数为 2n＝64，而普氏野马为 2n＝66，在生物学上不是一个物种。家马是由主要分布于中亚草原的塔尔潘（tarpan）野马（Equus Caballus Ferus）驯化而来。因此中亚古代居民是较早的驯马者是完全可以理解的。

每一匹马都要经过驯服（tamed）才能用于骑乘和拉车。驯马一直是游牧民的看家本领。因此，后来东亚居民学会和参与驯马的活动是完全可能的。蒙古草原的一些驯马岩画可为佐证。家马的传播过程亦是驯马技术或风俗的普及过程。这一过程正好与青铜时代的到来大体同步，进一步佐证了青铜之路的存在。

六　讨论与结语

吐火罗人被认为是历史上最初的印欧人，亦是中国境内最早的游牧民。亨宁认为吐火罗人至少可以追溯到击败纳拉姆辛（Naram-Sin）统治巴比伦约百年的古提人（Guti），他们于公元前3000纪末离开波斯西部来到中国，一部分定居下来，其他仍过着游牧生活，即后来中国史书中常见的月支[128]。佘太山认为允姓之戎、大夏、禺氏可以分别溯源于少昊氏、陶唐氏和有虞氏，且与月氏或吐火罗关系密切，不能排除他们属于印欧人的可能[129]。如此看来上古印欧人即活跃于中国，且不局限于西域。

蒲立本通过对上古汉语[130]和印欧语的比较研究[131]亦得出了类似的结论：印欧人进入中国绝不晚于他们进入印度[132]。在汉语和阿尔泰语中不仅存在许多印欧语（吐火罗语）借词[133]，而且存在某种结构上的类似性，可能存在某种发生学联系。因此有人提出了欧亚超语系假说（Eurasiatic Macro-family Nostratic Hypothesis），并且产生了一定的影响[134]。

在新疆等地发现的青铜时代文化遗址的主人大都属于印欧人[135]。殷墟遗骨亦有印欧人的成分[136]。山东临淄春秋战国时代墓葬出土的人骨中有些经DNA测验属于（类似于）印欧人[137]。三星堆青铜群像[138]、西周蚌雕人头像[139]、白浮西周墓葬中出土青铜人面像[140]等均有明显的印欧人特征，还有青铜器上的饕餮纹[141]和狩猎图像[142]很可能是印欧人在上古中国活动留下的痕迹。

林梅村曾肯定地指出吐火罗人开拓了丝绸之路[143]。但根据他自己的考证[144]，阿尔泰山与天山之间的克尔木齐文化和楼兰地区的小河－古墓沟文化为吐火罗文化，其主人与牛、马、羊为伴，熟练掌握了青铜铸造技术，以定居畜牧或准游牧为生，都与丝绸没有任何瓜葛。因此吐火罗人开拓的是青铜之路，尽管他们后来在丝绸之路上也起了重要作用。

考古学、语言学、体质人类学和历史记述与传说均表明上古存在大规模的人口迁徙和文化交流，要否认青铜之路的存在已十分困难。

第一没有证据表明东亚的青铜器早于西亚。尽管有人将中国的青铜时代推到了5000年前的"黄帝时代"，亦有人将龙山文化、红山文化看成是铜石并用时代文化。就算5000年前的龙山文化、红山文化已进入了青铜时代，也比西亚晚了近千年，且不算青铜时代之前上千年的红铜时代。举世公认中国不存在红铜时代，《中国大百科全书·考古卷》也没有这一条目；龙山文化、红山文化是典型的东亚新石器时代晚期文化。

第二没有证据表明东亚和西亚的青铜冶炼技术有什么不同。曾经有人认为青铜铸造在西亚用的是失蜡法，而中国用的范铸法，在技术上有本质不同。事实上，西亚几乎同时发明了范铸法和失蜡法，东亚亦先后使用范铸法和失蜡法。考古学界流行一种假定，即自古存在一个以礼器或容器为特色的中原或中国青铜器传统，到了后来才受到北方或外来青铜文化的影响。事实上，东亚早期青铜器均无特色可言，只不过是西亚或中亚青铜器的翻版而已。只有到了商周时代中原青铜器才独具特色。这是技术传播过程中产生的分化现象。

第三没有证据表明东亚、西亚之间有不可逾越的自然或文化壁垒。人们常有一种错觉，似乎东亚、西亚之间相距万里，会妨碍古人的迁徙和交流。其实东亚和西亚通过中亚紧密相连。古代的草原犹如现代的海洋，千山万水不仅不会阻碍人类的迁徙，而且有利于文化的交流。现代中国与西亚（阿富汗）接壤，可以说是零距离。欧亚大陆通过青铜与丝绸之路形成一体，并不存在明显的自然或文化的分界线。

青铜之路与丝绸之路是一对相辅相成的概念。青铜之路活跃于夏商周三代，几乎没有文字记载，主要是由西向东传播青铜与游牧文化。丝绸之路繁忙于汉唐宋元时代，史不绝书，主要是由东向西传播丝绸与定居农业文化。两者先后相继而方向相反，可以说是青铜之路诱发了丝绸之路。

公元 1～18 世纪沿丝绸之路从东向西传播的科技发明李约瑟一口气列举了 26 项[145]：A 龙骨水车，B 石碾，C 水力冶金鼓风机，D 旋转风扇或扬谷机，E 活塞风箱，F 提花机，G 缫丝机，H 独轮车，……W 火药，X 指南针，Y 造纸与印刷术，Z 瓷器。而同一时期由西向东传播的重要技术他只提到了四项：A 螺丝钉，B 液体压力唧筒，C 曲轴，D 发条装置。大体而言，丝绸之路是一条由东向西的技术与文化传播之路，源于东亚，但对西方尤其是对欧洲产生了巨人的影响，不仅促进了文艺复兴、启蒙运动，而且加速了工业革命和殖民活动。

与此相反，青铜之路大体上是一条由西向东的技术与文化传播之路，其中重要的技术也不止 26 项，试列举如下：A 日晒砖，B 日晷，C 车轮，D 滑轮，E 玻璃，F 琉璃，G 犁，H 规矩，I 天平，J 水准仪，K 桔槔，L 滴漏，M 蜂蜜，N 小麦，O 大麦，……W 山羊、绵羊、羊毛加工技术，X 黄牛及牛奶加工技术，Y 马及乘骑技术，Z 青铜冶铸技术。而同一时期由东向西传播的技术屈指可数：A 玉器，B 漆器，C 蚕桑，D 瓷器，对西方古代文化没有产生明显的影响。

丝绸之路表明中国对人类作出了独特的贡献，青铜之路证明中国吸收了其他民族的发明创造。四大发明对西方世界的影响已有目共睹，羊、牛、马、青铜技术对中国的作用还没有引起足够的注意。

青铜时代到来之前，东亚仍处于"万国林立"时代。"禹会诸侯于塗山，执玉帛者万国。"禹独持干戈，号令天下，才有相对强大的中央王朝的产生。黄帝轩辕氏，与车马关系密切；往来征战无常处，游牧风格十分明显；铸九鼎而定天下，显然是青铜时代的产物。正是青铜时代游牧文化与东亚本土定居农业文化相结合才创造了夏商周三代的历史。东亚王朝的历史并不是自生自灭，而从一开始就与西方有着不可分割的联系。

青铜之路使我们明白中国文化本土起源说与西来说是程度相同、性质相似的偏见。傅斯年《夷夏东西说》倡导的二元说又获得了新的解释：上古中国不仅存在军事政治上的夷夏东西对抗，而且存在本土文化与外来文化的互动与结合。外来文化不只是物质和技术，而且包括游牧生活方式、封禅[146]、巫术[147]等习俗。

互通有无，丝绸之路是跨文化交流，有利于不同文化之间的整合与认同。从无到有，青铜之路创造了欧亚大陆文化的同一性，形成了古代世界体系。

布罗代尔长时段（Long Duree）和沃勒斯坦现代世界体系（World System）已深入人心。弗兰克等发现不仅有现代世界体系，而且有古代世界体系，世界体系的历史远不止500年，而是5000年[148]，也就是说青铜时代即已形成世界体系。青铜冶炼需要跨地区的合作，西亚及其附近地区5000年前就形成了以红铜、锡、铅、青铜和粮食为主要商品的长距离贸易网，构成了一个具有中心－边缘关系的古代世界体系[149]。古代印度或南亚亦是这个世界体系的特殊组成部分[150]。西亚和东亚之间的贸易还难以想像，但西亚不断向四周传播技术和文化[151]。世界体系不只是经济和政治关系，还应包括科学技术和意识形态方面的联系。东亚和古代欧洲一样是西亚为中心的青铜时代世界体系的一个更边缘的组成部分。青铜将旧大陆连成一体，使人类共同经历了青铜时代。

丝绸之路时代东西方已形成各具特色的文化体系，期间物质和文化的交流是十分频繁的。劳费尔《中国伊朗编》和谢弗《唐代的外来文明》使我们认识到这种交流是丰富多彩的。梯加特《罗马与中国》认为中国和西方不止是有物质和文化上的交流，而且存在着政治和经济上的互动。丝绸之路无疑是引起这种互动的纽带。

青铜之路将欧洲和东亚纳入了以西亚为中心的古代世界体系，丝绸之路又加强了东亚与西亚、欧洲的联系。只有将丝绸之路与青铜之路相结合才能全面系统地理解欧亚大陆文化的形成及其相互交流与互动的历程。

---

〔1〕　Christian, D.: Silk Road's or Steppe Roads? The Silk Roads in World History, *Journal of World History*, Vol.2, No.1, 1~26, 2000.

〔2〕　UNESCO: *Cultures and Civilizations: Integral Study of the Silk Roads*, 1994.

〔3〕 Joseph Needham: *Science and Civilization in China*，Cambridge University Press，1954.

〔4〕 李济著，万家宝译：《中国文明的开始》，商务印书馆，1980 年。

〔5〕 李济口述，李光周笔记：《殷文化的渊源及其演变》，《考古人类学学刊》四十二期，1981 年。

〔6〕 Tylecote, R.F.: *A History of Metallurgy*，London，11，1976.

〔7〕 白云翔：《中国的早期铜器与青铜器的起源》，《东南文化》2002 年 7 期。

〔8〕 Lessiter, M.J.: Timeline of Casting Technology，*Modern Casting*，November，43~51，2002.

〔9〕 Wertime, T. A.: The Beginning of Metallurgy: A New Look，*Science*，Vol.182，875~87，1973.

〔10〕 Renfrew, C.: The Autonomy of the South East Copper Age，*Proceedings of Prehistoric Society*，35，12~47，1967.

〔11〕 Ruiz‐Taboada, A. etc.: The Oldest Metallurgy in Western Europe，*Antiquity*，Vol.73，1999.

〔12〕 《泰晤士世界地图集》，北京三联书店，1982 年。

〔13〕 《中国大百科全书·考古卷》，中国大百科全书出版社，1987 年。

〔14〕 Jettmar, K.: The Altai before the Turks，135~223，*Bulletin of the Museum of Far Eastern Antiquites*，23，1953.

〔15〕 Gimbutas, M.: *Bronze Age Cultures in Central and Eastern Europe*，London: Monton，1965.

〔16〕 Mair, V.H. ed.: *The Bronze Age and Early Iron Age Peoples of Eastern Central Asia*，2 *vols*，*The Institute for the Study of Man*，The University of Pennsylvania Museum Publications，1998。

〔17〕 王炳华：《孔雀河古墓沟发掘及其初步研究》，《新疆社会科学》1983 年 1 期。

〔18〕 陈光祖著，张川译：《新疆金属器时代》，《新疆文物》1995 年 1 期。

〔19〕 李水城：《从考古发现看公元前二千纪东西文化的碰撞与交流》，《新疆文物》1999 年 1 期。

〔20〕 Mei Jianjun: Copper and Bronze Metallurgy in late Prehistoric Xingjiang，Bar International Series 865，2000.

〔21〕 Kuzmina, E.E.: Cultural Connections of the Tarim Basin People and Pastoralists of the Asian Steppes in the Bronze Age，in Mair，V.M. ed.: *The Bronze Age and Early Iron Age Peoples of Eastern Central Asia*，63~93.

〔22〕 梅建军等：《新疆东部地区出土早期铜器的初步分析和研究》，《西域研究》2002 年 2 期。

〔23〕 李水城等：《四坝文化铜器研究》，《文物》2000 年 3 期。

〔24〕 Fitzgerald-Huber, L.G.: Qijin and Erlitou: the Question of Contacts with Distant Culture，*Early China*，20，17~67，1995.

〔25〕 Linduff, M. K.: Zhukaigou, Steppe Culture and the Rise of Chinese Civilization，*Antiquity*，Vol.69，133~45，1995.

〔26〕 段渝：《商代蜀国青铜雕像文化来源和功能之再探讨》，《四川大学学报》1991 年 2 期。

〔27〕 李延祥等：《大甸子墓地出土铜器初步研究》，《文物》2003 年 7 期。

〔28〕 金正耀：《二里头青铜的自然科学研究与夏文化探索》，《文物》2000 年 1 期。

〔29〕 彭子成等：《赣鄂豫地区商代青铜器和部分铜铅矿来源的初探》，《自然科学史研究》1999 年 3 期。

〔30〕 刘莉等：《城：夏商时期对自然资源的控制问题》，《东南文化》2000 年 3 期；李延祥：《中条山

古铜矿遗址的初步考察研究》，《文物季刊》1993 年 2 期。

〔31〕 金正耀：《晚商中原青铜的矿料来源研究》，《科学史论集》，中国科技大学出版社，1987 年。

〔32〕 李晓岑：《从铅同位素比值试析商周时期青铜器的矿料来源》，《考古与文物》2002 年 2 期。

〔33〕 田广金、郭素新：《鄂尔多斯式青铜器》，文物出版社，1986 年。

〔34〕 田广金、郭素新：《鄂尔多斯式青铜器的来源》，《考古学报》1988 年 3 期。

〔35〕 林沄：《商文化青铜器与北方地区青铜器关系之再研究》，《考古学文化论集》（一），文物出版
社，1987 年。

〔36〕 乌恩：《殷到周初的北方青铜器》，《考古学报》1985 年 2 期。

〔37〕 乌恩：《我国北方古代动物纹饰》，《考古学报》1981 年 1 期。

〔38〕 林沄：《夏代的中国北方系青铜器》，《边疆考古研究》第 1 辑，科学出版社，2002。

〔39〕 杜正胜：《动物纹饰与中国古代北方民族之考察》，《中央研究院历史语言研究所集刊》第 64 本，
1993 年。

〔40〕 李约瑟：《中国科学技术史》第一卷 546 页，科学出版社，1975 年。

〔41〕 乌恩：《论中国北方早期游牧人青铜带饰的起源》，《文物》2002 年 6 期。

〔42〕 王仁湘：《带钩概论》，《考古学报》1985 年 3 期。

〔43〕 《淮南子·泰族训》。

〔44〕 《淮南子·说林训》。

〔45〕 Long, C.R.: The Lasithi Dagger, *American Journal of Archaeology*, Vol.82, No.1, 35~46, 1978.

〔46〕 靳枫毅：《论中国东北地区含曲刃青铜短剑的文化遗存》上、下，《考古学报》1982 年 4 期，
1983 年 1 期。

〔47〕 林梅村：《商周青铜剑渊源考》，《汉唐西域与古代文明》，文物出版社，1998 年。

〔48〕 Kao Chu Hsun: The Ching Lu Shen Shrines of Han Sword Worship in Hsiung Nu Religion, *Central Asia Journal*, Vol.5, No.3, 221~231, 1960.

〔49〕 宋新潮：《中国早期铜镜及其相关问题》，《考古学报》1997 年 2 期。

〔50〕 Fitzgerald-Huber, L.G.: Qijin and Erlitou: the Question of Contacts with Distant Culture, *Early China*,
20, 17~67, 1995.

〔51〕 李学勤提醒大家注意胡博《齐家与二里头》文中关于爵的论述：《谈伊朗沙赫达德出土红铜爵、
觚形器》，《欧亚学刊》第一辑，中华书局，1999 年。

〔52〕 李健民：《中国古代青铜戈》，《考古学集刊》第 7 辑，1991 年。

〔53〕 郭物：《青铜镞起源初论》，《欧亚学刊》第一辑，中华书局，1999 年。

〔54〕 王巍：《出云与东亚青铜文化》，《考古》2003 年 8 期。

〔55〕 华觉明：《从陶寺铜铃到中华和钟—双音青铜编钟的由来、演变和创新》，《清华大学学报》
2000 年 5 期。

〔56〕 曹定云：《殷代族徽"戈"与夏人后裔氏族》，《考古与文物》1989 年 1 期。

〔57〕 William Watson: *Cultural Frontiers in Ancient East Asia*, 43, Edinburgh, 1971.

〔58〕 黄盛璋：《论中国早期（铜铁以外）的金属工艺》，《考古学报》1996 年 2 期。

〔59〕 Bower, B.: Domesticated Goats Show Unique Gene Mix, *Science News*, Vol.159, No.19, 2001.Luikart, G.: Multiple Maternal Origins and weak Phylogeographic structure in Domestic Goats, Proceedings of National Academy of Sciences of the U.S.A. Vol.98, No.2, 5927～5932, 2001.

〔60〕 埃里奇·伊萨克：《驯化地理学》，商务印书馆，1987 年。

〔61〕 Ryder, M.L.: Sheep, in *Evolution of Domesticated Animals*, ed by Mason, I. L., London, 1984.

〔62〕 孔令平：《西亚动物家养的起源》，《考古》1980 年 6 期。

〔63〕 Perkins, D.: Prehistoric Fauna from Shanider Iroq, *Science*, Vol.144, 1565～66, 1964.

〔64〕 Mortensen, P.: A Survey of Early Prehistory Site in the Holailan Valley in Lorestan, *Proceedings of the Second Annual Symposium on Archaeological Research in Iron*, 35～36, 1973.

〔65〕 Perkins, D.: The Beginning of Animal Domestication in the Near East, *American Journal of Archaeology*, Vol.77, No.3, 1973.

〔66〕 Zeder, M.A.& Hesse, D.: The Initial Domestication of Goats（Capra hircus）in the Zagros Mountains 10,000 Years Ago, *Science*, vol.287, 2254～2257, March, 24th., 2000.

〔67〕 陈文华：《中国农业考古图录》，513～514，江西科技出版社，1994 年。

〔68〕 周本雄：《中国新石器时代的家畜》，《新中国的考古发现与研究》196 页，文物出版社，1984 年。

〔69〕 魏丰等：《浙江余姚河姆渡新石器时代遗址动物群》，海洋出版社，1990 年。

〔70〕 陕西省考古研究所：《龙岗寺》44 页，文物出版社，1990 年。

〔71〕 袁靖：《中国新石器时代家畜起源的问题》，《文物》2001 年 3 期。

〔72〕 王炳华：《孔雀河古墓沟发掘及其初步研究》，《新疆社会科学》1983 年 3 期。

〔73〕 Good, I.: Notes on a Bronze Age Textile Fragment from Hami, Xingjiang with Comments on the Significance of Twill, *The Journal of Indo-European Studies*, Vol.23, No.3～4, 1995.

〔74〕 Laufer, B.: The Early History of Felt, *American Anthropologist*, Vol.32, No.1, 1～16, 1930.

〔75〕 Tumurjav, M.: National Technology of Mongolian Nomads for the Utilization of Animal Products, *Nomadic Studies*, 86～90, 2000.

〔76〕 岑仲勉：《上古东迁的伊兰族——渠搜与北发》，《两周文史论丛》，商务印书馆，1958 年。

〔77〕 马雍：《新疆佉卢文书中的 dosava 即"氎氍"考——兼论"渠搜"古地名》，《中国民族古文字研究》，中国社会科学出版社，1984 年。

〔78〕 余太山：《渠搜》，《古族新考》附卷之一，中华书局，2000 年。

〔79〕 袁靖：《中国新石器时代家畜起源的问题》，《文物》2001 年 3 期。

〔80〕 中国科学院考古研究所甘肃工作队：《甘肃永靖大何庄遗址发掘报告》，《考古学报》1974 年 2 期。

〔81〕 中国科学院考古研究所甘肃工作队：《甘肃永靖秦魏家齐家文化墓地》，《考古学报》1975 年 2 期。

〔82〕 Greenfield, H.J.: The Origin of Milk and Wool Production in the Old World, *Current Anthropology*, Vol.29, No.4, 573～593, 1988.

〔83〕 Sahi, T.: Genetics and Epidemiology of Adult-type Hypolactasia, *Scandinavian Journal of Gastroenterology*, Supplement 202, 7～20, 1994.

〔84〕 Wang Yongfa etc: Prevalence of Primary Adult Lactose Malabsorption in Three Population of Northern China, *Human Genetics*, Vol.67, 103~106, 1984.

〔85〕 Hollox, E.J.etc: Lactase Haplotype Diversity in the Old World, *American Journal of Human Genetics*, Vol.68, No.1, 2001.

〔86〕 Simoons, F. J.: Primary Adult Lactose Intolerance and the Milking Habit: A Problem in Biological and Cultural Interrelations, A Culture-Historical Hypothesis, *American Journal of Digestive Disease*, 15, 695~710, 1970.

〔87〕 McCracken, R.D.: Lactase Deficiency: An Example of Dietary Evolution, *Current Anthropology*, Vol.12, No.4~5, 439~498, 1971.

〔88〕 Sherratt, A.: The Secondary Exploitation of Animals in the Old World, *World Archaeology*, Vol.15, No.1, 90~104, 1983.

〔89〕 袁靖:《论中国新石器时代居民获取肉食资源的方式》,《考古学报》1999 年 1 期。

〔90〕 郭郛等:《中国古代动物学史》,科学出版社,1999 年。

〔91〕 Cheer, S. M. etc: Lactose Digestion Capacity in Tokelauans: A Case for the Role of Gene Flow and Genetic Draft in Establishing the Lactose Absorption Allele in a Polynesian Population, *American Journal of Physical Anthropology*, Vol.113, 2000.

〔92〕 Huang, H.T.: Hypolactasia and Chinese Diet, *Current Anthropology*, Vol.43, No.5, 2002.

〔93〕 Downs, J..F.: the Origin and Spread of Riding in the Near East and Central Asia, *American Anthropologist*, Vol.63, No.6, 1193~1203, 1961.

〔94〕 Anthony, D.W. etc: The Origins of Horseback Riding, *Antiquity*, Vol.65, 22~38, 1991.

〔95〕 Anthony, D.W. etc: Eneolithic Horse Exploitation in the Eurasian Steppes: Diet, Ritual and Riding, *Antiquity*, Vol.74, 2000.

〔96〕 Anthony, D.W. etc: Eneolithic Horse Exploitation in the Eurasian Steppes: Diet, Ritual and Riding, *Antiquity*, Vol.74, 2000.

〔97〕 Piggott, S.: Heads and Hoofs, *Antiquity*, Vol.36, 110~18, 1962.

〔98〕 克劳斯．艾尔迪著, 艾依肯译:《从北方蛮人和匈奴墓葬看古代匈牙利人的丧葬习俗》,《西北民族研究》2002 年 3 期。

〔99〕 Brown, D.R.etc: Bit Wear, Horseback Riding, and the Batai Site in Kazakstan, *Journal of Archaeological Science*, Vol.25, 331~47, 1998.

〔100〕 Levine, M.: Botai and the Origins of Horse Domestication, *Journal of Anthropological Archaeology*, Vol.18, 29~78, 1999.

〔101〕 Linduff, K.M.: A Walk on the Wild Side Late Shang Appropriation of Horse in China, *Late Prehistoric Exploitation of the Eurasian Steppe*, Vol.2, 214~31, 2000.

〔102〕 周本雄:《中国新石器时代的家畜》,《新中国的考古发现与研究》196 页,文物出版社,1984 年。

〔103〕 中国社会科学院考古研究所安阳工作队:《安阳武官村北地商代祭祀坑的发掘》,《考古》1987 年 12 期。

〔104〕 西北大学历史系考古专业：《西安老牛坡商代墓地的发掘》，《考古》1988 年 6 期。

〔105〕 Lu Liancheng: Chariot and Horse Burials in Ancient China, *Antiquity*, Vol.67, 1993.

〔106〕 Bakanyi, S.: Horse, in *Evolution of Domesticated Animals*, ed by Mason, I. L., London, 1984.

〔107〕 Anthony, D.W. etc.: The Birth of the Chariot, *Archaeology*, Vol. 48, No.2, 36~41, 1995.

〔108〕 Littauer, M.A. etc: *Wheeled Vehicles and Ridden Animals in the Near East*, Leiden, 1979.

〔109〕 Littauer, M.A. etc: The Origin of the True Chariot, *Antiquity*, Vol.70, 1996.

〔110〕 Izbitzer, Y.: *Wheeled Vehicle Burials of the Steppe Zone of Eastern Europe and Northern Caucasus, 3rd and 2nd Millennium B.C.*, Dissertation, St Petersburg: Institute of the History of Material Culture, 1993.

〔111〕 Piggott, S.: *Wagon*, *Chariot and Carriage*, London: Thames&Hudson, 1992.

〔112〕 孙机：《中国古代马车的系驾法》，《自然科学史研究》，1984 年 2、3 期。

〔113〕 林梅村：《青铜时代的造车工具与中国战车之起源》，《古道西风》，三联书店，2000 年。

〔114〕 林巳奈夫：《中国先秦时代的马车》，《东方学报》1959 年。

〔115〕 Shaughnessy, E.L.: Historical Perspectives on the Introduction of the Chariot into China, *Harvard Journal of Asiatic Studies*, Vol.48, 189~237, 1988.

〔116〕〔117〕 王海城：《中国马车的起源》，《欧亚学刊》第三辑，中华书局，2002 年。

〔118〕 李约瑟：《中国科学技术史》第一卷 358~359 页，科学出版社，1975 年。

〔119〕 Lubotsky, A.: Tocharian Loan Words in Old Chinese: Chariots, Chariot Gear, and Town Building, *in The Bronze Age and Early Iron Age Peoples of Eastern Central Asia*, ed. Victor H.M. Philadelphia, Vol.1, 379~390.

〔120〕 Anthony, D.W.: Horse, Wagon & Chariot: Indo-European Language and Archaeology, *Antiquity*, Vol.69, 1995.

〔121〕 Shaughnessy, E.L.: Historical Perspectives on the Introduction of the Chariot into China, *Harvard Journal of Asiatic Studies*, Vol.48, 189~237, 1988.

〔122〕 石璋如：《殷代的弓与马》，《中央研究院历史语言研究所集刊》35 本，1964 年。

〔123〕 Goodrich, C.S.: Riding Astride and the Saddle in Ancient China, *Harvard Journal of Asiatic Studies*, Vol.44, No.2, 1984.

〔124〕 Yetts, W.P.: The Horse: A Factor in Early Chinese History, Eurasia Septentrionalis Antiqua, IX, 231~258, 1934.

〔125〕 White, Jr. L.: The Origin and Diffusion of the Stirrup, in *Medieval Technology and Social Change*, 14~28, Oxford, 1962.

〔126〕 王铁英：《马镫的起源》，《欧亚学刊》第三辑 76~100 页，中华书局，2002 年。

〔127〕 Carles Vila etc: Widespread Origins of Domestic Horse Lineages, *Science*, Jan.19, Vol.291, 2001.

〔128〕 Henning W.B.: The First Indo-Europeans in History, In Society and History Essay in Honor of Karl August Wittfogel, ed by G.L. Ulmen, Hague, 1978. 徐文堪译注：《历史上最初的印欧人》，《西北民族研究》1992 年 2 期。

〔129〕 佘太山:《古族新考》,中华书局,2000 年。

〔130〕 蒲立本著,潘悟云等译:《上古汉语的辅音系统》,中华书局,1999 年。

〔131〕 Pulleyblank, E.G.: Chinese and Indo-Europeans, *Journal of Royal Asiatic Society*, 3~39, 1966.

〔132〕 Pulleyblank, E.G.: Prehistoric East-West Contacts Across Eurasia, Pacific Affairs, 47, 500~508, 1975.

〔133〕 Penglin Wang: Tokharian Words in Altaic Regnal Titles, *Central Asia Journal*, 39 (2), 155~207, 1995.

〔134〕 Colin Renfrew: At the Edge of Knowability: Towards a Prehistory of Languages, *Cambridge Archaeo-logical Journal*, 10 (1), 7~34, 2000.

〔135〕 韩康信:《丝绸之路古代居民种族人类学研究》,新疆人民出版社,1994 年。

〔136〕 杨希枚:《河南安阳殷墟墓葬中人体骨骼的整理和研究》,《中央研究院历史语言研究所集刊》第 42 本 231~266 页,1976 年。

〔137〕 Li Wang etc: Genetic Structure of a 2500-Year-Old Human Population in China and Spatiotemporal Changes, *Molecular Biology and Evolution*, 17 (9), 1396~1400, 2000.

〔138〕 范小平:《三星堆青铜人像群的社会内容和艺术形式探讨:兼与中东地区上古雕塑艺术之比较》,《三星堆与巴蜀文化》,巴蜀书社,1993 年。

〔139〕 尹盛平:《西周蚌雕人头像种族探索》,《文物》1986 年 1 期。

〔140〕 Csorba, M.: The Chinese Northern Frontier: Reassessment of the Bronze Age Burials From Baifu, Antiquity, 70, 564~587, 1996.

〔141〕 杨希枚:《古饕餮民族考》,《民族学研究所集刊》24 期,1967 年。

〔142〕 徐中舒:《古代狩猎图像考》,《庆祝蔡元培先生六十五岁论文集》(上),1933 年。

〔143〕 林梅村:《开拓丝绸之路的先驱——吐火罗人》,《文物》1989 年 1 期。

〔144〕 林梅村:《吐火罗人的起源与迁徙》,《西域研究》2003 年 3 期。

〔145〕 李约瑟:《中国与西方在科学史上的交往》,译文见潘吉星主编《李约瑟文集》,辽宁科学技术出版社,1986 年。

〔146〕 凌纯声:《中国的封禅与两河流域的昆仑文化》,《民族学研究所集刊》19 期,1965 年。

〔147〕 Mair, V.H.: Old Sinitic Mrag, Old Persian Magus, and English Magician, *Early China* 15, 27~47, 1990.

〔148〕 弗兰克、吉尔斯主编,郝名玮译:《世界体系:500 年还是 5000 年?》,社会科学文献出版社,2004 年。

〔149〕 Christopher, E.: Dynamics of Trade in the Ancient Mesopotamian "World System", *American Anthro-pology*, 94 (1), 118~137, 1992.

〔150〕 Ratnagar, S.: The Bronze Age: Unique Instance of a Pre-Industrial World System, *Current Anthropol-ogy*, 42 (3), 351~379, 2001.

〔151〕 Crawford, H.E.W.: Mesopotamia's Invisible Exports in Third Millennium B.C., *World Archaeology*, Vol.5, 232~241, 1973.

箕子东走路线的探索

[韩国] 姜寅虎

箕子，何许人也？在中国历史上是否有其人？箕子东走朝鲜，这个"朝鲜"又在哪里？长期以来，有关箕子的话题一直是国际学术界激烈争论的焦点之一。

据史书记载，殷末纣王暴虐无度，殷之三贤（微子、比干和箕子）曾多次进谏，纣王始终不听。后来，纣王将直言进谏的比干处死，并剖其心肝来验证圣人是否"心有七窍"，又将装疯为奴的箕子囚禁起来。牧野之战，周武王大败商纣王。纣王登鹿台自焚而死，商朝灭亡。于是，"（武王）释箕子之囚，箕子不忍周之释，东之朝鲜。"[1]

关于箕子以及箕子东走的史实，许多史书均有记载，并可以相互印证。而在各地出土的带有"箕"或"箕侯"字样的众多箕器，更是以无可辩驳的铁证证明了箕子是实实在在的商末历史人物。

众所周知，关于箕子东走的地点及其移动的路线，目前国际学术界有四种截然不同的观点：一是，朝鲜（韩）半岛说，也作平壤说；二是，辽东说；三是，先辽东后半岛说，也作辽东平壤说；四是，辽西说。

在这里，我们首次提出"燕蓟说"，并尝试通过综合分析有关考古资料来论证我们的这一立论。不当之处，敬请学术界同仁加以斧正。

一

先从朝鲜（韩）半岛的古文化遗存谱系说起。距今约 8000~6500 年左右，朝鲜（韩）半岛的北部（西北和东北）地区，处于以平底"之"字纹陶器为代表的查海、兴隆洼文化范围。同一时期，朝鲜（韩）半岛的南部（清川江以南）地区还没有出现陶器，人们使用的工具仍然是较落后的各种磨制石器[2]。

距今约 6500~3000 年左右，朝鲜（韩）半岛的北部地区，从整体上仍未摆脱掉平底"之"字纹陶器文化的影响。但这期间，其西北部一些地区曾受到来自辽东半岛南部地区的彩陶、彩绘陶文化的影响[3]。而南部大片地区则被一种独特的尖底"之"字纹陶器文化所独占。

距今约 3000 年前后，朝鲜（韩）半岛的各个地区相继步入了青铜器时代：原分布有平底"之"字纹陶器文化的北部地区，逐渐以曲刃青铜短剑早期形式、叠唇罐和腹部贴"V"形器耳的高领壶（韩国学术界称作"美松里型土器"）组合为标志的，来自辽东浑河、太子河流域的被称作双房类型的文化所替代；在其南部的大同江以南黄海道地区，则被一种称作"陀螺型土器"的地方文化所替代。韩国学术界普遍认为，这种"陀螺型土器"类型的地方文化与尖底"之"字纹陶器文化之间有着直接的承继关系[4]。

辽东地区的古文化谱系，可分为两大块（下辽河流域和辽东半岛地区）加以叙述。在下辽河流域发现的最早的新石器时代文化遗存当属新乐下层文化，它以筒形罐、斜口器、高足钵等陶器群组合为代表，表现出与查海、兴隆洼文化有着密不可分的亲缘关系。它的年代大约为距今 7000 年左右。

与新乐下层文化有着某种承袭关系的是偏堡类型，而高台山文化又是偏堡类型的直接继承者。考古迹象表明，高台山文化是大量吸收相邻文化而形成的。高台山文化的早期阶段大体与夏家店下层文化时期相当。在距今约 3000 多年前，高台山文化因受到来自浑河、太子河流域的双房类型的强烈冲击而被迫向北部地区转移。敖汉旗大甸子夏家店下层墓地出土了具有高台山文化特征的陶器[5]，阜新平顶山遗址发现了夏家店下层文化、高台山文化、魏营子类型依次叠压的地层关系[6]，这些都是高台山文化北移的有力证据之一。

高台山文化北移至西喇木伦河、老哈河流域后，与当地的文化相结合产生了新的文化，即夏家店上层文化。关于夏家店上层文化，我们在环渤海北岸古文化谱系中还将谈到。此后，整个下辽河流域乃至朝鲜（韩）半岛的西北部地区即为双房类型和庙后山类型替代了原先的高台山文化。

在辽东半岛发现的最早的新石器时代遗存是小朱山下层文化。黄海沿岸的东沟后洼类型的整体面貌，与小朱山下层文化比较接近，它们似乎都与新乐下层文化有着藕断丝连的一种亲缘关系。它们的年代大约为距今 6000 多年。

嗣后，小朱山中层类型直接承继了小朱山下层文化，但此时开始即受到来自山东半岛大汶口文化的强烈影响。令人难以置信的是，不管我们相信大汶口文化时期的人们是否具有航海能力，但这种文化的传播的的确确是横跨渤海海峡而来的。到小朱山上层时，来自山东半岛的龙山文化的影响愈加强烈，以至于认为它是山东龙山文化的一种地方变异类型。小朱山上层以后，辽东半岛地区即进入青铜器时代。山东半岛对辽东半岛的文化影响，长达 1500 多年之久，直到于家村上层时方摆脱出来[7]。于家村上层类型为距今 3230±90 年。承袭于家村上层的是上马石上层类型。上马石上层类型的年代为距今 3170±150 年和 3130±100 年。与上马石上层类型同时崛起的还有其北部地区的双房类型。有学者认为，双房类型是庙后山类型和于家村上层类型交互作用的结果。此后，上马石青铜短剑墓类型替代了上马石上层类型[8]。

再说渤海北岸的古文化谱系。在渤海北岸地区最早的考古学文化是查海、兴隆洼文化，其年代为距今约 8000 多年。继承这一文化的分别是红山文化、赵宝沟文化和富河文化。这三种文化后又同归于小河沿文化。距今约 4000 年以后，小河沿文化蜕变为夏家店下层文化。夏家店下层文化是燕山南北地区的一支早期青铜文化，其年代相当于夏末商初。夏家店下层文化可分为三种不同的地域类型，即燕山以北地区的药王庙类型、燕山以南地区的大坨头类型和壶流河流域的壶流河类型。

约当商末，继承夏家店下层药王庙类型的是魏营子文化。约当西周后期，魏营子文化吸收了双房类型因素，产生了和尚沟类型，同时，又与当地文化结合产生了十二台营子类型。在魏营子文化的北部，又有一支与其并行发展的文化，这就是夏家店上层文化。它的早期年代为距今 3240±150 年（克什克腾旗龙头山遗址），相当于晚商。这种文化逐渐向南发展，并吸收中原以及东西文化因素形成了南山根类型。辽宁宁城一带，是各种不同系统的文化因素交融汇聚的地方，也是夏家店上层文化达到巅峰状态并走向衰亡的政治文化中心。最终，在辽西地区十二台营子类型先后取代了魏营子文化和夏家店上层文化，直到战国时期结束为止。

在燕山南麓，接替夏家店下层大坨头类型的是围坊三期类型。围坊三期类型与辽西地区的魏营子文化之间，有着十分密切的亲缘关系[9]。入周后（西周初年），围坊三期类型又迅速演化为张家园上层类型。张家园上层类型，是当地文化与姬燕文化结合且以土著文化为主的一种混合型文化。

在分布有夏家店下层壶流河类型的河北蔚县壶流河流域，在早商时期，早商文化的一支曾一度由南向北推进而来，但很快又退回到了北易水附近。到晚商时期，这一地区是围坊三期类型与晚商文化交错分布地区。入周后，即很快为姬燕文化所替代。

综上所述，我们从各地区考古学文化谱系中不难看出，商周之前，在渤海北岸、辽东地区以及朝鲜（韩）半岛，并没有发现具有典型意义上的中原系统的商文化现象，也没有发现能证明是箕子朝鲜类型（究竟哪种考古学文化是箕子朝鲜类型迄无定论）的考古学文化。因此，无论"辽东说"还是"平壤说"，抑或是"先辽东后平壤说"，都不能令人信服，是站不住脚的。不过，夏家店上层文化时期，在其由北向南发展过程中，曾吸收来自南面的中原文化因素，东面来的曲刃剑文化因素以及西面来的以兽首、铃首青铜短剑为特征的文化因素，发展成为南山根类型，并达到夏家店上层文化的鼎盛期[10]。但这个时期已经是西周后期了，与箕子东走的时间（商末）显然不相符。至于在辽宁喀左地区大量出土的箕器，从其出土规模以及器形上讲，它们必定属于箕子及其后世们的器物无疑。但这些青铜礼器的出土性质均为窖藏，而无一件是居址或墓地出土，故"辽西说"同样是站不住脚的。大量窖藏箕器在辽西喀左地区出现，其中必有缘故。关于这一点，我们在后边还将详细谈到。

<h1 style="text-align:center">二</h1>

我们知道，箕子乃殷商人，是由朝歌（商都）附近东走朝鲜的。根据有关史籍记载，箕子以后传四十余世，箕子朝鲜立世长达千年之久，直到汉初被卫满政权所替代。如此看来，在箕子朝鲜势力范围内，应该留有丰富的地下遗存。那么，与箕子朝鲜有关的考古学文化，必定或多或少地带有商文化成分。

众所周知，很多人曾主张商文化起源于岳石文化，也有很多人曾主张商文化起源于夏家店下层文化。傅斯年就曾说："至于朝鲜与箕子之故事，实不啻指示吾人曰商与东北本有一密切关系……可知商之兴也，自东北来，商之亡也，向东北去。"[11]但考古迹象表明，真正与代表早商文化的二里岗下层较早阶段的C1H9关系最为紧密、共性最多的是漳河型、辉卫型遗存（或称下七垣文化），主要分布于河南省北部和河北省南部[12]，换句话说，商文化起源于豫北冀南地区。

在商周以前的环渤海地区以及朝鲜（韩）半岛范围内，发现有与箕器紧密联系的商文化现象的遗址，首推北京琉璃河董家林古城。尽管有这样或那样的争论，但是董家林古城是西周初年"封召公于燕"的燕国都城遗址的观点，已成为学术界定论。

笔者认为，这座古城固然是燕国初都，但在燕召公到来之前的短暂时期里，又曾是箕子东走的最初落脚点。换句话说，董家林古城最早是箕子朝鲜的第一个都城。当然，在燕召公到来之前，这座古城可能已初具规模，但彻底完善应是在燕召公以后，因为毕竟箕子东走与燕召公封燕的时间间隔，还是过于短暂了。

虽然在董家林古城内外一直没能发现商文化堆积层，但从分别把古城东、北墙墙基打破了层位关系的两座墓葬M1、M2来看，M1出土了两件属于典型河南安阳殷墟晚商风格的陶簋，并且在黄土坡属于西周初期的墓葬中，也出土了与上述陶簋纹饰相同的陶簋。关于这一点，无论是主张董家林古城为商城的学者也好，还是主张此古城为燕召公始封都城的学者也好，对于这两件陶簋的看法却是完全一致的，即认为这两件陶簋属于殷墟较晚时期的陶簋。M2无随葬品，但葬式与M1完全相同。那么，我们就可以得出这样的结论：至少该古城的东、北二城墙始建于"周克殷"前后，当不晚于西周初年。另外，董家林古城的建筑方式，譬如挖浅基槽、分段版筑、主城墙两侧设护城坡等技法，与早期郑州商城的构筑法完全相同，甚至连夯层的厚薄、夯窝的大小也差不多。所有这些虽不能足以证明此城为商城，但可以肯定一点是，此城乃商裔所建，且此城最初的主人也是商裔。

1962年，北京大学历史系考古专业的学生实习发掘了古城西刘李店第三四层和H2、H3等遗存。H2开口于第四层下，又被H3打破，在层位上是最早的一个单位。H2中出有宽折沿分裆直腹空袋足粗绳纹鬲、圈足绳纹簋、折沿弧腹高联裆实堆足中细绳纹鬲、折肩肩部带三角花纹罍、肩带三角形大耳的罐等陶器。前两种陶器明显带有商式风格，后三种为西周器物。这些现象进一步说明了在"周克殷"前后，拥有商文化的商裔与周人曾同居该地区，而且商裔显然是早一步来到该地区的居民。

"周克殷"之际，即商末周初，广泛分布于京、津、唐地区的考古学文化是围坊三期类型。有资料表明，在围坊三期类型分布的范围内，可直接证明的方国是箕国[13]。

迄今为止，在全国各地共出土了100余件箕器。这些箕器是具有典型商文化风格的青铜器。由于当年箕子由商都东走朝鲜，而山东半岛出土的诸箕器，又都属于春秋时器物，故在此我们只对北京及其以东地区出土的箕器给予关注。其他地区出土的箕器，暂不予讨论。

我们知道，除了在箕器铭文中出现"箕侯"外，在商周金文和殷墟甲骨文中也出现了"箕侯"。因两处之"箕"，在字形上同构，时代上又契合，故我们断言，当时的这个"箕侯"，除了箕子不可能另有所指。

在北京地区出土的箕器，是最令笔者关注的。北京昌平白浮墓出土了一件带有"兀"字铭文的铜戈，同时还伴出了带有"箕示"、"箕上下韦驭"等字样的卜辞以及具有北方系青铜文化特征的兵器[14]。墓主人能以典型的周式铜礼器和卜甲随葬，表明其身份应该是镇抚一方的军事首脑，或者是驻守该地的达官显贵。

在北京卢沟桥，也出土了一件箕器。其发掘年代距今已有100多年，发掘当时的情况现在不是很清楚。箕器上的铭文为："亚（框）箕侯𠀬，燕侯赐亚贝，用作父乙宝尊彝。"[15]

在北京顺义牛栏山出土的箕器是一尊铜鼎，其上铭文为："囷作妣辛尊彝亚箕𠀬"。箕器的具体出土地点为牛栏山金牛村一座西周时期的贵族墓[16]。

在北京房山琉璃河黄土坡董家林西周初期墓葬中出土的四件箕器，最能说明问题。其中一件为殷商末期祖庚、祖甲时铜器，其余为周初成、康之际铜器。攸簋末尾铭文为"启乍䭾"，其余多作"亚（框）箕𠀬"或"亚（框）箕侯𠀬"，与辽西喀左地区出土的箕器风格以及铭文内容完全一致[17]。

　　综合分析以上北京地区出土的箕器后，我们可以得出这样三个结论：一，从箕器的铭文内容看，周、箕两族杂居一处，至少到周初成、康之际，箕族居民还在燕蓟地区居住。二，许多箕族成员都在燕国为官，并得到燕侯的赏赐。这说明周初燕召公率领有限的周民来到燕蓟地区后，在相当长的时间内，与箕族共同治理燕蓟地区，并和睦相处。三，董家林古城既是箕子东走后箕子朝鲜的初都，也是召公封燕后燕国的初都。这些现象在了解了箕子与召公的关系后，也就不难理解了。

　　我们知道，"周克殷"是在"小邦周"对"大邑商"这样一个实力对比较悬殊的情况下取得的胜利。为巩固和扩大这一战果，周武王果断采取了"兴灭国，继绝世"的策略。故武王在周初即"复盘庚之政"，封纣子武庚"以续殷祀"；"追思先圣"，封黄帝之后于蓟（一说封帝尧之后于蓟）。这样看来，"封箕子于朝鲜而不臣"，也应该是武王克商之后所采取的重要谋略之一，这为后来封召公于燕起到了很好的铺垫作用。

　　事实也是如此。当时，东北方仇周情绪甚浓。当燕召公率领有限的周民来到燕蓟地区时，他心里非常清楚，对于远离宗周地区并被包围在少数民族文化的汪洋大海中的他来讲，在立足未稳之时，对当地的土著居民采取高压政策将是极其危险的一种做法。同时他也清楚，要想在燕蓟地区立足，必须借助德高望重的箕子的力量，并采取恩威并施的怀柔政策。

　　《帝王世纪》云："命召公释箕子之囚，赐贝千朋。"武王之所以当初对箕子抚慰有加，是因为箕子在殷遗民中威望极高。从箕子被开释到"复其位如故"，都是燕召公一手经办的。因此，封召公于北燕，是武王为了利用召公与箕子的这一段微妙关系，以达到怀柔箕子朝鲜之目的。而在人选问题上，莫过于"释箕子之囚"的燕召公。另外，我们还可以通过多种史籍可证，在"周克殷"之前，燕召公即与箕子关系过往甚密，再加上"释囚"之谊，派召公前往燕蓟地区则是武王的必然选择。武王把召公封于千里之外，固然是为了镇抚殷遗及当地少数民族，同时拱卫京师之目的，但这在很大程度上要依赖于早一步来到燕蓟地区的箕子。二者之间的这种关系，在后来的历史文献和箕器铭文中，都能得到充分的证明。

　　另外，我们通过《尚书大传》、《史记》等文献的记载可知，箕子东走朝鲜后，曾于"十三祀"（即"周克殷"当年）不远千里从朝鲜又赶回周都（即镐京，今西安西北）拜见周武王。这对于弄清箕子朝鲜的地理位置，是非常重要的一条信息。假如箕子朝鲜位于辽西、辽东或平壤的任何一个地区，那么，他这一去一回，至少在3000公里以上，不要说在异域建邦立国，就算他马不停蹄地赶路，也需要数月以上，这在交通未开、关山迢递的那个年代是无法想像的。那么，只有箕子朝鲜与周都相对较近的情况下，才有可能做到这一点。按照这种思路，箕子朝鲜位于燕蓟地区也是说得通的。

当然，我们认为周初燕蓟地区的围坊三期类型的主人不只箕族一个。一个考古学文化，可以由一个部族，也可以由两个或两个以上的部族所拥有。反过来，一个部族也有可能同时使用两个或两个以上的考古学文化。在围坊三期类型分布范围内，有铭文记载的除了箕族外，还有羌、狸、驭、微、亚、圉等部族，但这些部族的成员在燕国统治的辖区内，显然没有箕族成员的地位高。

大概到了西周中期，可能是箕子朝鲜与召公后世之间存在着政见分歧，抑或是箕子朝鲜不愿始终俯首作周之臣的缘故吧（史无明载，但有成、康时期的箕器为证）。总之，箕子王室集团把燕蓟地区彻底交给了燕国，他们则迁移到了"渤海之隅"，即河北卢龙县境内。一直到明洪武年间，这里仍流传着永平府境内有"朝鲜"故城的说法[18]，它应该就是箕子朝鲜的第二都城吧。

《山海经·海内东经》上记载的"朝鲜"，也应该指的是卢龙县境内的"朝鲜"："朝鲜在列阳东，海北山南。列阳属燕。"这里的"山"，并非指华山、太行山等古代传统意义上的山。因为华山之南，并无大海；太行山只有山东、山西一说，无山南之说。故这里所说的"山"，一定是另有所指。另据"列阳属燕"一句，此"山"必当于燕蓟地区求之。

在《山海经·海内经》，另有一则关于"朝鲜"的记载："东海之内，北海之隅，有国名曰朝鲜、天毒，其人水居，偎人爱人。"在这里，虽对上述"海北山南"中的"山"，未作解答，但明确无误地告之人们，"海"为"北海"，且"朝鲜"位于"北海之隅"。至此，只需弄清"东海"、"北海之隅"之准确含义，一切问题将迎刃而解。

先秦之东海，即今之黄海；战国之东海，为今黄海及东海北部；秦汉以后之东海，泛指今黄海及东海[19]。显然，上文中的"东海"，即今之黄海。而"北海"又在"东海之内"，则此"北海"一定是非渤海莫属。"隅"即"角落"、"靠边沿之地"，在这里指海湾。渤海之内，有渤海湾、辽东湾及莱州湾。三湾之中，唯渤海湾符合"海北山南"之要件，故"北海之隅"即指渤海湾无疑。有人将上文中的"列"，视为今朝鲜之大同江，将"海"视为今韩国之江华湾，将"山"视为朝鲜之妙香山[20]。此说混黄海同渤海，结论必谬，殊不足信。

事实上，在《山海经·海内径》中，对"海北山南"中的"山"的地理位置，也有精确的描述："北海之内，有山名曰幽都之山，黑水出焉。"历史上，北京也作幽都、幽州，盖源于此。显然，此"幽都之山"即今之燕山，亦即"海北山南"之"山"。至于《山海经·北次三山》中所描述的位于太行山"北百二十里"的"燕山"，亦指燕山。此二山皆为燕山山脉中的两座山，这与我们的观点并无矛盾。

位于"北海之隅"的箕子朝鲜的地望，还可以通过河北迁安出土的带有"箕"字铭文的青铜鼎，以及天津武清出土的《鲜于璜碑》碑文得到证明。

到了战国时期，由于燕将秦开"东略朝鲜二千余里"，占领了箕子朝鲜的西部真番地区，并"为置吏"（即设置官吏来管理），箕子朝鲜不得不一度退居到鸭绿江以南地区，平壤左近地区应该在这一时期成为了箕子朝鲜的第三个王都。

上述记载从另外一个角度证明了至燕昭王时期，箕子朝鲜始终位于河北卢龙地区的这一说法。因为，无论箕子朝鲜位于辽西、辽东或平壤，向东丈量"二千余里"（秦时1尺≈27.65cm，2000里≈829.5km），其结果是燕国占领"二千余里"土地后，箕子朝鲜只能退居到大海里去住，这是不符合历史纪录的。在朝鲜半岛西北部地区大量出土了明刀钱，这也说明了箕子朝鲜退却"二千余里"的地点是朝鲜（韩）半岛的西北部地区[21]。《后汉书·东夷列传》中记载的东汉时期的"朝鲜"，应该就是箕子朝鲜之一部分遗民在西汉末在这里建立的国家。

秦灭燕，箕子朝鲜成为了秦王朝的辽东"外徼"（即辽东以外的边界国家)[22]。实际上，秦王朝放弃了对箕子朝鲜的统治和管理，把主要精力放在了经营中原大地上。利用这一喘息机会，箕子集团复又来到辽西大凌河上游地区（即辽宁喀左、凌源一带），以十二台营子类型主人的后裔为基础，建立了箕子朝鲜的第四个王都。

那么，秦时的箕子朝鲜果真在喀左一带吗？关于这个问题，在千古"碣石"之谜得到破解以后也就迎刃而解了。因为，仅见于陕西临潼秦始皇陵的夔纹大瓦当在辽宁绥中县万家镇出土，秦始皇东巡碣石的地点即在"关外第一镇"——万家镇的观点也随之成为了铁一样的事实[23]。河北省的"秦皇岛"之名，原本也是秦始皇东巡到此而得名的。另外，据史书记载："秦筑长城，所起自碣石。"[24]而"碣石"又位于"乐浪遂城县"，[25]乐浪地区本是箕子朝鲜的政治文化中心，被卫满篡夺政权后，又成为卫满朝鲜的首府所在地。汉武帝灭卫满朝鲜，这一地区成为著名的"汉四郡"之一的"乐浪郡"[26]。由此可见，秦汉时，箕子朝鲜确实位于大凌河上游喀左、凌源一带。

汉初，汉王朝"为其（箕子朝鲜）远难守，复修辽东故塞，至浿水为界"。汉惠帝时，燕人卫满发动政变夺取了箕子朝鲜的政权，箕王将来不及带走的大批青铜礼器匆忙埋于地下（喀左箕器出土时的凌乱景象即说明了这一点），从海路逃走。后箕王死于三韩（大同江以南）地区，终未能复国。由此，曾立世千年、传四十余世的箕子朝鲜宣告灭亡。

下面我们就辽西喀左出土的窖藏箕器，发表一下我们的观点。应该说，在所有出土的箕器中，辽宁喀左出土的箕器，其规模之大、规格之高，是其他地区的箕器无法与之相比拟的。这些箕器分5个地点、7个单位，共出土了69件青铜器，占全国所有出土箕器数量的60%以上。这些器物的年代，大都为周初，有的可早至商晚期。器物上的铭文也很多，内容多与箕侯、燕侯、圉以及伯矩的对外活动有关。对于这些箕器日本泉屋博古馆广川守曾敏锐地指出：在这批青铜器中，有一部分制作精良的器物，应该是直接来自北京琉璃河、安阳殷墟、陕西周原等中心地区。余下部分又可分为三类，即：一是地方制作，二是对来自中心区铜器的修补，三是对中心区铜器的仿制。同时广川守推测，后三类器物的制作和修补，均系来自中心区移民所为[27]。笔者非常赞同广川守的观点，同时笔者可以十分肯定地断言，这些器物的拥有者一定是箕子及其后世们。

那么，对这些器物的窖藏行为又如何解释呢？众所周知，商周时期的鼎、簋等礼器是至高无上的王权象征。它们的拥有者，不到万不得已，绝不会丢弃这些视若生命的礼器。只有在遇到万分险情，又由于礼器的笨重而无法随身携带时，才可能匆忙埋于地下而仓皇出逃。纵观整个箕子朝鲜时期，其王室成员曾遇到两次关乎亡国的危难，一是燕将秦开"东略朝鲜二千余里"时的那次战争；二是燕人卫满发动政变时的那次战争。这两次战争都足以令箕子朝鲜国破家亡，也足以迫使箕氏王室把所有礼器深埋地下而远遁他方。箕子朝鲜虽侥幸躲过第一次战争灾难，但由此国势大衰、元气大伤。假如这些礼器是第一次战争时埋于地下的，那么正如我们在前所述，秦汉时，喀左地区已是箕子朝鲜的领地，而且还是政治文化的中心区域，箕氏王室没有理由把它们一直深埋地下。第二次灾难（卫满发动政变）对于箕氏王室来讲，是毁灭性的灾难，箕王没能带走这些祖传的礼器。我们可以设想一下，当卫满谎称有十万汉军来犯，并假借卫成畿内名义突然对箕王发动政变的时候，箕王甚至来不及携带家眷从海路只身逃命，此时他又怎么可能把这些笨重的礼器带走呢？这些窖藏箕器出土时的情景是十分凌乱的，这是当时箕王来不及带走大量箕器而匆忙埋于地下的最好注释。

考古资料同样证明了我们关于箕子朝鲜移动路线的观点。在西周早期，以董家林古城——燕召公始封地为中心，带有中原系统文化的燕文化的分布范围不超出方圆30公里以外，完全处于当地土著文化的包围之中；至西周中晚期，燕文化扩大到了燕都周围70～90公里的范围；至春秋时期，才越过燕山山脉，排挤、融合了张家园上层类型；而到战国时期，才一度推进到了今辽宁省和内蒙古自治区[28]。

三

关于"朝鲜"二字的由来，最初是由南朝宋人裴骃纪录的。他在《史记·朝鲜列传·集解》中引三国魏人张晏语："朝鲜有湿水、洌水、汕水，三水合为洌水，疑乐浪朝鲜取名于此也。"唐人司马贞在《史记·朝鲜列传·索隐》中为裴骃之说作了补充说明："案：朝音潮，直骄反。鲜音仙，以有汕水，故名也。汕一音讪。"又，在《史记·苏秦列传·索隐》中说："朝鲜音潮仙，二水名。"我们从裴骃的语气中可以感受到，裴骃只是怀疑或是猜测"乐浪朝鲜"可能取名于三条江名，并没有拿出具体的证据。另外，裴骃说明的重点在于"乐浪"而不在于"朝鲜"。

后来，朝鲜文献《新增东国舆地胜览（卷51）·平壤府·郡名》中对"朝鲜"的由来作了这样的说明："居东表日出之址，故曰朝鲜。"这种结论是把"朝鲜"的地望始终比定于朝鲜（韩）半岛而得出的。但是，在中国的许多地区都有"居东表日出之址"的地方。这种观点很明显是主观臆测的结论。

朝鲜（韩国）李朝学者安鼎福在其著作《东史纲目·杂记·朝鲜名称考》中则说："箕子之地，辽地太半其封城而鲜卑之东，故称为朝鲜。""鲜卑"之名来自鲜卑山的观点是学术界一致的看法，但确定鲜卑山也成为了学术界一大难题。这个问题到了1979年有了历史性的转机。呼伦贝尔盟文物工作站的一位研究人员，在位于内蒙古鄂伦春自治旗的嘎仙洞，发现了与《魏书》"石室南北九十步，东西四十步，高七十尺"记载大体一致的石室，并在洞内找到了北魏李敞所刻的祝文。至此，鲜卑山的地理方位得到了确认。但是，"朝鲜"之名在春秋战国甚至更早时即已存在。而鲜卑人是汉初迁徙到鲜卑山（即内蒙古鄂伦春自治旗境内）以后才开始称作"鲜卑"的，且"朝鲜"与"鲜卑之东"无法以等号连接。故由"鲜卑之东"而得名的说法是不能成立的。

韩国现代学者申采浩、郑寅普认为，"朝鲜"为"肃慎"二字的音转之词，与满语"珠申"之义相通，均为"所属"之意。这一结论是根据《满洲源流考（卷一）·部族》中的"国初，旧称'所属'曰'珠申'，亦即'肃慎'转音"得出的结论。但是，在这部文献中，通篇都没有提及有关"朝鲜"的话题，况且在三代，"朝鲜"和"肃慎"是两个不同方位、不同血缘的种族，故这种结论也是不足为凭的。

现代韩国学者梁柱东又认为，"朝鲜"二字分别是由朝（韩）语"밝（读park）"和"새（读tha）"而来的。因这一结论拿不出任何依据，只能算是无本之木、无源之水，故不为学界所认同。

现代韩国学者李丙焘则认为，"朝鲜"二字为朝鲜土著语"阿斯达"的汉义之词，即"早晨"之意。他的这一结论，是根据高丽时期一然大师的《三国遗事·古朝鲜》的有关内容得出的结论。"朝鲜"之"朝"，确有"旦"之义，按照李丙焘的说法，就算"朝"与"阿斯达"有相通之处，也无法证明"朝鲜"二字即来自"阿斯达"。因为，还有一个"鲜"字呢？它又如何解释呢？

综上所述，关于"朝鲜"二字的由来，迄今没有一个是深入人心、令人颔首称是的观点。那么，"朝鲜"二字究竟是怎样由来的呢？从字面上讲，可以肯定，"朝鲜"二字是标准的汉义词语，不会是中原周边少数民族的直译或音译词语。我们认为，"朝鲜"

二字是随箕子东走而出现的，易言之，在箕子东走之前，世上并不存在"朝鲜"这个国名或地区名，因此，关于"朝鲜"二字的来源，必须随箕子的东走路线去求得答案。

纵观早期中国史籍，最早纪录箕子东走朝鲜的古文献当属《周易》。很多研究历史的学者，对这部著作的重视程度不够，往往把它归为旁门邪说。但是，且不说这部著作所包含的深奥的哲学理论，单拿史料价值来讲，它也是不可多得的一部佳书。在《周易·明夷卦》中，有多处关于"箕子之明夷"的记载，这句话显然叙述的也是箕子东走的历史事件。学界普遍认为，《周易》是由很多人集体加工而成的，尤其与周公、孔子等人物有着密切的联系，故《周易》关于箕子前往"明夷"的纪录是有一定根据且有说服力的。通过此纪录我们可以得知，箕子东走所到之地，最初并非叫"朝鲜"，而叫"明夷"。

那么，"明夷"与"朝鲜"之间究竟是什么关系呢？众所周知，上古时代的中原人常视其周边异族为"蛮"、"夷"、"狄"、"戎"。在这些词汇里，无疑包含着中原人对其周边少数民族很深的蔑视情绪。就"东夷"诸部而言，无论"莱夷"、"淮夷"、"徐夷"、"嵎夷"、"海东夷"等，其中所包含的蔑视情绪自是不言而喻的。但后来中原人何以对箕子所往之地褒称为"明夷"或"良夷"[29]的呢？这些"蛮夷"怎么会突然间又"明"又"良"起来的呢？显然，中原人这种态度的转变，不能不说与箕子前往该地有关。中国历代史家、文人对箕子均推崇备至，如同孔子一般称颂其为"殷末三贤"之一。

中原人对燕蓟地区"夷人"的观念的改变是有一个过程的，即：蛮夷→良夷→明夷→朝鲜。很显然，"朝鲜"二字是由"明夷"二字转变而来的。

从"朝鲜"二字的汉义上讲，"朝"为"旦"之意，与"明"义相通，均为"明亮"、"光明"之意，且在甲骨文里，"明"、"朝"写法完全相同[30]。"鲜"，古为"鲜鱼"之名，产自"貊国"（"新鲜"之"鲜"古作"鱻"，自汉以"鲜"代"鱻"）[31]。"朝鲜"之"鲜"，还可能来自"鲜虞"之"鲜"。东汉应劭《风俗通·姓氏篇》载："鲜于氏，武王封箕子于朝鲜，其支子仲食采于，因以鲜于为氏。"古时，"虞"、"于"相通，故这里的"鲜于"即"鲜虞"。另外，人们在天津市武清县发现了东汉时期的《鲜于璜碑》，其碑文上明确记载，"鲜于氏"为"箕子之苗裔"，这也证实了应劭的说法。现代朝鲜（韩国）人中，仍有不少箕氏、鲜于氏，其族谱上也明确记载，其始祖即为箕子。有趣的是，在现代汉语中，"鲜鱼"、"鲜虞"、"鲜于"三者的发音完全相同，但在古时是否也音、义相通就无据可考了。

箕子的到来对整个朝鲜（燕蓟及其周边）地区来说，无疑是具有划时代意义的一件大事，箕子思想在这一带的传播和影响是极其深远的。这种传播和影响随着箕子集团的移动路线而逐步扩大起来，箕子的思想甚至远播到了朝鲜（韩）半岛乃至日本列岛。

至今在有些日本、韩国家庭里仍保留着古老而庄重、复杂而严谨的礼仪传统。笔者坚信，这种古老的礼仪传统决不会都是孔子以后传播过去的。根据《尚书大传》、《史记》、《汉书》等文献记载，箕子到朝鲜后，首先"教其民以礼义、田蚕、织作"[32]，又制"八条之教"[33]，使当地的土著居民真正从黑暗和愚昧走向了光明和文明。难怪就连孔子在"礼崩乐坏"、"仁政"得不到施展的情况下，也产生了"欲居九夷"的想法[34]。由此可知，当时整个"明夷"及其周边地区是何等的一派文明、繁荣的景象！这个广大的"明夷"地区，便是燕蓟及其以东广大地区。箕子思想曾长期浸润当地土著居民的思想、言行、生活等诸多方面，"朝鲜"二字可能是当时中原人为箕子所在地赋予的最漂亮、最好听的名字。

最后说说箕子朝鲜与现代朝鲜（韩国）人以及朝鲜（韩）半岛之间的关系。首先，可以肯定地说，箕子以及跟随箕子东走朝鲜的成员全部是商人箕族，换句话说，箕子朝鲜的王室血统属于中原商人箕族血统。而箕子集团东走后的第一落脚点是北京琉璃河董家林地区，当时这里属围坊三期类型主人的领地，这个部族虽与魏营子文化主人有着紧密的亲缘关系，但与朝鲜（韩）半岛的原住民并没有直接的亲缘关系。然而，在现代朝鲜（韩国）人的血液里，可能混有极少部分商人箕氏贵族的血液成分。而导致这一结果的直接原因是，战国后期，由于燕国人的侵入，箕子朝鲜曾一度被迫退却到鸭绿江以南地区。箕子朝鲜停留在朝鲜（韩）半岛西北部地区的时间当不少于 50 年。秦灭燕，大部分箕氏成员迁移到了辽西喀左地区，但一部分箕氏成员可能继续留在了朝鲜（韩）半岛，毕竟这里是他们的第三故乡。这部分遗民应该是在西汉末卫满朝鲜灭亡后，又建立了一个规模较小的朝鲜国。三国时，这个朝鲜国与高句丽毗邻[35]。它崎岖高句丽、新罗、百济等强国之间，艰难生存，晋以后便不见于史。

长期以来，许多学者反复提出这样一个疑问，即：箕子作为外来客怎么可能君临陌生的一个国家颐指气使？岂非痴人说梦？他们以此为根据认为，箕子及其箕子朝鲜是中国古代的史家出于某种政治目的虚构和杜撰出来的历史。

笔者认为，"朝鲜"二字最初仅仅是指箕子集团，与它对应的部族刚开始可能只有箕族一个，而与现在的朝鲜（韩）半岛没有丝毫的关系。换句话说，最初的"朝鲜"，仅仅是由商都跟随箕子东走的人群组成的一个国家（方国）。有资料表明，当时跟随箕子东走的人群约有 5000 人[36]。那么，只由区区数千人组成的一个部落能称为国家吗？《后汉书·郡国志一》刘昭补注引《帝王世纪》云："及禹平水土，还为九州……民口千三百五十五万三千九百二十三人……至周克商，制五等之封，凡千七百七十三国……民口千三百七十一万四千九百二十三人，多禹十六万一千人。"这段纪录里的统计数尽管落实到了百、十、个位数，但难免使人心生疑窦。不过，夏商时期方国林立，这在许多文献中都有类似的纪录。譬如《左传》哀公七年云："禹合诸侯于涂山，至玉帛者万国"；《战国策·齐策》亦云："古大禹之时，诸侯万国"。按照这种纪录来推算的话，夏代直至商初诸侯方国规模甚小，一个国家平均人口只有 1300 多人，商末周初，众国相兼、人口繁殖，一个国家平均人口也仅 8000 人。这样看来，箕子以 5000 随从为基础建立一个国家是完全有可能的。商周甚至到了秦汉时，燕蓟及其以东是一个地广人稀、交通未开的地区，数千人在方圆数十公里的地区内分散居住，只有在都城里的人口相对集中一些，这种情形现代人是难以想像的。

考古迹象同样证明了上述现象。当时在北京地区只有这么一个孤零零的古城，而燕蓟以东地区对于从中原来到燕蓟地区的人来说，那是一个远在九州之东的"辽东"地区[37]。当时所谓的国家无非是方圆几十公里、相互间又相距几十公里甚至几百公里的小方国而已。那时候，一座城堡就是一个政治中心，其势力所及范围大约在 25 公里至 50 公里范围内[38]，这和后来文献记载的夏、商、周时期的记录是完全一致的。

中原人把箕子领导的部族（方国）称作"朝鲜"，应该是箕子集团从燕召公那里分离出来离开董家林古城（即西周中后期）以后的事情。后来，先进的箕子思想逐渐传播开来，这个"朝鲜"的概念（地区）也逐步扩大起来。其后，又有围族、亚族、𠀬族、孤竹、伯矩等若干个部族相继加入进来，大家共同推举箕子为领袖，此时的箕子朝鲜更可能是一个以箕氏贵族为主的联合共同体。这个时候的"朝鲜"，应该是对加入到这个联合共同体里来的所有成员的泛称。而这个联合共同体的首领，被后来的中原史家称为"箕侯"。但是实际上，箕子朝鲜从没有附属于周王朝，武王及其燕召公也从没有把它视为周王朝的一个"侯国"，更没有逼迫和难为箕子朝鲜，至少在西周以前是这个样子的。反过来，箕子集团以及箕子所领导的联合共同体，在整个西周时期，为稳定北方局势起到了极其重要的作用，因而为周王朝消除了北方的潜在隐患，也使周武王当初"封箕子于朝鲜而不臣"和"封召公十北燕"的战略思想达到了预期的目的。

司马迁在《朝鲜列传》里，始终没有提到箕子朝鲜，只是以"自始全燕时，（燕国）尝略属真番朝鲜"一语带过，更多关于箕子朝鲜的情况，人们是在鱼豢的"魏略辑本·朝鲜"里面了解到的。那么，既然卫满朝鲜是由箕子朝鲜直接承继而来的，司马迁为什么不提卫满朝鲜以前的那个"朝鲜"呢？难道他在无意当中遗漏掉了吗？这其中必有原因。

司马迁严谨的治学态度是世人所共知的，被他列传的所有人物，一定是与夏、商、周三族（即华夏族）直接或间接地有着某种血缘关系的人物。他在《殷本纪》、《周本纪》、《宋微子传》等纪传里面，曾多次提到了箕子其人，但就是没有提到与箕子有着密切关联的那个"朝鲜"。有人以此为根据全盘否认箕子及其箕子朝鲜的存在，认为这是古代中原史家出于某种政治目的而杜撰出来的历史。笔者不敢苟同这种观点。我们可以怀疑神话传说，甚至可以怀疑历史纪录，但我们不能无视地下出土的遗物。众多的箕器以及各种金文、甲骨文上的纪录，就是铁的史实。正如笔者在前边阐述的那样，卫满朝鲜以前的那个"朝鲜"，可能不是一个严格意义上的国家，而是由多个部族或国家（方国）组成的一个联合共同体，而且从血统上讲，这个联合共同体的成员与中原夏、商、周三族没有任何瓜葛，这或许就是司马迁未把箕子朝鲜列入《史记》里的最重要的原因之一吧。

---

〔1〕　伏胜撰：《尚书大传卷四·周传·洪范》。

〔2〕　在朝鲜（韩）半岛的最南端——济州岛高山里遗址出土了距今 10500 年前的陶器，而这种陶器事实上更接近于日本九州地区 Laurel Forest 遗址出土的距今 13000 年的陶器类型。

〔3〕　金贞培（韩）：《韩国上古史和考古学》，韩国新书苑出版社，2000 年。

〔4〕　宋镐晟（韩）：《韩国古代史里的古朝鲜史》197 页，绿色历史出版社，2003 年。

〔5〕　《大甸子墓地乙群陶器分析》，《中国考古学研究》，文物出版社，1991 年。

〔6〕　《辽宁阜新平顶山石城址发掘报告》，《考古》1992 年 5 期。

〔7〕〔8〕　韩嘉谷：《燕国境内诸考古学文化的族属探索》，燕山出版社，1997 年。

〔9〕　李伯谦：《中国青铜文化结构体系研究》149 页，科学出版社，1998 年。

〔10〕　韩嘉谷：《燕国境内诸考古学文化的族属探索》，燕山出版社，1997 年。

〔11〕　傅斯年：《古代之东北》，《东北史纲初稿》。

〔12〕　李伯谦：《中国青铜文化结构体系研究》78 页，科学出版社，1998 年。

〔13〕　韩嘉谷：《燕国境内诸考古学文化的族属探索》，燕山出版社，1997 年。

〔14〕　《北京地区的又一重要考古收获》，《考古》1976 年 4 期。

〔15〕　吴大澂：《愙斋集古录》。

〔16〕　葛英会：《燕国的部族及部族联合》，《北京文物与考古》第一辑，1983 年。

〔17〕　《北京附近发现的西周奴隶殉葬墓》，《考古》1974 年 5 期。

〔18〕　《大明一统志·京师条》载："朝鲜城在永平府境内，相传箕子受封之地。"

〔19〕　《中国历史大辞典》，上海辞书出版社。

〔20〕　顾铭学：《先秦时期中朝关系初探》，《韩国学论文集》第一集，社会科学文献出版社，1992 年。

〔21〕　姜寅虎：《明刀钱与箕子朝鲜》，东方交流中心专辑，2003 年。

〔22〕　姜寅虎：《辽东辽水的地理沿革》，东方交流中心专辑，2003 年。先秦时期的"辽东"是指滦河以东地区。唐代著名学者李贤在《后汉书·袁绍刘表列传》注释中说："襄平县属辽东郡，故城在今平州卢龙县西南。"襄平县为辽东郡治所在地。可见，当时的辽东郡确实位于滦河以东地区。

〔23〕　许虹、范大鹏主编：《最新中国考古大发现——中国最近 20 年考古新发现》，山东画报出版社，2002 年。

〔24〕《通典·州郡·卢龙》引《太康地（理）志》云："秦筑长城所起自碣石。"

〔25〕《史籍索隐》引《太康地理志》云："乐浪遂城县有碣石山，长城所起。"

〔26〕《三国史记》(金富轼撰) 有如下记载：东汉时，光武帝渡海夺回了被高句丽攻占的位于朝鲜（韩）半岛的原"乐浪国"领地。同时，把辽西喀左地区的乐浪郡迁移到朝鲜（韩）半岛的原乐浪国地区，合二为一。平壤地区汉墓群最高年代不超过东汉早期，与上述纪录是符合的。

〔27〕郭大顺：《龙出辽河源》210 页，百花文艺出版社，2001 年。

〔28〕李伯谦：《中国青铜文化结构体系研究》151 页，科学出版社，1998 年。

〔29〕《逸周书卷七·王会》。

〔30〕《殷墟博物苑刊》（创刊号）160 页，中国社会科学出版社，1989 年。

〔31〕许慎：《说文解字》。

〔32〕班固：《汉书·地理志下》。

〔33〕〔34〕 范晔：《后汉书·东夷列传》。

〔35〕陈寿：《三国志·东夷列传》。

〔36〕明·涵虚子：《朱权》："周史云，箕子率中国五千人入朝鲜。"

〔37〕明正统八年（即公元 1443 年）成书的《辽东志》，在论及"辽东"渊源时说："辽，远也，以其远在九州之东，故名辽东。"这就说明辽东并不是因辽水得名的。另外，作为辽东郡治所在地的襄平县故城在"平州卢龙县西南"，是唐代著名学者李贤在《后汉书·袁绍刘表列传》注释中证明了的。

〔38〕李伯谦：《中国青铜文化结构体系研究》，科学出版社，1998 年。

三星堆二号坑 296 号青铜神坛复原研究

王仁湘

每一项考古发现都会提出许多需要解决的问题，在通常情况下，这些问题经过研究者一段时间的讨论，多数都会达成共识，不会有太多的疑难。只有很少的一些发现，会留给我们许多争论的空间，让我们许久也找不到真正的答案。三星堆两个器物坑的发现就是这样的一个例子，连器物坑本身的性质都是众说纷纭，更不用说那些具体的器物了，学者们费了许多的功夫，有些谜底就是不容易完全解开。三星堆两个器物坑出土器物的总量和一些器物本身的体量都很大，研究起来所需要的功夫自然要超出其他发现，更何况这些器物的内涵又是那样丰富，所表达的意义又并不都是非常显明，所以更需要仔细解析和反复切磋。

本文要探讨的是三星堆 2 号坑 296 号青铜神坛的复原问题，也是三星堆器物中一个讨论展开不很充分的问题。神坛因为当初埋入时已严重受损，出土后未能完全修复，发掘者根据初步整理研究，在报告中采用图形方式进行了复原研究。后来也有学者作了进一步的复原研究，使我们对神坛的理解又得到深化。比起其他同时出土的大件青铜器，复原出来的神坛虽然不算高大，但结构却比较复杂，制作也比较精细，包纳的信息量也非常丰富。但是目前神坛的研究远没有达到尽善尽美的程度，还存在较大的研究空间。我们在此重新提出的讨论，虽然不能说一定对这个研究有多大的推进，但是又发现了一些解决问题的新线索则是可以肯定的，这个讨论不仅会增进我们对青铜神坛本身的了解，同时也会进一步增进我们对三星堆器物坑整体性的了解，由此也许可能打开一条进入古蜀人精神世界的通畅途径。

一　296 号神坛的基本造型

三星堆 2 号坑出土 735 件青铜器中，有 3 件被发掘者指认为"神坛"及附件[1]。编号为 296 号的神坛主体因奇特复杂的造型最引人注目，在广汉三星堆博物馆里还依据它的造型做出了一个巨大的祭坛模型，突显出一种肃穆神秘的气氛。

　　据发掘者在《三星堆祭祀坑》中的描述，296号神坛因在当初埋入举行仪式时曾经火焚，它的一半已被烧熔，剩下的一半也变形解体，经过拼对复原，大体可以观察到全器造型的原貌。神坛由下层的兽形座、中层的立人座与山形座、上层的方形顶四部分组成。下层的兽形座底部为圆盘形，上立大头、长尾、四蹄、单翅的两尊神兽。中层的立人座底盘亦为圆形，承托在神兽的独角和单翅上，座上立四个持物的力士，力士面向四个不同的方向。再上面是所谓的山形座，为四瓣圆弧形圈连成的一个圆形座，它承托在下面四立人的头顶上。顶立在山形座四瓣体上的是上层的方斗形顶，方形顶实际上为空镂的盒形，中部每面铸五位持物的小立人，四角上端各有一只展翅的立鸟，在一面上部正中铸一鸟身人面像。方形顶的最上端还有一个收缩的方形接口，表明上面应当还有拼接的附件。全器残高没有超过55厘米，兽形座的直径也只有约22厘米，结构如此复杂的神坛体量并不算大，它是否只是一个依比例缩小了的小样，我们不得而知。

　　2号坑296号青铜神坛比起其他同时出土的大件青铜器，其重要性不言而喻，但是关于它的研究，在三星堆器物中却讨论很不充分。我们注意到，虽然发掘者作了尽可能详细的描述，但在资料方面仍然还存在几个缺憾。如原报告没有器物出土位置图，只有两张大幅面的照片，296号青铜神坛各部件出土的位置并不清楚；由于全器本身并没有复原，发表的只是两个复原图，一张立面图，一张剖面图（图一），经比对报告所附局部照片，两张图

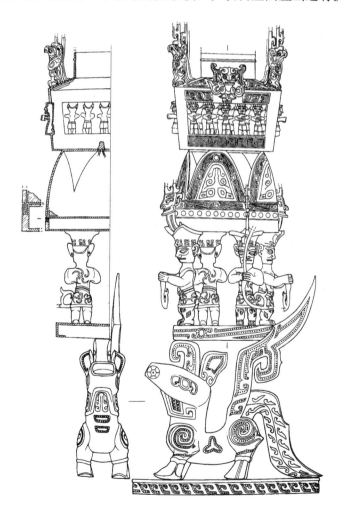

图一　二号坑296号青铜神坛立面和剖面图

都有欠准确或存在明显错构之处（详后述）；可能由于整理工作量较大，神坛结构又过于复杂，所以附件拼对有欠完整，复原图本身也并不完善。要弥补这些缺憾并不是很容易的事，有研究者先后作了一些尝试，取得了明显进展。

孙华先生在他的新著《神秘的王国》中[2]，对296号神坛进行了系统描述，而且重新作了复原研究。他认为神坛下层底座的两个神兽是一向前一向后，它们的旁边各有一位驭手。驭手铜像发现了一具，原编号为296-1，发掘者原本认为它与神坛有关，但不明确它在神坛上的位置。孙华先生特别指出，神坛的上层其实是一座铜尊的变体形状，被发掘者称为山形座的部分正是尊的圆形底座，上面顶着的方斗形则是尊的腹部，再上面是尊的颈部，所以他认为这个所谓的神坛其实"是一件被怪兽和巫师们承托的巨大的方尊形器"。

孙华先生还对这方尊形器缺失的上部作了复原。他认为编号为143和143-1的被发掘者称为神殿顶盖两件残器，都是方筒形，可以将它们由粗大的一端对接起来，然后再扣在神殿顶上（图二）。这样一来，神坛的高度便由50多厘米增至100厘米有余，高出了近1倍。据此，孙先生得出了这样的结论："我们可以有比较大的把握性说，三星堆器物坑这件人兽托负的尊形铜器，原本是由第一层的双兽及两

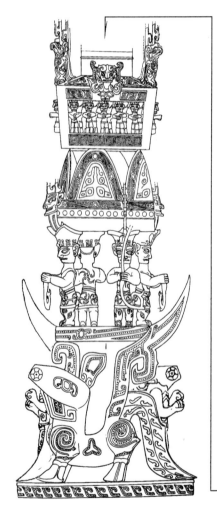

图二　孙华先生的神坛复原方案

个牵兽人、第二层的四人、第三层的尊身和第四层的尊盖四部分组成"。

孙华先生对神坛的重新建构以及解析，让我们获得了一些新的印象。他对神坛主体的"方尊形"之说，还有神兽驭手的认定，对我们进一步认识神坛有新的启发。三星堆2号坑中不仅出土了多件铜尊，而且还见到顶尊人铜像，又有这样气势不凡的尊形神坛，说明尊对三星堆人来说，一定具有特别的意义。

二　关于神坛双兽底座的结构

对于神坛的研究，从造型上而言，神坛中段因为保存了各部位的原有连接点，结构相当清晰，已经没有讨论的必要了。研究者与发掘者认识存在的分歧，主要在底座和顶端两个点上。本文的讨论也是重点关注神坛底座和顶端，这个讨论基本是按照前述孙华先生的思路展开的，对孙华先生的研究略有些补充与修正，也许对深入认识神坛的性质有些帮助。

神坛的底座，是神坛构形的基础。底座的创意是以双兽为支撑，双兽以图案化手法表现，大头上昂，长尾曳地，单翅高扬，从造型上不能直接与某种动物相比拟，可能是一种神话动物。双兽站立的方向是否为一正一反，还需要斟酌。由这能飞善走的神兽背负的神坛，有上举和前行的动态，如果神兽一前一后用力不一，这种动态就无法表现出来了。我们不如换一个思路想像一下，如果双兽向着同一方向并排而立，且飞且行，是否更能体现原创的本意？我们认为双兽行进的方向，更有可能是一致的，它们背负着神坛向着同一方向行进。

孙华先生指出，神兽原本是有驭手的，他在2号坑的出土器物中找到了驭手的雕像，就是编号为296-1的那一件，这个说法非常精到。因为这尊残断的雕像立身的基础，正好也是一个圆形底座，它与双兽的底座规格相当，外侧的纹饰也完全相同，都是一种被发掘者称为"歧羽纹"的纹饰。这种用联珠纹填充的纹饰，以二方连续的方式饰满神坛底座外侧，在神兽的翅面上也有，在神坛上层方斗上也能见到，表明这尊铜像确为神坛的附件之一。另外这尊铜像的双腿外侧都见到尖角的眼睛图形，这种眼睛图像也见于神坛中部四力士的双腿上，这是说明雕像与神坛原本是属于一体的又一个证据（图三）。雕像当与双兽并列，双手前伸作抓握状，手心向下，正是一个驭手的形象。稍觉遗憾的是，驭手的头部缺失，我们已不能直接认识他的模样。由驭手双手并握的手势看，应是一人同时驭双兽，他是站立在双兽之间，一手驭一兽。除此而外，我们还不能发现更多的证据来说明是有两位驭手，他们各驭一兽，而且还要向着不同的方向行进。

简而言之，神坛下层的神兽是有两个，它们的头向应是一致的，向着同一方向行

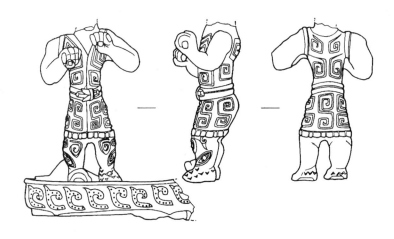

图三 296 号驭手雕像

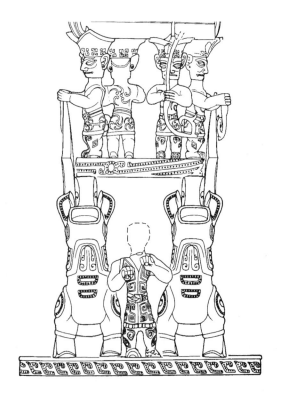

图四 神兽与驭手在神坛上的位置与方向

进；神兽有驭手牵行，驭手与神兽同立在底座上；驭手的数目，应当只有一位，是一人驭双兽（图四）。

神兽与驭手立足的底座为圆盘形，直径 22 厘米有余。神兽承托的四力士座盘也是圆形，直径只有 12.4 厘米，明显小于底座。四力士座盘承托在双兽的独角单翅四个支点上，应当是比较稳固的。

还需要指出的是，原报告所绘神坛剖面图明显有误，试作更正如图所示（图五）。

三 关于坛顶的形状

发掘者对神坛绘出的剖面图虽有小误，但立面复原图大体是完整的，也是基本可信的，唯有神坛的顶端留下一个关子，说还有不清楚的构件要往上面延伸，但并不明确顶端的结构是什么样子。孙华先生依据三星堆人有顶尊仪礼的成例，将坛顶复原为尊口尊盖的模样，是一种大胆的假设，可备一说。

按照孙华先生的设想[3]，将编号为143的神殿屋盖与神坛顶的对接，尺寸稍有不能吻合之处。殿顶方形口突起的宽度为6.5厘米，而143号顶盖的宽度为8厘米，当然要勉强拼接也成。但它的上端与"屋盖"143－1相接，问题可能更明显一些，两者上面的纹样无论构图或风格都有较大距离。虽然如此，孙华先生这种拼接思路还是非常可取，我们不妨暂且接受这种拼接方案，这对于了解神坛原来的造型很有帮助。

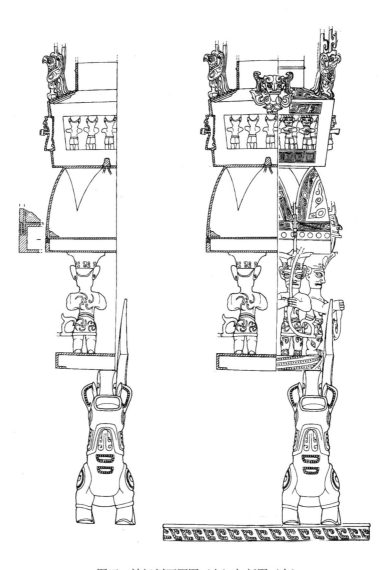

图五　神坛剖面原图（左）与新图（右）

但是即便我们接受这个拼接方案，这个方案也并没有使神坛恢复完整的形态，因为它的上端依然还有残缺，它还有往上延伸的可能。发掘报告中名为"神殿顶部"的143－1号拼件，它的上端是一个跪坐人的形象，可惜的是人像仅存跪坐的下体和腿脚部位，至腰际残断，上身与头部不存。我们尝试着在报告资料中寻找人像残失了的部分，还真有了意想不到的结果。

编号为264的"铜兽首冠人像"，因为有奇特张扬的兽首装束而透出一种神秘感。看看发掘者对它的描述：残断，仅存人像上半身。头戴兽首冠，冠上有双眼，冠顶两旁长耳侧立，中间有一象鼻状装饰（实为卷角）。人像的造型和手势与同出的青铜大立人

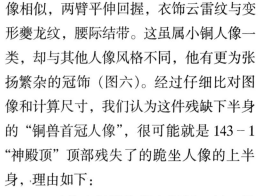

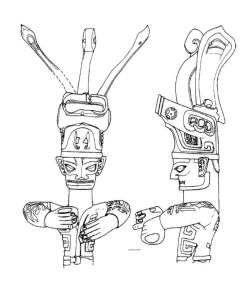

图六 264号兽首冠人雕像

像相似，两臂平伸回握，衣饰云雷纹与变形夔龙纹，腰际结带。这虽属小铜人像一类，却与其他人像风格不同，他有更为张扬繁杂的冠饰（图六）。经过仔细比对图像和计算尺寸，我们认为这件残缺下半身的"铜兽首冠人像"，很可能就是143－1"神殿顶"顶部残失了的跪坐人像的上半身，理由如下：

1. 两者残断部位都在腰际，创口虽不能完全吻合，但不会有重叠部分，二者连接为一体的可能性很大。

2. 断口的大小，因为原报告没有交代，只有从附图所绘比例尺计算，两者的圈径差不多都在约5厘米左右。

3. 两者的服式完全相同，都饰有相同的云雷纹。

我们完全可以确定，这两个残缺的半体人像，原本应属同一整体，完全可以拼合起来（图七）。2号坑出土过其他类似的跪坐人像，如2号神树在底座上有四个这样的跪坐铜人像，跪坐姿态与手势与拼合的神人像相似，两者的服饰与纹饰也相同（图八）。

这样一来，我们看到了跪坐在方形台座上的一个装扮奇异的人，他所在的"神殿顶"也因此显得又高大了许多，由原来的31厘米增加到70厘米还多。如果按照孙华先生的拼接方案，在原来三个

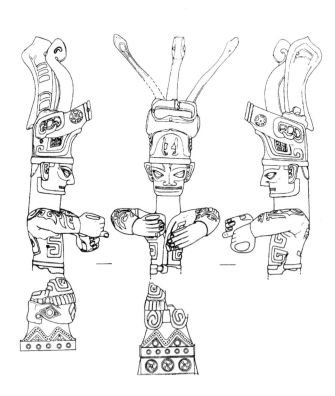

图七 143－1神殿顶与264号兽首冠人像的拼合

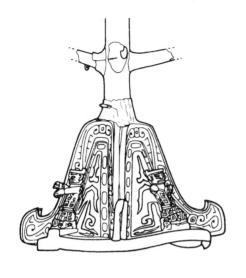

图八　2号青铜神树底座　　　　　　　　图九　143－1号青铜神殿顶

拼件的基础上再加上这件人像，即编号296＋143＋143.1＋264，总高度则达到140厘米以上。

做了这样的拼接以后，我们会发现，这样高的一个拼接铜件，它的底座直径只有约22厘米，会有不稳定的感觉。我们由此会产生一些疑问，也许神坛并没有这样高，拼接方案可能存在不准确或不合理之处。事实上在拼合过程中，拼接口确实存在尺寸不契合的现象，看来还可以寻找新的拼合方案。

我们建议首先应当排除称为神殿屋盖143号的拼件，因尺寸有距离，它与神坛顶端突起之处不能合理拼接，它的纹饰风格也与神坛不合。

其次143－1号神殿顶也有细作分析的必要。没有剖面图可供分析，它本身就是残断的，由发掘者作了初步拼合，估计它至少是两段拼接起来的，上半段是跪坐人像及方形台座，由报告所附的照片看，人像及台座是一个独立存在的部件（图九），也许将它与"神殿顶部"合拼起来是一个失误。我们试图将这台座直接拼合到神坛上端的突起部位，感觉它们应当是吻合的，不仅尺寸大小都在6.5厘米左右，台座侧面的焖纹也与神坛一致。

做了这样的重新调整，神坛的整体风格更加趋于一致，结构显得更为合理，构形最终达到完整。神坛的高度也有所降低，总高度在100厘米多一点，稳定性感觉会好得多。我们再看看底座上的神兽，它的头部形状与顶端跪坐人像的冠面样式完全相同，这是表明这种拼接的合理性的又一个重要的证据（图十）。

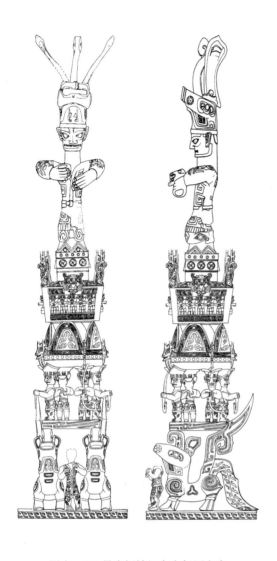

图十　296号青铜神坛完全复原方案

四　神坛的特点与性质

以296号为主体构形的这座被发掘者称为神坛的青铜器，实际上是一件高大造型的神器，称为"坛"似乎名不副实，但一时也没有更好的名称，我们依然沿用这个名称。

对于三星堆两坑中出土的器物，研究者进行了广泛讨论，唯有对这件神坛，论之者甚少。发掘者在报告结语中说，"2号坑出土的大型青铜立人像和神坛上的小型立人像表明，三星堆文化中的宗庙，除了定期举行献祭仪式外，还要把献祭场面和献祭者当作偶像陈列在宗庙里，以象征向神灵举行经常性的献祭活动"。2号坑中出土的296号神坛，可能原来就是摆在宗庙里的一件神器，也可能是按照巨大神坛缩微的一个模型，以前者的可能性较大。

孙华先生对神坛作拼接复原后，对神坛的性质有详尽解说。他说神坛下层的两只怪兽，有兽的身体和四足，又有鸟的冠子和翅膀，兼具鸟与兽的双重特征，它的神性应当类似于古代神话动物蜚廉，是一种长有翅膀的神兽，屈原在《离骚》中说到骑蜚廉升天的想像。神坛中部的四人像是身着鸟服、手持太阳树枝、头顶尊形祭器的神职人员，"他们正要登上高高的天空，到达太阳升起和降落的地方，去侍奉和取悦太阳神，去迎送太阳的起落"。而在更上一层方尊形器周围跪着的众多人像，也是服侍神的神职人员。方尊四角的立鸟，应是太阳神所使的太阳鸟。那跪在神坛顶端的人，他手捧着的可能是玉璋，"他很可能才是向最高神祇奉献祭品和获取神谕的神职人员"。简而言之，神坛中"位于最下层的两只鸟首兽身的神兽是中层巫师们往来于人神间的坐骑，其上四个立人应当是代表联系人间与天上的装扮成鸟形的巫师，而其上的铜尊形器则很可能代表连接天上人间的设施，整个铜神坛表现的都是巫师一类神职人员从地上升登天上去事神的过程"。

神坛的构形有了完整体现，我们再对它的特点与性质进行讨论，会感到更加便利，还会得出一些新的认识来。复杂、奇诡是神坛的主要特点，人、神同在的神坛可以作五个层次的划分：最下一层是二神兽与一驭手，这是托举神坛的基础之所在，也是运行神坛的力量之所在；往上第二层是四力士，如果他们手中是操蛇的图景，那这力士也应当是神人，与神兽作用有相同之处，也是神坛的托举者；往上第三层为四人面四瓣坛座，如果以"坛"称之，这才是真正的坛座之所在，坛座的形状和所饰的图案与一些青铜神树的底座相似；往上第四层为四鸟二十力士护卫的方斗形坛身，正面有鸟身人面像；最上第五层为兽妆跪坐人像，这是神坛的中心所在。

关于这神坛的性质，可以先由顶部跪坐人像论起。跪坐人像与同时出土的大立人像取意相同，区别只在一立一跪而已。也许立人像表示在地坛上作法，而跪人像则是在天坛上作法。他们的手势完全相同，也许手握着同一类神器。立于神坛顶部的巫师正在施法，它已经脱离了地界，高高在上，正如孙华先生所言，"他很可能才是向最高神祇奉献祭品和获取神谕的神职人员"。

另外，我们还要关注一下与神坛相关的那些眼睛形状。三星堆蜀人在他们所做青铜造像的衣服上，常常铸有成对的眼睛图形，眼睛造型一而再再而三地出现，这是一种非常特别的事象。三星堆青铜人首人面各类眼形自有独特之处，更值得关注的是大量单体眼和装饰眼的存在。它们原来可能是人面或兽面上的附件，由此更清楚地体现出古蜀人对眼睛图形的热情，表明眼形对他们是非常重要的一个象征。细看青铜立人像，其实在它的周身也布满了眼形装饰，除了双眼兽面冠——天目冠，长袍下摆前后都有成组兽面装饰，均以环眼作主要构图。在半臂罩衣前后都有直行排列的眼目纹和成组横排的简化兽面纹，眼睛纹样成了立人外衣的主要装饰。立人四龙八眼立座上龙眼形状与冠上眼形相同，均为两角尖而不曲的造型。布满眼目装饰的青铜立人，简直可以看成某种眼目的化身。

我们讨论的神坛上，也见到不少眼睛图像。如神坛中部铸出的操蛇四力士像，它们双腿的外侧都有对称的眼形图案；在神坛顶端跪坐的人像，双腿外侧也见到一双眼形图案；还有驭手的双腿外侧，同样也见到类似的眼形图案。这些青铜人像的双腿外侧都有相似的眼形图案装饰，它们的装束是如此的一致，理应具有同样特别的意义，都表明了一种眼睛崇拜观念，眼睛崇拜在古代蜀人的精神世界中是一个核心所在（图十一）。眼睛崇拜其实可能是太阳崇拜的一种表现形式，眼睛就是太阳的标志，对此我曾在讨论

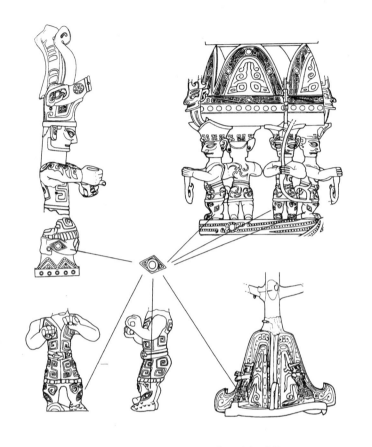

图十一　身着眼睛标志服装的青铜雕像

青铜立人冠式一文中有过说道[4]，在此不再赘述。或者可以说，驭手、力士和巫师，他们都身着缀有太阳标志的特服，这是对太阳的一种礼敬。

此外，上面的人与下面的神兽应当有一种内在的联系，神兽的性质，神兽一定是天上之兽，巫师扮成神兽的模样，也许是表示借助神兽之力升到了天上。他的冠式完全仿照神兽的头形，大眼、长耳、卷角、筒形嘴完全相同，连嘴边的太阳图形也是一模一样。这是什么兽？孙华先生说它是蜚廉，或是与西方神话中的格里芬相关，总之都有通天的本领，它们原本就是神的使者。

神坛表现的并非像有的研究者所说的那样，有地、人、天三界的图景。神坛上并没有地下的图景，没有地祇，底座上双兽的属性，不论是蜚廉还是格里芬，都是可以巡弋天穹的天神之属。全器表现的是，依靠神兽力士的托举，已经登天的巫师正跪立在天神（很可能是太阳神）面前，是在祈求，还是在奉献，那就不得而知了。

应当说，本文的认识并没有太多的新鲜内容，只是为复原296号神坛在细微之处略作了些改动，自以为这样的改动可能更切合神坛原来的造型，对于进一步解开神坛之谜和探讨两个器物坑的性质，会有一些促进作用，希望能引起更多的讨论。

〔1〕　四川省文物考古研究所：《三星堆祭祀坑》，文物出版社，1999年。

〔2〕〔3〕　孙华、苏荣誉：《神秘的王国——对三星堆文明的初步理解和解释》，巴蜀书社，2003年。

〔4〕　王仁湘：《三星堆青铜立人冠式的解读与复原》，《四川文物》2004年4期。

滇文化及其渊源

周志清

春秋中期至东汉中期，在云南的滇池区域曾存在过一个强盛的古王国——滇国。它在战国末至西汉中期最为强盛，西汉中晚期以后式微，东汉中叶以后消失于世人视野之中。"滇"最早见于《史记·西南夷列传》："西南夷君长以什数，夜郎最大；其西靡莫之属以什数，滇最大；自巂滇以北君长什数，邛都最大：此皆椎结，耕田，有邑聚。"在此后 2000 多年的历史中，后世凡言滇事者大多依此，并且这一记载在不同文献中记述也是谬误百出，令后世之人倍感困惑。在岁月的尘封中，滇国渐渐被人们所遗忘，最终成为一个悬而未决的历史之谜。

一 滇国墓地的发现与研究

在 20 世纪 30 年代和 20 世纪 40 年代，滇国的青铜器才开始介绍到西方，一些出自云南晋宁小梁王山的青铜器被昆明的古董商倒卖到国外，被一些著名的博物馆收藏。然而，由于缺乏准确的出土地点以及不知这批器物文化性质，因此长期以来无人所知，像皇家安大略博物馆和伦敦人英博物馆的滇国青铜器很少被展出，长期沉睡于库房之中，不为世人所知[1]。

1953 年发现的石寨山墓地，位于滇池东岸。东距晋宁县城约 50 公里，西临滇池仅半公里。山丘南北长 500 米，东西最宽出 200 米，最高点高 33 米，是一座石灰岩构造的小山丘。西面因早年受滇池水的冲击，岩石陡峭；东南地势平缓，成一坡地。从远处眺望，山形酷似一条巨鲸横卧，故又名鲸鱼山。青铜时代的墓地，大都集中于石寨山的中段，分布密集。

1955～1996 年的 40 余年中，云南省的考古工作者先后对石寨山进行过五次大规模的发掘，共清理古滇国墓葬 86 座（全部为长方形竖穴土坑墓），出土青铜器、铁器、金银器、陶器、漆器及玛瑙、玉石器等各种随葬品 5000 件左右。在这五次的发掘中，尤以 1956 年的第二次发掘最具划时代的意义，此次共清理墓葬 20 座，出土各种文物 4000 余件[2]。其中 M6 出土的"滇王金印"揭开了历史上古滇国的神秘面纱，它证实了古滇王国的存在，说明石寨山是沉睡了 2000 余年的古滇墓地。

继石寨山之后，1972 年春云南省博物馆开始大规模发掘江川李家山墓地，共清理墓葬 27 座，出土各种随葬品 1700 余件。李家山位于江川县城北 16 公里早街村后的山头山，西北距晋宁石寨山约 50 公里，北距昆明市 80 公里。山势为南北走向，背靠多依山，面向江川坝子和星云湖水，山顶面积约 200 平方米。1991 年底～1992 年初，云南省文物考古研究所对李家山进行了第二次大规模发掘[3]，共清理墓葬 59 座，随葬品 2000 余件。李家山与石寨山两地墓室的形制和结构及随葬品的种类、器形基本相同，均属古滇国文化遗存。

天子庙古墓群位于呈贡县龙街区小古城乡境内，北距昆明市 15 公里，南至呈贡县城 3 公里，西临滇池 2 公里，是继石寨山和李家山之后发现的滇国又一大型墓地。1975～1992 年间先后对其进行了三次发掘，共清理古滇墓葬 76 座，出土了大量的随葬品[4]。M41 是天子庙墓群中最大的一座，其规模较大，葬具齐全，随葬品精美且丰富，为研究古滇国的葬制和葬俗提供了重要的实物资料。

20 世纪末从云南传来了一个令人振奋的消息，便是云南羊甫头青铜墓地的发现，它是目前云南所发现的滇文化及东汉墓群中最大的一处，同时也是墓葬分布最密集的一处[5]。羊甫头位于昆明市官渡区小板桥镇的大羊甫村，北距昆明市 4 公里，西距滇池 4 公里，墓地分布在一个馒头形缓丘上，面积约 4 万平方米。从 1998 年 9 月底～1999 年 6 月，共清理滇文化墓葬 495 座，东汉墓葬 29 座，均为长方形竖穴土坑墓；出土了近 4000 件随葬品，其中青铜器的种类、器形与石寨山、李家山、天子庙等墓地相似，另有陶器、漆木器、铁器、玉石器等。墓葬中大量腰坑的出现以及大量陶器的出土则少见于其他墓地（图一）；M113 首次出土了保留完整的漆木秘青铜兵器和工具以及造型奇特的漆木祖形器。墓地出土的漆木器色彩鲜艳，图案精致，极大的丰富了滇文化内涵。

与石寨山、李家山、天子庙、羊甫头墓地墓葬时代相近和随葬品相似的滇国墓地在滇池区域及其周边地区还发现许多。如呈贡县石碑村和小松山，安宁县太极山，昆明市大团山、上马村，嵩明县凤凰窝，宜良县纱帽山，富明县大营，路南县板桥，曲靖县珠街八塔台，东川市普车河，昭通县营盘甲区，江川县团山、竹园，澄江县黑泥湾、双树营，玉溪市刺桐关，华宁县斗阁，泸西县白沙坡，文山县得厚，新平县漠洒，元江县甘庄等地。这些墓地大都分布在湖泊缓丘和河流旁的台地上，尤以滇池东岸分别最为密集。墓葬多置于山坡向阳的一面，呈扇形有规则排列，少有叠压或打破关系。以上各处墓地及遗址共出土青铜器 1000 余件，目前云南各地发现滇国墓地及遗址共 40 余处，出土青铜器约 1 万件左右。其时代大都在战国末至东汉早期，少数可早至战国初、中期或更早的春秋中期。通过云南文物工作者四十多年的考古调查与发掘，对东汉中叶已消失在蛮荒之野的古滇王国的分布范围有了一个粗略的认识。根据滇国出土文物的分布及其与周边文化的关系，广泛意义上古滇王国的疆域大致包括今昆明市和东川市全部，曲靖与玉溪地区大部，昭通及红河、楚雄洲、文山自治州的一部分地区[6]，从目前考古调查与发掘的遗存情况看，我们认为狭义上的"滇"应是处于滇池和玉溪三湖（抚仙湖、星云湖、杞麓湖）地区的"坝子"上[7]。

二　绚丽多姿的滇国青铜文化

"滇"是中国西南边疆古代民族建立的古王国，主要分布在以滇池地区为中心的云南省中部及东部地区。它因其境内"周回数百里"的滇池而得名。由于滇国地处西南边陲的蛮夷之地，距离中原王朝的中心较远，再加上大山险流的阻隔造成的交通不便，使其在中原王朝统治者的眼里始终处于一种边缘地位，而被称为"蛮夷之乡"、"不毛之地"，似乎游离于中国之外，对其轻蔑视之。东汉中叶以后，在中国西南边疆曾经显赫

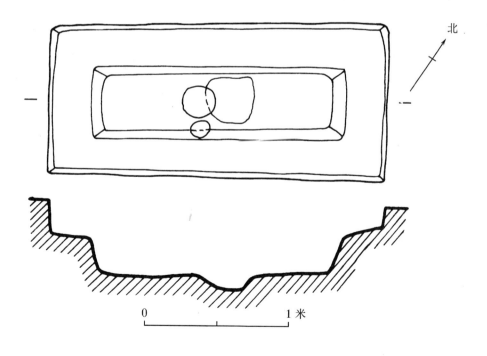

图一　昆明羊甫头 M52 平面和剖面图

一时的古滇国不见于史载，于历史中湮没无影，成为一个亘古的谜，留给后人一个无限想像的空间。

（一）滇国青铜文化的时代与特征

古滇青铜文化的青铜器以其精美的造型，独特的民族风格以及精湛的铸造工艺而著称于世，它是中国青铜文化瑰园中一枝壮丽的奇葩，在中国青铜器发展史上具有重要和不可替代的地位。文献中纸言片语的记载遮蔽了人们对古滇王国的认识，使其成为中国历史上一个悬而未决的谜。20世纪50年代以后，一系列古滇国墓地和遗址的发现和发掘及研究，复活了一段昔日鲜活的历史。

目前云南发现的滇国青铜器大约有1万余件，器形和种类繁多，依据其用途大致可分五种[8]。

1. 生产工具类：锄、镰、爪镰、铲等农业生产工具（图二）；除锯、削、刀、鱼钩等一般常见的手工业工具外，还有一套完整的织布工具（包括经轴、布轴、打纬刀、布撑和分经杆等）。

2. 生活用具类：主要包括洗、釜、桶、执伞、贮贝器、杯等。

3. 兵器类：剑、矛、斧、戈、钺是滇墓中最常见的组合，另外还有啄、锤、叉、狼牙棒和各式臂甲等。

4. 乐器类：鼓、

图二　滇国青铜器

编钟、铃、曲柄和直柄葫芦笙。

5.装饰品类：各种形状的动物浮雕扣饰、杖头饰、孔雀、镯、鹿及各种马饰等。除此之外，滇国装饰品中，还有数以万计的金饰珠片、玛瑙、玉石、绿松石、孔雀石等（图三）。

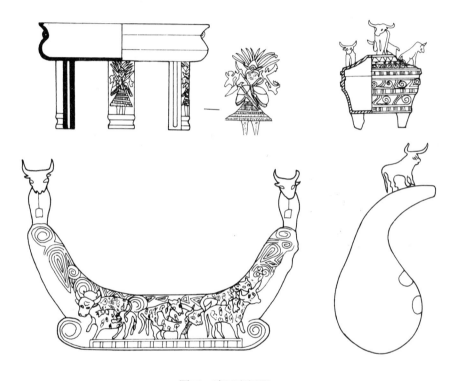

图三　滇国青铜器

滇文化作为一个独具特色地域性的青铜文化，其青铜器有其独特的地方特点和民族风格。滇文化中最具特色的青铜器主要是：尖叶形镢、长条形锄、蛇首无格短剑、一字格短剑、无胡举手人纹戈、啄、动物纹扣饰、贮贝器、鼓、桶、伞、枕等（图四，图六，图二，图五）；陶器则以罐、釜、尊、碗、壶、纺轮最常见。在滇国墓地的大、中型墓葬中，种类齐全，数量众多的青铜农具是滇文化一大地方特色。在我国青铜时代的遗址和墓葬中，中原地区很少发现青铜农具，致使长期以来，对其在中国青铜时代中的角色和地位，学者们众说纷纭，莫衷一是。滇国墓葬中大量青铜农具的出土一方面丰富了中国青铜发展史，另一方面凸显了其地域特色。滇文化目前出土的青铜农具不仅数量已达数百件之多，而且种类齐全，开垦、种植、收割等工具应有尽有，这反映了滇国农业生产的发达和分工精细。青铜农具集中出土于大、中型墓葬，或许是与古滇社会中青

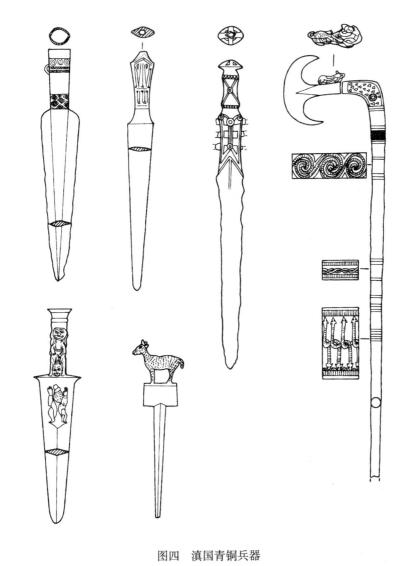

铜农具是统治者财富和地位的象征密切相关的[9]。

滇国出土的青铜器中以兵器的数量最多,种类亦最为丰富,主要有勾刺兵器(戈、矛、戟、叉、剑及啄等)、砍劈兵器(钺、斧、戚、刀等)、击打兵器(狼牙棒、锤、棒等)、远射兵器(弩机、箭镞及箭等)、防护兵器(盔、臂甲及盾牌等);而模仿动物的某一部位制作的"仿生式"兵器是滇文化的一大特征,如鸟头形铜啄、鸭嘴形铜斧、蛇头形铜叉、牙刺形铜棒、蛙形铜矛、鸟

图四　滇国青铜兵器

头形铜钺等(图四、五)。这些"仿生式"兵器构思新颖,做工精致,是滇国青铜器艺术和实用功能结合的典范。滇墓中数量众多、种类丰富的兵器反映了古滇民族崇尚武力,战争是其维护其生存发展的有效手段。贮贝器是滇国特有的贮放贝币的青铜容器,器体或用专制的筒状带盖器制成,或用废铜鼓改制,或者用两件现成的铜鼓对和而成(图六)。无论哪一种贮贝器,其腰部及盖上多有生动逼真的人物活动场面和动物图像,人物活动场景涉及祭祀、战争、纺织、纳贡、狩猎等;动物则以牛的形象最多。贮贝器上的人物和动物图像生动地再现了滇国当时社会生活的方方面面,为滇文化的研究提供了鲜活的实物材料,弥补了文献记载的缺憾。

铜鼓是中国西南地区古代民族普遍使用的一种打击乐器（图六），它是滇文化中一种较具有代表性的器物，是滇国社会中的"重器"之一，在滇国社会中具有"明贵贱，别等级"的作用，滇墓中铜鼓的数量体现了墓主生前的地位和身份。目前，滇墓中出土的"石寨山型铜鼓"是中国南方铜鼓发展史上一个重要的阶段。滇墓中大量装饰品的出土，充分体现了古"滇"

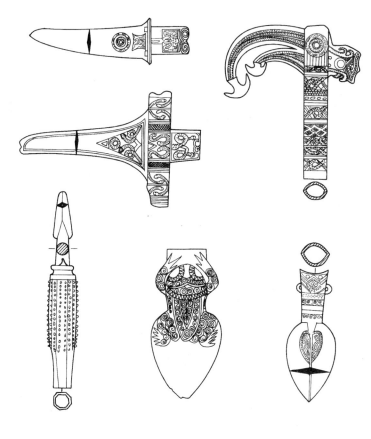

图五　滇国青铜兵器

是一个喜爱装饰的民族，动物纹铜扣饰是滇文化中最具特色的装饰品。此类铜扣饰品的正面多为浮雕的动物纹，背面有一横制的矩形扣，便于穿系或悬挂。这些扣饰的正面图案多饰具有异域色彩的动物搏斗纹，整个画面布局严谨，动物刻画栩栩如生，生动而真实地反映了动物间搏斗和弱肉强食的恐怖气象，体现了一种狰狞的美。扣饰多限于滇国上层社会中使用，广泛用于祭祀仪式中[10]（图三；图六）。

（二）滇文化的分期与断代

目前滇文化的考古发掘与研究主要局限于墓葬材料，故其青铜文化的分期断代主要依靠于墓葬材料。其文化分期主要有"三期说"、"四期说"、"五期说"[11]，由于资料单一，研究手段滞后，使得几种论点分歧较大，莫衷一是。透过目前滇墓的材料，我们倾向于四期说。第一期，即滇文化早期，时代约为春秋晚期至战国早期，墓葬中的随葬器物以陶器为主，青铜器少见，陶器组合为釜、壶和高领敞口罐，青铜器仅见造型简单

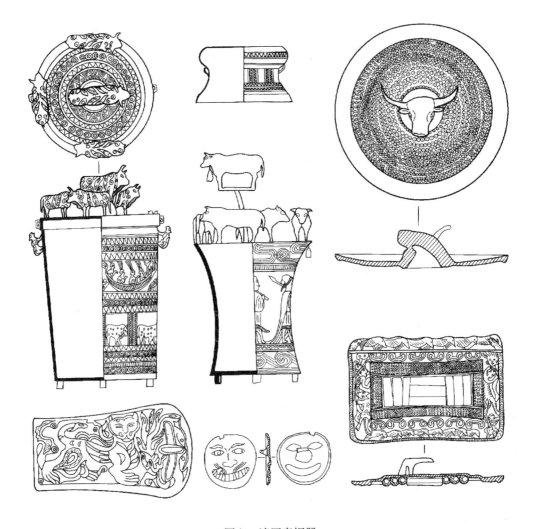

图六 滇国青铜器

的蛇首剑、素面戈和鸭嘴錾矛等。器物种类单一，造型质朴。

第二期，时代约战国晚期至西汉早期。青铜器上多具有浓郁的地方特点和特有的民族风格，青铜器占主要地位，无论种类和形制均较为丰富，不见铁器或铜铁合制器，随葬货币全是海贝。这时流行的青铜兵器是蛇首扁颈无格青铜短剑、半圆或椭圆錾铜斧或钺和柳叶形铜矛、狼牙棒、铜啄、蛙形铜矛、蛇头形铜叉、鸟头形铜钺；乐器有铜鼓和葫芦笙；生活用具有铜伞、铜枕、贮贝器、牛虎铜案、立牛铜尊、立牛盖铜杯和铜壶等；装饰品有各种动物纹扣饰和镶嵌孔雀石的铜镯等；生产工具为铜锄、铜铲、镂孔铜器及成套的纺织工具等；另有大量的铜俑、铜铸房屋模型、人物和立体动物雕铸的杖头铜饰等等。

第三期，即滇文化中期，时代约西汉早期至西汉中晚期。自西汉中期以后，由于西汉政府对西南地区拓殖，滇文化开始受到内地汉族移民和汉文化较大的影响，此时滇国墓葬的随葬品亦发生了相应的变化。铜器数量减少，出现了铜铁合制品和铁器，用海贝随葬的习俗消失。铜器的基本组合为一字形铜剑、方銎铜斧和铜矛，早期流行的铜伞、贮贝器、铜枕很少出现或不见，狼牙棒、铜啄、铜叉等数量减少，纹饰趋于简单，代之而起的是铜铁合制的剑、矛和斧及长铁剑、环首铁刀等；铜斧、铜锛、铜爪镰不见或很少出现，新出现铁斧、铜銎铁镰和铁爪镰。百乳镜、五铢钱、铜釜、甑、耳杯等"汉式器物"的出现也是这一时期墓葬的一大特点。

第四期，即滇文化的晚期，时代约西汉末期至东汉早期。这一时期滇墓的特点是铜器数量急剧减少，铜铁合制品也较中期减少，纯铁器剧增，滇文化的典型器物难觅其踪影。除尚流行早期的长方形竖穴土坑墓外，随葬品中的铜器、铁器、陶器、漆器等与中原地区已基本趋于一致，主要是铜釜、提梁壶、熏炉、刻有"河内工官"和"舞阳"铭文的弩机等"汉式器物"。至东汉中期以后，长方形竖穴土坑墓被砖室墓取代，出现了大量与中原地区相同的铜器和陶模型明器，古滇文化从此消失的无影无踪。

三　滇国的生业形态

古滇族主要活动在以滇池为中心的云南省的中部和东部地区，这里气候温和，雨量充沛，土地肥沃，物产丰富，自然条件十分优越。古滇国的中心区位于滇池地区的滨湖地区，该地域水源充足，没有霜冻，其他自然灾害亦很少，为其农业的可持续发展提供了理想的条件；同时，众多的湖泊，丰富的植物资源，大量的鱼蚌及可食的野生动、植物为渔猎业和畜牧业的发展提供了理想条件；周围山上坤藏着丰富的有色金属矿产资源，促进了其冶金业的发展。滇池区域肥沃的土壤，较小的农业风险，多样的生态环境，为古滇国经济发展创造了优越的条件。

(一) 农业

农业是古滇国经济的基础，《史记·西南夷列传》："西南夷君长以什数，夜郎最大；其西靡莫之属以什数，滇最大；自滇以北君长以什数，邛都最大。此皆椎结，耕田，有邑聚。""耕田，有邑聚。""……滇池，方三百里，旁平地，肥饶数千里，……"说明古滇族属于农耕民族，农业是其主体经济，发展水平较高。而滇墓中数量众多、种类繁多的青铜农具或许可彰显这一点。生产工具是衡量社会生产力发展水平的标尺，研究滇国的农业生产工具，对于了解当时农业发展水平，以及整个滇国社会关系有着十分重要的意义。

在滇国各地的大、中型墓葬中，都有数量不等的青铜农具出土。其中铜斧和铜锄最多，其次有铜铲、铜镰、铜铁爪镰及铁锸等，主要是开垦、种植和收割农具。这些青铜农具大都是实用器，有少数青铜农具上饰有精美的孔雀、牛头纹，它可能是专用于某种农业祭祀仪式的礼器，或是专为滇国贵族统治者随葬用的明器[12]。

战国至西汉时期，滇族还处于锄耕农业阶段，而种类繁多的青铜农具反映滇人的农业生产分工精细，实现了精耕细作。在滇国早、中期，牛被广泛使用于祭祀仪式，不见用于农业生产中；它是贵族统治者财富的象征，牛耕是在西汉末东汉初才出现于滇族的农业生产中[13]。牛耕的使用改变了滇人的耕作方式，大大提高了农业生产力。发达的陂池水利有力保障了滇人的农业生产，推动了滇人经济的发展。西汉末至东汉时期滇池区域墓葬中大量陂池水田模型实物的发现，充分说明当时滇国社会水利灌溉普遍，技术发达。玉溪刺桐关滇文化遗址中发现的稻谷遗存和晋宁石寨山出土贮贝器上的"上仓"图像，说明稻谷是滇国时期的主要农作物，除种植水稻外，滇人可能还种植其他农作物，它有待于今后的考古发现来证实。

（二）畜牧业

文献记载和出土文物证实，滇国的畜牧业发达，无论是山区或坝区的居民，都饲养着大量的家畜和家禽。《华阳国志·南中志》说：汉武帝时司马相如和韩说初开益州郡，得"牛、马、羊属三十万"。《汉书·西南夷传》、《后汉书·西南夷传》记载了中原王朝几次从滇国获取少则几万、多则几十万的牲畜，说明当时滇国境内畜牧业的发达。出土文物亦清楚地昭示当时滇族主要饲养的家畜是牛、马、羊、猪、狗和鸡鸭等，可谓六畜齐全。牛是滇族饲养最多的家畜，它是滇族祭祀仪式中主要的牺牲，也是其肉食的主要来源，同时它又是滇人和周边地区族群贸易的商品，进而成为滇人显示其财富的象征，这点滇墓中大量出土的青铜牛和牛头可说明。从目前考古材料透露的信息来看，滇人的饲养方式主要是放养和圈养，而其具体的饲养情况，还有待于进一步的发掘与研究。牲畜是滇人的主要动产，是其对外贸易的重要商品，牲畜的繁殖、医疗和驯服在滇族社会中非常受重视。滇国青铜器上"兽医及医疗图像"、"二牛交合图像"、"驯马场面"，都清楚地表现了滇国居民对牲畜的饲养、繁殖、医治、驯服等方面均积累了丰富的经验，并有一套较为完善的畜牧业操作技能。

（三）渔猎业

滇国境内河流众多，湖泊分布密集，著名的有金沙江、南盘江、元江等大川巨流，以及滇池、抚仙湖、星云湖等水产资源丰富的高原湖泊。该区域气候温和，森林茂盛，水产丰富，适宜于野生动物和水生动物的生长，为古滇国渔猎业的发展提供了良好的条件。渔猎业是古滇国农业经济有益的补充，是其重要的生活来源。透过滇国青铜器上的狩猎图像，我们可知野猪、虎、兔、鹿、豹、孔雀等是滇人常猎获的野生动物，其常见的狩猎方式主要有集体围捕、陷阱套捕、只身斗兽、骑马追逐等。滇人狩猎产品不仅用于肉食，而且用于装饰、服装、商品以及祭祀中的牺牲。滇族是一个崇尚武力的民族，狩猎活动是其军事训练和获取生活资源的一种方式。从出土文物看，滇人渔业发达，主要的捕捞工具有鱼钩、鱼叉、鱼网等，鱼是其最常捕食的水产品，另有青蛙、水蛇、螺蛳、虾、团鱼等。

（四）滇国手工业生产

从已出土的滇文化青铜器和其上的人物活动场景看，滇国的手工业生产发达，著名的有建筑业、冶金业、纺织业等，滇国发达的手工业为滇文化的繁荣奠定了物质和技术基础。就现有的考古材料而言，滇国时期的房屋建筑尚未出现砖、瓦等建筑材料，全部是木结构。"干栏"式和"井干"式建筑是其木构建筑的主流形式，另有二者的混合结构及少量的抬梁式或穿斗式的小型亭阁[14]。丰富的森林资源和大量使用的金属生产工具为此类建筑的取材和加工及发展提供了良好的条件。而发达的冶金业及精湛的铸造工艺，是滇国青铜文化独立世界青铜文化之林的基础，是滇国经济的支柱。它促进了滇国农业经济、畜牧业经济、渔猎业经济的进一步发展。尽管目前尚未发现完整的冶铸遗址，但透过出土物的分析与研究，以及结合当地传统铸造工艺，我们可知当时滇人已掌握了范模铸造法、单范铸法、空腔铸造法、夯筑范铸造法、套接铸造法、失蜡铸造法等铸造技术。为了使青铜器更加美观和经久耐用，滇国工匠使用了一系列加工方法，如锻打、模压、镏金、镀锡、镶嵌、线刻等。云南是中国有色金属王国，丰富的矿产资源为古滇国冶金业的发展奠定了坚实的基础。在古滇国时期，除了发达的青铜业外，滇国后期在中原文化的影响下，铸铁技术发展起来，它代表了一种先进的生产力，深刻影响了滇人的政治、经济、社会组织结构等方面。除此之外，滇人的黄金生产、银矿的开采和制作、冶锡业等也很发达，它们极大地丰富了滇国灿烂辉煌的青铜文化。羊甫头青铜墓地出土的大量精美漆器证实滇人已掌握了高超的漆器工艺。《后汉书·西南夷传》载，当时的滇池区域："河土平敞，多出鹦鹉、孔雀，有盐池田渔之饶，金银畜产之富，"体现了滇国发达的经济水平。相比较而言，滇人的纺织业、制陶业较为落后。此外，在滇墓中我们经常可以发现大量的玉、石器随葬，这些玉石制品除少量本地制作外，大多来源于对外贸易、纳贡、战争等，这些珠宝玉石器的出土充分说明滇文化与周边其他文化之间交流密切。

四 滇国的生活习俗

由于文献对滇国的记载其少，因此在讨论古滇国的社会生活时，我们主要依靠考古资料予以描述。滇国青铜器上立体雕铸的人物形象和叙事刻画图像，大多反映了滇人的祭祀、纺织、战争、播种、放牧、狩猎、舞乐等不同的生产、生活场景，这为我们探讨古滇国的社会生活提供了切入点。发型是识别不同族属的重要标志，椎髻是滇国主体民族的主要特征，在滇国社会中因社会分工、经济地位以及族属的差异而有不同的法式，如银锭髻、鞍形髻、椎髻、辫发等。滇人因气候的原因，很少戴帽和穿鞋，大都跣足，外衣喜用披毡，内穿各式上衣，"裹腿"常见，而裤子少见。滇族是一个爱美的民族，身体装饰极尽其能，发饰、耳饰、项饰、腰饰、臂饰及腿饰等饰品丰富繁多。其中以腰饰（腰带、扣饰、短剑等）和臂饰（金钏、玉镯、漆镯、铜镯等）最具特色。化妆品及化妆用具很少发现，这可能与云南古代少数民族多不化妆有关，滇国后期发现的少量化妆用具多是中原汉式器物，它是通过贸易或交流而获取的。从出土文物及青铜器图像看，稻谷是滇国居民的主要食物，副食品有肉类、瓜果、野菜、螺蛳和鱼虾等。滇国贮贝器上的人物叙事图像及遗址中遗留的生活垃圾堆积，可充分说明当时滇人的食物的种类及饮食状况。釜、甑、罐、镶、三足架和灶台等是滇墓中常见的炊具；用铜器、竹木器和陶器等制作的碗、盆、案、盒、钵等是滇国常见的食用器；酒器主要是铜壶、铜尊、耳杯、铜杯等。透过滇国的饮食器具，我们可知滇人的饮食器具种类齐全，饮食生活考究，并且喜爱喝酒。由于其对饮食生活的考究，故这些饮食器具中不乏精品，著名的如江川李家山出土的牛虎铜案，造型优美，铸造精湛，匠心独运，具有浓厚的地方特点和民族风格，是一件举世罕见的艺术珍品。

云南地处高原地带，山高箐深，道路交通十分不便，给人们的出行带来了极大的不便。针对这种地理情况，滇人便使用与之相适应的交通工具——马，马成为滇人的主要交通工具，而其发达的畜牧业为养马、驯马提供了良好的条件。滇国的上层男子大都骑马，上层妇女多乘舆，舆为一方斗形物，四周有较低的栏板，仅及乘坐者的腰部，可供其扶手，也可凭栏仰卧，舆的两侧有两抬杆，供前后两人或四人担抬。滇国境内河流、湖泊众多，舟船是其水上交通的主要工具，从铜鼓上的船纹图可以看到，滇人的出行、捕鱼、祭祀、贸易等都离不开它。

发源于青藏高原的澜沧江、金沙江、怒江等水系，沿着横断山脉的峡谷地带自北向南流，成为沟通我国西南地区与西北地区、南亚及东南亚诸国的交通孔道。秦汉时期，以成都为起点的"五尺道"和"金牛道"沟通了内地与滇池地区的交通与文化交流。为滇国的对外贸易提供了便利的交通条件，促进了滇文化与周边文化之间的贸易往来与文化交流。滇国对外贸易中输入的商品主要是滇国本地不能生产的手工业产品，并且主要是针对滇贵族统治者的需求而采购的，其支付货币的形式因其贸易对象而异，与南亚和东南亚国家交易时使用贝币，而同中原地区贸易时则使用钱币，滇墓中大量出土的贝币和"半两"、"五铢"钱可证实这种贸易及付币形式的存在[15]。而在滇国内部，其物品的交易方式则是"以物易物"，石寨山12号墓出土的一件贮贝器上祭祀贸易场面生动形象地说明了这种贸易形式的存在，它是滇国自给自足的自然经济的反映。

目前滇文化的考古主要局限于墓葬的发掘与研究，开展古滇国时期的丧葬习俗和随葬品的研究，为我们认识古代滇国的社会生活开启了便利之门。滇国时期的墓葬全部是长方形竖穴土坑墓，大都聚族而葬于湖泊、河流旁向阳的丘陵或台地上，墓葬分布有规律，大型墓一般位于墓地的中部，中、小型墓顺山势分布在其周围，凸显大型墓的中心地位，有相当一部分墓葬发现二层台和腰坑及巨石标志。由于滇池区域的土壤酸性大，故墓葬的人骨保存多不好，其葬式多为单人仰身直肢葬，另有极少数的同性双人合葬墓，不见异性合葬墓，其他葬式还有解肢葬、断头葬、二次葬等。墓葬中一般都有葬具，大型墓都有木棺和木椁，木棺大都涂有红、黑两色的漆料，中型墓都有木棺，小型墓葬具简单，少有木棺，多是木板、草席及其他的竹编物。墓主生前的社会地位和经济状况决定了墓葬中随葬品的多少和精美程度及其墓葬形制规格。一般贵族大墓随葬品丰富（有铜、金、玉、漆器等贵重物品），不仅数量多，而且种类繁，制作精致；而同一墓地的平民墓随葬品少且单调，制作粗糙，多是陶器（釜、罐、碗、盘、尊等）或一、两件铜器，甚至是无一件随葬品。并且滇墓中随葬品还反映了墓主的性别和生前的职业分工，一般男性墓以铜剑、铜斧、铜矛、铜戈、铜钺及扣饰等为基本组合；女性墓则以纺织工具、收割工具及陶器随葬。以滇墓随葬品多少和形制差异为表现的墓葬分层昭示了滇国社会严重的社会分层。随着时间的推移，滇国的墓葬也发生着变化，战国末至西汉中期，滇墓中呈现了滇文化浓烈的地方特色和民族风格，外来因素少见。而自西汉中晚期以后，滇墓的墓葬形式变化小，随葬品开始出现了变化，原来滇文化的特色器物减少，铜铁合制品出现，一些"汉式器"出现。到了东汉中期以后，砖室墓代替了土坑墓，随葬品已全为"汉式器物"，具有其地方特点和民族风格的滇文化遗物已销声匿迹，滇文化从此消失在世人的视野之外。

宗教是人类特有的现象，它是人类社会发展到一定阶段的产物。滇人是一个普遍信仰"自然崇拜"的民族[16]，巫风兴盛，繁杂的宗教礼仪活动是其社会的一件大事，深刻影响了当时滇人生产、生活的各个方面。由于滇人信奉"万物有灵"论，"多神论"

成为其信仰观念的一大特色。从目前出土的滇国遗物看，常见的崇拜对象有农神崇拜、动物崇拜、祖先崇拜、生育崇拜等，如石寨山出土贮贝器上的"杀人祭铜鼓场面"中的祭农神、"祭铜柱场面"中的动物崇拜、铜铸房屋模型中"猎头祭谷"中的祭祖先和祭农神活动，石寨山 12 号墓出土的祭祀贮贝器上和李家山出土的一件青铜扣饰上的男女媾和图像等均反映了这种多神信仰的存在。宗教信仰观念一旦产生，便体现为宗教行为，"剽牛祭祀"、"杀人祭祀"、"舞乐祭祀"等是滇人常见的宗教祭祀仪式，在这些祭祀仪式中滇人通过各种各样的礼仪活动来取娱神灵，以便获取神灵的恩赐。滇人的巫术活动和祭祀礼仪是由巫师把持和控制的，通过巫师完成了人神之间的对话。在滇国青铜器上我们可以看到能通鬼神的巫师形象，或戴冕形之冠，衣着奇特、表情古怪，或做舞蹈状，或武士打扮等等，这些巫师形象衣着特立独行，打扮狰狞可怕，是祭祀活动的主角，在祭祀仪式处于中心地位。而在滇国社会中巫师往往由其贵族统治者来充任，祭祀仪式成为统治者强化其统治地位合法性的道场，它被统治者用来表达他们强大的凝聚力，显示他们有着共同的历史，遵从着共同的价值观和象征物；同时通过祭祀仪式他们重申了对权力及权力化身的集体支持。

五　滇文化的历史渊源

50 余年的滇文化考古证明，滇文化出现最迟不晚于战国中晚期，西汉后期以后开始衰落，元封二年（公元前 109 年）西汉政府在滇池区域设益州郡后，此时的滇王国已名存实亡，到东汉中期以后，滇国不见于中原地区的文献记载，历经数百年风雨的滇王国及滇文化从此从中国西南边疆地区的历史中永远消失。

尽管岁月无情地尘封了滇王国辉煌的历史，但那隐藏于尘土之下的滇文化遗存（古墓地和古遗址），却为我们揭开了滇王国神秘的面纱。即使这些遗存提供的信息仅是滇国历史的一小部分或不甚主要的部分，但它却不妨碍我们对此进行有意义的探索，它是我们开启滇国神秘历史之门的钥匙。滇文化的考古发掘与研究揭示出古滇青铜文化的灿烂与辉煌，令世人所惊叹，同时它又给我们留下了许多谜，这样高度发达的青铜文化是由谁创造的？它是如何发展而来的？它与周边文化的关系是怎样的？

(一) 滇文化的主体民族的族属及渊源

滇国主体民族（滇文化物质遗存的主要承载者、占统治地位的民族）及渊源的讨论，历来是滇文化研究的热门话题，国内外学者对其也是众说纷纭，莫衷一是，如"百越"说、"楚人"说、"氐羌"说、"僰人"说、"濮人"说等。由于中原文献对该地区记载造成的缺憾，致使我们在讨论滇文化主体民族的族属及源流时，只能以考古资料为主，文献资料为佐。从目前的考古资料看，我们倾向于滇国的主体民族属于"百越"系统，滇国灿烂辉煌的青铜文化是由越人和其境内其他民族共同创造的。

越人是分布于我国长江以南的古老民族，因其种属繁多，故史上多以"百越"称之。它主要分布在我国的东南沿海及两广地区，古代云南境内也有大量越人分布。《华阳国志·南中志》说："南中在昔盖夷、越之地。"古代南中主要指现在的云南省，越即滇池区域和滇东地区的越人。又《史记·大宛列传》载："昆明……其西千余里有象乘国，名曰滇越。"此滇越系指古代越系民族一支，其地在今云南腾冲、德宏一带。西汉时期，广泛分布在滇池区域、滇东、滇南及滇西南地区的越人部落与贵州西南部、广西西部及越南北部的越系民族连成一片，文化上也有许多相似之处[17]。

有肩石斧、有肩石锛、靴形铜钺、铜鼓和铜桶等被中国考古学界普遍认为属于古代越人的文化遗物，在滇池区域均有不同程度的发现。滇池区域出土的有肩石斧整体作凸字形，刃部略带弧形，两肩呈直角状，通体磨光，器形与广西左、右江流域的有肩石斧相似。而该区域出土的有肩石锛多用黑色的角质岩和砂岩制成，中段有一道突起的横脊似台阶状，通体磨光，与我国东南沿海和东南亚地区的有肩石锛基本相同[18]。靴形铜钺，形制特别，最大特征是刃部两侧不对称，在两广、云南、浙江、越南的东山文化及泰国的班清文化中均有出土，被考古学界认为是古代越人的典型遗物。滇池区域和滇南地区发现不少这样的靴形铜钺，说明当地民族与古越人有着一定的渊源关系。铜鼓是古代百越民族普遍使用的一种器物，目前滇国墓地出土的铜鼓40余面，其形制和装饰风格与百越地区发现的铜鼓相似，这充分说明了滇池区域使用铜鼓的当地民族与古越人有密切的关系。呈贡县天子庙和个旧市黑玛井滇国墓地均发现铜桶，圆形盖，有的盖上有立牛，桶状器身上有与"石寨山型"铜鼓相似的花纹，器身侧为对称的双耳，可系索提挂，底上多有扁平的三足。此类铜桶在广西贵县罗泊湾、广州南越王墓、越南的东山文化墓地均有发现，它是古代越人特有的文化遗物[19]。其次，古越人对孔雀的忠爱也显示其共同的审美意识[20]。

古越人多椎结，即将发总掠于头顶成圆形击鼓木锤状的结，此种发型在我国古代文献上屡见不鲜，如《史记·陆贾列传》说南越王赵佗"椎结、箕踞以见陆生"。椎结也是滇池区域古代民族流行的发型。《史记·西南夷列传》及《汉书·西南夷传》载："……自滇以北君长以什数，邛都最大。此皆椎结，耕田，有邑聚。"从滇国青铜器上的人物图像看，其主体民族无论男女、老幼均以椎结为特征，一般男子的椎结在头顶，妇女则下垂至颈后。古代越人的服装简单，有的用三尺宽的布割作前后两大块的无袖或短袖上衣，腰间用带束之成衣，多不着裙裤。而滇国青铜器上的人物图像，不论男女均穿一件宽大对襟的短袖上衣，衣长及膝，着时不系不扣，以带束之，大都不着裤，有的仅穿短裤或短裙。滇国主体民族的发型和服装与古代越人存在许多相似之处，二者之间应当有着密切的关系。

南方地区自古以来巫风盛行，《汉书·地理志》载："江南地广，信巫鬼，重祠祀。"古代越人迷信鬼神猎头以享神灵是其常见的一种祭祀仪式，如《魏书·僚传》说："其俗畏鬼神，尤尚淫祀。所杀之人多美鬓髯者，乃剥其面皮，笼之以竹。及燥，好之曰鬼，鼓舞祀之，以求福利。"这种猎头习俗在滇国青铜器上的图像上常常可以见到，如江川李家山出土的一种铜斧上有骑马的滇国男子猎得头颅返回的形象；李家山出土的一种青铜剑的柄部雕铸的巫师一手操刀，一手提头，似作猎头祭祀仪式；石寨山出土的镏金铜扣饰上也可看到猎头祭祀的场景。这说明古滇人与古越人一样也盛行猎头祭祀。由于南方地区雨水和河流较多，再加上气温普遍较高，故生活在这一地域的古代越人多跣足。滇国青铜器上的人物形象无论男女、长幼均光着脚板，无穿靴的习惯，纵使是战斗中的将军或祭祀仪式中的祭司与古代越人一样均为跣足。傍水而居的古代滇人有纹身的习惯，这与我国古代文献上大量记载的越人多纹身的习俗一致。古越人与古滇人一样生活环境的周围有着众多的河流与湖泊网，居住岸边的居民很早就习于水上生活，舟船是其渔猎和出行必不可少的交通工具。祭柱是古越人的一种典型祭祀习俗，即祭祀代表神灵象征的铜柱。铜柱具有强大的号召力，在古越人心目中有着神圣的地位。石寨山和李家山出土的贮贝器上"杀人祭铜柱"的场面说明滇族有铜柱崇拜的习俗，其祭祀场景与越人崇拜铜柱的习俗完全相同。滇池区域的古代居民流行人居其上，畜处其下的竹木结构的"干栏式"建筑，它与古代越人习居的"干栏式"建筑一模一样。

滇池区域出土遗物的文化特征及青铜器上人物图像上的发型、服饰、生活习俗都与古代越人相似，这表明滇池区域的青铜文化是由"百越"民族的一支创造的。滇国时期，除占主体地位的越人外，其境内还有濮人、开明人、羌人、叟人及汉族移民，它们共同创造了光辉绚烂的古滇青铜文化。

(二) 滇文化与滇池区域新石器时代文化的关系

滇文化是在什么基础上发展起来的？它是一种土著文化还是外来文化？这个困惑了一代学人的谜正随着滇池区域新石器时代和滇文化早期考古的突破逐步褪去其神秘的面纱。任何一种考古学文化和民族都不可能在封闭的环境里求得发展，不同民族和文化之间的交流与传播总是在以不同的形式存在着。滇池区域的考古资料显示，古滇璀璨的青铜文化，主要是在滇池区域新石器时代文化与周边地区特别是滇西地区新石器时代文化影响的基础上发展起来的。

1977年昆明市西山区王家屯发现一新石器时代晚期遗址[21]，出土了大量滇池区域新石器时代常见的夹砂陶器、梯形石斧、半月形穿孔石刀和有段石锛等；同出的铜斧器形简单、制作工艺粗放，属于滇国早期铜斧，与滇池区域新石器遗址中出土的梯形石斧相似。此外，该遗址还发现与滇池区域青铜时代所共有的"干栏式"房屋建筑遗迹。石寨山新石器遗址发现的体形较大的扁平形石锄与滇文化墓葬中阔叶形铜锄形状及用途相似；呈贡县石碑村、天子庙和东川普车河滇文化墓葬中出土的半月形穿孔爪镰形状及用途与当地新石器遗址的遗物相似。此外，滇西白羊村遗址[22]和剑川海门口遗址[23]发现的陶器、石器、铜器，与滇文化中、小型墓葬出土的部分陶器、石器、铜器，如罐、釜、浅底陶盘及纺轮、半月形穿孔石刀、石斧等同类器的器形、装饰、陶色和质地十分接近。由此可见，滇文化中许多器物与当地及周边地区的新石器文化同类器物有着亲近的渊源关系。

滇池区域大量新石器时代的考古资料证实，新石器时代滇池区域和洱海区域的居民依靠本地肥沃的土地和丰富的水资源，以及适宜的气候条件，已经拥有了发达的农牧业和渔猎业。从遗址中发现的大量炭化稻谷和残留的稻谷看，稻谷是其主要的农作物和食物。除此之外，畜牧业和渔猎业是其生活的有益补充，遗址中发现的大量螺蛳壳、捕鱼的工具清楚地表明了这一点。滇池区域的青铜时代农业发达，稻谷是其主要农作物，畜牧业与渔猎业也发展到相当的规模，鱼钩、陶网坠等捕捞工具及螺蛳壳的出土，说明滇国时期的经济发达。滇池区域新石器时代和青铜时代有着共同的生产和生活方式，二者间在文化上存在着一脉相传的关系。

六 滇文化与周边地区文化的关系

发源于青藏高原的澜沧江、金沙江、怒江等水系，沿着横断山脉的峡谷地带自北向南流，河床两侧比较平缓，自古以来就是我国西北、西南及东南亚地区的交通孔道。它为云南境内的原始民族与周边地区民族文化的交流与传播提供了便利的条件，成为一条民族迁移与文化传播的走廊，使云南古代聚集了大量的外来民族和文化。滇池区域特殊的自然条件和地理环境孕育的独特辉煌的滇文化，在其发展过程中，同时还受到领近地区和中原地区文化不同程度的影响。

滇国时期，塞人（即《后汉书·西南夷传》中的塞夷）经青藏高原，沿横断山脉河谷首先进入滇西地区，后来向滇北、滇池区域及滇东北地区扩张，将欧亚东部草原的斯基泰艺术传入滇池区域，对滇文化产生了一定影响，如滇文化中所见的动物搏斗纹铜扣饰、骑马猎手图像、杖头铜饰、铜铠甲、石坠、旋纹金饰及金片、金项饰等。此外，滇池区域出土一批具有西亚和南亚文化的遗物，如蚀花肉红石髓珠、琉璃珠、有翼虎错金银带钩、兽面人面形装饰品等，这批器物并非本地生产和制作，是来自西亚和南亚地区的舶来品。它是通过古巴蜀商贾，缅甸、印度在永昌郡的侨居者，外国贡使等通过"南方丝绸之路"（由四川经云南，过伊洛瓦底江至缅甸北部的孟拱，再渡亲敦江到达印度东北的英帕尔，然后沿恒河流域转入印度西北与伊朗高原相接的坦叉始罗转向西行，与"丝绸之路"相接），将具有浓郁西亚和南亚地区文化色彩的器物传入滇池区域。文化的传播与发展从来都不是单向进行的，而是互动影响的。滇文化与越南的东山文化、泰国的班清文化，都是公元前1000年左右至公元前后分布在不同地域、具有自身特点独立的青铜文化。由于相近的地缘、重叠的区域文化及古越人的南徙，东山文化与班清文化都受到了滇文化或多或少的影响，同样滇文化也接受了其他文化的因素。

秦汉时期，中原政权开始加强对西南地区的经略，内地人口大量涌入云南边疆，中原文化在滇池地区得到了广泛的传播，深刻影响了滇国社会的政治、经济、社会制度和民族关系。西汉中晚期以后，内地先进的农业生产技术传入滇池区域，滇国农业生产中开始使用铁农具、牛耕和水利灌溉。具体表现为：滇国晚期墓葬中大量出土的铁制锸、斧及爪镰等农具；东汉墓葬中发现的牛耕形象及当时文献记载的牛耕，表明内地牛耕技术已传入云南；而大量水田池塘模型在东汉时期滇国墓葬的出土反映了滇国发达的水利灌溉技术。这种先进的农业生产技术极大地促进了滇国农业经济的发展，并为滇国铁器铸造业和纺织业奠定了坚实基础。这种以铁器为代表的先进生产力瓦解了滇国社会的基础，西汉中晚期以后，随着滇国国势的衰落及滇文化的式微，作为弱势的滇文化受到了强势汉文化的严重冲击，滇国墓葬的随葬品中的汉文化因素加剧，滇文化特色的遗物逐步淡出。元封二年（公元前109年）西汉政府在滇池区域设益州郡后，滇王国已名存实亡。东汉中期以后，汉文化在滇池区域取得了统治地位，风骚数百年之久的滇王国从此消失于滇池区域的荒山野岭之中。

滇文化是中国西南地区一颗璀璨的明珠，它以造型独特及具有浓烈民族风格的青铜器和精湛的铸造工艺著称于世，极大地丰富了中国古代的青铜文化，在世界青铜器发展史上具有举足轻重和不可替代的地位。但是滇文化研究也遇到了一些瓶颈问题，如目前滇文化考古主要局限于墓葬材料，遗址尚未进行过系统发掘与研究，影响研究的深入；文化分期分歧较大，对其上限争论莫衷一是；滇文化早期资料发现甚少，认识不够，其文化面貌至今仍是扑朔迷离；对滇文化面貌的复杂性认识不足，忽略区域性异质因素的探讨，进而影响对其文化渊源、时代、族属等问题的讨论；聚落研究不够，对其社会结构和组织形态缺乏宏观全面的认识。目前滇文化研究正进入一个重要时期，澄江抚仙湖水下古城的发现，为探寻古滇都城提供了重要线索，多学科的介入及新方法的应用，也将大大拓展我们对滇文化内涵与外延的认识。

〔1〕　（美）Joyce L Herold：《云南滇文化展览在欧洲和美国的展出》，《云南文物》1989 年 25 期。

〔2〕〔3〕　张增祺：《滇国与滇文化》，云南美术出版社，1998 年。

〔4〕　昆明市文物管理委员会：《呈贡天子庙滇墓》，《考古学报》，1985 年 4 期；昆明市文物管理委员会：《呈贡天子庙古墓群第三次发掘简报》，《云南文物》1994 年 39 期。

〔5〕　云南省文物考古研究所等：《云南昆明羊甫头墓地发掘简报》，《文物》2001 年 4 期。

〔6〕　张增祺：《滇国与滇文化》，云南美术出版社，1998 年版。

〔7〕　蒋志龙：《滇国探秘——石寨山的新发现》，云南教育出版社，2002 年。

〔8〕　张增祺：《滇国与滇文化》，云南美术出版社，1998 年。

〔9〕　周志清：《滇国青铜农具概说》，《文博》2003 年 2 期。

〔10〕　钟惠芬：《滇文化中的青铜扣饰》，《昆明市博物馆论文集》，云南美术出版社，1999 年。

〔11〕　蒋志龙：《滇国探秘——石寨山的新发现》，云南教育出版社，2002 年；张增祺：《滇国与滇文化》，云南美术出版社，1998 年。

〔12〕　王大道：《云南滇池区域青铜时代的金属农业生产工具》，《考古》1997 年 2 期；周志清：《滇国青铜农具概说》，《文博》2003 年 2 期。

〔13〕　李昆声：《云南牛耕的起源》，《考古》1980 年 3 期；周志清：《青铜器牛饰与滇文化》，《南方文物》1998 年 4 期；张增祺：《滇国与滇文化》，云南美术出版社，1998 年。

〔14〕　张增祺：《青铜时代的建筑》，《云南建筑史》，云南美术出版社，1999 年。

〔15〕　张增祺：《滇国与滇文化》，云南美术出版社，1998 年。

〔16〕　周志清：《羽人与羽人物》，《江汉考古》2001 年 1 期。

〔17〕　张增祺：《云南古代的"百越"民族》，《云南社会科学》1987 年 4 期。

〔18〕　容观琼：《广西左右江流域新石器时代遗址简介》，《文物参考资料》1956 年 6 期；葛季芳：《云南发现的有段石锛》，《考古》1978 年 1 期；林惠祥：《中国东南地区新石器文化特征之一——有段石锛》，《考古》1958 年 3 期。

〔19〕　黄展岳：《铜提筒考略》，《考古》1989 年 9 期。

〔20〕　周志清：《孔雀与滇文化》，《武汉文博》2002 年 3 期。

〔21〕　李永衡、王涵：《昆明市西山区王家屯发现青铜器》，《考古》1983 年 5 期。

〔22〕　云南省博物馆：《云南宾川白羊村遗址》，《考古学报》1981 年 3 期。

〔23〕　肖明华：《云南剑川海门口青铜时代早期遗址》，《考古》1995 年 9 期；云南省博物馆筹备处：《剑川海门口古文化遗址清理简报》，《考古通讯》1958 年 6 期。

滇青铜文化多元艺术风格的涵义

[美国] 邱兹惠

至目前为止，滇池周边青铜文化墓葬出土的器物不下 2 万件[1]，数青铜器为大宗。其中晋宁石寨山及江川李家山出土的青铜器尤以独特的器形及精美的纹饰著称[2]。根据石寨山 6 号墓出土金印上"滇王"的字样，再对照文献，一般认为这批出土物即滇文化在战国中期至东汉早期期间内的物质遗存[3]。《史记》称其人为居于滇池附近"耕田有聚邑"的族群，为靡莫的一支。可惜有关的文字记载极其简短，缺失的部分，幸好有出土青铜器上丰富的纹样可以图代文，比文字描写更胜一筹。这些纹饰中囊括了许多生动入微的细节，可谓滇人社会的缩影，为研究滇文化提供了可贵的线索。除了图像内容直接透露的信息之外，滇青铜器上所展示的纹饰还涵盖了多式不同的艺术风格，隐约勾勒出滇文化的演化轨迹。鉴于这种特质，本文拟就滇青铜艺术风格一题，配合墓葬伴出物、地层资料以及文献记载，进一步探索滇青铜艺术的背景，并阐述其多元性所代表的意义。

一　滇铜器纹饰引发的问题

在 20 世纪上半期云南青铜文化墓葬正式发掘以前，滇池附近便有许多零星出土的铜器，主要是铜鼓残片及铜戈、铜矛等。上面的纹饰不外是几何纹及图案式纹样，包括船纹、半抽象蛙纹、两栖动物纹等。其中有的与越南东山文化出土的器物相像，因此云南被视为东山文化的北界[4]。当时还有不同的论调，其中一种认为东山铜器上的纹样与江汉地区先秦时期"淮式"青铜容器及铜镜上的纹饰有关[5]。到了 1959 年石寨山遗址的发掘报告发表了多年之后，东山文化与楚文化的关系尚是争议性的问题，但已有较信服的说法，谓江汉地区与东山二地文化信息的交流是经过四川与云南为中介而来的[6]。可惜这些观点当时未能进一步以考古发掘来辅证。从此滇青铜器上原有的问题不但没能完全解决，而且还产生了更多的疑问。因为石寨山出土的青铜器物除了饰有已知的几何及图案式纹样之外，还有各种未曾见过的写实纹饰，包括类似中亚草原青铜时代的动物纹，而且器形种类丰富，诸多异形器。另外还有新的青铜冶铸及制作技巧，包括镏金、镀锡、镶嵌及镂空架构的复杂纹饰。因此问题反而更多，而众说纷纭。

大体说来，石寨山的信息证明了当地具有相当水平的青铜冶金工艺，其人亦使用铜鼓，文化水平足以与东山遗址抗衡。而其出土器物的外形及纹饰均十分干练成熟，当是经过长时间进化的产物。从地层分析的结果，仅知石寨山墓葬是直接叠压在不含金属器的螺壳堆积层之上[7]，中间未见承袭演化的过程，因此无法探知滇文化及其青铜冶金工业的起源过程。另外，其后滇池附近相继发表的考古发掘多半是墓葬，居住遗址的信息几乎完全阙如，而滇文化及社会结构的全貌无法光凭葬俗及陪葬物方面的资料来勾勒。滇铜器上的纹饰问题因此暂时成了悬案。

后来半个世纪的考古发掘，多少化解了一些云南青铜器的问题。滇墓出土的青铜器种类繁多，主要的有乐器、容器、装饰品以及大量的兵器和工具。其上所饰纹样大体包括抽象及具象两种。前者基本上是由几何图形组合而成的浮雕纹饰；后者则由人物、动物、植物等形象构成，以多种不同的造型及风格表现，但大体可归纳为图案式及写实图像二大类。图案式的浮雕纹饰简洁规整，画面不掺杂明显的时空观念，一般内容一目了然，类似标志或记号的性质。写实性图像的题材则包罗万象，以逼真的人物及动物形象为主，用来捕捉形象静态时的特征或瞬间的动态，当为真实造型或事迹的图像纪录。其技法则从细线刻画、深浅浮雕到立体塑像都有。表面上看来，图案式纹样与写实图像原则上各有独立的主题，风格亦明显有别，但这两种面貌及内容均不相同的纹饰经常混杂用于同一器物之上，显然是同时同地流行通用。但严格说来，二者并肩出现并不搭调，彼此之间不但没有衍生嬗变的关系在内，而且可能还各有来头。这种现象，暗示滇青铜艺术传统的背景极不单纯，其深层原因颇值探讨。

二　滇青铜器上的纹饰

从滇文化出土器物所饰纹样看来，最普遍的是由点、线、面构成的几何图形或连续纹样排列组合而成的抽象几何纹样，包括圆圈纹、回纹、锯齿纹、平行斜线纹、直线交叉纹等，有阴纹也有阳纹，像模子印制一般规整（图一）。其中也有构架成连续性或交叉重叠的花纹，形成有动态感的视觉艺术，如连续切线圈纹、绞绳纹、勾连回纹及一种由平行线组成呈迂回波动的带状纹[8]（图二）。其中有些纹样在滇文化年代

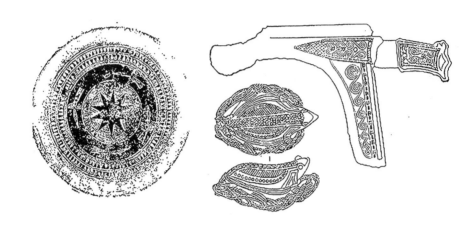

图一　滇青铜器上的几何纹饰

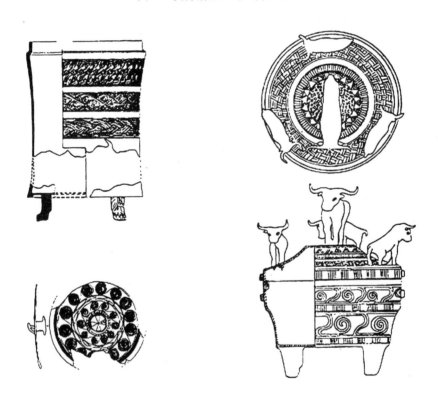

图二　滇青铜器上的带状纹饰

较早墓葬中的陶器上也可见到[9]，很可能是受了邻近地区新石器陶纹的启发而来的。鉴于金沙江沿岸至滇南大片土地上的新石器文化遗存集合了源自不同文化系统的陶纹，云南青铜文化所采的纹样有可能也掺杂了不同的根源，例如黄河上游的压纹及刻纹[10]、东南文化印纹陶的纹样[11]以及印支半岛陶器常见的涡纹等[12]，涉及的范围包括藏缅、孟高棉、侗壮各系。而滇青铜器的器形研究亦可证明西南地区与东南亚各地青铜遗址有相当程度的交通[13]，因此滇文化与东山文化的青铜器物使用共同的纹饰乃为意料中的事。

除了抽象几何纹便是具象纹。其中有的像极了，图释历史插页中的片断，不但替滇人族属、社会、宗教及经济活动等附加了详细的注释，同时也为探索滇文化相关的课题开拓了管道。具象纹的第一种为图案式纹样，主要是线纹或平板的浮雕，阴纹阳纹兼有，多半以简笔的技法表达，有的搭配几何花纹，采取带状或块状的排列方式，巧妙地配合器形，重复或交叉展示特定的母题，显现出对称效果或节奏感。其中的母题最常见的是半抽象蛙纹（图三，右）、尖头人形或"两栖动物纹"（图三，中）、蛇纹（图四），以及铜鼓上头戴鸟羽的"羽人"、水鸟、瘤牛、船纹等（图五），与抽象几何纹样携手同进，经常反复出现，像是用模子印制的。其他不外是农牧、渔猎、祭祀求福等活动的写照，内容与居于水边的农作民族生活相关，不少是今日在西南少数民族还可见到的景物。其中铜鼓上的船纹为热门的研究课题之一，一般称之为竞渡纹（图五）。目前已有许多精辟的论述阐述其来源及涵义[14]。虽然各种说法不一，但大致说来，其描述的内容无疑是江汉水网以南地区的一种习俗，因此船纹亦被引为长江下游地区与西南文化互渗的实证[15]。另外，研讨铜鼓船纹中的大海龟[16]及船种等细节还为探索近海百越群体海事活动的课题扩展了视野[17]。

比起图案式的具象纹样，第二类写实性纹饰的种类更多，以石寨山及江川李家

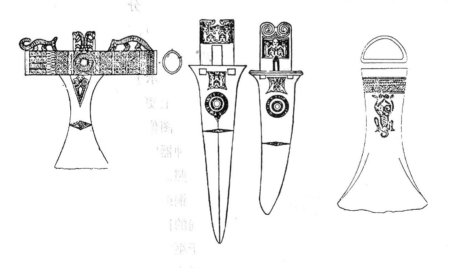

图三　滇青铜兵器上的具象纹饰

图四 滇青铜器上的蛇类纹饰

图五 滇青铜器上的竞渡纹饰

山贮贝器上各种平面刻画、浮雕及立体人形及动物图像为翘楚（图六），不少是以平铺直叙的方式将滇人的物质及精神生活娓娓道来，而且具细靡遗[18]。其次要算镂空浮雕牌饰，其中有包含人物的叙述图像及草食与肉食动物的搏斗形象（图七，右），后者常与中亚草原游牧民族的动物纹饰相提并论[19]，也因此引发了不少争议性的论述。虽然纹饰本身所代表的意义及牌饰的用途不易定论，但因此成了启发以宏观角度正视云南与中亚草原文化关系的动力之一[20]。其他的写实性纹饰除了阐述有关滇人社会及经济活动等项目之外，也为其他相关课题开拓了探索的管道。例如，各种人像的穿着及发式不但印证了《史记》中所描述西南边疆各族群的特征，也说明了滇人社会成员包含了不同种族的分子[21]。其他由农耕、畜牧、信仰、祭典、手工业以及军事活动[22]等题材间接提供的信息，则进一步揭示了滇贵族与平民生活及文化背景上更深的层面[23]。最难能可贵的是图像极度写实，展示于纹样中的多种器物得以与墓中出土的实物互为对照。滇文化中各种典型兵器、农具及铜鼓的实质及象征功能因此有了正确的诠释。从图像中得知有种铜戈用于巫舞时形同法器，质料单薄富纹饰且表面镀锡的农具即为春耕仪式图像中的仪器，而铜鼓除了作为乐器以外还有权威、财富等多项社会功能。另外，石寨山一件贮贝器上骑士塑像身上披挂的武器、臂甲、腿甲等也都是参照实物制造的，因此连带引发了滇青铜武器与古代中亚游牧民族同形器物的比较及研究[24]；器物雷同之处对探讨滇人族属与氐羌民族血缘关系的问题亦有所启发。除此之外，图像中滇人佩戴的饰物与出土玉器对照，所得的信息增加了对西南玉器功能与质料的认识。而引申的课题还将视野推广到云南及中华文明的领域之外[25]。

　　总而言之，由以上两种具象纹饰的内容及风格来分析，滇文化与周遭各文化领域接触过程所涉及的时空范围之大，不是三言两语便可以交代清楚的。

图六　滇青铜贮贝器上的雕像

三　滇青铜纹饰的演变

　　根据目前已发表的资料，滇池区最早的墓葬年代不晚于战国中期。出土的青铜器上已有抽象几何纹样及二式具象纹兼行并用，均脱离了萌芽期的阶段。此后滇青铜器上装饰纹饰的一些演化原则及特点有若干脉络可寻：

图七　滇青铜器上的人与动物图像

　　1.文化初期（至战国晚期）铜器纹饰较简单，以浅铸浮雕为主。抽象几何纹样与图案式具象纹已具规模。立体塑像稀少。

　　2.图案式具象纹中的"两栖动物纹"造形特异，多半见于一种无胡直内铜戈，属西南系统无疑。此类铜戈早先疑为滇人从他处掳获的战利品[26]，原因是其纹饰采用压印式伎俩及对称且平板的风格，有违一般滇青铜器纹饰的常规[27]。目前这种铜戈出土的地点集中在滇池及周边[28]，包括玉溪、曲靖[29]及黔西夜郎文化的范畴[30]，仅知有一件落在东山文化的范围内[31]。因此此类纹样有可能是西南地区的原生创作。

3. 石寨山式铜鼓标准纹样中的船纹在滇国中期时便已出现。目前在滇池附近所知最早有此纹样的铜鼓出自羊甫头（M19∶151），连同中心光芒及几何纹，一应俱全。从器形演进的规律看来，铜鼓上的纹饰是与器形分开发展的。最早的万家坝式鼓与铜釜相似，外部通体光素，但为了满足视觉上的需要，后来才以几何纹样来装扮门面，渐渐地各种眼前可以见到的事物也成了装饰纹样。横式的船纹成为铜鼓肩部的佳选，面积较大的鼓腰则用几何条带分割成方格，并填入插羽舞人、或瘤牛等纹样，其他部位便按照器形以几何纹样来装扮。鉴于铜鼓的纹饰仅为补白之用，与器物本身的象征意义及实用功能都没有直接关系，所以船纹及舞人一直沿用到滇文化晚期，而纹样的风格后来长期没有太大改变，这种现象在滇池以外使用石寨山式铜鼓的地区也可见到。另外，羊甫头圆形腰扣上的纯几何纹、芒纹[32]，加上天子庙铜提桶的船纹、牛纹、几何纹[33]乃至东山文化的靴形钺的插羽舞人[34]都共用铜鼓的纹样便是这个缘由。这组图案式具象纹饰的风格及题材与邻近濮僚及骆越铜器的装饰纹样相近，使用的人包括现今侗壮系诸族的先民，可谓其人的共同艺术词汇。

4. 滇铜器上的图案式具象纹中有一种扭曲蛇样纹，有的头尾不分，弯曲回绕，成排或对称排列，有的二蛇共一头并回绕打结，如伏羲女娲交尾的纹样（图四），可从羊甫头出土的漆器上找到复本。交尾纹样与楚墓出土帛画上的雷同，未知这种纹饰是否与滇西南新石器时代的双蛇陶纹有关[35]。扭曲蛇样纹也是岷江地区青铜文化的样纹，四川牟托遗存出土的透雕铜牌饰便有这种纹饰。巧合的是牟托2号器物坑出土的一件残铜器上的几何纹饰与滇青铜器上的十分相像，疑为川滇文化交通的佐证[36]。两地墓葬又均有使用珠襦的现象，因此此纹样所代表的信息不容忽视。

5. 滇文化早期有少数呈立体感的浮雕，圆形扣饰上一种大眼圆睁的鹰面或人面便是一例（图八）。年份较早的一例出自羊甫头19号墓。其他出土类似扣饰较多的是曲靖地区[37]，西汉以后便不常见。

6. 镂空铸件在中期之后才开始普及。可见的例子包括浮雕牌饰、箭箙及剑鞘等，而以牌饰最特别，多出自大墓。李家山及石寨山的浮雕牌饰结构繁复，有的还镶嵌玉石并加镏金，极尽华丽之能事。有的浮雕近于圆雕，而且可将极微小的细部表现无遗，令人叹为观止。这种用失蜡法铸造的器物是滇青铜文化中期以后的特产。镂孔浮雕牌饰上动物格斗的形象常与游牧民族青铜器上动物纹饰相提并论（图七，右）。但事实上相同点仅止于观念上对动物形象的认知，为青铜时代各从事畜养业的民族所

图八　滇青铜器上的鹰面纹饰

共有，包括斯基泰、匈奴及氐羌系民族。从风格及图像内容说来，滇青铜器上各种动物造型该是当地的写生图录，但不乏想像力及创意性。而动物形象所表现极度写实的风格，也当为滇文化特有。最值得注意的是牌饰上草食动物中牛、羊、兔、猴都有，但独缺马的形象。而马的造型却在其他题材的纹饰中频频出现，以座骑马最常见。滇人的装饰纹样之所以选择性的采用马纹，可能暗示滇马乃是后来引进的物种，入滇时动物格斗纹已有一定的规格，而马匹专供贵族享有，因此刻意把马的图像与一般畜养及野生动物区分。除了浮雕牌饰以外还有一种写实纹饰亦为滇人创举，为利器刻画于壁薄器物上的写实纹样（图七，左）。其细线纹饰线条流畅细致有如笔绘，造型及技法均无懈可击，与写实动物浮雕的风格及内容均可对等。

　　7. 滇池区最早的大墓有少量青铜器上附有动物塑像，多半是静态的造型，虽不乏古朴之风，但已相当传神。较早的时期这种例子不多，可能与工艺技术有关。铜质动物塑像到了战国晚期才普遍流行，姿态富变化且生动。在这以前髹漆圆雕可能早已大量通行，包括人物造型在内，或为日后青铜塑像的蓝本。滇文化后期贮贝器上的各种叙述性的写实场面结构复杂，主要是由失蜡法铸造的，外加焊接联结，运用娴熟的铸造技法将巧妙的构思发挥得淋漓尽致。青铜塑像的风格早晚有不同的演化程度，唯有一种组合动物塑像一贯采用中轴对称排列，见于戈、啄、戚类兵器的横銎上（图三，左）。其呆板古拙的风貌，历百年而一成不变，或有特殊涵义。以横銎纳秘的兵器在殷商及西周早期的中原文化曾经显现，器形源自北方草原青铜文化。在西南重现，为文化滞后的现象。其传播过程及路线可能相当迂回[38]。

四　滇文化的背景与青铜纹饰的关系

半个世纪以来，滇青铜器衍生的问题是到了近年昆明地区羊甫头遗址发掘后才有交代的。羊甫头发掘 800 多个墓葬，年代从战国中期延续至东汉，包括滇文化最早至最晚各阶段。其中还有 6 个厚葬的大墓[39]，陪葬器物颇具文采。墓葬一般为竖穴土坑墓单人葬，亦有漆棺加木椁，半数有腰坑及二层台。墓中还填塞黑膏泥[40]，形同楚制。出土器物包括典型的滇式青铜兵器、工具、贮贝器及各种牌饰，饰有以上讨论过的各种纹饰。其中陶器的数量在滇文化墓葬中是有史以来最多的，以釜、罐、尊类为主，外加中原的豆及鼎两器形。有些底部印有叶脉痕迹，与滇西多处陶器底的纹饰雷同，当是未干前置于树叶上而来的。但其中泥质黑陶罐的形制与川西南出土的有几分相像，有些还隐约可见到原有的彩绘，这类出自较早地层的陶器稍后为滇池地区当地特有的红陶取代。另外还有保存情况极佳的漆器，包括各式上了漆料的盛器、木祖以及青铜工具和兵器上完整的木柄，其上髹漆的立体雕塑及漆绘纹饰均历历如新，风格与青铜器上的相似，是初次见到的。不少弯曲的木柄刻意做成鸟头形，可能有特别含义。羊甫头的墓葬很明显是一种复合体，隐约可以解析出其中巴蜀、楚、百濮及氐羌系文化的成分。

在所有滇墓出土的器物中，饰有具象纹样的铜器只有在中大型的墓葬才能见到，而其中带有写实纹样的几乎都出自大墓，一般中小型墓葬的青铜纹饰多半是几何或图案式的，鲜有写实的动物浮雕或塑像。但大墓中的青铜器却兼有图案式及写实的具象纹饰，而且有些还有二者夹杂出现在同一件器物上[41]。小墓中的同心圆纹浅盘为滇池地区特有[42]，而大墓棺内常有珠襦，以各色玉石及金珠缝缀而成。在滇池周边的考古发掘点中，大墓的数量不超过墓葬总数百分之二，都是居于山坡顶端的，四周围绕中小墓。墓地中最常见的是竖穴土坑单人葬，外加少数合葬墓及二次葬，有些墓底层有木棺或漆棺残片及类似中原的腰坑，大墓偶见类似人牲的迹象。但腰坑到了战国晚期之后便绝迹。除此以外还有解肢葬与叠葬，与西北氐羌的葬俗略同。另外，石寨山的有些墓穴即天然石缝之间的空隙，这种现象在滇西受氐羌文化影响较深的墓葬也可见到[43]。其他有的在墓坑填土中层层平铺沙土及鹅卵石层，也有的用大小石块沿墓坑边缘砌成墙形标志[44]。李家山有的墓坑直接切入地表下坚硬的石英砂岩内，显然当时金属工具十分普及[45]。同址还有用尖锥状大石压顶的特例[46]。这些都让人联想到中国边疆及中亚草原的各种石墓。滇墓葬内所见的多种墓式及葬俗，与出土青铜纹饰风格多元性的特质正好相互印证。

这些墓葬形制虽然不完全相像，但从早到晚均有几个大墓以铜鼓陪葬。其中以羊甫头 19 号墓出土的年代最早。从器形及纹饰发展的规律看来，此鼓（M19：151）满布几何及图案具象纹饰，可视为石寨山式鼓，但仍不失万家坝式的古朴器形。目前所知最早的万家坝式鼓出自楚雄地区青铜文化墓葬[47]，属一批新加入的移民，于春秋时期引进特定葬俗，在竖穴土坑置独木刨制的木棺，加以边桩、垫木、腰坑、二层台，并封以膏泥。葬俗似有楚风，但刨木为棺却是巴蜀的习俗。大墓以铜鼓、羊角钮编钟、农具及大量兵器陪葬，显示其人以农耕为生，而军事活动对其统领阶级必有特殊意义。从地层资料分析，当地早先居民的墓葬形制完全不同，为竖穴土坑但不含棺木，而所用的葬品包括三叉格剑、双耳陶罐及饰有动物纹的青铜饰件[48]，类似滇西北游牧民族的典型器物。这批较早的墓葬与滇西洱海地区的青铜文化有密切的关系。其地在新石器时代便有黄河流域上游的居民沿金沙江上游迁入，与澜沧江及怒江河谷的族群毗邻而居。不同的族群因天然或人为因素在洱海周遭出入迁移，免不了互相渗透融合，各地文化面貌时有改变。战国时期滇西青铜文化总共囊括了石棺葬、大石墓及竖穴土坑墓三种墓型，为游牧、农作及二者的交集。不同族群接触的结果[49]，使得滇西青铜文化成了混合体，以圆肩铜斧及三叉格剑为标准器物。这时洱海附近的石墓内以青铜农具陪葬[50]，而竖穴土坑墓亦不乏三叉格剑。其人耕种之余，已经六畜俱备，且习马术，使用铜鼓，并以写实动物造型及蛙纹做为青铜器装饰纹样[51]，而楚雄地区便是这个混合文化的东界。此地古时因地理之便，除了与三江河谷间接互通有无之外，向北经由羌中可通蜀山，向南由扎社礼经元江可入南海[52]，因此囊括了各地的先进技术及文化创意性，同时也把当地的信息向外传送。凉山地区以及东南亚各地的万家坝式铜鼓[53][54]，很可能与此南北通道有关。而楚雄与元江地区出土的饰双螺旋纹圆形扣饰以及羊角钮编钟形制上的共同点[55][56][57]，都不是纯粹巧合。值得注意的是万家坝铜鼓外壁还是光素无纹的时候，楚雄地区的圆形牌饰便布满了几何纹。稍后的石寨山式鼓的纹饰或许就是在互通有无的情况下衍生出来的。

圆形扣饰及编钟在羊甫头墓葬仍继续沿用。同址有一件饰双螺旋纹的圆形扣饰与楚雄及元江的仅在纹饰上有微小的差异，而编钟的羊角钮到了滇池则演变为环形钮。除此之外，若将羊甫头的铜鼓与楚雄地区出土的典型早期鼓做一比较[58]，再加上两地墓葬形制的共同点，视羊甫头为楚雄地区青铜文化的后续该无可置疑。羊甫头墓地的形成可能是因战国中期金沙江沿岸地区受周边地带政局动荡的影响，造成更多的移民从北边进入楚雄地区，同时也带进当时先进及流行的工艺技巧。其后地方上产生人口压力，因此人口逐渐向外移。其中一部分东迁，最后在滇池西东两岸各地落脚。磨光黑陶、漆器、横銎啄、戚、兵器銎上饰立体动物饰件，以及失蜡铸铜法等都是这种情况下在滇东显现的。滇池西岸太极山近年出土的万家坝式铜鼓可能也是这种文化东渐轨迹的指标之一[59]。当地为主体的中小型墓葬内的器物不是陶罐便是清一色以抽象几何纹饰为主的兵器和农具，其物主的经济及文化背景有别于拥有写实浮雕牌饰及铜鼓的少数将领，说明了几何纹饰具有雄厚的群众基础。羊甫头的族人到了西汉时渐与当地使用红陶的土族融合，而滇池周边的古墓群所属个别群体的文化发展及内部融合的过程并非同步进行，因此水平不见统一[60]。其中文化最高的滇人迁入滇池地区东南部，辖地可能南及玉溪地区李家山一带。各部之间以血缘纽带形成总体，但并不曾具备王国的要项，都城及常备军一概阙如。这也就是司马迁把滇归为靡莫之"属"，将之与有"君长"的夜郎及邛都划分的原因。其统治阶级除了行使军事力量与西边的游牧族群抗衡之外，并掌有当地各种生产及消费资源，得以商业行为取得外地的珍奇物品，如玉石及海贝等，并掠夺及拥有马匹、人牲。其人丰衣足食之际还培养了特有的艺术品味，以专有的漆木或失蜡铸铜法制作各种富有纹饰器物用以自娱。仪仗用的青铜兵器及农具除了一贯的几何纹饰以外亦焊加动物塑像以资区分，而用来存放海贝的铜鼓及贮贝器则冠上立体叙述性的写实雕塑以标明其拥有权。这种特有的写实纹样与其族人的文化背景相当，为复合文化集大成的产品。其通行的范围仅限特权阶层，而一般百姓的财力、物力充其量也只能够及饰有几何纹样或图案式纹样的铜器。总而观之，滇青铜器总揽了源于水泽地区的船纹及两栖动物纹、畜牧地带的动物形象、各地集合而成的几何纹样，既含有"淮式"纹样的近亲，也有东山纹饰的变体。这些不同风格的纹样显现在滇文化前曾历经时空的洗礼，抵达滇东之后还加上滇人自己的创意，最后以清新的面貌示人，成为云南青铜文化的特色之一。滇青铜文化多元艺术风格实为滇人社会成员总体文化背景的最佳诠释。

（本文依据亚洲学会 2004 年 3 月在 San Diego 召开年会发表的论文底稿修改而成，课题为 CCKF 资助研究项目的一部分）

---

〔1〕 王大道：《云南青铜文化与新石器晚期文化的关系》，邓聪编《南中国及邻近地区古文化研究》269 页，香港中文大学，1994 年。

〔2〕 张增祺:《滇国与滇文化》,云南美术出版社,1997年。

〔3〕 广义的滇文化可包括滇中及滇池东向地区属濮人的遗存。

〔4〕 参见 Grey, Basil:《China or Dongson》,《Oriental Art》1949～1950年第二卷第3期99～104页。这批铜器现存大英博物馆。

〔5〕 Karlgren, Bernard:《 The Date of the Early Dong-s'on Culture》,《Bulletin of the Museum of Far Eastern Antiquity》1942年第14期14～15页。

〔6〕 Watson, William:《Traditions of Material Culture in the Territory of Chu》,《Early Chinese Art and Its Possible Influences in the Pacific Basin》,泛美图书公司1974年61～63页。

〔7〕 以往将之归为新石器时代,但近年来挖掘的玉溪刺铜关遗址证实以前认为是新石器时代的遗存可能已进入青铜时代。

〔8〕 桶形及贮贝器上最常见这类纹饰。

〔9〕 昆明上马村青铜时代墓葬曾出土少数印纹陶。阚勇:《云南印纹陶文化初论》,《云南文物》1982年11期5页。

〔10〕 压印及刻画的陶纹在滇西多处新石器文化遗存可见到。李昆声:《云南考古学》78、82页,云南人民出版,1998年;云南省博物馆:《云南宾川白羊村遗址》图14～16,《考古学报》1981年3期;云南省博物馆:《元谋大墩子新石器时代遗址》图15～16,《考古学报》,1977年1期;云南省考古研究所等:《云南永平新光遗址发掘报告》图15～17,《考古学报》2002年2期。

〔11〕 阚勇:《云南印纹陶文化初论》,《云南文物》1982年11期3～11页;印纹陶的分布向北可达川南。马云喜:《攀枝花先秦考古发现与研究》128～129页,《中华文化论坛》2002年4期。

〔12〕 云南与印之半岛相关陶纹引申的意义可参见 Watson, William:《Pre-Han Communications from West China to Thailand》,Glover, Ian:《Early Metallurgy, Trade and Urban Centers in Thailand and Southeast Asia》,White Lotus 出版社1992年176～177页。

〔13〕 Von Dewall, Magdalene:《Local Workshop Centers of the Late Bronze Age》,Smith, R. B 等编:《Early Southeast Asia,》,Oxford University1979年137～167页。

〔14〕 李伟卿:《铜鼓船纹的再探索》,中国古代铜鼓研究会编《中国铜鼓研究会第二次学术讨论会论文集》234～261页,文物出版社,1986年;黄德荣:《铜鼓船纹考》,云南省博物馆编《云南省博物馆学术论文集》175～209页,云南人民出版社,1989年;陈丽琼:《铜鼓船纹补释》,中国古代铜鼓研究会编《中国铜鼓研究会第二次学术讨论会论文集》246～263页,文物出版社,1986年;李昆声:《铜鼓船纹考》,《云南考古学论集》207～227页,云南人民出版社,1998年;汪宁声:《铜鼓与南方民族》96～99页,吉林教育出版社,1989年。

〔15〕 毛昭晰:《从羽人纹饰看羽人源流》,浙江省文物局等编《河姆渡文化研究》20～31页,杭州大学出版社,1998年。

〔16〕 大海龟见于石寨山 M14:1 铜鼓。线图见李昆声:《铜鼓船纹考》,《云南考古学论集》219页图十一,云南人民出版社,1998年。

〔17〕 铜鼓上的船纹是否是过海船的问题可参考汪宁声:《铜鼓与南方民族》97～98页,吉林教育

出版社，1989 年。

〔18〕 冯汉骥：《云南晋宁石寨山出土铜器研究》，《考古》1963 年 6 期 319～329 页；李伟卿：《贮贝器及其装饰艺术》，云南省博物馆编《云南青铜文化论集》513～523 页，云南人民出版社，1991 年；易学钟：《晋宁石寨山 12 号墓贮贝器盖人物雕像考释》，《考古学报》1987 年 4 期；《晋宁石寨山 1 号墓贮贝器上人物雕像考释》，《考古学报》1988 年 1 期 37～49 页；易学钟：《石寨山三件人物屋宇雕像考释》，《考古学报》1991 年 1 期 33～43 页。

〔19〕 张增祺：《云南青铜时代的"动物纹"牌饰及北方草原文化遗物》，《云南省博物馆建馆三十五周年论文集》61～84 页，云南省博物馆，1986 年。

〔20〕 Pirazzoli-t' Serstevens, Michele：《La Civilisation du Royaume de Dian a l' Epoque Han》, Ecole Francaise d' Extreme-Orient 1974 年 124～127 页；童恩正：《试论我国从东北至西南的边地半月形文化传播带》，《文物与考古论集》17～43 页，文物出版社，1987 年；Watson, William：《An Interpretaion of Opposites?》, 《Proceedings of the British Academy》, Oxford University 1984 年卷 LXX 348～350 页。

〔21〕 冯汉骥：《云南晋宁石寨山出土文物族属问题试探》，《考古》1961 年 9 期 468～487 页；汪宁生：《云南晋宁石寨山青铜器图像所见民族考》，《考古学报》1979 年 4 期 423～439 页。

〔22〕 冯汉骥：《云南晋宁石寨山出土铜器研究》，《考古》1963 年 6 期 319～329 页；汪宁声：《晋宁石寨山青铜器图像所见滇人的经济生活和社会生活》，《民族考古学论集》343～371 页，文物出版社，1989 年；张增祺：《滇国与滇文化》，云南美术出版社，1997 年；Murowchick, Robert E.：《The Political and Ritual Significance of bronze Production and Use in Ancient Yunnan》, 《Journal of East Asian Archaeology》, 第 3 卷 2001 年 1～2 期 159～164 页。

〔23〕 这方面的论述为数极多，不一一列举。其中从墓主性别与葬俗分析其社会分工的论述为新兴课题之一，可见以下二例：Rode, Penny：《Textile Production and Female Status in Bronze Age Yunnan》, Linduff, Katheryn 和 Sun, Yan 编《Gender and Chinese Archaeology》, Altamira 出版社 2004 年版 315～338 页；Chiou-Peng, TzeHuey：《Horsemen in the Dian Culture of Yunnan》, 同上 289～314 页。

〔24〕 参考 Knauer, Elfriede R.：《Knemides in the East? Some Observations on the Impact of Greek Body Armor on 'Barbarian' Tribes》, Rosen, Ralph M. 等编：《Nomodeiktes: Greek Studies in Honor of Martin Ostwald》, University of Michigan 出版社 1993 年 235～254 页。

〔25〕 杨建芳：《云贵高原古代玉饰的越文化因素》，《考古》2004 年 8 期 50～54 页；邱兹惠：《试论西南青铜文化的有领环形器》，三星堆与长江文明国际学术研讨会论文，四川德阳 2003 年 10 月 9～11 日，待刊。王丽明：《晋宁石寨山六号墓"滇王玉衣"玉柙片矿物检测报告》，《云南文物》2001 年 1 期总 50 期 18～19 页；孙克祥等：《云南考古发掘出的一些宝石情况探讨》，《云南文物》1988 年总 23 期 24～27 页。

〔26〕 Bunker, Emma《The Dian Culture and Some Aspects of Its Relationship to the Dong-Son Culture》, 《Early Chinese Art and Its Possible Influences in the Pacific Basin》, 泛美图书公司 1974 年版 304～305 页。

〔27〕 参见 Von Dewall, Magdalene:《Local Workshop Centers of the Late Bronze Age》, Smith, R. B 等编《Early Southeast Asia》, Oxford University1979 年 148 页。

〔28〕 除了石寨山、天子庙、羊甫头古墓群以外，呈贡石碑村也可见到这种铜戈。昆明市文物管理委员会：《昆明呈贡石碑村古墓群第二次清理简报》，《考古》1984 年 3 期 231～242 页。

〔29〕 云南省文物考古研究所编：《曲靖八塔台与横大路》174～175 页，科学出版社，2003 年。

〔30〕 贵州省毕节地区社会科学联合会编：《可乐考古与夜郎文化》21 页，贵州民族出版社，2003 年。

〔31〕 Bezacier, L.:《Asie du Sud-est: Le Viet-Nam》, A. et J. Picard 出版社 1972 年 91～92 页。

〔32〕 两件扣饰图片可参见昆明市官渡区博物馆编：《昆明羊甫头文物精粹》图 216、217，云南人民出版社，2003 年。

〔33〕 见于 M41∶103 及 M41∶101。线图可参见《考古学报》1985 年 4 期 523 页 16 - 1。

〔34〕 图见 Bezacier, L.:《Asie du Sud-est: Le Viet-Nam》, A. et J. Picard 出版社 1972 年 135 页图 56a。此铜钺另一面为鹿纹。类似的图案性纹饰亦为广西西林鼓所采用。西南及东山文化铜器上的公母鹿纹上一概加以鹿角，与南方鹿种母鹿无角的实际情况不符。为其非写实性的装饰功能最佳诠释。

〔35〕 云南省博物馆文物工作队：《南碧桥新石器时代洞穴遗址》，《云南文物》16 期 11 页。

〔36〕 Thote, Alain:《The Archaeology of Eastern Sichuan at the end of the Bronze Age（Fifth to Third Century BC）》, Bagley Robert 编《Ancient Sichuan: Treasures from a Lost Civilization》, Seattle Art Museum 及 Princeton University 出版社 2001 年 208 页；牟托铜器线图见茂县羌族博物馆等：《四川茂县牟托一号石棺墓及陪葬坑清理简报》，《文物》1994 年 3 期 30 页。

〔37〕 原报告称为"圆形动物纹扣饰"。见云南省文考古研究所编：《曲靖八塔台与横大路》80～93 页，科学出版社，2003 年。

〔38〕 北方有銎铜斧钺可参见 Loehr, Max:《Chinese Bronze Age Weapons》, University of Michigan 出版社 1956 年 25～33 页。

〔39〕 云南省文物考古研究所：《云南昆明羊甫头墓地发掘简报》，《文物》2001 年 4 期 4～53 页；昆明市官渡区博物馆编：《昆明羊甫头义物精粹》6～26 页，云南人民出版社，2003 年。

〔40〕 云南省文物考古研究所：《云南昆明羊甫头墓地发掘简报》，《文物》2001 年 4 期 7 页。

〔41〕 不同风格的纹饰多半分置不同的部位，但也有混杂在一起的，晋宁石寨山一件铜锣（M12∶1）上有一写实的人形藏在一圈典型图案式的羽人中。

〔42〕 云南省博物馆文物工作队：《昆明大团山滇文化墓葬》图 3、4，《考古》，1983 年 9 期 845 页。

〔43〕 云南省文物考古研究所：《剑川鳌凤山古墓群发掘报告》，《考古学报》1990 年 2 期 256～257 页。

〔44〕 蒋志龙：《滇国探秘》，云南教育出版社，2002 年 71～73 页。

〔45〕 承云南省文物考古研究所张新宁先生于 2003 年 12 月向作者提及。

〔46〕 张新宁等：《江川李家山古墓群第二次发掘简况》，《云南文物》35 期 1～3 页。

〔47〕 云南省文物工作队：《楚雄万家坝古墓群发掘报告》，《考古学报》1983 年 3 期 347～378 页。

〔48〕 两类墓的地层关系可参见王大道：《A Reconsideration of the Wanjiaba Tombs in the Light of Dating and Periodization》,《Kodai Oriento Hakubutsukan Kiyo》1985 年 7 期 113 页；其墓葬集中在

墓地西北角，为代表的 63 号墓图可参见云南省文物工作队：《楚雄万家坝古墓群发掘报告》图 21，《考古学报》1983 年 3 期 360 页。

〔49〕 使用石棺及土坑的包括冉駹、筰、莋、昆明，均属氐羌，但大石墓的种族有属百濮（童恩正：《近年来中国西南民族地区战国秦汉时代的考古发现及其研究》，《考古学报》1980 年 4 期 429～432 页）及孟高棉系（张增祺：《中国西南民族考古》76～77 页，云南人民出版社，1991 年）两种不同说法。

〔50〕 杨德文：《从出土文物看战国至汉代滇西地区的锄耕农业》，《云南文物》33 期 41～44 页。

〔51〕 云南省文物工作队：《云南祥云大波那木椁铜棺墓清理简报》，《考古》1964 年 12 期 607～614 页。

〔52〕 古时滇中与川南及滇南可以龙川江及扎社礼江古河道相通。见云南省文物工作队：《楚雄万家坝古墓群发掘报告》，《考古学报》1983 年 3 期 378 页。

〔53〕 凉山州博物馆等：《盐源近年出土的战国西汉文物》，《四川文物》1999 年 4 期 29 页。

〔54〕 范明玄：《关于老街头所发现之东山铜鼓的介绍》，《民族艺术》1997 年增刊 37 页；邱兹惠：《试论东南亚所见的万家坝式铜鼓》，同上 30～31 页。

〔55〕 李朝真等：《彝州考古》图 70，云南人民出版社，2000 年。

〔56〕 云南省文物考古研究所：《云南元江县洼垤打篙陡青铜时代墓地》图 33，《文物》1992 年 7 期 50 页。

〔57〕 熊中流：《元江县出土一批青铜器》，《云南文物》1992 年 33 期 90 页。

〔58〕 云南省文物工作队：《楚雄万家坝古墓群发掘报告》，《考古学报》1983 年 3 期 347～361 页。

〔59〕 蒋志龙：《滇国探秘》51～53 页，云南教育出版社，2002 年。

〔60〕 Von Dewall, Magdalene：The Tien Culture of South-west China Antiquity, 1967 年 XLI 期 8～21 页。

中国古代简帛的出土与考古学研究

赵 超

文字的产生，是人类社会发展中具有根本意义的一件大事。汉代《淮南子》一书中记载，在中国古代传说中的文字创造者仓颉造字时，"天雨粟，鬼夜哭"。这一记载正说明在古人的心目中，文字的创造是一件惊天地、泣鬼神的壮举，意味着创造文字后，人类就能逐渐掌握自然，掌握命运，成为世界的主人了。

文字创造出来后，必须记录下来，才能传播与流传，这就需要有良好的书写材料作为传播的介质。今天所使用的纸张是比较方便的书写材料。但在人类发展史中，造纸术还是比较近的发明，它是我们祖先经过长期实践后才创造出来的。在这之前，人们主要使用各种天然材料记录文字。在全世界主要的古代文明中，如在常说的四大古代文明中，由于人们所处的生存环境与自然条件不同，记载文字的材料也是多种多样的。例如古代埃及人使用纸草，古代亚述人使用泥版，古代印度僧侣使用贝叶，古代西亚与欧洲人使用羊皮等，这些古代文书，有世界各地的考古发现可以证明。

而在古代中国，竹子和木材制作的简牍是主要的书写材料。通过考古发掘出土的实物，我们可以看到古代简牍是窄长的，一般不到 1 厘米宽，长度从 10 余厘米到 60、70 厘米不等，一般是 20 多厘米长。由于每支简上能书写的字数有限，所以古人就把一支支单独的简用绳索编连起来，于是便形成了"册"这个字。它是表示文书的字。在现存的商代甲骨文中，"册"字的形状就是把简编起来。中国最古老的典籍《尚书》的《多士篇》中记载："惟殷先人有册有典"。表明在商代已经有了用简记录的文化典籍，这是中国古代使用简牍书写的最早证据。那么大约就是在距今三四千年之前已经有了简牍文书，直到汉代发明了纸以后，简牍才逐渐地从书写材料中消失了。这一过程，今天已经有大量的考古发现加以证明。

众所周知，我们的祖国拥有持续数千年不间断的文字书写的历史。但是由于保存不力，现存的古代文献数量有限，而且距离我们越远的时代所能保留下来的文献材料就越稀少，给今人了解古代社会造成了极大的困难。因此，通过考古发掘出土的古代文字材料与传世保存下来的古代文字材料就具有无比珍贵的价值，是了解古代社会最直接的证据。特别是 20 世纪的 100 年中，大量战国、秦汉时期以来的古代简牍、帛书陆续出土，在很大程度上改写了古代的历史。古代简牍、帛书的出土，已经成为 20 世纪考古发现中最重要的一个方面。迄今为止，已经有 100 多批古代简牍帛书出土，总数达数十万枚，在近代出土文物中占有相当大的比例。在这大量的出土材料中，内容较丰富、影响较大的有：湖南长沙仰天湖楚墓竹简[1]、河南信阳长台关楚墓竹简[2]、湖北随县曾侯乙墓竹简[3]、湖北江陵藤店楚墓竹简[4]、湖北江陵望山楚墓竹简[5]、湖北江陵九店楚墓竹简[6]、湖南慈利楚墓竹简[7]、湖北荆门郭店楚墓竹简[8]、湖北荆门包山楚墓竹简[9]、湖北江陵王家台秦墓竹简[10]、湖北云梦睡虎地秦墓竹简[11]、湖北云梦龙岗秦墓竹简[12]、甘肃天水放马滩秦墓简牍[13]、四川青川郝家坪秦墓简牍[14]、湖南里耶秦简[15]，湖南长沙马王堆汉墓竹简[16]、湖北江陵张家山汉墓竹简[17]、湖北江陵凤凰山汉墓竹简[18]、安徽阜阳双古堆汉墓竹简[19]、山东临沂银雀山汉墓竹简[20]、内蒙古居延汉代简牍[21]、甘肃敦煌汉代简牍[22]、甘肃武威磨嘴子与旱滩坡汉墓简牍[23]、青海大通上孙家寨汉墓简牍[24]、河北定县八角廊汉墓简牍[25]、江苏仪征胥浦汉墓竹简[26]、江苏东海尹湾汉墓竹简[27]、湖南长沙走马楼古井出土的三国简牍[28]、安徽马鞍山吴墓出土的三国竹简[29]以及新疆古楼兰、尼雅遗址出土的汉代至晋代简牍[30]等。此外，还有一些珍贵的古代帛书出土，如湖南长沙子弹库战国帛书[31]、长沙马王堆汉墓帛书[32]等。

更可宝贵的是，在这些时代悠久的文字材料中保存有多种震惊国际汉学界的古代文献资料。因此，出土简牍帛书成为当代考古学、古文字学与古文献研究的热点。它们从各方面反映了古代社会的真实面貌，以大量前人未曾得见的古代文献资料重新展现了历史，使历史科学乃至中国学术界的整个研究方法、研究思想在 20 世纪中都产生了根本性的变化。

现在发现的简牍帛书材料，是古代人们日常生活中实际使用的文字材料，其内容非常丰富，大致包括有：文人儒生学习用的书籍，从开蒙识字用的《仓颉篇》直到《诗经》、《仪礼》等主要儒家经典。诸子百家的思想著作，如《老子》、《易经》、《孙子》以及《纵横家书》、《刑德》等古佚书。实用的方术卜筮、天文历法、医药养生等书籍，如《日书》、《历谱》、《脉书》、《五十二病方》等。实用的法律、诏书与各种官方文书、档案、簿籍、地图。民间使用的契约、书信、帐簿、名刺、笔记等实用文书。以及丧葬专用的遣册、告地状等宗教用品。可以看到，这些文字材料涵盖了古代人们日常生活中的各个方面，是真实地反映当时社会思想、政治、经济、军事等状况的宝贵历史资料。特别是这些实用材料大多是现存古代历史文献中不曾记载的缺佚资料，就更增加了它的研究价值。

因此，有关简牍帛书材料的研究成果蔚为壮观，成为 20 世纪里社会科学研究中一批极重要的收获。学术界对于这些材料中涉及的有关朝代的政治制度、法律、经济状况、地理建制、交通往来，以及医疗技术、天文历法知识、兵法、卜筮方术等专门知识都有深入广泛的研究。对于与这些简帛材料内容有关的古代思想史、学术史、古代文献学与古文字学等方面的研究也取得了巨大的成就。

虽然有学者提出简帛学这样的新学科已经形成，但是必须看到，中国古代简帛研究是考古学的产物，来源于考古学的分支学科——古代铭刻学。在近代考古学的传入与发展中，才有了中国古代简牍的大量出土发现以及由此形成的简牍学研究。时至今日，出土简牍的整理研究已经蔚为大观，它不再像过去那样仅仅是简单的古代经史文献整理工作，而是具有先进方法与现代技术的社会科学综合研究科目。它不再像传统学术那样只是用文字内容来"证经补史"，而是通过它来全面了解古代社会。这是伴随着新文化的潮流，伴随着西方现代科学研究的引进而产生的重大学术变迁。可以说，中国的简牍帛书发现与研究，只有在近代考古学引进以后才获得了充分发展的机遇与条件。

由于近代出土的简牍帛书材料绝大多数是在科学的考古发掘中发现的，它与考古发掘及有关考古学研究密不可分，并且在有关的考古学研究中起到了重要的作用。但是以往学术界热衷于出土简帛的文字考释，主要讨论出土简牍帛书的文字内容，较少有人专门讨论对出土简牍帛书的考古学研究这一问题。因此，本文想就出土简牍帛书研究中与考古学联系较紧密的研究专题与有关论述择要予以介绍。

西北甘肃、新疆等地出土的大量简牍，是在清理废弃已久的古代建筑遗址（如烽燧、官署、居室等）中发现的。而对这些古代建筑的清理、考察与复原是考古学研究工作的主要任务。借助于出土简牍帛书，可以对有关遗址的建筑布局、荒废时间及分布情况等问题进行研究考证。出土简牍帛书上明确可靠的记载与确切的时间记录可以为考古学提供有关遗址准确的存在时间、方位、距离、自然地理情况、人口地理情况等重要证据，同时探讨相关的古代道路、灌溉系统等情况。对甘肃居延地区等处出土的汉代简牍材料所作的系列研究就是这方面研究成果的一个重要代表。

居延等地出土简牍中的官私文书，可以帮助我们了解汉代河西地区的社会面貌，进而认识汉代社会的整体结构。西北地区出土简牍中首先可以展现出的，就是居延地区乃至河西四郡的边塞设置情况与防御组织。利用汉简的出土地点，将全部居延汉简中有关防御设置的记录加以系统排比，可以恢复部分汉代居延地区的防御系统，以弥补历史文献中的不足。

汉代北方诸郡，由于其边防上的重要地位，与内地各郡的官吏组织稍有不同。边郡太守除了管辖郡内各县民政以外，还管辖着两个或两个以上的部都尉。另外，在郡境内还有属于中央政府大司农、典属国等官衙的农都尉、属国都尉等。他们也各自有所管辖的范围。太守的府属与内地一样，有阁下、诸曹等办事机构，另外还有仓库。而各都尉也是开府治事的，同样设有阁下与诸曹，此外，还管辖有各部的候望系统（包括候、塞、部、燧）、屯兵系统（包括城尉、千人、司马）、屯田系统（包括田官）、军需系统（包括仓、库）和交通系统（包括关、驿、邮亭、置、传、厩）。有人推测，交通系统可能也统一由郡里管辖。太守兼管本郡内的屯兵，部都尉则主管屯田与屯兵等事务。张掖郡的两个部都尉，各自守塞四五百里。每一百里塞设置一候官，候官的长官为候，其下属有丞、掾、令史、士吏、尉史、候文书等吏员。候与塞尉共同管辖下属诸部，部有候长、候史。部管辖数燧，燧有燧长，率领燧史、助吏、吏、伍佰等士卒。以居延汉简中所见最多的甲渠候官为例，其大约管辖 20 个部、80 个燧，属下吏员约 100 人，士卒约300 人。都尉所在的城中设置城尉，其治所为城官，设有城仓。都尉以下设有城尉、千人、司马等官员，他们均与候并列，而品秩或者较低。另外有田官，为屯田官员。以上官属设置情况，均是从居延等地出土的汉简文书记录中归纳出来的结果。大量的出土简牍记录详细地反映了张掖郡二都尉（居延都尉、肩水都尉）的结构与其所属、所关联的其他机构的分布位置，表现了不同等级机构之间的隶属关系。将这些记载与发掘勘察的实地收获认真比勘、相互结合，可以使我们对汉代边郡的防御组织得出清楚的认识[33]。同时，借助于汉简与考古测量材料，可以绘制这一地区的汉代边疆防御设施分布图，与河渠、田地、道路等有关地图，深入了解当时的地貌状况与屯田分布情况。

通过简牍文书考证汉代的烽燧制度，是自 20 世纪初西北汉简问世以后就有多位学者加以探讨的重要课题。这中间涉及各烽燧的设置情况，其日常职责与有关的法令，烽火台的建筑形制、设备器具，烽燧的日常运作等大量内容。尤其是在对居延地区（额济纳河流域）等地进行了广泛考古调查的基础上，结合尚存的烽燧、塞墙遗迹分布情况，结合有关烽燧遗址的发掘成果对简牍上的记载进行综合研究，使这一课题有了丰硕的成果。

在居延汉简中出现的燧名，已知者有 250 个以上，但这还不是这一地区当时全部的燧数。根据《内蒙古额济纳河流域考古报告》中的调查情况，在相当于汉代张掖郡七个候官塞的防线上，现存有 174 处汉代城障亭燧的遗址，其中烽台 156 处[34]。根据汉简中反映的情况，燧与燧之间相距为三至五里，如居延汉简中记录"登山燧"至"要虏燧"之间为五里，敦煌汉简中记录三燧十三里多，那么每两燧间的距离为四里多，而现在遗存的汉代烽燧台址实测距离也与此相近。由此推测，在上述汉代张掖郡的防线上，应该分布着 300 处以上的烽燧。由此可见，对出土简牍的深入分析有助于考古调查的准确进行。

　　将简牍中对烽燧建筑的记录与考古发掘、测量的结果相结合，可以深入了解汉代烽燧的建筑布局与防御设施的配备情况。汉简中有大量日常维修烽燧亭障的官方记录，其中反映出烽燧建筑的具体尺寸与布局。如："一人草涂　内屋上，广丈三尺五寸，长三丈，积四百五尺"沙102（戍27）。"四人马矢涂　上内地，广七尺，长十丈四，积七百廿八尺，率人二百卅［二］尺　［七寸］"沙106。"高四丈二尺，广丈六尺，积六百七十二尺，率人二百廿三尺［五寸］"沙108。"二人削除亭东面，广丈四尺，高五丈二尺"沙111（戍29）。"坞高丈四尺五寸，按高六尺，衔　高二尺五寸，任高二丈三尺"175·19A[35]。等等。给我们提供了准确的形象概念。

　　类似的大量汉简记录告诉我们，汉代的烽燧是一座高台形的建筑，台下有四面封闭的房屋——坞。坞用来屯兵、存物。坞垣可高达汉制一丈四尺以上，亭台可高至四丈二尺以上。通过坞陛登上高台，高台上有候楼或候橹[36]。考古调查的实际情况与此记载相似。阎文儒《河西考古杂记》与斯坦因《中国沙漠考古记》（Ruins of Desert Cathay）中记录敦煌西北的汉代烽燧遗址 T25，其台基每面长 7.6、高 7.6 米。台上房屋四面每边长各为 4.5、残高约 3.6 米。门向南，小屋四周有土坯垒成的矮垣。阶梯在西边，尚残存梯子的栈孔。

　　而斯坦因调查的敦煌 T6B 遗址，根据在这里发现的汉简记录，可以确定为汉代凌胡燧的所在。通过斯坦因所绘的 T6B 遗址平面图与出土汉简，可以比较得出汉代烽火台的布局与尺度，大致如下：亭，底部为 6.4 米见方，12.11 米高（包括台基与上面的楼）。东屋，内部面积为 5.18×3.65 米。屋西面为一块长方形的空地，约 2.74×0.61 米。台与房屋的四面是内坞的墙，南北两面长 8.53、西面长 7.92、东面长 7 米。

　　甲渠与肩水是居延边塞防线上最重要的两个候官。它们的建筑规模比烽燧大出许多。1973～1974 年间，甘肃省博物馆对甲渠候官遗址进行了系统的发掘。根据遗址情况与出土简册分析，甲渠候官的建成可能在王莽末年，不早于汉武帝晚期。其候官遗址四周为城障，由土坯筑成，厚 4～4.5、高 4.6、边长 23.3 米。城障南边为方形的坞，长 47.5、宽 45.5 米。坞内有房屋 37 间，东侧一组房间中有吏卒的住房、档案室与灶房等。坞南 50 米处另建了一个烽燧。坞的四周 3 米以内，还在地面上埋设了尖头木桩，即"虎落"等防御设施[37]。

　　通过这些汉代简牍的记录，可藉以恢复汉代边防防卫系统设施的具体建筑形制以及分布状况，从而使我们对汉代西部边防的全貌有了清楚的认识，对于汉代西方匈奴等民族的入侵威胁有了更具体直观的了解，补充深化了汉代政治史的有关研究。

　　关于汉代边防各烽燧使用的器具设备，如：烽、表、烽竿、烽承索、烽索、鹿卢、灶、鼓、杯、出火具、薪苣等，在出土简牍中都有着大量具体的记录，并且可以看出它们之间的组合情况。

当时的一个烽燧上可能安置有三具烽架。烽架由烽柱（烽竿）、可以上下举动的横木、横木一端放置的烽或者表、系在横木上牵引用的烽索以及起落烽索的鹿卢等组成。其中烽是把柴草放置入笼中，点燃以后，用烽架举起进行示警。而据简牍中所言，表则是用红、白色的缯制成，悬挂起来，在白天示警。鼓和柝显然是敲击出声响来示警的器物。有人曾认为在烽台上有灶，用以焚烟示警[38]。据考古调查，灶一般不在烽台上，应该是供炊事使用。至于焚烟用灶，现在还没有确凿的证据。

出土简牍中有大量邮驿的公事文书，从而反映出汉代严密完备的邮驿制度[39]。将其记录邮书课与其他有关邮程的简文汇集编排起来，还可以说明燧与燧、部与部、候官与候官之间的相互交接情况与邮驿行进的方向，协助恢复边防系统的面貌。20 世纪 60年代，陈梦家就在《汉简考述》一文中通过排比记录邮程的简牍，推定了额济纳河两岸的邮站干线，指出这条贯穿南北、长达 250 公里的邮路依次通过"殄北、居延、甲渠、卅井、广地、橐他、肩水"七个候官。根据 1974 年出土的《塞上烽火品约》等简牍材料，还可以了解到伊肯河南岸的边塞及居延北部的主干邮路[40]。

结合居延、敦煌地区出土简牍所讨论的一个热点课题是汉代玉门关关址所在。20世纪初，沙畹在《敦煌木简》一书中提出了玉门关曾经西迁之说，王国维同意这一说法，而后劳干虽然提出了对玉门关关址的不同看法，但仍赞成西迁的观点。20 世纪 40年代以来，向达、夏鼐根据出土汉简等材料否定了沙畹等人的看法。夏鼐根据 1944 年在敦煌考察时出土了写有"酒泉玉门都尉"内容的简牍，而提出汉代玉门关在小方盘城的意见。陈梦家也在考证汉简的基础上提出了同样的结论[41]。1977 年，在上述小方盘城地点以西 11 公里的马圈湾烽燧遗址出土了 1200 余枚汉简，根据其中的"诣官"簿籍等可以考定马圈湾遗址为当时玉门候官的治所。同时，根据其中的"出入关名籍"、"出入关致籍"、"出入关吏卒禀给簿"等记录与邮驿文书，还可以推测出西汉玉门关遗址位于马圈湾遗址西南约 0.6 公里的羊圈湾高地上[42]。这些新的研究成果也有待于更多的考古资料来加以证实。

在中原与南方的古代墓葬发掘中，出土了多批简牍帛书，这些出土材料在考古工作中最突出的直接作用就是协助确证墓葬的时代、墓主身份、随葬器物的名称与数量等情况。而这些情况对考古学研究是至关重要的，如果没有文字材料的直接证明，则需要通过大量的形制、类型分析去加以对比、排定。简牍帛书的出土，为有关墓葬的分期断代提供了最可靠、最直接的证据。将其结合墓葬情况进行分析，可以大大提高考古器物分期的可靠性与实用性。通过对出土简牍帛书及有关考古资料的分析释读，已经成功地确认了一些重要墓葬的时代与墓主身份，如云梦睡虎地秦墓、长沙马王堆汉墓、包山楚墓、东海尹湾汉墓等等。像东海尹湾 6 号汉墓中出土《元延二年起居记》，可以由此推断墓主下葬于汉元延三年（公元前 10 年），同时根据墓中出土的谒、遣策等可以认定墓主为在东海郡作过卒史、五官掾、功曹史的师饶。

墓葬中出土的简牍材料里有相当一部分属于记录随葬品的"遣策"。通过它们可以与墓葬中出土的器物加以对比，确认其古代的名称，从而深入了解古代的丧葬制度、器物名称，乃至舆服、礼仪制度与宗教思想等等重要的意识形态问题。例如《包山楚简》对简牍"遣策"内容的考释中，就结合文字释读对照了墓葬出土器物，指出"东室所出带座铜杯可能就称作'金桮'"，"箕，经与出土实物对照应是盛放食物的竹筥"，"西室出土一件铜盂，兽形嘴，似为'盥'"，"收床即可以折叠收敛之床，西室中的一件木床便是可折叠的"，"东室中有二件平底束腰鼎，楚墓中都以此种鼎为升鼎"，"纤羽，指戟柄上装饰的黑白相杂的羽毛，与出土实物相符"[43]等等。

又如天星观楚简、曾侯乙墓竹简、望山一号墓楚简、尹湾 6 号墓等处出土简牍中的"遣策"记录也与各墓中出土的随葬品多有相符之处。如尹湾 6 号墓中出土的一件"君兄缯方缇中物疏"除记载了笔、刀、墨囊、板研等书写工具，还记载了随葬的书籍名称，有："六甲阴阳书一卷、列女傅（传）一卷、恩泽诏书、楚相内史对、乌傅（赋）、弟子职、记……"。这对于出土文书的整理与定名极富帮助。《记》可能就是出土竹简中的《元延二年起居记》，《乌傅》就是出土的《神乌傅》，《六甲阴阳书》应该是出土的 9 号木牍。《列女傅（传）》、《恩泽诏书》、《楚相内史对》、《弟子职》等则在墓葬中已经不见遗存。同出的"君兄节司小物疏"中记录有饰物等随葬品，如"疏比、顿牟蚤、簪蚤、羽林蚤、镜"等。墓中清理出木梳箆、木蝉、玉蝉、毛笔、铜书刀、墨囊、板研等，就是这些简册记录的随葬品在出土器物中的对应[44]。没有简牍的记载，是无法如此确切地知道这些古代器物名称的。

对于包山楚简中涉及的随葬车马（即"用车"）制度，以及涉及古代典章名物制度的简牍材料，一向为学者所重视，曾有过不少有关讨论。如何琳仪《包山竹简选释》、汤余惠《包山楚简读后记》、刘钊《包山楚简文字考释》、李家浩《包山楚简研究（五篇）》、舒之梅《包山简遣册车马器考释五则》、陈伟《包山楚简初探》[45]等。通过对文字的考释与对有关实物的分析，不仅深化了对古代用车制度的认识，而且对当时各种车的名称、车上的附件、形制等有了更明晰的概念。

简牍帛书中附带的地图对于古代城市、地理的研究与有关古代城市考古研究而言，是十分珍贵的实物材料。如甘肃天水放马滩发现的秦代木板地图、马王堆汉墓出土的西汉地图及城邑图等。徐苹芳对比了马王堆 3 号汉墓出土的帛画"城邑图"与内蒙古和林格尔汉代壁画墓中的多幅城市图、朝鲜平安南道顺川郡龙凤里辽东城冢壁画墓中的辽东城图，通过这些宝贵的科学资料，探讨了秦汉时期的城市布局与中国古代城市的发展过程，并指出，从马王堆 3 号汉墓出土的帛画"城邑图"中可以看出，用不同的建筑图像来表示城市中不同的建筑设施这种中国传统绘图方法已经有了 2000 多年的历史[46]。周世荣也就马王堆 3 号汉墓出土的帛画地形图对上面记载的古代城邑进行了实地调查与考证[47]。在中国古代都城考古中，不可忽视出土简牍帛书材料，特别是地图材料的重要作用。

长沙出土的三国时期简牍，是在废弃的古井中发现的，而且以后又有多处井中简牍的发现，揭示了古代人利用废弃的井作为处理过期官府档案的场所这一特殊现象。而在考古发掘中，以往未曾认识到这一点，同时限于条件，对古井的探察往往不够彻底。这一新发现，无疑给考古发掘提出了新的技术要求，开拓了新的着眼点。

此外，古代简牍的出土，还给有关的考古发掘工作与文物保护工作增添了新的技术内容，如在发掘时对简牍的记录、提取、编号等都应该有明确的程序规定，在室内清理与复原时也有了科学的具体操作方法。从而获取更多的古代简牍原始信息，帮助有关简牍缀合、编排等复原工作的顺利进行。由于当代文物保护科学技术的发展，在简牍的脱水、保护等专门技术方面也取得了重要成果，保护良好的湖北郭店楚简与修复完好的上海博物馆所藏楚简就是这方面突出的代表。由此可见，古代简牍帛书的发现，也起到了促进考古发掘技术与文物保护技术迅速发展的客观作用。

〔1〕 商承祚：《战国楚竹简汇编》，齐鲁书社，1995 年。

〔2〕 河南省文物研究所：《信阳楚墓》，文物出版社，1986 年。

〔3〕 湖北省博物馆：《曾侯乙墓》，文物出版社，1989 年。

〔4〕 荆州地区博物馆：《湖北江陵藤店一号墓发掘简报》，《文物》1973 年 9 期。

〔5〕 湖北省文物考古研究所、北京大学中文系：《望山楚简》，中华书局，1995 年；湖北省文物考古研究所：《江陵望山沙冢楚墓》，文物出版社，1996 年。

〔6〕 湖北省文物考古研究所、北京大学中文系：《九店楚简》，中华书局，2000 年。

〔7〕 湖南省文物考古研究所、慈利县文物保护管理研究所：《湖南慈利石板村 36 号战国墓发掘简报》，《文物》1990 年 10 期。

〔8〕 荆门市博物馆：《郭店楚墓竹简》，文物出版社，1998 年。

〔9〕 湖北省荆沙铁路考古队：《包山楚简》，文物出版社，1991 年。

〔10〕 荆州地区博物馆：《江陵王家台一五号秦墓》，《文物》1995 年 1 期。

〔11〕 睡虎地秦简整理小组：《睡虎地秦墓竹简》，文物出版社，1990 年。

〔12〕 湖北省文物考古研究所、孝感地区博物馆、云梦县博物馆：《云梦龙岗六号秦墓及出土简牍》，《考古学集刊》8 期。

〔13〕 何双全：《天水放马滩秦简综述》，《文物》1989 年 2 期；秦简整理小组：《天水放马滩秦简甲种

〈日书〉释文》,《秦汉简牍论文集》,甘肃人民出版社,1989 年。

〔14〕 四川省博物馆、青川县文化馆:《青川县出土更修田律木牍——四川青川县战国墓发掘简报》,《文物》1982 年 1 期。

〔15〕 湖南省文物考古研究所等:《湖南龙山里耶战国—秦代古城一号井发掘简报》,《文物》2003 年 1 期。

〔16〕 湖南省博物馆、中国科学院考古研究所:《长沙马王堆汉墓》,文物出版社,1973 年。

〔17〕 荆州地区博物馆:《江陵张家山两座汉墓出土大批竹简》,《文物》1992 年 9 期。

〔18〕 长江流域第二期文物考古工作人员训练班:《湖北江陵凤凰山西汉墓发掘简报》,《文物》1974 年 6 期;吉林大学考古专业赴纪南城开门办学小分队:《凤凰山一六七号汉墓遣册考释》,《文物》1976 年 10 期。

〔19〕 国家文物局古文献研究室、安徽省阜阳地区博物馆阜阳汉简整理组:《阜阳汉简简介》,《文物》1983 年 2 期。

〔20〕 银雀山汉墓竹简整理小组:《银雀山汉墓竹简》(一),文物出版社,1985 年。

〔21〕 中国社会科学院考古研究所:《居延汉简甲乙编》,中华书局,1980 年;甘肃省文物考古研究所、甘肃省博物馆、中国社会科学院历史研究所:《居延新简——甲渠候官与第四燧》,文物出版社,1990 年。

〔22〕 甘肃省文物考古研究所:《敦煌汉简》,中华书局,1991 年。

〔23〕 甘肃省博物馆、中国科学院考古研究所:《武威汉简》,文物出版社,1963 年;甘肃省博物馆:《武威汉代医简》,文物出版社,1975 年。

〔24〕 国家文物局古文献研究室、大通上孙家寨汉简整理小组:《大通上孙家寨汉简释文》,《文物》1981 年 2 期。

〔25〕 国家文物局古文献研究室、河北省博物馆、河北省文物研究所大通定县汉竹墓简整理组:《定县 40 号汉墓出土竹简简介》,《文物》1981 年 8 期。

〔26〕 扬州博物馆:《江苏仪征胥浦 101 号西汉墓》,《文物》1987 年 1 期。

〔27〕 滕昭宗:《尹湾汉墓简牍概述》,《文物》1996 年 8 期。

〔28〕 宋少华等:《长沙出土大批三国吴纪年简牍》,《中国文物报》1997 年 1 月 5 日。

〔29〕 安徽省文物考古研究所、马鞍山市文化局:《安徽马鞍山东吴朱然墓发掘简报》,《文物》1986 年 3 期。

〔30〕 林梅村:《楼兰尼雅出土文书》,文物出版社,1985 年。

〔31〕 蔡季襄:《晚周缯书考证》,石印本,1944 年;李零:《长沙子弹库战国楚帛书研究》,中华书局,1985 年。

〔32〕 马王堆汉墓帛书整理组:《马王堆汉墓帛书》(一)、(二)、(三)等,文物出版社。

〔33〕 陈梦家:《汉简所见居延边塞与防御组织》,《汉简缀述》,中华书局,1980 年。

〔34〕 陈梦家:《汉简考述》,《汉简缀述》,中华书局,1980 年。

〔35〕 以上见于《流沙坠简》、《居延汉简甲乙编》等。

〔36〕 陈梦家:《汉代烽燧制度》,《汉简缀述》,中华书局,1980 年。又汉简中有"候楼不垂涂土恶(214·5)","堠橹不堪(214·8)"等文。

〔37〕 见《汉书·晁错传》"为中周虎落"。郑注："虎落者，外藩也，若今时竹虎也。"

〔38〕 劳干:《居延汉简考释之部·考证二》(台湾) 中央研究院历史语言研究所专刊第 40 号，1960 年。

〔39〕 楼祖治:《汉简邮驿资料释例》，《文史》3 辑。

〔40〕 《居延汉简所见的边亭》，《汉简研究文集》，甘肃人民出版社，1984 年。

〔41〕 陈梦家:《玉门关与玉门县》，《汉简缀述》，中华书局，1980 年。

〔42〕 吴礽骧:《玉门关与玉门关候》，《文物》1981 年 10 期。

〔43〕 刘彬徽等:《包山二号楚墓简牍释文与考释》，《包山楚墓》，文物出版社，1991 年。

〔44〕 连云港市博物馆等:《尹湾汉墓简牍》，中华书局，1997 年。

〔45〕 何琳仪:《包山竹简选释》，《江汉考古》1993 年 4 期；汤余惠:《包山楚简读后记》，《考古与文物》1993 年 2 期；刘钊:《包山楚简文字考释》，中国古文字研究会第九届学术讨论会论文；李家浩:《包山楚简研究（五篇）》，第二届国际中国古文字学研讨会论文；舒之梅:《包山简遣册车马器考释五则》，纪念容庚先生百年诞辰暨中国古文字学国际学术讨论会论文；陈伟:《包山楚简初探》，武汉大学出版社，1996 年。

〔46〕 徐苹芳:《马王堆 3 号汉墓出土的帛画"城邑图"及其有关问题》，《简帛研究》第一辑，法律出版社，1993 年。

〔47〕 周世荣:《马王堆 3 号汉墓地形图古城邑的调查》，《湖南考古辑刊》2，岳麓书社，1984 年。

"凭几"与"隐几"辨

周裕兴

文物考古工作者经常在东晋、南朝墓葬中发掘出土一种形制独特的陶质明器，其物高不过半米，三个蹄形足上支撑着一个扁圆半环状的几面。一望而知，这是当时人们使用的一种木质生活用具的模型器。

20世纪50年代初，当该器物刚被发现时，曾经称其为"靠背"、"曲几"、"陶倚几"、"陶几"等名。后李鉴昭先生撰《试说六朝墓中出土凭几的正名与用途》[1]一文，始将其考证定名为"凭几"（按：古代在凭依的意义上，"凭"与"凭"实同一词）[2]，而习称至今。

为便于展开讨论，不妨将《试说六朝墓中出土凭几的正名与用途》一文所据摘录如下：

"偶读杜佑《通典》，见到晋朝贺循所述晋代墓葬里有明器'凭几一'的记载，联想六朝古墓里的随葬品，属于这一类的陶质几器，都可定名为凭几。因这一方面为当时名称，另一方面，也可以借资说明其用途，一举两得，较为妥当。"

查《晋书·贺循传》知，贺循（公元260~319年），生于东吴，长于西晋，卒于东晋第三个年头，应算是一个较为地道的西晋人士，其言其说，诚以反映孙吴（贺氏为会稽山阴籍人士）和西晋时之社会情形较为可信。

一

几，自古有之，《书经·顾命篇》就有"漆仍几"的记载。我们知道，隋唐以前，人们在日常生活中，习惯于跪坐，箕踞和结跏趺坐，故饮食起居，读书会客等活动主要使用的不是桌子、椅子等所谓"高型家具"，而是几、案、床、榻等类所谓"低型家具"[3]。几，则主要是供人们箕踞坐卧时凭倚所用。

三代时人在描述人们用几情形时，习于用"隐几"一词（隐，读"印"，凭倚之义)。《庄子·齐物论》曰:"南伯子綦,隐几而坐。"《孟子·公孙丑下》曰:"隐几而卧。"《战国策》曰:"郭隗谓燕昭王,隐几据杖。"春秋、战国时代精美的髹漆彩绘木几,时有自地下发掘出土,为研究有关古代的文献记载提供了可贵的直观资料。

到了两汉,儒学兴盛,文献散佚较先秦少,使我们不仅可以见到有关当时用几的记载。而且还可以直接看到当时人们对"几"字的专门解释了。东汉许慎的《说文解字》注重形训,云:"几,踞几也,象形",把"几"字理解为一置于地的几(《说文》作"几")的形状。

东汉刘熙的《释名》偏重音训,曰"几,废也,所以废物也",则将几解释成置放物品的用具了。其实我们从出土的一些战国漆几来看,不少漆几的几面确实离地较高,人若席地踞坐而倚凭其上,显然有不适之感,这类漆几极为可能为存放物件所用。推想这兴许是因为先秦时的文献资料湮没太多,而未能使有关几的这一用途的记载留录下来的缘故所致吧。

由上可看出,在汉代,人们对几有供凭倚和废物二种用途的概念是清楚的。同时这在我们考古发掘所获的汉代壁画和出土遗物中,也完全可以得到印证。

值得注意的是,两汉以后,人们在描述用几情形时,习于使用"凭几"一词:

《汉书》曰:"陈遵为汝南太守,既至官,遣从吏,乃召善书吏十人于前,治私书,谢京师故人。遵凭几口授书吏,且省官事,数百封亲疏各有意。"[4]

《九州春秋》(晋司马彪撰,记汉末事)云:"孔融为北海太守,为袁谭所攻,流矢雨集,矛戟内接。然融凭几安坐,读书论义自若也。"[5]

《宋书》曰:"沈麟士,字云损,隐居以笃学为务,恒凭素几,鼓素琴。"[6]

魏杨修《许昌宫赋》曰: "……负黼黻之屏风,凭玉几而按图书,想往者之兴隆。"[7]

显然,两汉以来的所谓"凭几"之称是因当时人们依凭时的坐姿特征而俗用成习的,其功用当还包括人们在几上读书写字,弹琴谒客等活动,这种除供人凭依而外的功用,对于六朝时期墓葬中出土的弧形条状三足几来说,则是不可能承担的。

应该指出的是,从目前出土文物资料的考察来看,尚未发现在六朝以前人们已有使用弧形条状三足形几的证据,而使用的多为"直木横施,下植两足"形的几。

二

那么,贺循所指的"凭几"到底是什么样的呢? 我们觉得,东晋处士裴启所撰《语林》中的一段记载,最能够说明这个问题:"任元褒为光禄勋,孙凭翊往诣之,见门吏凭几视之,入语任曰:'吏,几对客,为不礼'。任便推之吏,答云:'得罚体痛,以横木扶持,非凭几也。'孙曰:'直木横施,植其两足,便为凭几,何必孤蹯鹄膝,曲木抱腰'。"[8]任元褒,即任恺,为西晋重臣,《晋书》有传。"直木横施,植其两足,便为凭几",很清楚,至少在晋人眼目中的凭几样式是几面呈横直状,而不是呈弧条状;几足是成双足形,而不是成三足形。这种凭几的形制大概同洛阳西晋墓[9]、南京大学北园东晋墓和南京丁甲山东晋元和年墓[10]等出土的"窄条状的长方形案"的形制相去不会太远。

无独有偶,戴腾《竹林七贤论》曰:"阮籍……扶而起,书几板为文。"[11]戴腾所言之"几",极可能是南京西善桥南朝墓[12]所出竹林七贤画像砖中王戎所倚依的几。试想若几板不平直坦阔,怎能书文其上呢?另外,传说东晋书法家王羲之也有几上挥毫的轶事。《晋书·王羲之传》云:"王羲之,字逸少,尝往门生家,见棐几滑净,因书之真草相半。后其父误刮去之,门生惊懊累日。"几面滑净是否也因平日凭倚所致?想来,这种几的形制亦不会超出"直木横施,下植两足"之形的凭几范畴。

由上观之,贺循所说的"凭几",绝不会是专指六朝时期墓葬中出现的那种弧形条状三兽足形的陶几而言的。退一步讲,也许贺氏所称"凭几"是指某一几类的总称,而不是专指某一种形制的几而言的。

我们认为,在六朝墓葬中所出土的弧形条状三兽足陶几,似可将其定名作"隐几"更妥。有关"隐几"的记载,据笔者所见有下面几条:

生活于西晋中晚期的文学家束皙《读书赋》中曰:耽道先生"垂帷帐以隐几,被纨素而读书。抑扬嘈赞,或疾或徐;优游蕴藉,亦卷亦舒。"[13]

南梁吴均所著《续齐谐记》曰:"武昌小吏吴龛,渡水得五色石,夜化为女子,称是龛妇。至家见妇翁被白罗袍,隐漆几,铜唾壶状如天府,自称可泊。"[14]

南齐谢朓《泳乌皮隐几》诗:"蟠木生附枝,刻削岂无施。取则龙文鼎,三趾献光仪。勿言素韦絜,白沙尚推移。曲躬奉微用,聊承终宴疲。"此述隐几之形可谓逼真[15]!

"隐几,以怪树天生屈曲若环带者为之,有横生三丫作足为寄,否则装足作几,置之榻上,倚首顿颡可卧。书云,隐几而卧者,此也。"[16]

清代人桂馥《札樸》四:"隐,读如《孟子》隐几之隐,昔人用于车中。"

上面所引的这些文献资料,与我们考古发掘所获的资料恰好相合。目前,六朝古墓中发掘出土的弧形条状三兽足陶几,虽有大小之别,但其形制皆呈弧条状几身,几面扁圆,下设三个兽蹄形曲足。故有"蟠木"、"屈曲若环"、"三趾"、"三丫"之说;这种弧形条状三兽足陶几出土时多发现有涂朱迹象,而涂朱现象是用陶器来模仿丹漆木质器具的标志，故史料中会出现"漆几"、"乌皮隐几"之说；"1955 年春季，江宁赵史岗六朝墓中挖出陶牛车一辆，车箱内放有此类具体而微的凭几一器"[17]，此与"昔人用于车中"之说相符；南京象山东晋王氏七号墓中出土的一弧形条状三兽足陶几即置之于陶榻之上[18]，此与"置之榻上"之说也相投。

有人兴许发问，难道六朝时期所谓的这种隐几，就是先秦时所谓"隐几"之形的复古和翻版吗？否。我们认为，出现并盛行于六朝时期的这种隐几，只不过是借鉴先秦时所谓"隐几"之名，而又赋予了新的含意。它是在当时特定的历史环境和条件下形成的产物。

从上面所述已知，"隐几"之词在先秦时就出现了。但那时的"隐"字显然是用如动词的[19]，其涵义当作凭倚、依靠讲；到六朝时期也许是为了能易于晓谕某种几的作用和形状，人们方才约定俗成地而将"隐"字与几合称为一词的。

"一定的文化是一定社会的政治和经济在观念形态上的反映。"[20] 自两汉以来，特别是在三国两晋南北朝时期，"隐"字的寓意更多是与"隐士"、"隐逸"的思潮相联系在一起的。东汉王朝覆没以后，儒家学说正统地位受到了动摇。封建统治阶级为了挽救纷乱的政治局面，麻痹人民大众的反抗意志，在思想精神领域里，促使玄学兴起，佛学和道教亦得到提倡和盛行。封建士大夫们杂采众说，交游清淡，阐佛理，好老庄，一时风流。特别是西晋以来的短短四五十年里，既经受了"八王之乱"的大破坏，又历临了接踵而至的各族人民起义，统治集团倾轧激烈，社会矛盾十分尖锐复杂。到了东晋，情形虽稍有缓解，然而经历了纷乱动荡社会局势的士族名士们的精神世界则愈益为玄学的贵无、佛教的般若和道教的无为等杂糅思想所充塞和支配了。他们所崇尚的这种思想倾向，其最大的特征是均寄托心神于老庄，向往过隐逸遁世的生活，以显示出回避现实的姿态来。

《世说》曰："郗超每闻欲高尚隐退者，辄为办百万资，亦为造立居宁。"[21]（按郗超乃是东晋著名玄学大家）。南齐求那毗地所译佛教典籍《百喻经·尝菴婆婆罗果喻》亦云："身常安隐，无有诸患。"晋王叔之《遂隐论》曰："崇退儒生，问于抱朴丈人曰：'请问隐何为者也而生，上古徇之，至今续踵，何哉？'丈人曰：'夫全朴之道，万物一气，三极湛然，天人无际，岂有朝野之别，隐显之端哉，则夫隐者，于已失者也。平原既开，风流散漫，故隐者所以全其真素，养其浩然之气也。'"[22] 梁元帝曾亲自为南朝道家代表人物陶弘景撰写《隐居先生陶弘景碑》[23]。因此，从某种意义上讲，在东晋南朝时期的社会思想意识中，孔、老、释三家的旨义，殊途同归，似乎可用一个"隐"字来概显之。而东晋南朝的士族名士们之所以要引用《庄子》中所首言的"隐几"一词，来称呼命名其崇尚隐逸所用的日用家具——弧形条状三兽足几的用意，也就不难为人们理解了。

三

几杖类器物，在先秦两汉时期，历来被人认为是尊老处优的象征。《礼记·曲礼》曰："谋于良者，必操之几杖以从之。"疏"杖可以策身，几可以扶已，俱是养尊者之物。"《魏书》曰："文帝引汉太尉杨彪，待以客礼，赐之几杖。……其赐公延年杖及凭几。"[24]

到了两晋南北朝时期，以往"养尊处优"的意识则为"招隐逸世"的思潮所承继了。晋左思《招隐》诗曰："杖策招隐士，荒土横古今。严穴无结构，丘中有鸣琴。白雪傍阴窗，丹葩耀阳林。非必丝与竹，山水有清音。何事待啸歌，灌木自悲吟。"[25]庾信《奉报穷秋寄隐士诗》曰："王倪逢啮缺，桀溺遇长沮，藜床负日卧，麦陇带经锄。自然曲木几，无名科斗书。"[26]梁武帝命沈约所撰之《搜访隐逸诏》曰："若有道映丘园，事孚高尚，可以弭竞迁浇，还风拯俗皆以名闻，靡或遗漏，朕将开衢室而置几杖，开东序而授亲职，庶令江海无遗，异人必至。"[27]思想是行动的准则，封建帝王士大夫们绝望颓废的心理，必然会流露于日常生活之中，弧形条状三兽足隐几的出现即是一例。

不仅如此，东晋南朝的士族名士们还大量地用诗、赋、颂、箴等文学形式来遣发他们对隐逸的倾慕，趣称围棋为"坐隐"[28]，并持麈尾、倚隐囊为清谈的信物和用具。麈尾，是用鹿类动物的尾巴做成的拂尘，清谈者手持兹物，"领袖群论"以为时髦。隐囊，则是与弧形条状三兽足隐几相类似的坐卧时所用的凭靠物。其有关记载，可见诸于《南史》或《陈书》："后主（指陈后主）怠政事。每启奏，后主倚隐囊，置张贵妃于膝上共决之。"[29]《颜氏家训·勉学》亦云："梁朝全盛之时，贵游子弟，多无学术，……无不……凭斑丝隐囊……"。其形制，后世学者多有论及，胡三省曰："隐囊者，为囊实以细软，置之于坐侧，坐倦则侧身曲肱以隐之。"[30]明周婴认为，隐囊之物，可能出现在梁陈之时，其云："隐囊之名，宋齐尚未见也。予意'隐'字如隐几之意，即凭意耳。"[31]清江浩然说："隐囊形制，未有详者，盖即今之圆枕，俗名西瓜枕，又名拐枕，内实棉絮，外包绫缎，设于床榻，柔软可倚，正尚清谈，喜晏佚者一需物也"[32]。考古发掘资料已表明，弧条状三兽足隐几一般均出现于中型以上墓葬中[33]。无疑此种与上述麈尾、隐囊有相似使用性质的器具，是属于当时士族名士以上阶层人士享用的物品。

总之，我们可以较有把握地认为，六朝时期墓葬中出土的弧形条状三兽足陶几，其自名应称作"隐几"。它是与当时封建士大夫阶级崇尚清谈、向往隐逸遁世的社会风气相关的，是与麈尾、隐囊等器物相类的特殊历史遗物。马克思曾说过：生前认为最珍贵的物品,都与已死的占有者一起殉葬坟墓中,以便他在幽冥中能继续使用。遗憾的是,由于麈尾、隐囊等物因其质地不易为地下长期保存的缘故,已难从千年古墓中再现于今世,而给我们提供更多、更形象的反映当时社会历史风貌的实物见证了。

最后,再提及一下六朝时期这种弧形条状三兽足隐几在当时的流行分布情况和使用方法。1977 年,甘肃省文物考古工作者对酒泉丁甲闸墓群进行了发掘清理[34]。在丁家闸 5 号墓中,发现了十六国时期的大型壁画,其中就有一幅描述墓主人生前手持麈尾(?)凭侍隐几形象的图画。细察此画,觉得几个问题值得我们深思:一、北方十六国时期正是南方东晋时代,因此它证实了弧形条状三兽足隐几的产生年代;二、图中凭侍隐几者手持麈尾的情形,清楚地反映了弧形条状三兽足隐几与当时盛行的清谈隐逸之社会风尚相联系的特征;三、弧形条状三兽足隐几形象在此处的出现,亦从一个角度说明,在那南北分裂割据的年代里,河北、河西地区与遥远的江南地区的风俗意识,仍是息息相通的;四、画中表明,弧形条状三兽足隐几是放在身体前面,供人凭倚的。再联想南京象山 7 号墓中所出的此种器物在榻上和牛车中摆置的情形[35],纠正了以前有人认为它是放在人体后面,供人"靠背"的观点[36]。与此相类似的考古发现,还有 20 世纪 50 年代初在朝鲜安岳发掘的冬寿墓。墓中有记载东晋年号的墨书铭题,还有描绘墓主人凭依隐几形象的彩绘壁画[37]。

最为难得的是在 20 世纪 80 年代,在安徽马鞍山发现的东吴朱然墓中,出土了一件漆木质地的弧形条状三兽足隐几的实物,引人思索,弥足珍贵[38]。

"隐几"一词在六朝以后,仍有所见。唐陆龟蒙《笠泽丛书》序中云:"卧病笠泽时,隐几著书,诗赋铭记,往往杂发。"想来此时的陆氏并非还在依凭着形如六朝时期的隐几,只不过是一笔幽古润色之文而已。

---

〔1〕《考古通讯》1956 年 5 期。

〔2〕 王力:《同源字典》"凭"字条。

〔3〕 陈增弼:《论汉代无桌》,《考古与文物》1982 年 5 期。

〔4〕《艺文类聚》卷五十八。

〔5〕《艺文类聚》卷六十九。

〔6〕《太平御览·几》。

〔7〕《艺文类聚》卷六十二。

〔8〕《太平御览·几》。

〔9〕 河南省文化局文物工作队二队:《洛阳晋墓的发掘》,《考古学报》1957 年 1 期。

〔10〕 南京大学历史系考古组:《南京大学北园东晋墓》,《文物》1973 年 4 期;江苏省文物管理委员:《南京近郊六朝墓的清理》,《考古学报》1957 年 1 期。

〔11〕《太平御览·几》。

〔12〕南京博物院、南京市文物保管委员会:《南京西善桥南朝墓及其砖刻壁画》,《文物》1960 年 8、9 期。

〔13〕《艺文类聚》卷五十六。

〔14〕《太平御览·唾壶》。

〔15〕《艺文类聚》卷六十九。

〔16〕转引自陈识《几说——古代家具浅说》,《江苏省哲学社会科学联合会 1981 年年会论文选》。

〔17〕《考古通讯》1956 年 5 期。

〔18〕袁俊卿:《南京象山 5、6、7 号墓清理简报》,《文物》1972 年 11 期。

〔19〕《辞海》(缩印本),"隐"字条,上海辞书出版社,1981 年。

〔20〕毛泽东:《新民主主义》,《毛泽东选集》655 页。

〔21〕《艺文类聚》卷三十六。

〔22〕《艺文类聚》卷三十七。

〔23〕《艺文类聚》卷三十七。

〔24〕《太平御览·杖》。

〔25〕《艺文类聚》卷三十六。

〔26〕《艺文类聚》卷三十六。

〔27〕《艺文类聚》卷三十七。

〔28〕《世说新语·巧艺》、《颜氏家训·杂艺》。

〔29〕《太平御览·囊》。

〔30〕《资治通鉴》卷一七六注。

〔31〕明·周婴:《卮林》五。

〔32〕清·江浩然:《丛残小语》。

〔33〕蒋赞初:《关于长江下游六朝墓葬的分期和断代问题》,《中国考古学会 1980 年年会论文集》,文物出版社,1982 年。

〔34〕甘肃省博物馆:《酒泉、嘉峪关晋墓的发掘》,《文物》1979 年 6 期。

〔35〕袁俊卿:《南京象山 5、6、7 号墓清理简报》,《文物》1972 年 11 期。该墓出土的陶榻上和牛车中所放的弧形条状三兽足隐几,均呈弧状几面凸朝前置之状。

〔36〕江苏省文物管理委员会:《南京近郊六朝墓的清理》,《考古学报》1957 年 1 期。

〔37〕宿白:《朝鲜安岳所发现的冬寿墓》,《文物参考资料》1952 年 1 期;洪晴玉《关于冬寿墓的发现与研究》,《考古》1959 年 1 期。

〔38〕安徽省文物考古研究所等:《安徽马鞍山东吴朱然墓发掘简报》,《文物》1986 年 3 期。

百济金铜大香炉的功能和象征意义

［韩国］ 张寅成

一 绪 言

1993 年 12 月 12 日在扶余郡陵山里遗址出土了高 61.8、宽 19 厘米，重 11.8 公斤的百济时代的金铜大香炉，这一事件在当时不仅备受世人关注，而且它为百济史的研究提供了新的研究课题，因而给学术界带来了不小的震动（图一）。此后，学术界围绕着百济金铜香炉进行了多方面的研究[1]。百济金铜香炉出土的陵山里遗址，通过后来继续进行的发掘，最终被确认是为了纪念圣王而修建的寺刹即陵寺的原址[2]。有了这一发现之后，刺激了有关百济金铜香炉与佛教之间是否存在联系的研究[3]。

不过，本文的研究焦点放在道教对百济金铜香炉的影响。百济金铜香炉虽然距今已有 1400 年的历史，然而直到今天它的造型和图像还在散发出灿烂的光芒和刚劲的气息。笔者深信当年在陵寺里举行由王室主持的庄严仪式时，百济金铜香炉的造型和图像显得比现在更加光辉灿烂，而且展示出无言的象征。笔者正是想从这座香炉的造型和图像中，寻找出它的功能和所具有的道教文化的象征意义。

对于道教文化曾经在百济盛极一时的事实，我们可以通过文献资料和出土文物来加以确认。笔者过去曾经指出，百济的武王想要模仿神仙居住的方丈仙山而修建宫南池，体现着新的统治理念[4]。百济金铜香炉的原型是表现中国神仙思想的博山香炉，这已经是家喻户晓的事实。中国博山香炉的造型和它的象征同汉武帝时代作为苑囿而修建的上林苑有着密切的关系[5]。所以，笔者认为从百济苑池里所体现出来的道教文化的背景中，可以找出百济金铜香炉所包含的象征意义。这样做的目的是想了解百济的宗教思想和文化，并且通过这种努力要寻找出百济王室制作以中国的博山香炉为原型的金铜香炉的原因。

二　陵寺和香炉

　　百济金铜香炉出土的陵寺是一座有中门、木塔、金堂、讲堂等建筑物由南到北排列成一条直线的所谓一塔一金堂式的典型的百济寺院遗址。

　　关于这座寺院的建筑年代和性质，我们大体上可以通过在该寺院的木塔基石下挖掘出来的高 74、长宽 50 厘米的百济昌王铭石造舍利龛而推测出来。舍利龛上的铭文里主要记载了威德王 13 年（566 年）由威德王的妹妹供养了舍利的内容[6]。虽然仅靠舍利龛上面的铭文还无法了解与修建陵寺相关的具体内容，不过却能了解它建造于威德王 13 年前后的事实。

　　554 年圣王在管山城的一次战斗中战死后，由威德王继承了王位。当时他登基的过程并非一帆风顺，有一些人强烈要求作为王子指挥了战争的他应当负责战败的责任，为此，他还曾一度抱有出家当和尚的决心。然而威德王顺利地克服继位初期所面临的社会统治危机，开始逐步牢牢地掌握了王权。在陵寺中开始供养舍利龛的威德王 13 年前后时期，是威德王从管山城战败的阴影中摆脱出来，开创一个新时代的转折点[7]。威德王继承由成王追求的通过对社会政治的结构性改革来加强专制王权的政策继续加固了王权，而能够象征性地反映它的就是陵寺。

　　陵寺是在王室家族成员的大力支持下，由威德王主持建立，其修建的主要动机可能是出于为已经作古的父王祈求冥福的孝心。不仅如此，修建陵寺的背景可能同利用祖先崇拜来谋求王室内部的团结，从而象征王权的目的联系在一起[8]。所以，我们可以设想当年威德王经常光临陵寺，在此举行祭祀父王的仪式，这种传统后来被泗沘时代的历代

图一　百济金铜大香炉

国王所继承，在陵寺举行祭祀先王的各种仪式。

在陵寺举行祭祀仪式时，可以肯定使用了百济金铜香炉。香炉能够使举行祭祀仪式的场所变得更加神圣起来[9]，而且烧香又是拜佛的重要仪式之一。在中国从北魏时代初期开始在佛教的美术作品中就出现香炉图像，而且在汉译的佛经中有许多关于香炉的记载。东晋时代的天竺国僧侣帛尸密多罗翻译的《佛说灌顶百结神王护身咒经》卷四里说："佛告天帝释若男子女人，为邪鬼所得便者，应当洗手漱口清静，正心敬礼请佛三宝，烧诸名香胶香婆香安息香等。"另外，隋朝时期的天竺国僧侣阇那崛多翻译的《佛本行集经》卷二十六中也说："种种妙香，以熏彼座，无量无边，宝炉烧香。"[10]《金光明经》里更是指出，烧香功德并不局限于个人和家庭，它还关系到守护国家[11]。可见佛经里非常强调烧香供餐的功德[12]。那么我们不禁要问，一边在百济金铜香炉上烧着香，一边举行虔诚而严肃的仪式的泗沘时代的百济国王们面对着金铜香炉做了何想呢？是否在欣赏着金铜香炉上铭刻着的各种图像所体现出来的象征意义？为了探讨这一问题，作者拟从苑池开始着手。

三 苑池的建筑构造和意义

如果想深入了解百济道教文化的特色，首先必须如实地反映道教之神仙思想的像宫南池这样的苑池进行深入的研究。这是因为苑池所体现出来的世界观和博山香炉所体现出来的世界观之间有着不可分割的联系。

在中国到了汉武帝时期（公元前140～前87年）就已出现了制作精美的博山香炉，而且该类香炉的造型反映了神仙思想的世界观[13]，博山香炉于1968年在河北省满城的汉武帝胞弟中山国王刘胜的墓中出土，由于它是以体现当时最高技术水平的合成金银的青铜来制作，所以备受世人的瞩目。巫鸿说："香炉上部的几座高耸入云的山峰形成圆锥形山的轮廓，而盘子形状的底盘上的波纹，则说明了这座山是从海上拔地而起的。山峰之间隐约可见的非常小的人与动物的画像中，还包括了天上的动物以及追逐它们的弓手，这种形象同上林苑里的场面及活动有联系。"[14]这表明制作博山香炉的动机同上林苑有着密切的联系。

汉武帝修建的上林苑是在原秦始皇修建的上林苑基础上扩建的，苑里有南山和昆明池，此外还有许多其它建筑物和各种奇花异草和野生动物。上林苑的建章宫内的太液池里有蓬莱、方丈、瀛洲等三座传说中的神仙居住的神山。像这种由山、奇花异草和动物、水池、亭台楼阁等组成的王室宫苑的基本布局根源于当时流行的神仙思想，它提高了宫苑建筑的艺术性和象征性[15]。梦寐以求化成神仙的汉武帝通过上林苑把神仙居住的小宇宙具体地展现出来了。

如上所述，把神仙居住的小宇宙加以形象化的作品就是博山香炉。那么，使用着以博山香炉为原型的百济金铜香炉的百济里有哪些苑池呢？在韩国古代的三国之中，记载有关苑池的文献最多的国家是百济[16]，它说明在百济历史上苑池所占据的重要地位。

百济从汉城百济时代开始就在王宫内修建了苑池[17]。百济的做法是先挖水池，然后把挖出来的泥土堆成山，再在山的上面建造亭台楼阁，而且在苑内种植和收养各种奇花异草和珍奇鸟类，这显然是模仿起源于神仙思想的中国的宫苑布局和结构而修建的[18]。据文献记载，汉城百济时代的辰斯王7年（391年）春正月重新修缮了宫室，还挖池造山种植珍贵花草和饲养奇禽[19]。

据记载，泗沘时代的武王35年（627年）3月"穿池于宫南，引水二十余里，四岸植以杨柳，水中筑岛屿拟方丈仙山。"[20]而且两年后在望海楼上为众臣举行了酒宴[21]，武王一方面行使强有力的权力，另一方面则挖池造楼，与部下共享酒宴，从这一点上也可以推测当时和前代一样在宫南池里收养了奇禽。说明了武王时期在宫南池里修建方丈仙山，是同武王的统治理念有密切联系的[22]。

那么，从475年开始到537年为止作为百济首都的熊津时代的苑池布局和结构又是如何的呢？在回答这一问题之前，有必要先考察当时百济的情况，在高句丽的侵略下盖卤王（在位期间475～476年）率领国民于475年建都到熊津，之后加快了恢复国运的步伐，最终开创了新的熊津时代。在熊津时代重新恢复国力后，为泗沘时代的到来打下坚实基础的则是东城王时期。

迁都到熊津以后，东城王靠重用锦江流域的新势力来克服混乱的局面。他为了向国内外展现稳定强大的国力，于22年（500年）春的时候，在王宫东侧建造了临流阁，据说楼高达5丈，同时他还挖水池，并且收养了许多奇禽。当时有些大臣担心他的这种举措会劳民伤财而提出上诉表示反对，但是他却一意孤行，而且为了阻止大臣们继续进言，还命人关闭了出入王宫的大门[23]。因此，《三国史记》的作者金富轼在书中对东城王的这种行径作了批评。

不过，笔者却认为对于东城王修建苑池的行径，应当从另外的角度去理解。即东城王考虑的是通过修建苑池来行使强有力的权力。类似的事例在新的有关文献中也可以找到。我们先考察一下新罗文武王14年（674年）修建的雁鸭池吧。新罗于660年消灭百济以后，于668年又吞并了高句丽。在这期间，它一边同唐朝进行着激烈的军事和外交战，一边却于文武王14年"二月宫内穿池造山，种花草养珍禽奇兽"[24]。雁鸭池是以百济的宫南池为原型而建的[25]。在这种向对内外进行激烈的军事与外交战的时候，同时修建雁鸭池的原因在哪儿呢？据《三国史记·新罗本纪》之文武王条的记载，在这五年后的文武王 19 年（679 年）把王宫重新修缮得非常雄伟华丽，同时还修建了东宫，并且为王宫内外的许多大门第一次起了名字。而这一系列的措施里边都是隐藏着政治目的的。

下面再考察一下建造宫苑时政治意图十分明显的中国事例。汉朝在建国后不久，政局尚处在动荡不安的时局下就修建了庄严华丽的宫殿。当时汉高祖刘邦为了征讨叛军而亲率大军离开了长安，在这期间由丞相萧何建造了气势恢弘的宫殿。当汉高祖凯旋归来后，向萧何询问兴师动工修建宫殿的理由时，萧何回答说：天子的居室代表着天下，如不庄严华丽便不能威震四方[26]。也就是说，宫殿的规模象征着王室的权威。当然，气势恢弘的宫殿内必然会修建宫苑。隋朝东都洛阳城内的西苑其规模非常庞大，方圆达数百里，而且那里到处都是由地方各州县上贡进来的各种草木花果和奇禽异兽[27]。向地方各州县征集草木花果和奇禽异兽的行为，象征性地反映了王权主宰着统治区内一切生存的至高无上的权力。

新罗的文武王建造雁鸭池，不仅出于同样的这种政治目的，而且百济建造苑池也同样是如此，即模仿理想世界的仙境而修建的苑池不仅有着宗教上的意义，而且它在政治上是个向外界炫耀王权的象征性场所，苑池内收养的奇禽异兽正是这种象征的体现。

四　奇禽祥瑞和理想世界

新罗的文武王修建的收养奇禽的苑池被称作雁鸭池。《三国史记》记载说，在王宫内挖池造山收养了许多珍奇的鸟类和野兽，但是，在此书里却找不到雁鸭池一语。不过，朝鲜时代初期的文献《东国舆地胜览》中把它称为雁鸭池，是必有原因的。其中的原因通过考古学的发现也能猜出一二。在发掘雁鸭池的过程中，曾在池内发现了大量的禽骨，如鸡骨、鸭骨、鹅骨等[28]。从这些情况来看，后人把它称作雁鸭池，是由于这里繁衍生息着许多雁和野鸭。

收养珍奇鸟类的事实说明，当时可能存在着鸟类能给王室带来祥瑞的信仰[29]。在这里重要的一点是，珍奇的鸟类具有祥瑞之意。《三国史记·百济本纪》温祚王 20 年(2) 条有如下记载：该年春天国王筑了一座大坛来祭祀天地，此时有 5 只珍奇的鸟儿飞来，在上面盘旋了许久。笔者认为其想要说明的是，每当国王祭天祀地时，便有 5 只鸟儿飞过来做呼应。另有记载说，温祚王 43 年 9 月有 100 多只鸿雁飞到王宫上空，见此情景一位日官解释说，由于鸿雁象征着百姓，所以居住在远方的人们将投奔过来。如果奇禽被看作是瑞鸟的话，各国肯定会竞相把它收养在王宫里边。百济从汉城时代开始修建苑池的原因，也许在这里能找到。

　　苑池是瑞鸟们繁衍生息的栖息地，古人进贡鸟类，是因为把它看作是吉祥之物。从新罗的情况来看，进贡鸟类最多的时期是王权得到强化或者其势力向外扩张的时期。而且他们认为祥瑞将随着占有它的人而移动[30]。《三国史记·高句丽本纪》大武神王条中记载，扶余王带素派使臣向大武神王赠送了一个长着一只头却有两个身子的红色乌鸦，其时还公然声称，这是两国合并的预兆。也就是说，扶余王向高句丽赠送这只乌鸦的时候已在暗示对方，扶余王将吞并高句丽。而大武神王却对使臣说，由于现在高句丽拥有了瑞鸟，局势将朝着有利于高句丽的方向发展，据闻听到此话后，带素王后悔不及。这一文献说明，当时的古人中的确有哪个国家拥有瑞鸟，哪个国家就必将繁荣的信仰。

　　凤凰是各种瑞鸟中最有代表性的鸟中之王。百济不仅非常了解凤凰的象征意义，而且还广泛地使用了凤凰图案。作为例子可以举出龙凤纹环头大刀。包括从武宁王陵出土的单龙纹环头大刀在内，到现在为止，韩国境内共出土了30多把龙凤纹环头大刀。[31]这些大刀的使用时期大约为5世纪中到6世纪前半期，出土的地区主要是原百济和加耶地区。这一时期百济为了对抗高句丽，同加耶、倭、新罗等国结成同盟，并且在其中发挥了中流砥柱的作用。因此，在这些国家中出土的龙凤纹环头大刀大体上都可以看作是百济系列的遗物[32]。

　　考察中国有关文献记录，凤凰在神话时代就已出现。中国人一方面把凤凰看作是实际存在的鸟，另一方面又把它看作是主宰鸟类世界的想像中的鸟[33]。随着想像的侧面不断得到加强，凤凰的形象也逐步变成长着大雁的头、鱼的尾巴等将各种动物集于一身的神秘的鸟[34]。而且凤凰更是成为身体上的各个部位也代表着仁义礼智等德能的天上的鸟[35]。集各种德能和动物形象于一身的凤凰自然被认为是神圣的鸟中之王[36]，以及能体现道德价值的活着的象征物[37]。

　　凤凰的出现预示着圣王的降临、秩序的确立及太平盛世的到来。有时候，凤凰同别的鸟类一起扮演着天使或者上帝部下等宗教上的角色，但是更多的时候还是具有政治意义。因此，作为瑞鸟的凤凰早就被认为是一种吉祥物。孔子曾叹息说："凤鸟不至，河不出图，吾已矣夫。"[38]对此，邢昺注解说，圣人受命于天则凤凰飞来，黄河上就会出现河图，所以凤凰的出现意味着圣王的降临[39]。考察祥瑞说的具体内容即，假如君主受命于天，则阴阳和谐，万物生成，那么就会出现凤凰飞来鸾鸟起舞的吉祥征兆[40]。

　　汉代非常流行祥瑞说。汉代流行的《谶书》，主要以阴阳五行说来神秘地解释儒教经典，此书里有许多关于祥瑞说的记录[41]。当时的人们认为祥瑞是能够预知天命的前兆。东汉末期出现的道教大量接受了《谶书》的内容，所以在道教的经典中也常常可以发现许多祥瑞的记录。

南朝刘宋时代的道士撰写的《三天内解经》中写到[42]，后汉光帝由于拥有了甘露、凤凰、三足鸟和九尾狐等吉祥物，所以才得了天下，刘宋也有九尾狐、甘露、三角牛等吉祥物，所以也是受命于天[43]。在这种统治神话的社会背景下，南朝梁武帝也需要一个吉祥物。天监二年（503 年）2 月梁武帝收到在建康县境内出现凤凰的建康县令的报告，同年 3 月又听到甘露、毛龟、白獐等吉祥物出现的消息后，马上继承了王位。像凤凰这样的吉祥物，对于把王权神圣化和正当化的过程来说是非常必要的。对梁武帝影响较大的人物是茅山上清派道士陶弘景，他是道教教理的集大成者[44]。陶弘景对阴阳五行、风角星算、山川地理、方图产物、医术本草等皆有很高的造诣，而且梁武帝消灭南齐后，筹备建立新的国家时由他命名为梁[45]。而且每当梁武帝发动战争或有重大事情时，他都向陶弘景进行查询，所以时人都称他为山中宰相，可见其所拥有的巨大影响力[46]。

韩国古代的文献中找不到有关凤凰的记录[47]。不过，从百济出土的文物上的凤凰图像中，我们可以窥见百济人希望新的圣王降临到人间来开辟太平盛世的梦想。百济金铜香炉的盖子上刻着构图均衡而谐调的 5 只大雁和 5 位乐师以及展翅飞翔的凤凰图像，就很好地表现了百济人的这种理想。当理想付诸于现实时，具有强烈的号召力和推动力。百济人通过建设新的王都，把这种理想在现实中加以实现了。使王都变得神圣起来的三山就雄辩地说明了这一点。

五　三山——神圣的王都

迁都会给国家的性质带来巨大的变化，特别是经过事前周密准备的迁都更是反映了统治集团的施政目标和理想。百济向泗沘城的迁都，是从东城王时代开始就周密布署而完成的非常成功的事例。

东城王 11 年迁都到熊津以后，是重振已衰微的国运而开创新时期的一个重要的分水岭。那年秋天不仅获得大收，而且居住在南部海岸的海村人进贡了几个稻穗连在一起的合颖禾。合颖禾与东城王 5 年捕获的神鹿一起被看作是熊津、泗沘时代最有代表性的吉祥物。东城王在位期间共进行了 8 次狩猎。东城王在即位 11 年以后开始对泗沘地区表示了极大的兴趣，这一点，通过狩猎而表现出来了。

从《三国史记》的记载来看，有关百济王们进行狩猎的记录共有 25 次。其中东城王的最多，共有 8 次。另外从熊津、泗沘时期的记录来看，武宁王和武王各有一次。狩猎是国王实施军事训练，掌握军事统帅权的重要活动[48]。东城王 11 年以后进行的狩猎大部分都在泗沘地区进行，这一点颇值得深思。

在泗沘地区进行的狩猎活动，可以看作是为了向泗沘地区迁都而做的准备工作的一环[49]。最近有人还提出了东城王进行狩猎的牛头城就是扶苏山城的主张[50]。据考古学调查，到熊津时期为止，泗沘地区一直是一个以低湿地为主的无人区。向泗沘地区的迁都是在经过周密的计划和长期的准备之后，大兴土木而建设成新都市的[51]。所以，建设泗沘城的过程中必然反映了熊津时代之东城王以后的王室理想，三山信仰便是反映了王室的这种理想。

百济的王都里有三山。《三国遗事》南扶余后百济条中，有如下的文字记录："郡中有三山，曰日山、吴山、浮山。国家全盛之时，各有神人居其上，飞相往来，朝夕不绝。"其中，引人注目的地方是三山所在的位置、神人的性格以及国家全盛时期这三点。

首先考察三山原来的位置，日山当是指现在扶余境内的与扶苏山对面而望的锦城山，吴山是指现位于扶余盐昌里的乌石山，浮山是指白马江对岸的高170米左右的野山[52]。再把三山同泗沘都城联系起来做考察，锦城山位于罗城的中间位置，乌石山就在罗城城外，浮山则位于白马江的对岸，显然这几座山都同罗城有着密切的关系。即位于王都中心的锦城山为基点，浮山和乌石山按东西方向处在一条直线上[53]，这说明了三山同王都之间存在的密切联系。

与王都发生联系的三山信仰，在新罗也存在。据《三国史记·祭祀志》的记载，新罗把每年向三山五岳等名山大川举行的祭祀分为大祀、中祀和小祀。其中大祀的对象是三山，中祀的对象则是包括五岳在内有四镇、四海、四渎及另外的六座山、城、镇等，小祀的对象则是24座山和城。像这种把国家性的祭祀分为大祀、中祀、小祀的做法成熟于隋唐时代，而且这种分类方式还传入到了韩国和日本[54]。一般来说，大中小祀主要是根据祭祀的重要性来决定，但是新罗却没有遵循唐的这种作法，而是根据名山大川做了分类，这也就是它的特点[55]。

那么，新罗这样做的原因是什么呢？对唐和新罗的制度进行比较分析的话，就能揭示新罗国家祭祀的特征。根据《唐书·礼仪志》的记载，举行古礼时，大祀的对象有昊天上帝、五方帝、皇地祇、神州、宗庙等，中祀的对象则有社稷、日月星辰、先代帝王、岳镇海渎、帝社、先蚕、释奠等，小祀的对象则有司中、司命、风伯、雨师、诸星、山林川泽等。然而《新唐书·礼乐志》中，却把大祀的对象规定为天，地，宗庙，五帝，追尊之帝、后等。从这个情况来看，《新唐书》显然把《唐书》里的向皇地祇和神州举行的祭祀包含在祀地范畴之中了。那么，主要是参照唐朝的祭祀制度而制定的新的祭祀制度中把三山包含在大祀之中的原因是什么呢？其答案是由于三山的地位如同唐朝祭祀中地所占地位一样崇高。

《三国史记·祭祀志》里记载，新罗的所谓三山是指习比部的奈历、切也火郡的骨火及大城郡的穴礼。奈历是指现位于庆州境内的明活山，骨火是指现颍川境内的金刚山，穴礼是指迎日郡境内的御来山。从现在的地理位置来看，奈历位于庆州的中心，骨火位于通往大丘的路口，穴礼位于庆州的西北部[56]。这三座山都在以庆州为中心的新罗国的王京地区，这说明它同原来在庆州平原中心地带的斯卢国有某种联系[57]。即斯卢国在发展成为中央集权的贵族国家——新罗的过程中，三山逐渐成为以王京人为中心的统治集团举行祭祀的对象。以此类推，百济的三山也能同王都联系起来作思考。

在理解百济之三山的问题上遇到的一个难点，即是如何正确地把握所谓居住在三山，而且在互相交往时能够在空中飞翔的神人的性质。关于这一问题，值得注意的资料是作为道教思想之核心的《庄子》。《庄子》把通过悟道而获得永生的人叫做神人，并且把他们的形象描写得很神秘。《庄子》逍遥游篇中写道："藐姑射之山，有神人居焉。肌肤若冰雪，绰约若处子。不食五谷，吸风饮露，乘云气御飞龙，而游乎四海之外。"可见，只有通过道家独特的修养方法才能修炼成神人，这些观点体现了道家的理想。在中国的史书中神人大多指的是神仙或者是仙人[58]。

韩国古代把神人理解为山神。《三国史记·高句丽本纪》东川王21年（247年）条里记载了如下的内容，东川王在魏的不断入侵下，认为不能再在丸都建立王都，于是在平壤筑城后，把宗庙社稷和百姓都迁移过来了。此条中还记载说："平壤者本仙人王俭之宅也。"王俭指的是檀君。《三国遗事》奇异篇古朝鲜条里记载说，檀君王俭曾定都于平壤，后隐居在阿斯达山，并且修炼成了神仙。

从百济三山的神人能够在空中飞翔的记录来看，既有道教神仙的性质，而且也能推论出它是个山神。能够旁证它的资料可以从新罗的三山信仰中找到。《三国遗事》奇异篇里记载了金庚信和三山护国神的传说。金庚信在18岁时变成国仙后，为谋高句丽和百济，百般准备的过程中遇到了一个叫做白石的人物，他听了白石的话，在去高句丽进行侦探的路途中，在骨火川遇到了三个女人。在树丛里变成神的形象的三个女人自我表白说，她们是奈林、骨火、穴礼的护国神，并且还告诉了他白石受高句丽的密旨而正在诱引他的事实。从危机中脱身的金庚信为了答谢，后来为这三位山神举行了祭祀。三山神是护国神，那么，我们也可以设想百济三山的神人也具有国神的性质。进而也可以认为百济的三山也具有像新罗大祀中的地神一样的性质。

有关百济祭天祀地的记录，到了熊津时代东城王之后就找不到了。另外，有关泗沘时代国家性祭祀的记录，在《三国史记·百济本纪》中也找不到，只是在中国的《周书》等史籍中有一些关于天和五帝神的记录[59]。那么，祀地仪式后来为什么不见呢？估计可能是象新罗一样被祭祀三山的仪式所代替。而且那个时间可能正好是向泗沘迁都前后的圣王时期。

圣王时代的前半期可能修改了国家祀典。用仇台庙来代替原来的始祖——东明庙，并且在原来的祭天仪式的内容中把五帝也包括进去了[60]。同时，作为修改祀典的一个环节，用祭祀三山来代替了原来祀地仪式。

三山信仰认为曾有过一个国家鼎盛时期，那么它究竟指的是哪一个时期呢？从泗沘时代来看，国家鼎盛时期是向泗沘迁都以后的对外扩张领土、对内加强王权的圣王和武王时期，此时出现崇信三山及神人的三山信仰，可能是反映了泗沘时代的百济国王们欲重振国运的历史使命感，而且他们通过百济金铜香炉把这种愿望加以体现出来了。

六　结　语

以上考察和分析了百济金铜香炉的功能和象征意义。百济金铜香炉主要使用于在陵寺举行的为已故先王祈求冥福的祭祀仪式中。参加祭祀仪式的所有的百济人一边在香炉上烧着香祈求无量功德，一边梦想着理想世界的实现。

百济金铜香炉以表现中国神仙思想的博山香炉为原型，这已经是一个众所周知的事实。不过，博山香炉的出现同汉武帝有着密切的关系，汉武帝为了在现实世界中实现神仙居住的仙境而建造了上林苑。神仙居住的这个仙境也具体地表现在博山香炉上的图像之中。所以博山香炉和上林苑所体现出来的世界观是一脉相承的。

百济从汉城时代开始就在王宫内修建了苑池。百济苑池的特点是以中国苑池为原型，挖池造山，并且在它周围修建亭台楼阁，此外还种植和收养了珍奇的花草和鸟类。雄津时代的东城王也好，泗沘时代的武王也好，他们都修建了苑池，并且把苑内的山看作是方丈仙山。他们一方面修建苑池，另一方面要求各地方官员向王宫进贡珍奇的鸟类和花草。这说明苑池不仅有着宗教上的意义，而且也体现了国王对自己统治的领土内一切生灵的统治权。

奇禽指的是瑞鸟，所以多以它来进贡。《三国史记》温祚王条里，就已开始出现像鸿雁这样的瑞鸟的文字记录。它象征的是哪个国家拥有瑞鸟，哪个国家将鼎盛发展。凤凰是各种瑞鸟中最有代表性的鸟中之王。凤凰的出现象征着天地万物和人世间的秩序已确立，而且开创太平盛世的圣王已降临到人间。百济非常了解凤凰所具有的这种象征意义，所以把它雕刻在各种图像上了。百济金铜香炉上昂首挺立的凤凰，也许同样象征着圣王降临到人间，开辟新的太平盛世的理想。

百济人希望通过建立新王都来实现他们的理想世界，作为新王都的泗沘城内有三山。三山分别位于王都的中心和周围地区。三山居住着神人，他们在国家鼎盛时期每天早晚互相来往一次，它体现了只有三山里居住着神人，国家才能鼎盛的含意。三山的神人起着守护王都的作用。百济金铜香炉上的神人游乐的图像就反映了这种三山信仰。

---

〔1〕 大多数研究认为香炉的造型及图像比较突出地表现了神仙思想和佛教思想，这是它的一个特点。持这种观点的文章有：赵容重的《关于中国博山香炉的考察》（上、下），《美术资料》53 号 68～107 页，54 号 92～140 页；《关于莲华化生图像及交互的研究》，《美术资料》60 号 45～69 页；《关于海中神山的文献及图像研究》，《美术资料》63 号 1～32 页；全荣来的《香炉的起源和形式变迁》，《百济研究》25 辑 153～186 页，忠南大学百济研究所，1994 年；崔炳宪的《百济金铜香炉》，《韩国史市民讲座》23 辑 134～152 页，一潮阁，1998 年；尹武炳的《在百济美术中表现出来道教因素》（《百济的宗教和思想》230～241 页，现代社会问题研究所，1994 年）通过对图像的具体分析，阐明了神仙道教和中国古代神话世界观的侧面；弘益大学校美术史学系的朴景根于 1998 年发表的硕士学位论文《博山香炉中体现的文样之始源和展开——以山岳文和龙文的升仙图像为中心》较全面地研究了博山香炉的各个侧面。另外，还有人认为百济金铜香炉反映了百济的制作结构原理和现实：崔应天的《百济金铜龙凤香炉的造型和编年》，《东垣学术论文集》2，63～101 页，1999 年；温玉成的《关于百济金铜大香炉的新解》，《美术史论坛》4 号 239～245 页，1996 年。

〔2〕 国立扶余博物馆发行的《陵寺》2000 里详细地记述了迄今为止所进行的发掘及进展情况。关于寺院性质的文章有：金相铉的《百济威德王为父王的追福和梦殿观音》，《韩国古代史研究》47～65 页，韩国古代史学会编，1999 年；金寿泰的《百济威德王时代扶余陵山里寺院的创建》，《百济文化》27 辑 37～52 页，1998 年。金寿泰认为陵山里寺院由威德王时代的圣王系王族所创建，他在文章中还把寺院的创建同当时的政治社会状况联系起来做了考察。

〔3〕 崔炳宪主张百济金铜大香炉水乳交融地体现了佛教的莲华藏世界和道教的神仙世界。《百济金铜香炉》，《韩国史市民讲座》23 辑 134～152 页，一潮阁，1998 年。

〔4〕 拙文《武王时代的道教》，《百济的宗教和社会》5～80 页，书景文化社，2001 年。此文原登载在《百济研究》29 辑 49～68 页，1999 年，这次做了一些修正和补充。

〔5〕 Susan N. Erickson, Bosanlu-mountain Censers of the Western Han period: A typological and iconological analysis, *Archives of Asian Art*, XLV/1992, 6～27. 巫鸿著，金秉骏译：《瞬间与永远——中国古代的美术和建筑》（Wu hung, Monumentality in early Chinese art and architecture）726 页，阿卡呢，2001 年。

〔6〕 申光燮：《陵山里遗址发掘调查和伽蓝的特征》，《百济金铜大香炉和古代东亚细亚》49～514 页。《百济金铜大香炉发掘 10 周年国际学术论坛论文集》，扶余博物馆，2003 年。

〔7〕 梁起锡：《百济威德王时代王权的存在形式和性格》，《百济研究》21 辑 37～49 页，忠南大学校百济研究所，1990 年。

〔8〕 金寿泰：《百济威德王时代扶陵山里寺院的创建》，《百济金铜大香炉》200 页，百济金铜大香炉发掘 10 周年研究论文资料集，扶余博物馆，2003 年。

〔9〕 香炉的功能有"去除室内害虫及衣服上的霉味"的作用。全荣来：《香炉的起源和形式变迁》，《百济金铜大香炉》59～60 页，扶余博物馆，2003 年。

〔10〕 此处的佛经，是从李淞的《香炉与火坛》（《长安艺术与宗教文明》513 页，中华书局，2002 年）中引用。

〔11〕《金光明经》卷 2，四天王品，《大正新修大藏经》卷十六 342 页；金尚贤：《百济威德王为父王的追福和梦殿观音》，《百济金铜大香炉》22 页中再引用，扶余博物馆。

〔12〕 道教也很重视烧香。唐代道士杜光庭在《太上黄录斋仪》中说："凡修斋行道，以烧香燃灯为急务。香者，传心达信，上感真露"。《道藏》9 册 369 页。

〔13〕 Susan N. Erickson, Bosanlu-mountain Censers of the Western Han period: A typological and iconological analysis, *Archives of Asian Art*, XLV/1992, 6~27.

〔14〕 巫鸿著，金秉骏译：《瞬间与永恒——中国古代的美术和建筑》726 页，第 3 章注 187，2001 年。

〔15〕 王毅：《园林与中国文化》50~68 页，上海人民出版社，1990 年；汉宝德：《物象与心境——中国的园林》15~31 页，第 2 章《神仙与中国园林》，台北，幼狮文化，1996 年。

〔16〕 在关三国统一以前苑池的史料主要见于《三国史记》百济本纪。不过从考古学的发现来看，位于平壤市大成山南侧山麓的安鹤宫遗址四周用泥土围成土城，土城内不仅有一些建筑，而且还修建了带有三个小岛的苑池。沈奉谨：《韩国的苑池》，《被发掘的飞鸟苑池》43 页，第 16 回檀原考古学研究所公开讲演会，奈良县立檀原考古学研究所，1999 年。

〔17〕 郑在勋不仅对百济时代王宫内的苑池，而且对寺院内的苑池也做了综合性的调查研究。《百济的造园》，《百济的雕刻和美术》406~436 页，公州大学校博物馆。这篇论文在论述有关苑池所具有的政治意义时，还大量参照了本人撰写的拙文《武王时代的道教》。

〔18〕 拙文《武王时代的道教》，《百济的宗教和社会》55~80 页，书景文化社，2001 年。

〔19〕《三国史记·百济本纪》，辰斯王 7 年条。

〔20〕《三国史记·百济本纪》，武王 35 年条。

〔21〕《三国史记·百济本纪》，武王 35 年条。

〔22〕 拙文《武王时代的道教》，《百济的宗教和社会》55~80 页，书景文化社，2001 年。

〔23〕《三国史记·百济本纪》，东城王 22 条。

〔24〕《三国史记·新罗本纪》，文武王下 14 年条。

〔25〕 李基白认为由于文武王曾亲眼见过百济之都城泗沘城，所以他是在见到宫南池后，才有了这种设想。李基白：《望海亭和临海殿》，《新罗思想史研究》291 页，一潮阁，1996 年增补版。

〔26〕《史记·高祖本纪》。

〔27〕《隋书·食货志》。

〔28〕 文化公报部文化财管理局：《雁鸭池发掘调查报告书》324~344 页，民族文化，1984 年。

〔29〕 郑在勋：《百济的造园》，《百济的雕刻和美术》413 页。

〔30〕 金贞淑：《新罗文化中出现的动物之象征》，《新罗文化》7 辑 69~104 页。

〔31〕 穴泽和光、马目顺一：《试论龙凤文环头大刀》，《百济研究》7 辑 229~263 页，1976 年。

〔32〕 金成泰：《关于三国时代龙凤文环头大刀》，《龙的神话和文化》31~69 页，徐永大、宋华燮编，民俗苑，2002 年。

〔33〕 被视作凤凰的鸟类还可以举出鹜鸟、焦明、昆鸡、爱居等。

〔34〕 许慎《说文解字》中说："凤神鸟也，天老曰，凤之像也，麟前鹿后，蛇颈鱼尾，龙文龟背，燕颌鸡喙，五色备举。"

〔35〕《山海经》："有鸟焉。其状如鸡，五采而文，名曰凤凰，首文曰德，翼文曰义，背文曰礼，广文曰仁，腹文曰信，是鸟也，饮食自然，自歌自舞，见则天下安宁。"

〔36〕《大戴礼》易本命："有羽之虫三百六十，而凤凰为之长"。《论衡》讲瑞篇："夫凤凰，鸟之圣者也。"

〔37〕 ジャソ－ゼェルディエニィ：《凤凰ヒフェニィックス》8 页，中国文学报 39 册，中国文学会，1988 年。

〔38〕《论语·子罕》。

〔39〕 邢昺：《论语正义》，十三经注疏本。

〔40〕 陈立撰：《白虎通疏证》283～288 页，中华书局，1994 年。

〔41〕 安居香山：《谶书和中国的神秘思想》10～16 页，平河出版社，1988 年。

〔42〕 任继愈主编：《道藏提要》950～951 页，中国社会科学出版社，1991 年。

〔43〕《三天内解经》，《道教精华》2 册 684 页，胡道静主编，岳麓书社，1993 年。

〔44〕 秋月观英：《道教历史》，《什么是道教?》，酒井忠夫外等，崔俊植译，民族社，1990 年。

〔45〕《梁书·处士列传》。

〔46〕《南史·隐逸列传下》。

〔47〕 李熙德：《三国时代的瑞祥说》，《韩国古代自然观和王道政治》199～227 页，慧眼，1990 年。

〔48〕 金英河：《百济王的军事训练和统率》，《韩国古代社会性的军事和政治》35～59 页，高丽大学校民族文化研究院，2002 年。

〔49〕 卢重国：《百济王室的南迁和支配势力的变迁》，《韩国史论》4，93～95 页，1978 年。

〔50〕 沈正辅：《关于百济泗沘都城的建造年代》，《泗沘都城和百济的城廓》93～96 页，国立扶余文化财研究所编，书景文化社，2000 年。

〔51〕 朴淳发：《熊津都城背景和泗沘都城的建造过程》，《百济都城的变迁和研究上存在的问题》57～65页，国立扶余文化财研究所学术大会摘要集，2002 年。

〔52〕 李道学：《泗沘时代百济的四方界山和护国寺刹的成立》，《百济研究》20 辑 124 页，忠南大学校百济研究所，1989 年；俞元载：《泗沘时代的三山崇拜》，《百济的宗教和社会》75～87 页，现代社会问题研究所，1994 年。

〔53〕 朴淳发：《泗沘都城的构造》，《泗沘都城和百济的城廓》27 页，国立扶余文化财研究所编，2000 年。

〔54〕 井上秀雄：《古代东亚文化交流》78～79 页，黎水社，1993 年。

〔55〕 关于新罗国家祭祀的研究成果非常丰硕，最近的研究有罗喜罗的《新的国家祭祀》27～68 页，知识产业社，2003 年；还有蔡美夏的《新罗宣德王时代社稷坛设置和祀典的整备》，《韩国古代史研究》30，113～114 页，韩国古代史学会编，2003 年。

〔56〕 崔光植：《国家祭祀的祭场》，《古代韩国的国家和祭祀》300～303 页，韩吉社，1994 年。

〔57〕 李基白：《新罗五岳的成立和它的意义》，《新罗政治社会史研究》195 页，一潮阁，1997 年增版。

〔58〕 应劭把《汉书·郊祀志》中的"方士有言黄帝时为五城十二楼，以候神人于执期"的内容更改
为"昆仑玄圃五城十二楼，仙人之所常居"，表明了神人就是仙人。

〔59〕《周书》中有"其王每以四仲之月祭天及五帝之神"的记载，《隋书》中则有"每以四仲之月，
王祭天及五帝之神"的记载，《北史》中也有"其王每以四仲月祭天及五帝之神"的记载。

〔60〕 徐永大：《百济的五帝信仰和它的意义》，《韩国古代史研究》20，126 页，韩国古代史学会编，
2000 年。

从兴隆沟遗址浮选结果谈中国北方旱作农业起源问题

赵志军

兴隆沟遗址位于内蒙古自治区赤峰市敖汉旗的东部，是一处颇具规模的史前聚落遗址。2001~2003 年，中国社会科学院考古研究所内蒙古工作队在队长刘国祥的主持下对该遗址进行了系统的发掘。发掘区域涉及三个地点：第一地点位于兴隆沟村西南的山前荒坡上，是一处属于兴隆洼文化中期的大型聚落遗存，年代在距今 8000~7500 年间，在地表上可清晰地观察到成排分布的近 150 座房址灰圈，现已清理了其中的近 40 余座房址和一些灰坑。第二地点位于村东北的一片农田中，是一处带有长方形环壕的红山文化晚期聚落遗址，年代距今约 5300~5000 年，在环壕内清理出 4 座半地穴式房址和数十座灰坑。第三地点位于村西南的一片坡地上，是一处带有圆形围壕的夏家店下层文化居住址，年代距今约 4000~3500 年，目前已清理出 3 座房址和数十座灰坑[1]。

兴隆沟遗址的发掘是一次计划十分周密的科学发掘，在发掘前就已经确立了明确的学术目标，提出了一系列所要探讨的问题[2]。例如，通过此次发掘了解辽西地区史前经济形态的特征和演变过程，为此在发掘过程中采用了多种科技考古手段尽可能全面地获取相关资料，其中就包括运用浮选法发现和获取遗址中埋藏的炭化植物遗存。

通过对兴隆沟遗址浮选结果的显微镜观察和种属鉴定，发现了大量的炭化植物种子，其中最具学术价值的是属于兴隆洼文化时期的谷物遗存，这为我们探讨中国北方旱作农业起源问题提供了新的线索。

由于兴隆沟遗址浮选结果的数据统计和分析工作还在进行中，在此我们仅能对浮选的过程和结果做一简略的介绍，并据此就谷物的栽培以及中国北方旱作农业的起源等问题进行初步的探讨。此次浮选工作的详细情况和研究结论见将来的正式报告。

一

　　兴隆沟遗址的浮选工作是由设计采样方法开始的。由于炭化植物遗存的个体一般比较小（如大多数植物籽粒的尺寸都是以毫米计量的），在考古发掘过程中基本上无法用肉眼发现，因此必须要运用科学的样品采集方法获取土样进行浮选，才能使浮选结果相对如实地反映出遗址中所埋藏的植物遗存情况[3]。浮选土样的采集方法有多种，目前比较常用的是针对性采样法，即在发掘过程中凡遇到性质比较明确的遗迹单位，如房址、灰坑、灰沟、火塘等，以及一些比较特殊的遗迹现象，如某些器物内的存土或动物骨架下的积土等，均作为采样点采取土样。在兴隆沟遗址的第二地点和第三地点的发掘过程中，主要就是以这种方法采集浮选土样的，其结果在第二地点共获得浮选土样近150 份，第三地点约 100 余份。

　　兴隆沟遗址第一地点的情况比较特殊，发现的遗迹单位相对单一，除少数灰坑外，主要就是房址，通过三年的连续发掘，在第一地点先后清理了房址近 40 座。如果仍然使用针对性采样法，即以每座房址为单位采取一份浮选土样的话，样品数量明显偏少；另外，这些房址的面积都比较大，多在 30～80 平方米之间，一座房址一份样品很难照顾到整个房址的堆积面，因此我们选择了另外一种采样方法——网格式采样法。网格式采样法是指在人为划定一个堆积范围内打出网格，然后以网格为单位采取土样进行浮选，所要划定的范围可大可小，大至整个遗址，小到一个房址甚至一个灰坑，网格的尺寸一般根据采样范围的大小和研究目的而定。具体到兴隆沟遗址第一地点的实施方案是：以每座房址为一处堆积范围打出网格，每个网格的尺寸设定为 1 米见方，然后以网格为单位逐层获取浮选土样。除此之外，对在房址内所发现的其他遗迹现象，如灶坑、墓葬以及一些陶器内的积土等，还单独进行了采样。这样，在第一地点清理出的数十座房址内累计获得浮选土样 1200 余份。

　　根据最后统计，在兴隆沟遗址的三个地点共获得浮选土样约 1500 份，绝大部分样品的土量在 10～20 升之间，总计浮选了土样多达 2 万升以上。在一处考古遗址内开展如此大规模的浮选工作，这不仅在我国考古学界首屈一指，在世界其他国家的考古发掘中也是罕见的。这为我们分析和探讨兴隆沟遗址乃至整个辽西地区的古代经济形态特征和发展脉络提供了充足的实物资料和坚实的科学依据。

　　浮选是在发掘现场进行的，所使用的浮选设备为水波浮选仪（图一），配备的分样筛规格为 80 目（网孔径 0.2 毫米）。浮选的结果经过阴干后被运回中国社会科学院考古研究所植物考古实验室进行分类和植物种属鉴定工作。

图一 浮选现场

通过分类和植物种属鉴定，在兴隆沟遗址第一地点浮选样品中共发现了各种炭化植物种子1万余粒，其中绝大多数是个体较小的草本类植物种子，以石竹科的球序卷耳（*Cerastium glomeratum*）和豆科的黄芪（*Astragalus* sp.）的数量最为突出，苋属（*Amaranthus*）和藜属（*Chenopodium*）植物种子的数量也较多。苋属和藜属植物中有许多品种是现今十分常见的杂草，而球序卷耳和绝大多数黄芪属的植物也属于杂草[4]，由此可见，兴隆沟遗址第一地点出土的植物种子是以杂草类植物的数量占优势。

第一地点浮选结果中最重要的发现是栽培作物遗存，经鉴定有黍（*Panicum miliaceum*）和粟（*Setaria italica*）两个品种。炭化黍的籽粒数量较多，计将近1500粒，约占第一地点出土植物种子总数的15%。炭化粟的籽粒数量很少，仅发现了数十余粒，在植物种子总数中所占比例微不足道。

相对而言，兴隆沟遗址第二地点出土的炭化植物种子数量非常的少，总计不到100粒，其中以硬果类和鲜果类的植物遗存比较突出，如蔷薇科的杜梨（*Pyrus betuleafolia*）、欧李（*Prunus humilis*）和山杏（*Prunus armeniaca*），壳斗科的橡树（*Quercus* sp.），榛科的榛子（*Corylus heterophylla*），胡桃科的山核桃（*Juglans mandshurica*）等。发现的栽培作物也是黍和粟两种，但数量很少。

然而，兴隆沟遗址第三地点浮选样品中出土的炭化植物遗存异常地丰富，在仅百余份样品中就发现了各种炭化植物种子1.4万余粒，平均每份浮选样品出土植物种子超过100粒。第三地点出土的炭化植物种子以栽培作物的数量占绝对优势，经鉴定，有粟、黍和大豆（*Glycine max*）三个品种，三种作物合计数量占到了第三地点出土植物种子总数的99%。很显然，兴隆沟遗址第三地点出土的植物种子是以栽培作物为主。

二

毫无疑问，兴隆沟遗址第一地点出土的谷物遗存是此次浮选工作乃至整个兴隆沟遗址发掘工作中最激动人心的重大发现之一。在此之前，学术界公认的我国北方地区最早的栽培作物是河北武安磁山遗址出土的粟的遗存[5]，磁山遗址的年代经 C14 测定（未校正）为距今 7400～7200 年[6]，如经过校正有可能达到距今 8000 年[7]。兴隆沟遗址第一地点属于兴隆洼文化中期的遗存，年代在距今 8000～7500 年间。据此，第一地点出土的黍和粟就成为目前已知的我国北方地区最早的栽培作物之一。

需要指出的是，磁山遗址的粟在出土时已经完全灰化，无法辨识，其种属的鉴定是根据灰像法推断而成的[8]。所谓灰像法实际上就是植硅石分析方法，然而，通过植硅石类型鉴定植物种属并不是一个简单的问题。与孢粉的情况完全不同的是，在植物界并不是所有的植物种类都具有产生植硅石的能力，而那些能够产生植硅石的植物种类所拥有的植硅石类型和数量也不一致，有些植物种类可以产生十几种乃至几十种不同的植硅石类型，而某些植硅石类型有可能存在于几十种、几百种甚至上千种不同的植物种类中，植硅石类型与植物种类之间的这种复杂的对应关系，对植硅石分析技术在考古学中的应用造成了很大的困难。如果遵循严谨的科学态度，利用植硅石鉴别某一种植物，首先要解决的问题是对相关植物种类（同属、同科、甚至同目）所产生的庞杂的植硅石类型进行观察和识别，从中寻找出仅限于目标植物的植硅石鉴定标本，这是一项费时费力的工作，例如，稻谷的植硅石鉴定标本就是通过数年的艰苦工作才最终得以确立的[9]。然而，关于粟的植硅石鉴定标本，直至今日仍然没有专业的植硅石研究人员进行过系统的研究[10]，因此对于磁山出土粟的鉴定结果难免引起一些学者的疑惑。

但是，兴隆沟遗址出土的粟和黍是通过科学的浮选方法获得的完整的炭化谷粒，籽粒的形态乃至细部特征保存完好，易于种属鉴定，鉴定结果准确可靠。

粟在植物分类学中归类于禾本科的狗尾草属（*Setaria*），该属包含有 100 余个种，大多数学者认为粟是由其中的狗尾草（*S. viridis*）栽培而成的，也有人主张是通过狗尾草的变异种——谷莠子（*S. viridis var. gigantea*）进化而成的。姑且不论究竟哪一种应该是粟的野生祖本，这两种野生植物的种子与栽培作物粟的籽粒在形态特征上和尺寸上的差异都是十分显著的，例如粟的籽粒呈圆球状或近球形，直径在 1.5 毫米左右，而狗尾草或谷莠子种子的形态为长扁梭形，粒长一般在 0.5 毫米左右。兴隆沟遗址第一地点出土的炭化粟粒为近球形，直径在 1.3 毫米左右（图二），虽略小于现代粟粒，但从形态上和尺寸上都已经明显地有别于狗尾草和谷莠子，因此我们可以确认兴隆沟遗址第一地点出土的粟属于栽培品种。

　　黍所归类的黍属（*Panicum*）在禾本科中是一个大属，包含有约 400 个种，其中的哪一种应该是黍的野生祖本目前还不清楚。有学者猜测，见于我国北方的一种多年生的杂草——铺地黍（*P. repen*）可能与黍的起源有关[11]；还有学者认为在我国北方地区广泛分布的野糜子（*P. miliacuem sub. ruderale*）应该是黍的祖本，但野糜子很可能是栽培种和野生种的杂交产物。栽培作物黍的籽粒呈圆球状，直径多在 2 毫米以上，而常见的黍属野生植物的种子一般为长扁圆形，腹部扁平，背部微隆，长度很少有超过 1 毫米的。兴隆沟遗址第一地点出土的黍粒是长鼓圆形，腹部和背部均高高隆起，平均粒长是 1.6 毫米，最大的可达 1.8 毫米（图三），很显然，这些出土的黍粒不论在尺寸的大小上还是在籽粒的丰满程度上均已大大地超过了一般常见的黍属野生植物的种子。另外，根据对其他考古遗址浮选结果的观察发现，出土的黍属野生植物种子的质地一般都比较坚硬，虽经过烧烤其胚部仍然保持完整，基本不见爆裂的情况，而栽培谷物如粟或黍的质地比较疏松，其胚部经过烧烤会产生爆裂，即所谓"爆米花"现象，在兴隆沟遗址第一地点发现的近 1500 粒炭化黍粒的胚部毫无例外地都呈现为爆裂状。综合以上特征，我们可以很有把握地判断兴隆沟遗址第一地点出土的黍已经属于栽培作物。

　　炭化粟粒和黍粒的区别也十分容易，除了尺寸上的差异之外（黍大粟小），还表现在粒面的特征和胚区的形状上。粟粒的表面较光滑，胚区为浅沟形，长度一般占粒径的 2/3，经过烧烤后爆裂呈凹口状；黍粒的表面较粗糙，胚区较短，长度一般在粒径的 1/2 以下，烧烤后爆裂呈 V 状。

图二　第一地点出土炭化粟

图三　第一地点出土炭化黍

三

　　兴隆沟遗址第一地点出土的黍和粟是目前能够确定的、在我国北方地区发现的最早的栽培作物遗存，这是否可以说明遗址所在的西辽河上游地区就是黍和粟的起源地或起源地之一？

　　前面提到，在属于夏家店下层文化时期的兴隆沟遗址第三地点的浮选结果中也发现了大量的炭化粟和黍。我们在第三地点和第一地点出土的炭化黍粒中分别随机抽样50粒进行了测量比较，结果发现，二者在形态和尺寸上明显有所不同（表一）。第三地点出土的炭化黍粒均为圆球状，直径在1.9毫米左右，与现代黍粒的尺寸和形态已经基本相同；第一地点出土的炭化黍粒呈长圆形，粒长和粒宽的平均值分别是1.62毫米和1.2毫米，明显小于现代黍粒。

表一　兴隆沟遗址两个地点黍粒测量数据统计表

	测量标本数	平均值		长宽比值
		粒长	粒宽	
第I地点黍粒	50	1.62	1.20	1.35
第III地点黍粒	50	1.98	1.82	1.09

　　根据现代样品的对比分析，我们推测，粟和黍这两种谷物在漫长的栽培进化过程中，其籽粒的演化趋向应该是逐渐地由小变大、由长变圆、由瘪扁变丰满。兴隆沟遗址第一地点与第三地点出土的黍粒的比较结果就证实了这一点（图四）。但更为重要的是，这一比较结果还说明，第一地点出土的黍虽然已经属于栽培品种，但在籽粒的形态上仍保留了较浓厚的野生祖本的特征，例如粒形较长，尺寸较小，因此其性质应该属于栽培作物进化过程中的早期品种。考古发现证实，世界上几种重要谷物的栽培，如小麦、大麦、稻谷和玉米，都发生在距今8000～10000年间的全新世初期，粟和黍似乎也不应该例外。兴隆洼文化的年代恰好处在距今8000年前后，因此兴隆沟遗址第一地点出土的炭化黍粒在形态特征上所表现出的这些原始特性就揭示了一种可能性，即这些谷物很可能就是在当地栽培而成的。

　　如果兴隆沟遗址第一地点出土的谷物确实是在当地栽培而成的，那么遗址所在的西辽河上游地区就应该是我们寻找的黍和粟的起源地或起源地之一。

　　当然，栽培作物的起源是一个十分复杂的问题，栽培作物的出现是由环境、植物和人三种因素相互作用的结果。探寻某种栽培作物的起源地，必须要同时考虑到当地生

第一地点出土黍

第三地点出土黍

现代黍

图四 黍对比图

态环境的特点和变迁、栽培作物野生祖本的生物特性和演化趋向以及人类的文化发展
阶段和行为转变模式[12]。所以，就黍和粟这两种栽培作物的起源问题而言，兴隆洼文
化的古老年代和兴隆沟遗址第一地点出土谷物的原始特性提供的仅是一个线索，最后
的结论仍有待于今后开展的系统的研究工作。

　　但根据现已掌握的资料，我想就这一问题先谈一些十分初步的看法，以期达到抛
砖引玉的效果。

　　在农作物起源的各种动因中，环境往往扮演着一个十分重要的角色。西辽河上游
地区位于衔接蒙古高原、东北平原和华北平原的三角地带，是一处典型的生态环境过渡
带。具体到兴隆沟遗址所在的赤峰地区西南部，在地质地貌上属黄土丘陵地区，在气候
植被上处在华北暖温带落叶阔叶林区向松辽平原草甸草原区过渡地带，当地生态环境
十分脆弱，气候干旱，土壤层薄，沙化严重，植被容易遭受破坏，而且被破坏后很难复
原。根据植物地理学的研究，当地植被原本应该属于温带落叶林加灌丛，但经过人类活
动的长期破坏，植被逐渐演变成灌草丛，再进一步成为草原化植被，目前有些地方已经
形成次生临界裸地[13]。由此可以看出，兴隆沟遗址所处的区域在生态环境上具有明显
的"过渡性"和"脆弱性"这两大特点。生态过渡地区同时也是不同地带动植种类的混
杂区，这为人类开发和选择更广泛的食物资源种类提供了条件。生态脆弱地区同时也是
生物环境的易变区，当地的植被经常发生变化，并导致动物群构成的改变，由此直接影
响到人类的动植物食物资源的来源。生态环境的过渡性尤其是脆弱性会给人类选择食
物种类的趋向造成一定压力，迫使人们将其食物种类的选择范围不断地扩大，把目光转

向一些原本不喜好或看起来不适于食用的动植物种类上，其中有可能会发生的一种情况就是，某些籽粒细小的但产量较高的草本植物成为了人类的食物选择，并在人类的干预下最终进化为栽培谷物。由此可见，兴隆沟遗址所处的区域环境具备了成为栽培作物起源地的条件。

兴隆沟遗址第一地点坐落在一片山前坡地上。在采集狩猎经济阶段，山林是主要的狩猎场所，而靠近水源的台地或坡地是良好的栖居地，因此山前坡地就成为人类活动的频繁地带。人类在这种地带长期实施的各种行为和活动势必会对当地植被的结构产生影响，逐渐地破坏了那些自然生长植物的生态环境，并由此间接地为一些适应于人工生境的植物种类创造了条件。前面提到，在兴隆沟遗址第一地点出土的植物种子群体中是以杂草类植物的数量占绝对优势。杂草是伴随着人类的出现而形成的、依附于人类的生产和生活而存在的一类特殊植物，杂草通过长期的进化，已经演变成为以人工生境为主要生存环境的植物群体[14]。由此可以推测，由于兴隆沟人在其居住地周围的长期活动，破坏了原生植被，为杂草的侵入提供条件，使得这片山前坡地逐步地演变成杂草的领地。而栽培谷物本身也是人为的产物，其生长环境自然也是人工生境，因此栽培谷物的出现与杂草的形成所需要的生态环境背景应该是相同的，换句话说，兴隆沟遗址第一地点出土植物遗存所反映出的遗址微环境特点有利于栽培谷物的形成。

有些栽培作物品种在其漫长的演化过程中可能会存在一个类似"杂草"的阶段，即在野生状态时就已经进入并适应了人工生境。由于生长在人工生境的植物与人类的日常生活密切相关，其中某些种类的特殊品质很容易引起人们的关注，由此成为栽培作物的候选。2004 年，我有幸前往兴隆洼遗址参观，由于 20 世纪 80 年代的大规模发掘，遗址原有的植被已经面目全非，现在除了稀疏的人工种植树木外，遗址地表完全被杂草覆盖。但有意思的是，在众多的杂草种类中，禾草类品种显得异常突出，不仅高大挺拔，而且成簇生长，十分引人注目（图五）。禾草类杂草是特指那些属于禾本科的杂草品种，而绝大多数谷物，如稻、麦、玉米、高粱、粟、黍等，也都属于禾本科。兴隆洼遗址杂草坡所表现出的这种现象对我们探讨杂草与谷物栽培之间的关系也许是一种启示。

图五　兴隆洼遗址杂草

以上仅是一些不成熟的想法，至于兴隆沟遗址所在的西辽河上游地区是否确有可能成为黍和粟的起源地，需要在今后开展系统的调查、资料收集和分析工作，包括对西辽河流域地区的生态环境特点和兴隆沟遗址周边微环境特点的详细调查，对该地区晚更新世至全新世早期气候和植被变化情况的复原，对禾草类杂草在该地区的分布和生长规律的认识，对兴隆洼文化时期乃至更早的小河西文化时期当地先民的生活方式和生产经营方式的进一步了解，然后再加以综合的分析和判断。

四

不论兴隆沟遗址第一地点出土的黍和粟是否是在当地栽培而成的，由于它们是目前已知的最早的，我们完全有理由认为它们是在当地种植的，那么这一重要的发现是否说明兴隆洼文化已经处在农业生产阶段？

在回答这个问题之前先要说明的是，栽培作物的出现与农业的起源是两个完全不同的概念。

栽培作物是指必须依赖于人类行为的帮助才能进行正常再繁殖的植物。栽培作物的出现是一种在人类行为影响下的植物自身的进化过程，对于这个植物进化过程而言，人类的行为是下意识的，古人不可能如现代生物遗传专家那样有目的地去改变植物的生物特性，因而在栽培作物出现之后的很长一段时期里，人类并不会意识到植物生物特征转变的真正意义所在，所以也不会因此而立即改变自己原有的生产经营方式。

农业是指以农耕生产为主体的社会经济类型。农耕经济的形成是一种人类的社会经济的演变过程，在这个演变过程中，采集狩猎生产经营方式在人类经济生活中的地位日趋衰落，同时农耕生产经营方式的地位日渐增强，最终农耕生产取代采集狩猎成为社会经济的主体。

至于两者的关系，我们可以认为栽培作物的出现是农耕经济形成的前提条件，也可以将其看作是农耕经济形成过程起始的标志之一，但栽培作物的出现绝对不代表农耕经济的建立。

农耕经济是由采集狩猎经济逐步地演变而成的，这是一个量化过程，不是一场革命，在这个过程的早期阶段，人类的社会经济生活应该依然是以采集狩猎经济为主，兴隆沟遗址的发现恰恰就说明了这一点。如前所述，在第一地点浮选结果中，谷物的数量仅占出土炭化植物种子总数的 15%，这与属于夏家店下层文化的第三地点出土植物种子中谷物所占的比重（99%）形成了鲜明的对照。在兴隆沟遗址第一地点发现了一批完整的猪头骨[15]，经过动物考古学专家们的初步鉴定，除了极个别头骨上能够看到一些家猪的特征外，绝大多数已经被确认是野猪[16]。兴隆沟遗址第一地点出土的石器以打制的为主，经过石器微痕专家对石器刃部的检测和分析，从中没有发现专门用于农业生产的工具类型[17]。由此可以看出，在兴隆沟人的社会经济生活中虽然包含了十分有限的原始农业生产活动，但主体仍然依赖于采集狩猎经济。

如何看待这一过渡性的社会经济发展阶段是考古学研究的一个新课题。在一次有关陶器起源的小型讨论会上，李家治先生曾提出过一个"似陶非陶"的概念，特指那些从考古学的角度看已经具备了陶器的特征、但还没有达到自然科学对"陶"的检测标准的新石器时代初期的陶器，李先生认为这类陶器是研究陶器起源的最为关键的一环。这一观点颇有见地，我们是否也可以将由采集狩猎经济向农耕经济过渡的阶段称之为"似农非农"阶段，即兴隆沟遗址所反映出的这种以采集狩猎经济为主、包含有少量原始农业生产的社会经济发展阶段。很显然，"似农非农"的社会经济发展阶段应该正是我们探索中国北方旱作农业起源的关键所在。

五

中国有两个农业起源中心区，一个是以种植稻谷为主要农作物的南方稻作农业区，另一个是以种植粟和黍为主要农作物的北方旱作农业区。20世纪90年代前后，国内外学术界曾就栽培稻的起源和稻作农业的形成展开过深入的研究和热烈的讨论，大量的考古资料得到了梳理，一些重要的学术问题得到了解决[18]。但是，关于粟和黍的出现以及以这两种栽培作物为代表的中国北方旱作农业的形成过程，至今没有进行过认真的讨论。兴隆沟遗址的浮选结果为我们开始探讨这一重大学术问题提供了契机。

探讨中国北方旱作农业的起源，首先应该确立的是起源地问题。距今8000年前的河南舞阳贾湖遗址出土的稻谷遗存曾引起国内外学术界的轰动，但被大多数学者忽略的另一个重要现象是，在贾湖遗址没有发现粟类作物的遗存[19]。我曾受张居中先生之邀，于2001年前往贾湖遗址再次开展系统的浮选工作，通过对这次浮选结果的观察和鉴定，从中也没有见到任何粟类作物遗存，说明分布于淮河流域地区的贾湖文化与粟和黍的栽培无关，这就为我们寻找中国北方旱作农业起源地划定了南界。根据苏秉琦先生的研究，淮河以北的中国北部古代文化可划分为三大文化区系，即以关中、晋南和豫西为中心的中原文化区，以山东为中心的东方文化区，以燕山南北、长城地带为重心的北方文化区。那么，这三个文化区系中哪一个最有可能是中国北方旱作农业的摇篮？翻阅以往的相关论述不难发现，绝大多数学者倾向于中原文化区，主要根据有三：

1. 中原地区是我国古代文化的发达地区。

2. 中原地区是我国历史上粟类作物的主要栽培区。

3. 以前发现出土有粟类作物遗存的早期考古遗址都位于中原地区。

但是，兴隆沟遗址的浮选结果却向我们揭示了另外一种可能性，即中国北方旱作农业的起源地有可能是在北方文化区。主要根据有：

1. 兴隆沟遗址第一地点出土了目前已知最早的确定无误的栽培作物粟和黍，年代可早至距今 8000 年前后。

2. 第一地点出土的炭化黍粒具有明显的原始形态特征，考虑到兴隆洼文化的古老年代，这些谷物很有可能是在当地栽培而成的。

3. 兴隆沟遗址所在地的区域性环境和遗址微环境的特点说明，当地具备了栽培谷物起源地的条件。

4. 根据浮选结果和对其他出土遗物的分析，兴隆洼文化正处在"似农非农"的社会经济发展阶段，而这种社会经济发展阶段恰恰是探索农业起源的关键环节。

据此我们认为，兴隆沟遗址所在的北方文化区，更确切地讲，北方文化区东部的西辽河上游地区可能就是（或保守一些讲，可能也是）中国北方旱作农业的起源地。

苏秉琦先生认为："旧石器时代晚期，以辽河流域为中心这一片，文化发展走在前列，从而为辽河流域新石器时代文化的前导地位奠定了基础。"[20]在人类历史进程中，由自然条件和技术进步所决定的生产经营方式的多样性和不断发展是导致文化多样性和阶段性的重要因素之一，例如，栽培作物和早期农耕生产的出现就被看作是新石器时代开始的重要标志之一。因此，如果苏秉琦先生的论断是正确的，辽河流域新石器时代文化的前导地位就应该同时体现在生产经营方式上。直截了当地讲，作为从旧石器末期向新石器时代早期转变的主要标志之一，栽培作物的出现和早期农业的起源应该发生在辽河流域地区。从兴隆沟遗址的浮选结果看，苏秉琦先生的论断应该是正确的。

〔1〕 刘国祥：《兴隆沟聚落遗址发掘收获及意义》，《东北文物考古论集》（刘国祥著），科学出版社，2004 年。

〔2〕 刘国祥：《兴隆沟遗址发掘回顾与思考》，《中国文物报》2002 年 3 月 22 日七版。

〔3〕 赵志军：《植物考古学的田野工作方法——浮选法》，《考古》2004 年 3 期。

〔4〕 强胜（主编）：《杂草学》，中国农业出版社，2001 年。

〔5〕 佟伟华：《磁山遗址的原始农业遗存及其相关的问题》，《农业考古》1984 年 1 期。

〔6〕 河北省文物管理处、邯郸市文物保管所：《河北武安磁山遗址》，《考古学报》1981 年 3 期。

〔7〕 中国社会科学院考古研究所（编著）：《新中国的考古发现和研究》36 页，文物出版社，1984 年。

〔8〕 黄其煦：《"灰像法"在考古学中的应用》，《考古》1982 年 4 期。

〔9〕 Zhao Zhijun et al, Distinquishing Rice (Oryza sativa Poaceae) from wild Oryza species through phytolith analysis II: Final method, *Economic Botany* 52（2）：134～145，1998.

〔10〕　赵志军：《有关青海东部地区青铜时代文化经济形态的一些新认识》，《桃李成蹊集——庆祝安
　　　　志敏先生八十寿辰论文集》222～229 页，香港中文大学中国考古艺术研究中心，2004 年。

〔11〕　李璠：《中国栽培植物起源与发展简论》，《农业考古》1993 年 1 期。

〔12〕　赵志军：《季节性的增强与栽培稻的起源》，《21 世纪中国考古学与世界考古学》569～575 页，
　　　　中国社会科学出版社，2002 年。

〔13〕　周以良等：《中国东北植被地理》，科学出版社，1997 年。

〔14〕　强胜（主编）：《杂草学》，中国农业出版社，2001 年。

〔15〕　刘国祥：《兴隆沟聚落遗址发掘收获及意义》，《东北文物考古论集》（刘国祥著），科学出版社，
　　　　2004 年。

〔16〕　根据西本丰弘在"史前文化时期的中日文化交流"会上的演讲，2003 年。

〔17〕　根据王小庆在"史前文化时期的中日文化交流"会上的演讲，2003 年。

〔18〕　趙志軍、難波純子：《中国初期農耕の起源－稲作農業の起源と擴散》，《古代文化》2004 年 1 期。

〔19〕　河南省文物考古研究所：《舞阳贾湖》，科学出版社，1999 年。

〔20〕　苏秉琦：《关于重建中国史前史的思考》，《考古》1991 年 12 期。

长江下游地区骆驼墩、龙虬庄遗址古稻的研究

张文绪　林留根

古稻的研究很重要，它是开启栽培水稻演化之谜的钥匙。早先考古界对古稻的研究相对较少，还需要许多后来人继续做这件事情。

这些年来笔者做了一些工作，提出了一些看法。当前古稻的研究尚处在积累资料的时期，众说纷纭是必然的现象。我们将会努力做得更好些，更客观些，更科学些。在这一领域里与大家一路同行，尽可能地为各位同仁提供一些资料和证据。

一　材料和方法

（一）材料

古稻样本共 6 份，由南京市考古研究所提供。它们是：宜兴骆驼墩遗址古稻三份。即 2001YL 北 T5034 等 ⑨，7000aBP；2001YL 北 T5034 等 ⑧，7000aBp；2001YL 北 T5131⑥，6800～6500aBP。地处纬度约 31°25′。高邮龙虬庄遗址古稻三份。即 T3830⑦，7000aBP；T3830⑥，7000aBP；T3830④，5500aBP。地处纬度约 32°50′。两遗址地处长江下游，是中国水稻演化的重要地区之一，极有研究价值。

参照系为普通野稻、籼稻和粳稻，由多份材料和品种组成，具有代表性和典型性，由中国农业大学提供。

（二）方法

本文主要是研究古栽培稻的粒型，回答古栽培稻有什么特征，属于什么稻类，是如何演化的问题，因此在方法上既注意群体特征的分析，又注意群内个体分化的表现。

粒形复原　从群内随机取出完整的炭化米为样本，按顺序逐粒编号，在体视镜下

用测微尺测量粒长、粒宽和粒厚，单位为 mm，精度为小数点后一位。

根据研究[1][2][3][4][5]，炭化米的收缩率分别是粒长 5.36%，粒宽 2.27%，粒厚 1.04%，将测定数据分别加上收缩率，恢复炭化米的原貌。

再按以下公式把碳化米复原为稻谷数据：

谷长 = 0.319456 + 1.339065 × 米长

谷宽 = 0.78269 + 0.88908 × 米宽

谷厚 = 1.135892 × 米厚

谷重 = 0.865129 × [4/3·π·（长×宽×厚）/8]

差异显著性测定　性状间平均值差异显著性测定的公式为：

$$D_{\bar{x}_1 - \bar{x}_2} = \frac{\bar{x}_1 - \bar{x}_2}{\sqrt{\left(\dfrac{\sigma_1}{n_1}\right)^2 + \left(\dfrac{\sigma_2}{n_2}\right)^2}}$$

其中 $\bar{x}_1$ 和 $\bar{x}_2$ 为两群性状的平均值，σ_1 和 σ_2 为两群性状平均值的标准差。n_1 和 n_2 为两群的个体数。

凡 $D_{\bar{x}_1 - \bar{x}_2}$ 差异值 >2 时为差异显著，>3 时为差异极显著，<2 时为差异不显著。依此而初步判断性状间的差异程度，作为认定二者相似程度的参考。

粒型判别　粒型判别是依现代普通野稻、籼稻和粳稻为原型制定的判别未知水稻粒型的方法。此法的优点是不仅可判别群体的属性，而且可逐粒作出判别；缺点是不能判别三类稻种之外的新类型。其公式分别是：

$f_1 = -175.3 + 48.8362x_1 - 3.9591x_2$

$f_2 = -131.0864 + 39.816x_1 - 2.4795x_2$

$f_3 = -96.5161 + 32.2803x_1 - 1.5615x_2$

公式中的 f_1、f_2 和 f_3 分别为普通野稻，籼稻和粳稻的判别函数，X_1 为粒长，X_2 为粒重，将其分别代入三组公式中，粒型属性属于三个数值中的最大者。

距离系数　距离系数是两群稻种间多个对应性状差异程度的综合指标。数值皆 ≥0，没有负值。数值愈大者，距离愈大，两群间的相似度则愈小，反之亦然。由此可评价各稻种群之间以及与三类现代稻种间的表型差异程度，以窥其演化所处的状态。

本研究采用欧氏距离，公式为：

$$ED = \sqrt{\sum (X_{ij} - X_{ik})^2}　　i 为性状：j、k 为稻种群$$

数值分类　数值分类是以现代三类稻种的性状特征为基准，以欧氏距离为尺度，逐粒进行相似性归类的方法，本研究用的是类平均聚类法。

数值分类法不仅可以分出与现代三类稻种相似的稻粒，而且还可以发现新类型，这对了解群内的多样性及其演化特征很有助益。

二　结果

（一）古稻粒型的基本特征

古稻种群性状变域的广域性　两处遗址古稻性状的变域较宽，在长短、宽窄、厚薄、轻重等各个粒型性状上涵盖了现代普通野稻、籼稻和粳稻的变域范围。粒长分布，骆驼墩三群古稻的变域为 5.0～10.6mm，长短之差达一倍多（图一）。龙虬庄三群古稻的变域为 4.0～10.0mm，差距也很大（图二）。而三类参照系的共同变域为 5.6～9.8mm。处于古稻的变域之内。

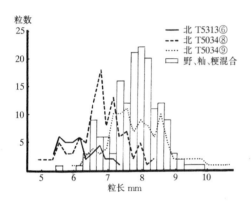

图一　骆驼墩遗址三群古稻的粒长变域分布

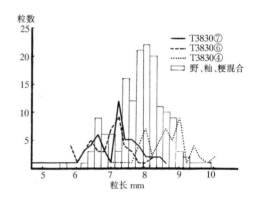

图二　龙虬庄遗址三群古稻的粒长变域分布

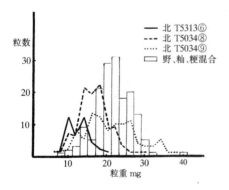

图三　骆驼墩遗址三群古稻的粒重变域分布

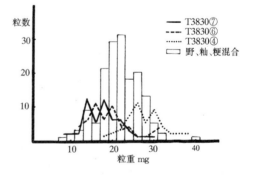

图四　龙虬庄遗址三群古稻的粒重变域分布

粒重分布　三类参照系稻种的粒重变域（图三、四）是 8～32mg，轻重之间的差距为 4 倍。骆驼墩三群古稻的粒重变域为 6.0～38mg，轻重差距达 6 倍多。龙虬庄三群古

稻的粒重变域是 $10\sim38\text{mg}$，也近 4 倍之差。两处遗址古稻的粒重最大为 38mg，超过了三类参照系稻种的 32mg。可见古稻种群性状的变异具有广域的特征。

古稻两性状组合的中间过渡性　所谓"中间过渡性"是指两性状组合的二维分布处在野—籼或籼—粳变域之间的特征。从两群古稻粒长和粒宽性状的二维分布来看（图五），骆驼墩三群古稻和龙虬庄 T3830⑦群古稻的粒宽性状分布在野—籼之间，龙虬庄的 T3830⑥和④两群古稻则变动在籼—粳的变域之间。而粒长性状，骆驼墩北 5131⑥群古稻最短，分布在粳稻的下方，龙虬庄 T3830④群古稻最长，分布在普野之上，超越了三类稻种的变域范围，表现出与三类稻种不同的特征。

古稻综合性状演化的倾向　如表 1 所示，依骆驼墩遗址三群古稻从早到晚的时间顺序来看，其粒长、粒宽、粒厚和粒重等性状有从大到小的变化趋势。而龙虬庄遗址三群古稻则相反，这些性状指标有从早到晚的变化倾向（图六、七、八）。这个现象如何理解，如何解释，需要进一步研究。

表 1　骆驼墩和龙虬庄两处遗址古稻的粒形特征

遗址	层位	年代 aBP	粒长 mm	粒宽 mm	粒厚 mm	粒重 mg	长/宽
骆驼墩	北 T5034⑨	7000	7.95 ± 0.86	2.91 ± 0.29	2.07 ± 0.29	22.21 ± 6.44	2.74 ± 0.27
	北 T5034⑧	7000	6.94 ± 0.70	2.83 ± 0.26	1.97 ± 0.20	17.71 ± 4.12	2.45 ± 0.25
	北 T5131⑥	$6800-6500$	6.28 ± 0.53	2.65 ± 0.16	1.80 ± 0.23	13.67 ± 2.75	2.38 ± 0.20
龙虬庄	T3830⑦	7000	7.20 ± 0.74	2.85 ± 0.27	2.00 ± 0.24	18.66 ± 4.06	2.55 ± 0.33
	T3830⑥	7000	7.14 ± 0.76	2.99 ± 0.28	2.06 ± 0.28	20.01 ± 5.62	2.40 ± 0.30
	T3830④	5500	8.76 ± 0.67	3.20 ± 0.15	2.24 ± 0.21	28.54 ± 4.69	2.74 ± 0.21

古稻与普通野稻、籼稻和粳稻性状的差异程度　通过性状平均值的差异显著性测定，结果列于表 2 中。骆驼墩三群古稻与普通野稻的 15 项测定中，有 12 项差异性显著，仅有三项差异不显著，表明它们的相似性很小。而与籼稻的测定中，北 T5034⑨群古稻五个性状都与籼稻差异不显著，是与籼稻最相似的一群。而北 T5034⑧和北 T5161⑥两群籼稻的 5 个性状差异都达到极显著水平，相似度极小。三群古稻与粳稻测定的 15 项性状差异都达 1% 极显著水平，相似程度极低。

龙虬庄遗址三群古稻与普通野稻有 13 项差异达 1% 极显著水平，仅 T3830④群的粒

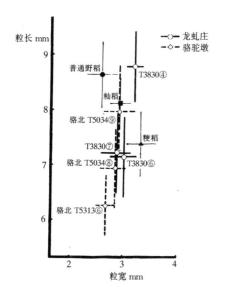

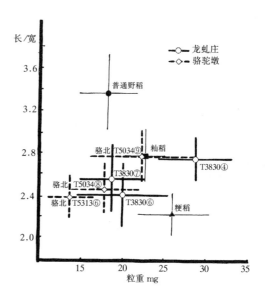

图五 骆驼墩和龙虬庄各群古稻
的粒长和粒宽二维分布

图六 骆驼墩和龙虬庄遗址各群古
稻的长/宽和粒重二维分布

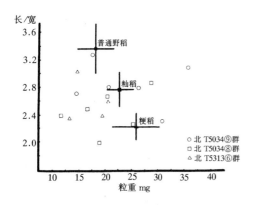

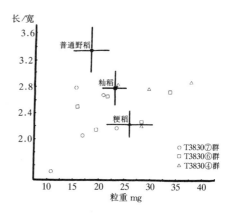

图七 骆驼墩遗址三群古稻分化类
型的长/宽和粒重二维分布

图八 龙虬庄遗址三群古稻分化类
型的长/宽和粒重二维分布

长和T3830⑦群的粒重与普通野稻差异不显著，表明前者谷粒较长，后者粒轻。三群古
稻与籼稻的15项测定有12项差异显著或极显著，只有3项差异不显著，特别是T3830
④群的长/宽与籼稻差异不显著，值得注意。三群古稻与粳稻的测定中T3830⑦群和
T3830⑥群在粒长性状上差异不显著，表明这两群谷粒较短；而T3830④群粒厚与粳稻
没有显著差异，表明其谷粒较厚。而有12项差异显著或极显著。特别是T3830④群古
稻粒长似普野、粒宽近籼、粒厚似粳的特征，必然是一群粒大且重的种群值得注意。

　　综观两遗址古稻群变域宽，与现代三类稻种性状小同大异等特征，还难以认同其稻种的属性，群内的多样性尚需作进一步深入分析（图九、十）。

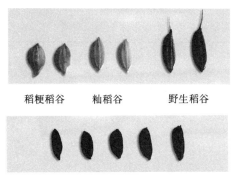

稻梗稻谷　　籼稻谷　　野生稻谷

宜兴骆驼墩遗址古栽培稻谷

高邮龙虬庄遗址古栽培稻米（圆）
T3830④

高邮龙虬庄遗址古栽培稻米（长）
T3830④

图九　宜兴骆驼墩遗址古栽培稻与
野生稻和现代栽培稻的比较

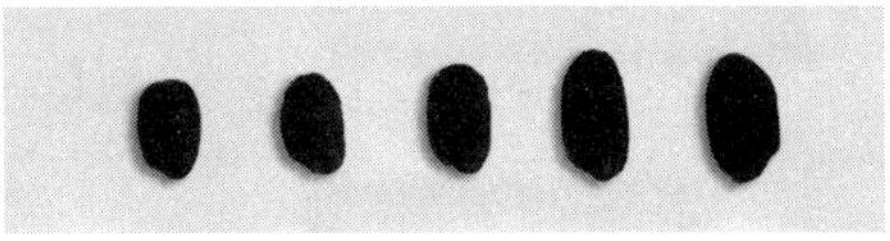

图十　高邮龙虬庄遗址
出土古栽培稻

表2　骆驼墩和龙虬庄两处遗址古稻与三类参照系粒型性状的差异显著性测定

遗址	层位	年代aBP	普通野稻 粒长	粒宽	粒厚	粒重	长/宽	籼稻 粒长	粒宽	粒厚	粒重	长/宽	粳稻 粒长	粒宽	粒厚	粒重	长/宽
骆驼墩	北T5034⑨	7000	**	**	**	**	**	ns	ns	ns	ns	**	**	**	**	**	**
	北T5034⑧	7000	**	**	**	ns	**	**	**	**	**	**	**	**	**	**	**
	北T5131⑥	6800~6500	**	ns	ns	**	**	**	**	**	**	**	**	**	**	**	**
龙虬庄	T3830⑦	7000	**	**	**	ns	**	**	*	*	**	**	ns	**	**	**	**
	T3830⑥	7000	**	**	**	**	**	**	ns	ns	**	**	**	**	**	**	**
	T3830④	5500	ns	**	**	**	**	**	**	**	**	**	**	ns	*	**	**

（二）古稻种群的属性和粒型的多样性

　　古稻种群的属性判别　从种群判别函数和距离系数考察，如表3所列数据，两遗址共6群古稻的判别函数值都以似籼型最大，距离系数则与籼稻的最小，二者的结果一致。可以认为两遗址各群古稻粒型总体上具有籼稻的表征。

　　逐粒判别发现，各群古稻内部都有较大的粒型分化。从表4可以看到，其中似野稻粒型的占2.0%~20.0%；似籼稻粒型的占38.5%~78.0%，以骆驼北T5131⑥群最少，龙虬庄T3830④群最多，而似粳粒型为8.0%~56.4%，以骆驼墩T5131⑥群最少龙虬庄T3830④群最多，刚好与似籼粒型的比例相反，说明两种群的变异倾向是有差别的。总体来看，两遗址各古稻群似籼粒型最多，其次是似粳粒型，最少的是似普野的粒型。表明这一时期的古稻已近于籼型性质，正向粳型演化，但还有少量"野性"基因残余存在。

表 3   骆驼墩和龙虬庄两处遗址古稻的群体判别及其与三类参照系的表型距离

遗址	层位	年代 aBP	判别函数			欧氏距离		
			似野	似籼	似粳	古—野	古—籼	古—粳
骆驼墩	北 T5034⑨	7000	125.0	130.4	125.4	2.44	0.21	2.17
	北 T5034⑧	7000	93.5	101.3	99.9	3.02	2.03	2.90
	北 T5131⑥	6800－6500	77.3	85.1	84.9	4.81	3.46	4.27
龙虬庄	T3830⑦	7000	102.5	109.2	106.7	2.71	1.58	2.68

表 4   骆驼墩和龙虬庄两处遗址古稻群体内个体判别的粒型分化

遗址	层位	年代 aBP	似野稻		似籼稻		似粳稻	
			粒数	%	粒数	%	粒数	%
骆驼墩	北 T5034⑨	7000	20	20.0	69	69.0	11	11.0
	北 T5034⑧	7000	2	2.0	65	65.0	33	33.0
	北 T5131⑥	6800－6500	2	5.1	15	38.5	22	56.4
龙虬庄	T3830⑦	7000	5	10.0	32	64.0	13	26.0
	T3830⑥	7000	3	6.0	27	54.0	20	40.0
	T3830④	5500	7	14.0	39	78.0	4	8.0

古稻种群内的粒型多样性   以现代普通野稻、籼稻和粳稻粒型的 5 个性状为"模板"，以欧氏距离为尺度，用数值分类的方法对古稻逐粒进行相似性归类。既可得到与三类"模板"相似的类型，又可发现与三类"模板"距离较远的新类型，从而展示种群粒型的多样性。

两遗址 6 群古稻的归类结果列于表 5 中，各群的多样性特征分述如下：

骆驼墩北 T5034⑨群古稻，以距离 2.8 为界值，可分为 6 类。其中只有一粒像普通野稻，仅占 1%。而像籼稻粒型的个体最多，占群体的 63%，长/宽比为 2.78。此类又可分为两组，其一占 36%，粒重 20.46mg，粒型较小；另一组占 27%，粒重为 26.24mg，与现代籼稻最相似。类似粳稻粒型个体仅占 8%，长/宽比 2.30，粒重 30.82mg，粒型较大。另外有两种新类型，其一占 23%，长/宽比为 2.71，应属籼稻变域，但粒重仅 14.49mg，是一种极小粒的类型。另一组占 5%，长/宽比为 3.08，处于普通野稻和籼稻变域的过渡状态，但粒重达 35.62mg，是一种长而重的极大粒类型。这在籼稻中是比较少见的，而在普通野稻中几乎不存在这种粒型。

表5　骆驼墩和龙虬庄两处遗址古稻种群内的粒型多样性及其特征

遗址	层位	年代 aBP	类型	数量	%	粒型特征				
						粒长 mm	粒宽 mm	粒厚 mm	粒重 mg	长/宽
骆驼墩	北T5034⑨	7000	似野	1	1.0	8.40	2.58	1.78	17.47	3.26
			似籼①	36	36.0	7.94±0.51	2.87±0.16	1.98±0.12	20.46±2.25	2.78±0.19
			似籼②	27	27.0	8.38±0.52	3.03±0.20	2.28±0.12	26.24±2.63	2.78±0.25
			似粳	8	8.0	7.92±0.88	3.45±0.21	2.48±0.26	30.82±5.69	2.30±0.24
			新①	23	23.0	7.02±0.44	2.61±0.14	1.76±0.17	14.49±1.64	2.71±0.24
			新②	5	5.0	10.01±0.40	3.25±0.14	2.42±0.25	35.62±2.45	3.08±0.19
骆驼墩	北T5034⑧	7000	似籼	26	26.0	7.60±0.50	2.88±0.13	2.06±0.16	20.34±1.97	2.65±0.23
			似粳①	7	7.0	7.40±0.35	3.31±0.23	2.31±0.15	25.65±3.06	2.22±0.17
			似粳②	6	6.0	6.36±0.50	3.23±0.24	2.03±0.10	18.92±2.39	1.97±0.08
			新①	1	1.0	8.43	2.95	2.44	27.49	2.86
			新②	45	45.0	6.88±0.30	2.79±0.15	1.90±0.11	16.48±1.62	2.47±0.15
			新③	15	15.0	5.91±0.49	2.49±0.14	1.76±0.19	11.71±1.77	2.38±0.27
骆驼墩	北T5131⑥	6500	似野	1	2.6	7.44	2.45	1.78	14.70	3.04
			似籼	1	2.6	7.37	2.86	2.16	20.62	2.58
			新①	1	2.6	6.32	2.65	2.57	19.50	2.38
			新②	36	92.3	6.25±0.50	2.65±0.16	1.77±0.19	13.28±2.39	2.36±0.19
龙虬庄	T3830⑦	7000	似籼	18	36.0	7.66±0.52	2.90±0.17	2.05±0.15	20.60±2.00	2.65±0.18
			似粳	9	18.0	6.89±0.58	3.21±0.17	2.32±0.21	23.32±3.78	2.15±0.17
			新①	1	2.0	4.17	2.83	2.01	10.74	1.47
			新②	2	4.0	6.20±0.06	3.05+0.08	1.96⊥0.12	16.71±1.29	2.04±0.08
			新③	20	40.0	7.20±0.47	2.61±0.14	1.80±0.12	15.35±1.91	2.76±0.18
龙虬庄	T3830⑥	7000	似籼	12	24.0	7.79±0.62	2.97±0.09	2.02±0.13	21.15±1.55	2.63±0.23
			似粳①	10	20.0	6.39±0.28	3.02±0.21	2.18±0.19	19.05±2.29	2.12±0.18
			似粳②	7	14.0	7.56±0.40	3.44±0.35	2.37±0.11	27.95±3.62	2.22±0.27
			新①	2	4.0	8.54±0.15	3.16±0.14	2.77±0.14	33.45±0.13	2.70±0.07
			新②	19	38.0	6.83±0.49	2.78±0.12	1.81±0.11	15.51±1.68	2.47±0.23
龙虬庄	T3830④	5500	似籼	13	26.0	8.47±0.48	3.04±0.10	1.99±0.08	23.22±2.17	2.79±0.15
			似粳	3	6.0	7.54±0.44	3.41±0.16	2.41±0.17	28.11±4.66	2.20±0.08
			新①	29	58.0	8.85±0.53	3.21±0.09	2.29±0.15	29.38±2.34	2.76±0.17
			新②	5	10.0	9.73±0.22	3.39±0.10	2.52±0.14	37.78±1.65	2.86±0.13

骆驼墩 T5034⑧的古稻群用距离 2.2 为界值分为 6 类。该群中没有像普通野稻的粒型。像籼稻的类型占 26%，没有成为群体的主流，长/宽比为 2.65，粒重 20.34mg。像粳稻的个体共占 13%，其中也可分为两组，一组占 7%，长/宽比 2.22，粒重 25.65mg，最接近现代粳稻特征；另一组占 6%，长/宽比 1.97，粒重仅 18.9mg，显然是一种小粒类型。另外分出三种新类型，其一仅 1 粒，长/宽比为 2.86，粒重 27.49mg，应属籼稻类型，只是粒型较大而被独立分出。第二种新类型占 45%，在群体中比例最高，长/宽比 2.47，粒重 16.48mg，属于一种小粒倾籼的籼粳中间过渡类型。第三种新类型占 15%，长/宽比 2.38，粒重仅 11.7mg，是一种极小粒倾粳的籼粳中间过渡类型。

骆驼墩北 5131⑥的古稻群以距离 2.4 为界值分为 4 类。像普通野稻和籼稻的都只有一粒，在群体中分别只占 2.6%，而且没有出现像粳稻粒型的个体。像普通野稻的一粒长/宽比仅 3.04，粒重 14.70mg；像籼稻的一粒长/宽比 2.58，粒重 20.62mg，与相应的普通野稻和籼稻对照比较，指标都有所下降。两种新类型的比例分别为 2.6% 和 92.3%，占据群体的绝大多数。其长/宽比分别为 2.38 和 2.36，粒重分别为 1.95mg 和 13.28mg，明显带有小粒倾粳的特征。这是本群比较奇特的现象。

骆驼墩遗址的三群古稻种群内分化的复杂性的多样性从图 7 的长/宽和粒重二维分布景象可一览无余，其分散度和变域范围都大大超出了现代三类稻种。

龙虬庄 T3830⑦的古稻群以距离 2.5 为界值可分为 5 类。似籼类 18 粒，占 36.0%，长/宽比 2.65，粒重 20.60mg，与现代籼稻粒型相似，但粒重稍轻。似粳类 9 粒，占 18.0%，长/宽比 2.15，粒重 23.3mg，与现代粳稻接近。分出 3 种新类型，第一种仅占 2%，长/宽比 1.47，粒重 10.74mg，是一种极小的圆粒类型。第二种占 4%，长/宽比 2.04，粒重 16.71mg，属小粒似粳稻类型。第三种占 40%，数量较多，长/宽比 2.76，粒重 15.35mg，属小粒似籼稻类型。

龙虬庄 T3830⑥的古稻群以距离 2.5 为界值也分成 5 类。似籼类占 24%，长/宽比 2.63，粒重 21.15mg，处于籼稻的变域。似粳类型有两种，其一占 20%，长/宽比 2.12，粒重 19.05mg，是一种小粒粳稻类型；另一种占 14%，长/宽比 2.22，粒重 27.95mg，与现代粳稻近似。另外两种新类型。其一占 4%，长/宽比 2.70，粒重 33.45mg，属大粒籼稻类型；第二类占 38%，在群体中是最多的，长/宽比 2.47，粒重 15.51mg，是一种小粒的籼粳中间过渡类型。

龙虬庄 T3840④的古稻群以距离 2.3 为界值分为 4 类。似籼类占 26%，长/宽比 2.79，粒重 23.2mg，与现代籼稻近似。似粳类仅占 6%，长/宽比 2.20，粒重 28.11mg，与现代粳稻相同。两种新类型，其一占 58%，数量最多，长/宽比 2.76，粒重 29.38mg，粒重似粳，长/宽比似籼，故有新意，若用判别函数则多数将被归入似籼稻类型中。另一类占 10%，长/宽比 2.86，粒重 37.78mg，是一种极大粒的近籼类型。同样用判别函数亦将归入籼稻，这就是本群总体被认定为籼稻的原因。

龙虬庄遗址三群古稻用数值分类法都未出现似野的类型，这与骆驼墩古稻稍有不同。从图 8 亦可看到，龙虬庄三群古稻的类型仍然较多而分散，变域较大。但从长/宽性状来看，各种类型都分布在籼稻和粳稻的变域之内，但粒重性状则有 5 群超过了粳稻的变域，向大粒的方向演化。

三　讨论

骆驼墩和龙虬庄古稻是什么性质的稻种，这是一个重要的科学问题。

骆驼墩和龙虬庄两处遗址地处长江下游，时间在 7000～5500aBP 之间。其重要性在于同一遗址内发现了不同时期的稻作遗存，这对了解古稻的演化十分宝贵。前人对龙虬庄古稻的鉴定认为各层位古稻有大小之别，但均为粳型栽培稻，但承认粒型较现代粳稻细长[6][7]。而骆驼墩古稻的鉴定尚未见报道，根据判别函数和距离分析，总体上看两遗址古稻群体皆属似籼稻粒型，而且群内存在复杂的多型性。

笔者曾先后对 8500～8000aBP 八十垱遗址以及随后的多处遗址古栽培稻所作的研究，均观察到种群内粒型的多样性[8][9][10]。并对古栽培稻性状的变异总结了 4 个特征。即单一性状变异的广域性，其广度可以覆盖现代三类稻种的变域；两个性状组合的中间过渡性，即非野、非籼、非粳的状态；多个性状组合的多型性，类型之多大大超过现代稻种；综合性状的原始性，愈早期的古稻性状，野生性状愈多，愈趋于原始状态。

综观上述，古栽培稻都是以多样性的种群状态存在的，这是一个普遍的事实。但为什么会有不同的定性呢？或认为是籼型，或粳型，或杂合体等等。而这些定性对不对呢？是很值得探讨的。

依笔者管见，因为我们只知道现代的野稻、籼稻和粳稻，只知道这三类稻种的特征，也只知道它们的名字，并用它们作为参照系。而古栽培稻的一切我们都是不知道的，只得用现代去比较过去，称呼过去的实体，便得出了上面的各种称呼，这是一种以固定的现代模式推演过去的思维方法。这里需要讨论的不是方法本身，而是"固定"的思维模式是不是有失之客观之处。

其次是分析方法不同，取样差异，也会导致结论的不同。例如在数据分析中最常用的是群体的平均值，这无疑是一个重要的特征参数，但很少用群体多样性的分析方法，于是仅用平均值与现代的稻种比较，必然得出"籼或偏籼"，"粳或偏粳"的结果，或者得出不同百分比的"杂合体"结论。把活生生的一个常态分布群体"僵死"在一个或几个孤立的类型上，其所作的结论必然是不全面的，甚至是不符合客观实际的。

那么古栽培稻到底是个什么稻种，如何认识它的性质？胡兆华先生认为古栽培稻是一个遗传异质体集团[11]，这是颇有见地的认知。如果古栽培稻是"籼型"或"粳型"，那么在种群内的变异大大超过这两类型的个体又如何定型？如果是"杂合体"，那么前提必须在先已有"籼稻"和"粳稻"品种，才可以机械混杂，或生物学混杂，到现在为止尚未找到事实根据。所以这些沿用现代名词的定性认知值得商榷。

古稻种群内的遗传异质性和粒型的多样性，从演化过程的机制推测，古稻群内必然保有野稻的异花授粉特性，自由交配性和广亲和性，因此也具有广适应性。此时种群内尚未发生作为分类基础的生殖隔离机制，其粒型的变异还不是分类意义上的籼粳分化，只是"形"似，而非"神"似。所以引用或"籼"或"粳"的名词，只为研究方便的一种借用，只能作为群体或个体演化倾向的描述，尚不宜作为"定性"的依据。

古栽培稻的上述特征和特性，正是栽培水稻演化历史一定阶段的表现，包含了现代籼稻和粳稻的"胚胎"，是历史上的一个独立种群。因此建议可直接命名为"古栽培稻"或简称"古稻"。名字前面再冠以出土的遗址地名，以便于根据其时空位和种群特征追索其历史演化，并同现代籼稻和粳稻亚种的称谓加以区分，或许对栽培水稻的起源和演化的研究有所助益。

———————————

〔1〕 张文绪、裴安平：《炭化米复原及其古稻特征的研究》，《作物学报》2000 年 26（5）：579～586 页。

〔2〕 游修龄：《对河姆渡遗址第四文化层出土稻谷和骨耜的几点看法》，《文物》1976 年 8 期 20～23 页。

〔3〕 浙江省博物馆自然组：《河姆渡遗址动植物遗存的鉴定研究》，《考古学报》1978 年 1 期 95～107 页。

〔4〕 周季维：《长江中下游出土古稻考察报告》，《云南农业科技》，1981 年 6 期 1～6 页。

〔5〕 陈报章、王象坤、张居中：《舞阳贾湖新石器时代遗址炭化稻米的发现、形态学研究及意义》，《中国水稻科学》1995 年 9（3）：129～134 页。

〔6〕 汤陵华、张敏、李民昌、孙加祥：《高邮龙虬庄遗址的原始稻作》，《作物学报》1996 年 22（5）：608～612 页。

〔7〕 龙虬庄遗址考古队编著：《龙虬庄——江淮东部新石器时代遗址发掘报告》，科学出版社，

1999 年。

〔8〕 张文绪、裴安平：《澧县八十垱遗址古栽培稻的粒形多样性研究》，《作物学报》2000 年 28
　　　（1）：90～93 页。

〔9〕 赵笃乐、裴安平、张文绪：《湖南澧县八十垱遗址古稻的再研究》，《中国水稻科学》2000 年
　　　14（3）：139～143 页。

〔10〕 张文绪：《中国古栽培稻的研究》，《作物学报》1999 年 25（4）：408～417 页。

〔11〕 胡兆华：《史前中国稻作土种演变及现代粳籼型杂交育种的思考》，《中国水稻科学》1996 年
　　　10（3）：163～172 页。

商代麦作考[*]

冯 时

　　殷墟甲骨文有"来"字，或用为谷名。卜辞云：

　　1. 辛亥卜，贞：或刈来？　　《合集》9565

此为武丁卜辞。"刈"本作"秎"，即刈穫之本字[1]。卜辞恒见刈黍、刈穈之贞，黍、穈皆为谷物，故"刈来"之意就是刈麦[2]。

　　2. 桑年来，其卯上甲，受年？

　　　　其卯于示壬，弜受年？

　　　　弜卯？

　　　　弜上甲先酚？

　　　　叀示壬先酚？

　　　　叀今日酚？

　　　　于翌日酚？　　　　《合集》28272

此为廪辛康丁卜辞。"来"为麦名，"桑年来"即谓祈求来麦之丰收[3]。

　　3. 甲寅贞：弜其登来于祖乙，岁？　　　　《合集》27189

此为廪辛康丁卜辞。卜辞登尝之祭习见，如：

　　4. ［己］丑卜，宾贞，翌乙未酚，黍登于祖乙？［王］占曰："有祟，不其雨。"六日［甲］午夕月有食。乙未酚，多工率条遣。

　　　　己□（丑）卜，□（宾）贞：勿酚登？　　　　《合集》11484 正

　　5. ……登黍……　　　　《乙》7596

　　6. 癸未卜，其延登穈于羌甲？　　　　《京》4025

　　7. 癸未卜，登穈于二示？　　　　《库》1061

　　8. 癸巳贞：乙未王其登米？　　　　《粹》909

＊　本课题为教育部人文社会科学研究"十五"规划第一批研究项目（项目批准号：01JA780002）。

9. 己巳贞：王其登南囧米，重乙亥？

　　己巳贞：王米囧其登于祖乙？　　　　《甲》903

此登黍、登糜、登米皆登谷尝新之礼。准此，则"登来"即为尝麦。

甲骨文"登"字本作双手奉豆以荐之形，或于豆上孳乳"米"字，以明所荐者为谷物。或复于豆下孳乳"禾"、"糜"、"来"诸字为意符，以细别所荐谷物的种类。这种造字方法为古人所习用，如甲骨文、金文"牝"、"牡"之字，意符或为"牛"，或为"羊"，或为"豕"，或为"鹿"，皆明牝牡种类之不同。故据"登"字所附意符之异，则可判明所荐谷物之品种。卜辞云：

10. 甲申卜，贞：王宾祖甲登，亡尤？　　　　《合集》35902

11. □□卜，贞：王［宾］登，亡尤？　　　　《合集》38691

12. □巳卜，贞：［王宾］登，［亡］尤？　　　　《合集》38693

此为帝乙帝辛卜辞。诸"登"字所从之意符俱为"来"，是明所登新谷为麦也。

甲骨文"香"字本作以豆盛谷之形。"豆"则截取上部豆盘部分而作"ㄩ"，其形同"口"；所盛之谷物则或为黍（糜），或为来，即麦，故字或作"嗇"[4]。《说文·香部》："香，芳也。从黍，从甘。《春秋传》曰：'黍稷馨香。'"字从之"甘"乃甲骨文从"ㄩ"所讹变。《左传·僖公五年》："黍稷非馨，明德惟馨。"知"黍"（糜）、"来"互作，皆会新谷馨香之意。是"香"非黍糜所独有，而指所有谷物成熟的芳香。故甲骨文"香"字或从"来"，以示麦香。卜辞云：

13. 贞：香酚翌？　　　　《合集》18851

此为武丁卜辞。"香"字从"来"，会意麦香。"香酚"意犹辞4之"酚登"，乃荐新麦行登祭而麦香升腾也。《诗·大雅·生民》："卬盛于豆，于豆于登。其香始升，上帝居歆。"《诗》之所述正合卜辞"香酚"之意。唯"酚"乃酒祭，与登谷并行之。

《说文·来部》："来，周所受瑞麦来麰。一来二缝，象其芒束之形。天所来也，故为行来之来。《诗》曰：'诒我来麰。'"是甲骨文、金文"来"实即麦作之象形[5]。其本作"𠂤"形，以直穗不垂为特征而有别于其他谷物；后作"𠂤"形，于直穗处增饰一笔为指事符号，以示麦穗之所在[6]；或偶有作"𠂤"者，穗头虽稍倾，但绝无作垂穗之状，从而严格区别于禾、黍、糜等作物[7]。故"来"作为麦作谷物，其描写麦作之特点极其鲜明。

《诗·周颂·思文》："贻我来牟。"《说文》引《齐诗》作"诒我来麰"，《汉书·刘向传》言向上封事引《鲁诗》作"饴我釐麰"，《文选·班固典引》蔡邕《注》引《韩诗》作"贻我嘉麰"。王念孙云："《韩诗》'贻我嘉麰'，'嘉'当为'喜'字之误也。'来'、'釐'、'喜'古声相近，故《毛诗》作'来牟'，《汉书·刘向传》作'釐麰'，《韩诗》作

'喜釐'。犹僖公之为釐公，祝禧之为祝釐也。"[8]《诗·周颂·臣工》："於皇来牟。"《汉书·刘向传》："釐麰，麦也。"训"来"为瑞麦，与卜辞正合。

甲骨文"来"字虽为麦的象形字，但卜辞中却常用为未来之来或行来之来，后世久借不归，遂新制"秾"、"麳"、"𪍿"诸字以示来麦。《说文·禾部》："秾，齐谓麦秾也。"徐锴本作"齐谓麦为秾"，并云："《诗》曰'贻我来牟。'来即秾也。"段玉裁《注》："来之本义训麦，然则加禾旁作秾，俗字而已。"《类篇》："麳、𪍿，齐谓麦曰秾，或作麳，亦从二来。"知"来"为本字，"秾"、"麳"、"𪍿"皆孳乳"禾"或"麦"为意符，乃"来"之后起字。《广雅·释草》："小麦，麳也。"王念孙《疏证》："来麰对文，麰为大，则来为小矣。"《玉篇·禾部》："秾，或作麳。"又《麦部》："𪍿、麳，小麦也。"文献以"来"本指小麦[9]，可明学者或以甲骨文之"来"即为小麦不误[10]。

甲骨文还有一"禾"首"来"身之字，也为谷名，字作"𣎴"，或于两侧散写谷粒作"𣎴"、"𣎴"。学者或释"秾"，认为应指麦作[11]。然而此类字与"来"字的区别其实非常明显。其一，此字所示之谷物穗头低垂，完全不具有"来"以及从"来"之"麦"字所象麦作直穗的特征。其二，此字或增益点饰以象谷粒，这个特点在作为麦作象形字的"来"字以及以"来"为字根的"麦"字上都不曾具有。因此其与来麦应非一物。学者或据《合集》28208 版之"𣎴"字与"岁"字连文而释"来岁"，以为"𣎴"字用法同"来"，故可释"来"而指麦作[12]。但认真分析，事实却并不尽然。《合集》28208 版虽为残辞，但仍可明显看出刻于"𣎴"字之下的"岁"字作"𢧵"，与卜辞作为年岁之"岁"作"𢧵"的写法不同，这类岁字在卜辞中通常均用为祭名，因此，"𣎴"与"岁"并不能连读为"来岁"而解为来年，"𣎴"于此仍应作为谷物名称，卜辞内容应与辞3相似，为荐𣎴谷而并行岁祭之贞。学者以为，此类作"禾"首"来"身的字当指黍作谷物[13]，近是。我们认为，黍有粘与不粘之分，甲骨文从"水"的一类"黍"字当指其中之粘者，而不从"水"却增益谷粒点饰的一类字则指其中之不粘者，这类字盖即"穄"之本字。殷人以黍字从"水"以示其性粘，以字饰散状谷粒以示其性散而不粘，用思巧妙而简明[14]。

殷墟甲骨文又有"麦"字，或也用为谷名。卜辞云：

14.［甲］午卜，宾：［翌］乙未［有告］麦？［允］有告［麦］。

　　［乙未］卜，［宾：翌］丙［申亡］其［告］麦？

　　［己］亥卜，宾：翌庚子有告麦？允有告麦。

　　庚子卜，宾：翌辛丑有告麦？

　　翌辛丑亡其告麦？　　　　　《缀集》201

15. 翌己酉亡其告麦?

　　己酉卜，宾：翌庚戌有告麦?　　　　　《合集》9621

16. 翌乙未亡其告麦?　　　《合集》9622

17. 翌丁亡其告麦? 允亡。　　《合集》9623

18. □〔巳卜〕，□:〔翌〕□午有告麦? 〔允有告〕麦。

　　〔翌〕□〔午亡〕其告麦?　　　　《合集》9624

19. 翌□亡〔其告〕麦?　　　《合集》9626

此皆武丁卜辞。郭沫若先生认为，殷人"告麦"实即登麦。《礼记·月令》:"孟夏之月，农乃登麦，天子乃以彘尝麦，先荐寝庙。"卜辞"告麦"盖谓此[15]。是说与卜辞反映的殷代登尝之祭似有未合。卜辞云:

20. 辛丑卜，徜：粟登辛亥? 十二月。

　　辛丑卜，于一月辛酉酹，粟登? 十二月。　　　《缀合》64

两辞卜在十二月辛丑日。古之卜祀，如郊之用辛[16]，乃以"十二月下辛卜正月上辛，如不从，则以正月下辛卜二月上辛"[17]，如此者数。殷制虽未必这样严格，但辛亥日在十二月，从占卜时间看，应是首先考虑的日期，如不从，则卜一月上辛，其择日而祭的观念十分清楚。但辞 14 显示，"告麦"之贞是在一个相对集中的时间内连续进行的，这个特点与登尝之祭显不相涉，相反，却与麦作成熟后需及时抢收的事实吻合。胡厚宣先生指出，"告麦"之贞非关祭祀，而谓侯伯之国告麦之丰收于殷王[18]，可从。

21. 戊辰卜，在澅：犬中告麋，王其射，亡戋（灾）? 擒。　　　《粹》935

22. ……告曰："有麋。"王其呼……　　　《外》43

23. □□〔卜，在〕盂：犬〔中〕告鹿，〔王〕其比，擒?　　　《存》2·821

24. 己亥卜，王……其逐……告鹿……　　　《六束》68

25. 戊戌卜，贞，在鸡：犬憵告亲鹿，王其比射，往来亡灾，王其咏?

　　　　　　　　　　　　　　　　　　　　　　　《佚》995

26. ……叀马……告亲兕……　　　《前》4·48·7

27. 丁卯卜，在去贞：酋告曰："兕来羞。"王叀今日衷，亡灾? 擒。

　　　　　　　　　　　　　　　　　　　　　　　《前》2·11·1

28. 贞：有告脒豕，呼逐?　　　《后·上》25·1

辞 25、26 之"亲"本作"覿"，当释为"亲"。卜辞"麓"作"禁"。《说文·林部》:"麓，禁，古文从录。"又《竹部》:"篆，篦或从录。"又《水部》:"渌，漉或从录。"又《目部》:"睩，读若鹿。"皆"鹿"、"录"相通之证[19]。《玉篇·见部》:"亲，共视也。"是卜辞"告亲"即言告所见也，"亲鹿"即见鹿，"亲兕"即见兕。辞 28 之"脒"为地名，"脄豕"即脄地之豕。很明显，诸辞之告麋、告鹿、告兕、告豕皆告某地有麋、鹿、兕、豕于王，王遂田猎以获。卜辞"告麦"与此同例，当亦报呈麦熟之讯而使王穫刈之辞。《诗·大雅·江汉》："经营四方，告成于王。"即以成事上报。是卜辞"告麦"也即以麦熟之事上报商王矣。

然而必须解释的问题是，卜辞缘何独见告麦之事，而于其他谷物的成熟未见告成之贞。我们以为，殷人于正月食麦之礼俗似为商王关心麦熟而行告麦之贞的可能原因。

29. 月一正曰食麦。甲子，乙丑，丙寅，丁卯，戊辰，己巳，庚午，辛未，壬申，癸酉，甲戌，乙亥，丙子，丁丑，戊寅，己卯，庚辰，辛巳，壬午，癸（未），甲申，乙酉，丙戌，丁亥，戊子，己丑，庚寅，辛卯，壬辰，癸巳。二月父秘。甲午，乙未，丙申，丁酉，戊戌，己亥，庚子，辛丑，壬寅，癸卯，甲辰，乙巳，丙午，丁未，戊申，己酉，庚戌，辛亥，壬子，癸丑，甲寅，乙卯，丙辰，丁巳，戊午，己未，庚申，辛酉，壬戌，癸（亥）。

《合集》24440

此辞属祖庚祖甲时期。全版刻录殷历两个历月的干支，唯一月癸未夺"未"字，二月末日癸亥夺"亥"字。值得特别注意的是，殷历正月、二月皆书有专名，其中正月名曰"食麦"，二月名曰"父秘"。

殷历正、二月月名的含义与其时用事礼俗无疑密切相关。就正月月名而论，正月食麦之俗史有明载。《礼记·月令》：孟春之月，"食麦与羊"。郑玄《注》："麦实有孚甲，属木。羊，火畜也。时尚寒，食之，以安性也。"《淮南子·时则训》高诱《注》："麦，金谷也。羊，土畜也。是月金土以老，食所胜。先食麦，以麦为主也。"《说文·麦部》："麦，金也。"段玉裁《注》："程氏瑶田曰：'《素问》云：升明之纪，其类火，其藏心，其谷麦。郑注《月令》云：麦实有孚甲，属木。许以时，郑以形，而《素问》以功性，故不同耳。'"尽管正月食麦的原因说各有异，但正月食麦之俗则古无不同。郭沫若先生以为卜辞所记殷历正月食麦之俗正相当于《月令》之正月食麦[20]，甚是。唯《月令》用寅正，而甲骨文反映的时王殷正则在秋分之次月，约当夏历之九至十月[21]。后世随着历法岁首的逐渐后移，自古既行的正月食麦之俗遂由殷历正月顺延至夏历正月。

殷人何以于正月食麦，其中之原因与其说在于殷代谷物或以麦为稀贵[22]，故于诸谷物之中先食之，倒不如说以《月令》所记麦与羊共食之俗推之，古人盖知麦、羊性温，故于将寒之时先食，意在养阳以备御寒更符合固有的文化传统。殷历正月时值将寒之时，与此俗正合。《本草纲目》解小麦性味则以新麦性热，陈麦平和，也与卜辞反映的殷人于麦熟之后先食之俗相符，这意味着殷历正月必当农作物的收获时节。我们曾经指出，殷代的农作期相当于殷历的九月至年终十二月，即农历的五至八月，农作期与历年周期的终点是重合的。因此，殷代农作物的收获一般于殷历十二月即已完成，只有个别晚熟作物的收获时间或可延续。事实上，殷代除此之外的其他时间并没有任何作物生长，这一点通过对卜辞祈年祭和卜受年的分析已经看得十分清楚。显然，殷代的农作物于全年只种植一季[23]。卜辞资料对于印证这一分析同样非常充分。

殷人于年终获帝藉之收。卜辞云：

30．庚子卜，贞：王其穫藉，重往？十二月。　　　　　《后·下》28·16

31．弜藉麇穫，其受有年？　　　《甲》1369

32．己亥卜，贞：王往穫藉，延往？

　　贞：勿往？　　《甲》3420

"穫"本作"萑"，即"穫"之初文，故卜辞"穫藉"即谓获帝藉之收[24]。辞30时记十二月，是获帝藉之收则在年终。《礼记·月令》：季秋之月，"乃命冢宰农事备收，举五谷之要，藏帝藉之收于神仓，祗敬必饬"。殷历十二月为秋分所在之月，当夏历八月。卜辞所记与文献密合。殷历十二月帝藉之作物备收，则麦必在其中矣。

殷历年终为农作物的收获期，故登谷尝新之礼亦当在年终至年初举行。前引辞20所见殷人登粟之礼行于殷历十二月或次年一月，时在收获之后，是为尝新之祭[25]。《礼记·月令》：孟夏之月，"农乃登麦"。仲夏之月，"农乃登黍。是月也，天子乃以雏尝黍，羞以含桃，先荐寝庙"。孟秋之月，"农乃登谷，天子尝新，先荐寝庙"。仲秋之月，"以犬尝麻，先荐寝庙"。季秋之月，"大飨帝，尝，牺牲告备于天子"。"是月也，天子乃以犬尝稻，先荐寝庙"。由于后世农作周期的延长，《月令》所载其时农事之收已比较复杂，自夏至秋的不同时期各有作物收获，故登尝之祭也于各种作物收获之后分别举行，合祭丰收的烝祭与登尝之祭渐趋分立。但殷代农业季节较短，收获时间相对集中，这使当时的登谷尝新之祭只能同时于全部谷物收获之后的年终至年初举行，而前录辞10至12所见登麦之祭正反映了这一史实。事实上，殷代的登尝礼既是荐新之祭，同时也是庆祝全年农作丰收的报赛之祭及丰收之祭[26]，故为后世烝祭之源。《左传·桓公五年》："闭蛰而烝。"杜预《集解》："建亥之月，昆虫闭户，万物皆成，可荐者众，故烝祭宗庙。"《尔雅·释天》："冬祭曰烝。"郭璞《注》："进品物也。"《周礼·春官·大宗伯》："以烝冬享先王。"古代烝祭有两个特点，其一，烝祭多行于夏历孟冬十月；其二，烝祭的对象是先王先祖。卜辞所记殷人登祭用物有谷物及鬯酒，且皆祀先王，时在年终至次年初，约当寅正十月，与文献契合。

殷历正月名"食麦"，二月名"父秌"，"秌"字从"禾"为意符，知两月名皆关乎农事。《诗·豳风·七月》："六月食鬱及薁，七月亨葵及菽，八月剥枣，十月穫稻。为此春酒，以介眉寿。七月食瓜，八月断壶，九月叔苴，采茶薪樗，食我农夫。"皆言各月所宜之食及所为农事，而殷历月名命名之制似与此相同。准此，则二月名"父秾"当读为"稫稦"。"稫"从"甫"声，古"父"、"甫"互用无别。《诗·大雅·緜》："古公亶父。"陆德明《释文》："父，本亦作甫。"《孟子·梁惠王下》引"父"作"甫"。《春秋经·桓公十四年》："齐侯禄父卒。"《史记·齐太公世家》"父"作"甫"[27]。是"父"、"稫"相通之证。《广雅·释诂四》："稫，秭也。"王念孙《疏证》："稫者，《玉篇》音扶甫切，《广韵》又芳无、博孤二切。卷一云：'稫，积也。'《聘礼记注》云：'筥，秭名也。今涞易之间刈稻聚把，有名为筥者。'《疏》云：'筥、秭一也，即今人谓之一铺两铺也。'《管子·度地篇》云：'当秋三月利以疾作，收敛毋留，一日把，百日铺。'铺、铺并与稫通。《广韵·模韵》："稫，刈禾治稫。"《集韵·模韵》："稫，刈禾也。""稫"之训"秭"，"秭"乃获禾之称。《说文·禾部》："秭，穫刈也。一曰撮也。"徐锴云："今以穫禾为秭。"是"稫"即获禾之称。则"秾"显为所获之禾，似可读为"稦"。"秾"字从"禾"，"玄"声，古音"玄"为匣纽真部字，"稦"为定纽质部字，"玄"、"稦"一声之转，同音可通。《说文·禾部》："稦，幼禾也。"故"秾"字形构也可分析为从"禾"从"玄"，"玄"亦声。古"玄"、"幺"同字。《说文·幺部》："幺，小也。"故"幺"、"禾"比类会意，即幼禾也。"稦"指幼禾，也指晚熟之禾。小徐本训"稦"谓："晚种后熟者。"段玉裁《注》："许不言后种者，后种固小于先种，即先种者当其未长亦稦也。先种而中有迟长者亦稦也。故惟《鲁颂》稙稦对言。"毛《传》："先种曰稙，后种曰稦。"故殷历二月之名"稫稦"，意即刈取晚熟未获之禾。

《诗·小雅·大田》："彼有不穫稦，此有不敛秭。彼有遗秉，此有滞穗，伊寡妇之利。"郑玄《笺》："百谷既多，种同齐熟，收刈促遽，力皆不足，而有不穫不敛，遗秉滞穗，故听矜寡取之以为利。"孔颖达《正义》："秭者，禾之铺而未束者。定本、《集注》秭作积。"段玉裁《说文解字注》："《小雅》曰：'此有不敛秭。'谓已刈而遗于田未敛者也。上文'不穫稦'，谓幼禾留于田未刈者也。"马瑞辰《毛诗传笺通释》："稦有二义。《閟宫》诗《传》：'先种曰稙，后种曰稦。'《说文》：'稦，幼禾也。'《系传》本下有'晚种后熟者'五字。是禾之幼者曰稦，禾之晚种者亦曰稦。此诗'无害我田稦'，谓幼禾也。'彼有不穫稦'，谓晚种后熟者也。秭有二义。《尔雅·释诂》曰：'秭，穫也。'《说文》：'秭，穫刈也。一曰撮也。'撮即聚把之称。是穫禾谓之秭，聚禾成把亦谓之秭。此诗'不敛秭'当从《说文》撮也之训。……稦与穗皆禾名，秉与秭皆禾束名。《坊记》引《诗》'彼有遗秉，此有不敛秭'，以秉与秭相对成文，则'此有滞穗'当与'彼有不穫稦'二句相属，盖《三家诗》与《毛诗》异。"知《诗》之"穫稦"即刈穫晚熟之禾，而殷历二月名"稫稦"正当此意。《诗·豳风·七月》："十月穫稻。"夏历十月约当殷历二月，知其时仍有作物未穫。卜辞云：

33. 乙未卜，贞：黍在龙囿香，受有年？二月。　　　　　　　《合集》9552

此为武丁卜辞。"龙囿"为地名。"香"指黍作飘香，乃黍熟之征，故贞问受年。字或释"嗇"[28]，假为"穑"，意虽可通，但字形不合。此辞时记二月，正当夏历十月。殷代黍作的收获一般在年终，但个别地区黍作的收获时间或有延迟。《齐民要术·黍穄》："刈穄欲早，刈黍欲晚。穄晚多零落，黍早米不成。谚曰：穄青喉，黍折头。"故知殷历二月仍有某些作物需要收获。是殷历二月名"莆穉"实即"穫穉"，言主要作物收获之后而续收晚熟留于田而未穫之禾。

基于以上诸证可明，殷历年首是主要农作物收获完毕而行报赛祭礼的时节，故正月所食之麦必为与黍、粟、稻等作物一同收获的春麦，而非冬麦。殷代的农季周期相对较短，农作物于全年基本只收获一季，这意味着对于麦作而言，当时并没有冬麦的种植。《诗·豳风·七月》："十月纳禾稼，黍、稷、重、穋，禾、麻、菽、麦。"《诗·大雅·生民》："蓺之荏菽，荏菽旆旆，禾役穟穟，麻麦幪幪，瓜瓞唪唪。"《诗·鲁颂·閟宫》："降之百福，黍、稷、重、穋，稙、穉、菽、麦，奄有下国，俾民稼穑。"俱以麦与黍、稷等作物同时共生，尤以《七月》载麦与其他农作物皆于夏历十月收纳完毕，知其时之麦必非冬麦[29]。《七月》为西周初年的作品，殷商情况也应大致如此。准此可明，殷人种植春麦而于年终收获，且有于岁首食麦之俗，遂特关心麦熟而行告麦之贞。

殷人既于正月食麦，故所食之麦必非大麦、小麦之合称[30]，而只能是专指其中的某一品种。古人食礼多细言所食之物，少作泛泛之论。前引《七月》"六月食郁及薁，七月亨葵及菽"，"七月食瓜"如此。《太平御览》卷九七三引《周书》："夏食郁，秋食橘、柚。"又卷九七五引《周书》："冬食菱、藕。"《初学记》卷二八引《周书》："秋食楂、梨、橘、柚。"《艺文类聚》卷八二引《周官》："冬食蔆藕、枣栗、杼实。"皆细举其名而不泛述。卜辞"告麦"之"麦"与"食麦"之"麦"显然具有相同的意义，如果"告麦"之辞非指大麦、小麦同时告成，事实上这种可能性也并不存在，那么"麦"便不会具有涵盖大麦、小麦的广泛含义。故殷俗正月食麦不当大麦小麦共食，是其时"麦"尚未作为麦类作物的总称。前论殷人以小麦称"来"，而据大麦、小麦之性味而言，前者性凉，后者性温，故殷人于正月所食之麦必为小麦。显然，殷人于小麦既可称"来"，也可称"麦"[31]。

《说文·麥部》："麦，芒谷。秋种厚薶，故谓之麦。麦，金也。金王而生，火王而死。从来，有穗者也。从夊。"所训当为冬麦，且已将"麦"作为麦类作物的概称。殷代的情况与之不同，而以"来"、"麦"并称小麦，尚未见大麦之名。然以音义求之，甲骨文之"麦"于后世或孳乳而生"麳"字。《说文·麥部》："麳，来麳，麦也。从麥，牟声。䅘，麳或从艸。"《诗·周颂·思文》："贻我来牟。"毛《传》："牟，麦也。"陆德明

《释文》："牟，麦也。字书作麳，音同。牟字或作麰。"知"麦"、"麳"义训相同。古音"麦"为明纽职部字，"麳"为明纽幽部字，声为双声，职部乃之部入声，之幽音近可通[32]。"麦"从"来"声，"来"在之部，也明"麦"、"麳"音近。徐锴曰："麦之言幕也。"《春秋经·宣公十五年》："仲孙蔑会齐高固于無娄。"《公羊传》"無娄"作"牟娄"。《说文·肉部》："膴读若谟。"《汉书·萧望之传》："今将军规橅云若管晏而休。"师古《注》："橅读曰模。"是"麦"、"麳"同音之证。"麦"、"麳"音义既同，则"麦"可言"麳"，逐渐兼涉大麦。《孟子·告子上》："今夫麳麦，播种而耰之，其地同，树之时又同，㳷然而生，至于日至之时，皆熟矣。"赵岐《注》："麳麦，大麦也。"《广雅·释草》："大麦，麳也。"王念孙《疏证》："古谓大为牟。《御览》引《淮南子注》云：'牟，大也。'大麦故称牟也。"《广韵·尤韵》："麳，大麦。"字又作"麰"。《文选·班固典引》蔡邕《注》引《韩诗章句》："麰，大麦也。"是"麦"本指小麦，后世渐以"麦"为大麦小麦之总称，遂别于"麦"字增乳声符"牟"而新制"麳"字，专指大麦，然卜辞之"麦"仍未及大麦。

西周晚期金文也见麦作。仲戬父盘铭云："仲戬父作妇姬䛊盘，黍粱稻麦，用夙饱仲氏优。""稻"字本作"遜"。吴荣光释"来"[33]，然与下文"麦"字所从之"来"不同，故孙诒让疑之[34]。杨树达先生释"遜"而读为"糕"[35]，以字从"舟"，又与上文"盘"字所从之"舟"写法互异。我们以为，此字当隶定为"遜"，本为从"辵""秜"声之字，"秜"即"稻"字之省，曾伯霙簠"稻"字所从"舀"之上部作"亚"，与本铭形构全同，故"遜"实"稻"之异构。铭文以"黍粱稻麦"统指各种谷物，显然我们不能想像盘铭之"麦"仅指小麦而不含指大麦，就像我们不能认为古人仅用此盘盛放小麦而不可以盛放大麦一样，所以"麦"字于此显为包括大麦与小麦的麦作谷物的总称。由此可见，"麦"作为麦作谷物总称的概念至迟到西周晚期已经形成。

商代以"来"、"麦"并为小麦，则甲骨文"来"所具有的未来与归来两个意义便不能出于与"来"作为谷物本义的决然无关的假借，而应是对"来"的麦作本义的引申。

谷物生长的相对漫长的周期对于人们表示未来的时间概念无疑是一个合适的选择，准确地说，种子的播种如果是属于现在范围之内的事情，那么禾苗的抽芽、生长甚至成熟就只能等到将来，而"来"字两侧叶作下垂状，正是麦作成熟的特征，犹如"黍"、"禾"诸字作折头垂穗而示其成熟一样，这使人们有理由使用"来"这一本象麦作成熟的文字表示将来。商代人有时又用本象禾苗抽芽生长的"生"字表示未来，这种思维模式与用"来"字表示将来的想法如出一辙[36]。事实上，对于农业社会而言，古人对于农作物生长与丰稔的期盼永远都是他们最关心的未来发生的事情，这使古人必须选择"来"这样一个表示谷物的专有名称来表示未来。

由于新石器时代中原地区麦类作物考古遗存的缺乏，中国并非麦作原生起源地的事实已愈来愈清楚。中国本土早期麦作遗存的发现多集中于西部的西藏和甘青地区，时间约属公元前 3500～前 2230 年[37]。比之黄河及长江中下游地区早期粟及稻作遗存的发现可以上溯至公元前 8000～前 6000 年的事实，麦作的出现无论在时间或空间上都显然不具备作为本土驯化的条件。相反，如果考虑到西亚不仅分布有最丰富的麦类作物的祖种植物，而且在"新月沃地"已经发现了迄今最古老的近万年的新石器时代早期麦类考古遗存[38]，那么显然，中国的西部地区便恰可以作为麦类作物由其初生起源地西亚东传的中间地带。这意味着甲骨文"来"所具有的归来的独特意义以及"麦"字的独特构形，甚至古代文献关于麦与周民族的种种联系的记载，或许正反映了麦类作物西来的史实。

学者以为，甲骨文"来"之所以具有归来之义，其根本原因就在于"来"字本为麦作的象形字，而麦作则是一种外来的谷物[39]。事实上，这种观念不仅古老，而且中国的古代文献已早有类似的暗示。东汉许慎作《说文解字》，在解释"来"作为麦之本字的同时何以具有归来之意时指出："来，周所受瑞麦来麰。……天所来也，故为行来之来。"段玉裁《注》："自天而降之麦，谓之来麰，亦单谓之来，因而凡物之至者皆谓之来。"古以麦为周人所受之瑞。《诗·周颂·思文》："思文后稷，克配彼天。立我烝民，莫匪尔极。贻我来牟，帝命率育。"郑玄《笺》："武王渡孟津，白鱼跃入于舟，出涘以燎。后五日，火流为乌，五至，以谷俱来。此谓遗我来牟。天命以是循存后稷养天下之功，而广大其子孙之国。……《书说》：乌以谷俱来，云谷纪后稷之德。"《诗·周颂·臣工》："於皇来牟，将受厥明。明昭上帝，迄用康年。"郑玄《笺》："於美乎，赤乌以牟麦俱来，故我周家大受其光明。谓为珍瑞，天下所休庆也。此瑞乃明见于天，至今用之有乐，岁五谷丰熟。"古人以周受瑞麦自天，故后人习称"天所来也"，谓麦乃天赐。天赐麦于周，而周处西土，恰是麦自西亚最先传入的地方。《尚书·西伯戡黎》郑玄《注》："西伯，周文王也。时国于岐，封为雍州伯也。国在西，故曰西伯。"《墨子·兼爱中》引《尚书·泰誓》："昔者文王治西土，若日若月，乍光于四方，于西土。"伪《古文尚书·泰誓》："（武）王曰：'鸣呼！我西土君子，天有显道，厥类惟彰。'"《尚书·牧誓》："（武）王左杖黄钺，右秉白旄以麾，曰：'逖矣西土之人。'"明周素以西土之人自称。以上诸种瑞应传说看似荒诞，然其中却暗寓了某些历史真实。今知麦作乃由西亚东传，而西土周人应该充当了其最终传入中原的中介角色。古人未明真相，遂以麦为周人所受之瑞，又将此瑞归于天赐。但无论如何，麦由西土先民东传而入中原的事实与先周民族受麦于西方一样，都足以使人有理由将麦的象形字"来"赋予行来、归来的意义。

甲骨文"麦"字的独特形构对说明麦作的西来也同样重要。麦作以"来"为本字，古人为表明麦作乃由域外传播而来的事实，简单的办法就是在以"来"指为小麦的同时，别制一个以"来"为字根、以行来为意的会意新字更明确地体现麦作的来源，如同他们以 ✲ 为黍之本字，而以增饰水符或散谷颗粒分别表示黍之粘与不粘的不同品种一样。于是古人在"来"字之下增乳足的象形字"夊"而成"麦"字。"夊"为"各"字之所从，"各"与"出"会意适相反，是"各"字本义为归来，乃来格之本字。故"麦"字从"来"从"夊"，正以"来"、"夊"会意麦来，明确表明麦作乃外来之谷物。《说文·夊部》："夊，行迟曳夊夊也。"又《说文·夊部》："夊，从后至也。"秦篆误以"麦"从"夊"，然据甲骨文及金文"麦"字形构可知，字当从"夊"，实象足自外返入归来之形[40]，当以来至为训。段玉裁《注》解"麦"云："从夊者，象其行来之状。"释说不误。故"麦"字之形构当为从"来"从"夊"，象麦之来也，"来"亦声。

准上，知殷人以"来"、"麦"并指小麦，其时尚无冬麦的种植，而"来"训往来、归来以及"麦"字从"夊"的形构，均为古人以麦作乃外来谷物的刻意表示，这从文字学方面提供了麦作并非本土起源的证据。而至迟到西周晚期，"麦"名已作为包括大麦、小麦的麦作谷物的概称。

---

〔1〕 裘锡圭:《甲骨文字考释（八篇)》,《古文字研究》第四辑,中华书局,1980年。

〔2〕 同〔1〕。

〔3〕 屈万里:《殷虚文字甲编考释》455页,历史语言研究所,1961年。

〔4〕 李孝定:《甲骨文字集释》卷七2394页,历史语言研究所,1965年。

〔5〕 罗振玉:《增订殷虚书契考释》卷中34页,东方学会石印本,1927年。

〔6〕 高田忠周:《古籀篇》卷八十二39～40页,日本说文楼影印本,1925年。

〔7〕 裘锡圭:《甲骨文中所见的商代农业》,《古文字论集》156页,中华书局,1992年。

〔8〕 王引之:《经义述闻》卷七,江苏古籍出版社,1985年。

〔9〕 齐思和:《毛诗谷名考》,《燕京学报》36期,1949年。

〔10〕 陈梦家:《殷虚卜辞综述》530页,科学出版社,1956年;罗琨:《甲骨文"来"字辨析》,《中原文物》1990年3期;宋镇豪:《五谷、六谷与九谷——谈谈甲骨文中的谷类作物》,《中国历史文物》2002年4期。

〔11〕 于省吾:《商代的谷类作物》,《东北人民大学人文科学学报》1957年1期;《甲骨文字释林》247～249页,中华书局,1979年;末次信行:《✲字考——殷代武丁期卜辞に见える麦栽培について》,《東方學》58辑,1979年。

〔12〕 同〔10〕罗琨文。

〔13〕 胡厚宣:《卜辞中所见之殷代农业》,《甲骨学商史论丛初集》,河北教育出版社,2002年;同〔7〕。

〔14〕 拙作:《商代黍作考》（待刊)。

〔15〕 郭沫若:《卜辞通纂考释》98页,《郭沫若全集·考古编》2,科学出版社,1982年。

〔16〕　《礼记·郊特牲》："郊之用辛。"

〔17〕　《谷梁传·哀公元年》。

〔18〕　同〔13〕胡厚宣文，703~704、739~740 页。

〔19〕　桂馥《说文解字义证》："親，通作瞁。"

〔20〕　同〔15〕，2 页。

〔21〕　拙作：《殷历岁首研究》，《考古学报》1990 年 1 期；《中国天文年代学研究的新拓展》，《考古》1993 年 6 期。

〔22〕　同〔13〕胡厚宣文。

〔23〕　拙作：《殷代农季与殷历历年》，《中国农史》1993 年 1 期。

〔24〕　同〔10〕陈梦家文，535~536 页。

〔25〕　同〔3〕，56 页。

〔26〕　同〔23〕。

〔27〕　高亨、董会安：《古字通假会典》，913~914 页，齐鲁书社，1989 年。

〔28〕　同〔15〕，93 页。

〔29〕　同〔23〕。

〔30〕　学者或以卜辞之"麦"为大小麦之总称，见陈良佐：《我国古代的麦（上）》，《大陆杂志》70 卷 1 期，1985 年。

〔31〕　学者或以卜辞之"麦"指大麦，参见天野元之助：《殷代産業に關する若干の問題》，《東方學報》23 期，1953 年；又见〔11〕于省吾文。

〔32〕　史存直：《古韵"之""幽"两部之间的交涉》，《音韵学研究》第一辑，中华书局，1984 年。

〔33〕　吴荣光：《筠清馆金文》卷四 30 页，清宜都杨守敬重刻本。

〔34〕　孙诒让：《古籀余论》卷二 18 页，中华书局，1989 年。

〔35〕　杨树达：《积微居金文说》182 页，科学出版社，1959 年。

〔36〕　拙作：《论时空》（待刊）。

〔37〕　李璠等：《甘肃民乐县东灰山新石器遗址古农业遗存发现》，《农业考古》1989 年 1 期；甘肃省文管会、吉林大学考古系：《甘肃民乐县东灰山遗址发掘纪要》，《考古》1995 年 12 期；傅大雄等：《雅鲁藏布江中部流域发现古青稞（Hordeum vulgare L. var. nudum）炭化粒》，《西南农业大学学报》1994 年 1 期；傅大雄：《西藏昌果沟遗址新石器时代农作物遗存的发现、鉴定与研究》，《考古》2001 年 3 期。

〔38〕　N.W. 西蒙兹著，赵伟钧等译：《作物进化》，农业出版社，1987 年。

〔39〕　何炳棣：《中国农业的本土起源（续）》，《农业考古》1985 年 2 期。

〔40〕　同〔5〕，64 页。

论商代甲骨文中无地桑

刘兴林

  桑树种植是衣被之源的蚕桑业中最基础的环节，桑树的品种培育和选择关系到家蚕饲养的规模、茧丝的产量与质量，从而影响到丝绸生产的数量与质量。因此中国古代以农桑为本，一直把培育和引进新的桑树品种作为重要的增产措施，出现过众多桑树品种。文献记载的桑品种有鲁桑、地桑、白桑、鸡桑、湖桑、荆桑、黄桑、青桑、火桑、拳桑等等，名目繁多，我们无法一一道明其性状，但从树型来看，大致可分为乔木桑、高干桑和地桑三种，前两种古农书统称为树桑。乔木桑接近自然生成的树型，树干向上直冲树梢，一般较高大，不利采桑；高干桑由乔木树型修定形成，树干离地半人多高，截去树梢，形成较矮而树冠较大的树型，树种优于乔木桑，但叶薄而少，采桑时尚需"长梯高机，数人一树"，或攀援其上，或长杆钩取，极为不便；地桑树干接近地面，分生出较多的细枝条，叶质优而产量高，方便采摘，属优质桑种。桑树品种[1]发展的总趋势就是从野桑到经人工管理的乔木桑再到剪定养成的高干桑，最后过渡到方便采摘的低干地桑，从桑叶低质、低产向优质、高产发展。它反映了桑树栽培技术的发展过程，并同丝绸产量和质量的提高相一致。我国早期用于养蚕的桑多为乔木桑和高干桑。地桑是桑树品种的最后形式，人们在桑田中采桑，行走在桑丛中如同采摘禾穗一般，不需攀援，轻松自如。地桑虽然不能完全取代高干桑（宅旁、道边宜用树桑），但其出现可以称得上是蚕桑发展史上最重要的事情。过去曾有人根据甲骨文字形、《诗经》文字和战国时期的采桑图纹，认定我国先秦时期即已出现地桑类型，本人对此持有不同的观点，下面仅从甲骨文中看一下商代的桑树品种。

  商代已是丝织生产发达的社会，甲骨文中有蚕字、丝字，有从糸之字100多个，由此观照商代桑树的栽培也应有相当的普及。甲骨文中有桑字，作 ✲（《菁》10·4）、✲（《续》3·31·9）、✲（《前》4·41·4）等形，像桑干上枝杈婆娑四出，为独体象形字，但卜辞极少用其本义。经周匡明先生端详，认为甲骨文中桑字的几种形体分别"从属于三种树型"（另有一类字形未列出，留待后面再谈），即低干（地桑）、高干和乔木三种树型[2]，⚘表现的树型主干低矮，分枝多而低，分明是地桑；而⚘树干较长，自然是高干桑。这一点拨，似给人豁然开朗的感觉。

但是仔细分析，即把甲骨文当作甲骨文来看待（能做到这一点也不是容易的事），问题也就来了。无论从字形上还是具体的文字应用来看，甲骨文都已是成熟的成系统的文字，其象形字虽也都是"画成其物，随体诘诎"，但更侧重于具有区别意义的特征性部件的表现，如⚘（牛）、⚘（羊）等，都只是表现了它们最具特征的部分，没有人再费神计较字形中牛蹄子或羊尾巴的缺失。但甲骨文毕竟是早期的文字，字形不固定，一字数形（即异体字）的现象普遍存在，多数情况下，只要特征在，笔画的多少、长短或些许的变化并不改变其本身的意义或形成另外的字[3]。桑树的价值在于桑叶，枝多才会叶茂，因此桑字以树枝歧出为特征，至于树干的长短本是没有必要也是无法表现的。甲骨文的"叶"有⚘（《粹》1434）、⚘（《前》4·41·5）等形[4]，特大树叶以示其所指，大树、小树、高树、矮树都不为字形所关注，故同为一字，前者根、枝相接，后者根、枝间留有一段树干，如非要从字形上区分树型，那岂不成了两个品种：后者是有干的，前者是贴地生长的某种树？此类甚多，再简举几例：

禾：⚘（《粹》8）、⚘（《后》下33·5）。

黍：⚘（《前》4·39·7）、⚘（《后》下40·10）。

木：⚘（《戬》45·3）、⚘（《甲编》600）。

栗：⚘（《前》2·19·3）、⚘（《前》2·19·4）。

休：⚘（《前》5·26·3）、⚘（《后》上12·8）。

禾、黍是商代常见的作物，高不及人，而字形有根、叶相连者，有不连者；木是树的总名，无分高低大小；栗为乔木型果木，树型的表现除有果实外与桑字同；休字为人倚木（树）形，有的却是人比树还高，如果泥于字形，此等小树，怎堪人倚？我们既然不能把这类形体微异的字别作解释，又凭什么说⚘是地桑，而⚘是高干桑？其实，从两个桑的字形看，它们的树干都自根部直冲树顶，看不出人工剪伐的痕迹，非但不是地桑，倒更像是乔木桑。

甲文桑字又有⚘（《乙》2997）、⚘（《合》249）二形，前者即周先生指为高干桑的例字之一。其实，二形的特点是在于其主干止于分叉处，这应是人工剪伐所致。通过剪伐树梢抑制桑树向高处生长，促使树干分枝增多，树冠展开，以方便采桑，这是桑树管理中的重要措施，表明这桑是经过人工管理的桑。对于字形中不区别意义的树干的长短，切不可望形生义。

甲骨文中只有高干桑或乔木桑。桑有从口从桑之形作⚘（《前》6·53·7）、⚘

（《前》2·35·6）、 ![图形]（《前》4·47·1），这是周先生引为乔木桑的几种字形。于省吾先生考证认为，"字本从桑声，其从两口者为初文，其从数口者乃随时滋多所致。其所从之两口代表器形，乃采桑时所用之器。"从口之桑为采桑之桑之本字，后借为丧亡之丧[5]。周先生将字解为挂着桑筐的桑树则说得更为透彻明了。至于树上桑筐的多少，只是"随时滋多所致"，没有特别的意义。但若是地桑，采桑人站立树侧，桑筐置于地上或挎在臂上皆称便当，不必灯笼般挂在枝头；而高干桑和乔木桑须延借梯机登高、桑钩钩取或攀援采之，必悬筐于枝上方可进行。析分之，第一、二两形树干直上，应为接近自然生长的乔木桑，第三形树干止于分枝处，显然为控制树高进行了人工的剪定，以使其树冠展开，达到方便采摘的目的。文中所附的各种桑树图可以帮助我们理解这一问题（图一）。依现在的定义，地桑树干接近地面，高干桑主干在60～70厘米以上，有叶可采处在160厘米以上，而乔木桑接近自然型，地桑与高干桑之间还可分出中干桑。古代不可能有这样细的划分，地桑的概念也没有数字界定，但地桑同高干桑、高干桑同乔木桑在树型和采摘方法上还是有明显区别的。

　　以上是对桑字的具体分析，在卜辞中，桑字多用作地名[6]，不见用其本义者，如："己酉卜，在乐，今日步于桑。"（《合集》36501）桑为地名，又以同版"丙寅卜，在商，贞今日步于乐"证之，确凿无疑。卜辞中有"桑田"，指的是桑地之田或在桑地田猎之事，如：

　　①王其省桑田，湄日亡灾。（《合集》28917）

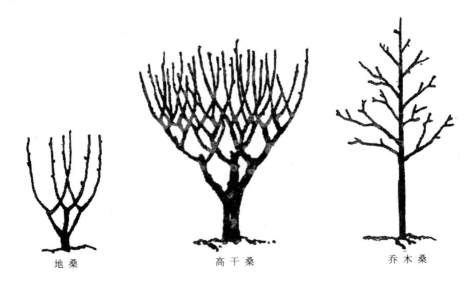

地　桑　　　　　　　高　干　桑　　　　　　乔　木　桑

图一　桑树的三种树型（依《中国大百科全书·纺织卷》）

②叀桑田省延至于亡灾，大吉，兹御。王叀宫田省亡灾。（《合集》28899）

③其寻求年示在桑田省……（《合集》28250）

④叀桑田省亡灾。

　　叀盂田省亡灾。

　　叀宫田省亡灾。（《屯南》249）

　　只有下列辞例涉及桑树种植的事：

⑤翌日壬，王田省桑艺不大雨。

　　……暮不遘大雨。（《佚》901）

　　艺即种植。但它们均不关乎桑树的品种问题，还须另辟蹊径做些考察，印证一下我们前面的分析。

　　甲骨文中的采字与采桑活动有着密切的关系。采字作 🔣 （《通》别 2·7·8）、🔣 （《佚》242·1）等形，从爪（手）从木会意，爪在木上，示有所采摘。采之或体从叶，作 🔣 （《前》5·36·1）、🔣 （《前》7·40·1），突出了采的对象，让人联想到树叶的用途。《说文·木部》："采，捋取也。从木从爪。"《手部》："捋，取易也，从手寻声。"则"其所取者当为较小之谷粒或较柔之树叶始便捋取，若较大之果实，则无由捋取之矣。"[7] 采字从木，显与谷粒无涉，故 🔣 形自当释叶字。造字之初字形所表现的必是当时日常生活中的习见之事，虽然采摘或采集这一动作不限于采桑，但在夏商时代似乎再也没有比采桑养蚕更为人们所熟悉和常见的采摘活动了，桑叶又是可以捋取的，可见，从叶之采就是采桑活动的写照。采字爪下带叶的树木有根枝相连者，有不连者，都无法从中看出树的高低，而爪在叶之上且作向下抓取状，好像不是在采桑而简直是采茶，极易使人想起低干桑的问题。其实，即使是低干地桑也不可能让人站在地上盖冠而采，人总是比桑树（枝）要低，采字的字形只是一种示意（会意）手法，它恰恰说明商代人们是爬到树上采桑叶的，这种桑不是乔木桑便是高干桑！

　　我们再看甲骨文的乘。乘字有 🔣 （《佚》875）、🔣 （《粹》1109）等写法，像人登木（树）上。容庚《金文编》："乘，从大在木上。《说文》从人桀，非。"乘这一动作决不限于登木一事，《诗经·豳风·七月》"亟其乘屋"、《邶风·二子乘舟》"二子乘舟"即其例，为什么甲骨文独取登木为乘？乘木应是当时人们最为习见和最易于接受的事物，仔细想来也只有上树采桑一事与人们的生活关系密切，若夫采摘水果等物，不必非爬上树不可，长杆击取、摇晃树干皆无不可，况且，佐餐的果实毕竟没有关系人们衣被的事情重要和常见，唯其重要和常见，便足可成为造字的参照，便有入字的可能，所以我认为这人登木上的乘字便是来自采桑的活动，涉及的桑树，树干止于分叉处而不能直上，甲骨文乘字很少例外，所从之形都是典型的人工剪定的高干桑[8]，只有《乙》971 所见一例作 ⚹。金文中两形皆有，除增趾形，还有树干出头之形如 ⚹（《克钟》）、⚹（《格伯簋》），是无分高干、乔木，皆需登而后采之。陈邦怀谓字所从之 ⚹ 是古櫱字，并引《说文》："櫱，伐木余也"，"古文櫱从木无头"。⚹ 像木无头形，"盖伐木余也。古者伐木人乘木上，为乘之初谊"[9]。然伐木之余安有树干上顶部再分叉之理？字所从 ⚹ 为截顶之高干桑，则昭然若揭。

　　商代与桑有关的记载见于商汤桑林祷雨的故事。《吕氏春秋·顺民篇》："汤克夏而正天下，天大旱，五年不收，汤乃以身祷于桑林……雨乃大至。"《竹书纪年》："二十四年大旱，王祷于桑林，雨。"《尸子·君治》：汤 "以身为牲，祷于桑林之野"。《淮南子·修务训》："汤苦旱，以身祷于桑山之林。"皇甫谧《帝王世纪》："汤时大旱。……祷于桑林之野，告于上天，已而雨大至。"汤作桑林之祷，桑林是故事发生的地点，这里的桑还只是山林野桑[10]。至于《尚书》、《史记·殷本纪》等所说，殷时桑榖共生于廷，一暮大拱，虽系不可采信的神话，但其桑也是以野桑为蓝本的。

　　综之，商代桑树有高干桑和乔木桑，高干桑经人工剪定养成，这是目前我们能够确认的商代的先进桑种，要想从甲骨文中找寻地桑品种是困难的。

---

〔1〕　这里所说的品种，仅是从生产实践的角度把具有共同经济和实用性状的桑人为地加以区分和命名的，品种虽不是生物分类学上的一个单位，但对了解一个地区蚕桑和丝织业生产的发展情况有着重要的意义。

〔2〕　周匡明：《桑考》，《农业考古》1981 年 1 期。

〔3〕　甲骨文中有一类寓意文字，字形小别而形成新的视觉意义。这类字只见于动物及与动物有关的动词和名词，有正常笔画断开、符号颠倒等情况。桑字不属于这种情况。参见刘兴林《甲骨文田猎、畜牧及动物相关字的异体专用》，《华夏考古》1996 年 4 期。

〔4〕　旧释 "果" 字，郭沫若谓 "象木之枝头著叶"。说见《卜辞通纂》。

〔5〕　于省吾：《甲骨文字释林》76 页，中华书局，1979 年。

〔6〕　彭邦炯：《甲骨文农业资料考辨与研究》393、585～586 页，吉林文史出版社，1997 年。

〔7〕　李孝定：《甲骨文字集释》6·2006，李氏按语。

〔8〕　《甲骨文合集》卷五·二七。

〔9〕　于省吾主编：《甲骨文字诂林》298 页引，中华书局，1996 年。

〔10〕　闻一多以为 "桑林" 即桑社，并引宋·罗泌《路史余论》六："桑林者，社也。"见《神话研究》24～25 页，巴蜀书社，2002 年。

欧美考古学理论的发展与所谓理论流派

唐际根

20 世纪 80 年代中期，美国新考古学派曾经与中国考古学界有过一次对话。话题是围绕北京周口店猿人洞穴遗址的用火遗迹展开的。美国的新考古学派首要代表人物宾福德（L.Binford）参观周口店遗址之后，撰文否定中国学者关于北京人已经开始用火的证据。中国学者私下里对宾福德的研究普遍表示不满，新考古学遂以并不怎么好的名声进入中国考古学家的视野。此后，学术界有人开始组织译介西方考古学理论。这一工作进展得也不顺利。通过翻译有限的几篇论文来介绍复杂多样的西方考古理论成果，成效可想而知。更不幸的是，当时大部分参与翻译的学者本身还不具备翻译理论文章的功底。译文艰涩，让人读了似懂非懂。这样一来，西方考古学理论遭到中国学者的普遍冷遇。相当一部分学者甚至对西方理论采取完全排斥的态度。

20 世纪 90 年代以后，翻译西方考古学理论的工作仍然处在低潮。试图让中国考古学吸收"洋成果"的一部分国内学者在"海外兵团"的帮助下，开始以另一种方式引介西方考古学的理论和方法论，即通过运用某些西方考古学的理论和方法在中国境内展开学术研究。这一方式得以实现，与国家文物局 1991 年公布的《中华人民共和国涉外考古合作管理条例》有直接关系。有趣的是，大部分合作模式都选择"区域调查"为研究课题。原因是"区域调查"的理论和方法在西方考古学界已经一定程度地被证明为研究古代"复杂社会"的有效途径之一。到 20 世纪末，这一类合作普遍取得较好的成绩。在这样一个大背景下，中国学术界似乎已开始重新审视西方考古学理论。

坦率地说，迄今为止，国内学术界对西方考古学理论的认识仍然是一片混沌。迄今未见有关西方考古学理论的系统介绍，近年偶尔读到的一些零星介绍西方考古学理论的文章错漏百出。有感于此，我希望在这里理出一个西方考古学理论发展的轮廓，以便有兴趣的同行阅读西方考古理论著作时有较为系统的背景知识。

一　欧美考古学理论发展的阶段性

在进入正式话题之前，我想先区别两个概念，即考古学理论（Archaeological Theory）和考古学问题的解释模型（Explanation or Explanation Model）。有关某一具体考古学问题的解释或解释模型有时候也被称为"理论"。如关于农业起源的理论、城市起源的理论、文明消亡的理论等。这些"理论"，说到底都是具体考古学问题的解释模型。

我们所说的考古学理论是关于考古学整个学科而不是某一具体问题的，似乎可以称之为"考古哲学"。它所关心的是考古学的性质是什么，考古学与其他学科的关系如何等等。因此考古学理论注定是十分抽象的，但它同时又十分重要，考古学理论的取向将决定考古学的方法论。

美国考古学家戈登·威利和杰瑞米·沙伯洛夫（Gordon R. Willey & Jeremy A. Sabloff）在其一版再版的名著《美洲考古学史》（A History of American Archaeology）中，对美洲考古学史的分期作过多次调整。在其第三版中，他将美洲考古学的发展分为四个时期：

1. 1492～1840 年代：猜想期
2. 1840～1914 年代：分类－描述期
3. 1914～1960 年代：分类－历史期
4. 1960～1990 年代：解释期

既然是猜想或描述期，1914 年以前，美洲的考古学当然还不存在什么理论。1914年以后，考古学科有了重大发展，表现在地层学和类型学的确立。1940 年以后，人们在通过地层学和类型学建立年代序列的同时，更加关注建立起"考古学文化"的时空框架。以建立时空框架为目标的考古学在 20 世纪 60 年代以前的考古学界大行其道。威利之所以将 20 世纪 60 年代视为一条分期线，最重要的原因就是考古学理论。

欧洲的情况与美洲非常相似。大体以 20 世纪 60 年代为界标，有关考古学研究的理论发生着重大变化。

尽管威利和沙伯洛夫没有对 20 世纪 60 年代以后再分期，但从理论发展的角度看，20 世纪 80 年代和 20 世纪 90 年代欧美考古学理论也发生了重大变化。参照其他西方学者们的意见，我们大体将西方考古学理论的发展进程分为四个阶段：

1. 20 世纪 60 年代以前
2. 20 世纪 60～80 年代
3. 20 世纪 80～90 年代

4. 20 世纪 90 年代以后

20 世纪 60 年代以前，可称为"文化历史学时期"。这一时期的考古学理论没有明确的哲学依托，基本上建立在共感（Common Sense）的基础上。考古研究的目的主要在于建立起一个古代遗存的时空框架。"考古学文化"是这一时期考古研究的最基本的概念。而地层学和器物类型学是指导具体研究的两大法宝。借用夏鼐先生的话说，地层学和类型学的确"犹如一架马车的两个轮子"，是推动考古学发展的根本动力。这一阶段考古学理论的代表性人物，最有成就的考古学家，在欧洲是戈登·柴尔德（Gordon Childe），在美国则是祁德（Kidder Alfred）。运用"考古学文化"的概念，戈登·柴尔德写出了一系列重要的考古学著作，大大丰富了人们的历史知识。20 世纪 50 年代前后，文化历史学派开始遭到来自学界内部的批评。如 1948 年美国学者瓦特·泰勒（Walter Taylor）严厉批评美国文化历史学派的考古研究只是在一堆陶片中转来转去，没有真正提供有关古代人类社会的知识。这种批评逐渐演变为创立新的考古学理论的呼声。

20 世纪 60~80 年代，是新考古学或过程主义考古学主导考古理论界的时代。张光直先生曾向我谈到过新考古学的影响。他说，新考古学的影响达到鼎盛时，在美国申请研究基金的计划书都必须依照新考古学派的兴趣来写，否则很难申请到经费。这时候的考古学，也有人称之为功能过程主义（Functional-processual）。代表性人物在欧洲是戴维·克拉克（David Clarke），在美洲则是路易·宾福德（Lewis Binford）。功能过程主义的哲学基础是科学实证主义。他们效法自然科学，提倡假说-验证的研究方式，认为考古学的目的在于探讨人类社会发展的普遍法则。新考古学派按照自己的逻辑，对许多学术问题提出了新的解释，如关于农业起源的解释。由于他们的解释是系统性的，给人耳目一新之感。从方法论上说，功能过程主义具有相对的严谨性。但它最主要的问题是过于强调了考古学家（研究者）的独立性和忽视了古代文化创造者（特别是创造者作为个体时）的主观性。

20 世纪 80~90 年代，是后过程主义主导考古学理论的时候。这一时期最大的特点是众多理论派别向功能过程主义（新考古学）发起批评，不断揭示出功能过程主义的弱点和不足。英国考古学家科林·伦弗（Colin Renfrew）归纳出一批所谓后过程主义理论派别，包括新马克思主义（Neo-Marxism）；后实证主义（Post-positivist）；结构主义（Structuralism）；修辞学（Hermeneutic Approach）；由法兰克福学派发展出来的批评理论（Critical Theory）；后结构主义（Post-structuralism）、性属学（Feminist Approaches）等等。后过程主义的哲学基础情况复杂。总的说来，实证主义哲学不再天下独尊，面对功能过程主义，不同的挑战者有不同的哲学背景。如结构主义考古学的哲学基础是结构主义哲学，批评理论的哲学基础是哲学上的法兰克福学派，马克思主义考古学的哲学基石是马克思主义。其他考古学理论也多与后现代主义哲学或者其他学科理论（包括社会学、心理学等）作为后盾。作为代表性人物，伊·霍德（Ian Hodder），克里斯朵夫·梯利（Christopher Tilley），麦克·申克斯（Michael Shanks），马克·莱恩（Mark Leone），康克·玛格丽特（Conkey Margaret）等的理论著作受到学术界普遍重视。他们的工作使得越来越多的学者投身考古学理论研究中，甚至在大学创造了专门从事理论教学的新的工作机会。虽然这一时期后过程主义的声浪很高，但过程主义似乎并未被淹没。相反却在批评声中歧生出一支强大的过程主义分支，即所谓认知考古学或认知过程主义（Cognitive-processual）。认知考古学的代表性人物是英国的科林·伦弗。认知考古学继承了新考古学的一些根本要素（如假设—验证方法），但吸收了后过程主义理论的成果。关于其详细的理论观点，我们将在下面详细讲到。与认知考古学相呼应，美国学者麦克·斯克佛特（Michael Schiffer）提出行为考古学（Behavior Archaeology）。这都是后过程主义批评下催生的考古学理论成果。

20 世纪 90 年代以后，西方考古学理论的发展进入一个新的时期。该时期的一个显著特点是，尽管有的理论派别（如认知考古学）有着相对较大的影响，但已经没有一种理论能够处于明显的主导地位，这是一个多种考古学理论并存时期。用伊·霍德的话说，是从统一的考古学理论迈向了"××考古学理论"（From 'Theory' to 'Theory of'）的时代。

二 历史文化学派

在一些考古史学家看来，1960 年以前，考古学理论处于"休眠"（long sleep）状态，缺少严格意义上的理论。他们认为考古学家们只埋头于大量收集资料。不过这显然是不公平的，而且也不是事实。20 世纪 60 年代以前，西方的考古学界同样可以看到各种考古理论的论辩。对于当时的考古学家来说，最通行和最重要的概念是考古学文化。

关于考古学文化，提出这一概念的先驱柴尔德是这样定义的："我们会发现某一类遗物——陶罐、工具、饰品、墓葬遗迹和某种类型的房屋总是相伴而生。像这样的相关特征共存的复杂体，我们可以命名它为'文化集合体'或者干脆叫'文化'。我们假定这样一个复杂体就是今天可称之为'人群'的物化表现"（Childe 1929）。

用考古学文化的方法来处理考古资料，被称为考古学的"标准理论"。这种理论的前提是地层学和考古类型学。运用这样的理论，以陶器为主体的出土物均被纳入"考古学文化"之中。由于一支考古学文化可以勾勒出一个"人的群体"，因此必须给他们一个名称。通常是以首次发现这种文化的地点命名。

在这种理论指导下，如果能够找出陶器的传播方向，就可追踪人群的"迁徙"方向，找出这群人的祖居地，甚至画出其"迁徙"路线。如果两个不同的文化存在"并行"的文化因素，则传统学者就会提出起源与传播的解释方案：即原本有一个文化因素的起源点，通常是发展程度更高的地区（More Civilized Lands）的文化因素传播至其他地区。在 C14 测年方法发明之前，这种"并行"可以用来确定陶器的年代，因为通常文明中心的年代可以确定其历史年龄。这种文化特征的出现给文化编年提供了一个"编年标尺"（chronological horizon）。

古人的迁徙在特定时候的确会记录在考古资料中。西方考古学中，用这种传统方法研究考古发现的例子举不胜举。例如，美洲新墨西哥查科堪涌（Chaco Canyon）遗址和科罗拉多的麦沙·韦德（Mesa Verde）遗址中的建筑及其他形式物质文化"并行"因素的发现，一直被解释为分布在新墨西哥的先进文明向南传播的结果。另一个典型例子是太平洋玻利尼西亚群岛发生的第一次殖民潮。被命名为拉比塔（Lapita）文化中的成组的考古发现，特别是带刻划纹的陶器，记录了大约公元前 1600～前 1000 年间太平洋岛民从新几内亚地区北部向东迅速迁徙，直至萨莫（Samoa）群岛的种族大迁徙。

然而，传统解释理论的基础很容易受到今天知识的挑战。首先，一支考古学文化未必真的就代表着一个人类共同体。它常常只是考古学家为方便自己研究作出的一种分类。也就是说，人类的种群并非总是与考古遗存相对应的。通过文化传播来解释考古资料，显然过于简单。当一种新发明"传播"至其"文化边界"之外时，我们必须观察甚至强调接受这一发明的地区特性及社会、经济因素。

新考古学以前的考古学家们并非像新考古学家批评的那样只着眼于器物研究。早在 1950 年，格拉汉姆·克拉克（Grahame Clark）在斯达·卡尔遗址（Star Carr）的工作就进行了环境方面的分析，祁德在中美洲和西南美洲的工作也如此。对戈登·柴尔德将考古学引向文化历史学的批评其实也是不公平的。他的《人类创造自己》（Man makes himself）和《历史上发生过什么》（What happened in History）都有文化发展动力的讨论。他们都试图解释事物，都试图了解事物的深层规律。柴尔德《欧洲社会的史前史》（The prehistory of European Society）一书中，讨论了社会发展的动力问题，在他的看法中，当地文化被视为创造者和动力所在，而其中变化的传播则扮演解释中的关键角色。

三　新考古学（过程主义考古学）

（一）概述

新考古学一词描述的是 20 世纪 60 年代和 20 世纪 70 年代席卷英美考古学界的一种

学术思潮。新考古学家们普遍对传统考古学不满，一致强调考古学"应该更科学化和人类学化"。在新考古学家看来，历史文化学派只是无休止地堆积材料，但这些材料除了不断填充"文化序列"外，并不能真正告诉我们过去到底是什么样的。因此要发挥考古材料的更深层的功能，即用这些材料去提出假说和验证假说，以获取新的知识。

既然文化历史学派认为"考古学文化"可以视为某种"人群"的物化形式，为什么它没有发展成为真正的人类学呢？深层原因是他们对于是否可以将"文化"等同于"人群"并无充分的自信。例如柴尔德在1936年提出"考古学文化"与"人群"有关，但1942年便开始怀疑自己的这一论断，他说，"将考古学文化与某一社会组织等同起来有可能过于草率。"

由于新考古学离开考古学文化的概念而试图通过其他途径来解释考古材料。用戴维·克拉克的话说，"标准考古学"正历经"纯洁性的丧失"，即应该重新考虑"文化"与"人群"、资料与解释之间的关系。

1967年，肯特·弗兰拉里（Kent Flannery）总结过程主义的特点如下：

过程主义者将人类行为看成文化因素与非文化因素双重作用的结果，而非文化因素似乎更为重要。因此，过程主义有关文化发展的解释，常常是不同系统间的作用力的解释。如：一群印第安人可能存在于一个生态系统中，他们在靠近河流的冲积平原上种植玉米，后来冲积地带受到河流侵蚀，于是导致最好的耕作带向上游移动。同时，这群人的活动还与野兔生态圈有关，由于受食肉动物和灾病作用，这些野兔数量每隔10年波动一次。这群人还可能参与生活在另一地区的另一群人的生态系统中。所有系统都作用于每一个印第安个体。他的生活方式受整个系统平衡的决定。而文化的变化是由一个或者多个系统中的变量逐步引发出的新的系统之间的平衡所导致的。过程主义的这样一种解释理论，在于将每个系统都看成是独立的甚至是孤立的。考古学研究的最终目标是观察系统间的"整体运作态势"（entire pattern of articulation）。

1995年，伊·霍德、麦克·申克斯重新总结了新考古学与传统的文化历史学的区别：在新考古学家看来，考古学是人类学的考古学而非历史学分支。在处理考古资料方面，解释远比描述重要。通过观察和解释具体的考古材料，考古学的最终目的是寻求自然和社会发展过程的普遍法则（Discovery of regularities）。为确保解释的正确，考古学应该仿照自然科学，提出严格的研究方法。

对新考古学来说，许多思想来自其他学科，特别是人类学。文化人类学家莱斯雷·怀特（Leslie White）影响最大。他的论著《文化科学》（The Science of Culture）强调人类学研究的科学化和系统化。另一名人类学家朱利安·斯图尔特（Julian Steward）在其研究中则重视文化生态和"文化适应性"（cultural ecology and adaptation）法则。宾福德早期的著作曾明确声称自己吸收了前述两位人类学家的思想。新考古学的系统论思想则主要来自瓦特·泰勒。

　　新考古学席卷了北美，与人类学融为一家。但在欧洲特别是英国却不同。新考古学在欧洲的影响主要是在旧石器时代考古，而对罗马时代、中世纪和后中世纪研究影响较小。究其原因，可能与学生的培养方式有关。美国基本没有考古学系，考古学家都从属于人类学系中，培养学生都须修人类学课，因此 20 世纪 60~70 年代的毕业生大都有人类学素养。英国考古学系都是独立机构，或者与历史系相关。毕业生较少受人类学训练。此外，北美学者将印第安人文化视为"自然历史"的一部分，很长一段时间，可能到 20 世纪 90 年代末，在华盛顿的史密森博物馆（Smithsonian Museum），他们的"文化"与自然界的动、植物放在一起陈列。因此考古学家研究考古学遗存时，总是以"局外人"的态度，他们研究的是"他们"。

　　此外可能还有一个实际原因是地形情况和遗址分布情况不同，美洲的地形比较容易提出区域采样的要求和方法，而英国的地形，特别是英国的众多遗址都是数千年来重复使用的（intensively settled for millennia）。这种情形与中国类似。或许这也正是新考古学一直没有对中国产生影响的另一个原因。

（二）新考古学的哲学基础

　　科学史上的著名人物奥古斯都·苟姆特（Auguste Comte）以生物学发展为例，讨论了人类科学发展的历程。18 世纪以前，当物理、化学已经建立起基本方法时，生物学还停留在非系统的推测阶段（speculative and unsystematic pursuit）。但通过仿照物理化学的"硬科学"发展规则，生物学后来发展成为一门严格的科学。苟姆特认为，社会科学，如社会学可以通过类似的道路，逐渐摆脱当前的"非科学状态"而发展成为自然科学。新考古学所做的，正是沿着这样一条道路，将考古学带进自然科学之门。

　　科学的基础是实证性。新考古学试图进入"科学"之门所依赖的哲学基础，也正是实证主义（Positivism）。逻辑实证主义（Logical positivism）是实证主义中最有影响的一支。对逻辑实证主义者来说，未经验证的任何"陈述"（statements）不仅不能进入科学的殿堂，而且是毫无意义的东西。他们看来，科学思想是优越于其他任何人间成果的思想。道德、宗教、政治均被排斥在科学殿堂之外。按逻辑实证主义，解释应该表达"普遍规律"，而这种规律应该可以应用于任何时间和任何地点。新考古学所拥抱的，无疑是逻辑实证主义。

　　在考古学界，1971 年沃特森等（P.J.watson）曾写出《考古解释：一个精准的科学学科》〔Explanation in Archaeology: An Explicitly Scientific Approach（1971）〕，阐述他们考

古学的逻辑实证主义思想。

例子：

1. 假设：早期国家有不同的资源占有方式，贵族占据了更多资源（该假设可能是由政治人类学家提出的）。

2. 验证：从一个早期国家社会遗址中发掘一处墓葬，对死者的骨骼作化学分析。

3. 演绎：贵族吃肉更多，因此我们推测他们摄取了更多的营养。

4. 结论：（就本次验证结果看）早期国家的确有不同的资源占有方式——留待其他处于同等社会发展阶段的资料进一步检验。

（三）新考古学的假说：验证法与所谓中间理论

宾福德认为，考古学要成为科学，其根基在于"类比"。他的思路是：

考古材料（石器、骨骼、陶片）形成了现在见到的静态的一种记录。而考古学的目的是要通过这些记录追问过去的问题，特别是过去社会发展的动力。因此所有考古学家都提出"考古记录"与"社会动力"间的联系。操作上，考古学家是在"现在"与"过去"之间建立一种"中间理论"。

例如，我们发掘了一批墓葬，其中数座随葬品丰富，其余的则极少见到随葬品（静态资料）。从中我们推测这批墓葬来自一个财富不均的不平等社会（过去的动力）。我们作此推测无疑需要一个"中间理论"：随葬品的数量与品质是与死者的社会和经济地位相关联的。

再如，我们发掘了美国西南部的皮卜罗（Pueblo）遗址，发现随着时间推移，房间的数量和面积不断增加。因此我们推测遗址的人口在不断增加。这里我们同样运用了中间理论：聚落中房屋数量是与人口的规模相关的。

正是这些"中间理论"，引导我们通过观察静态的考古资料而得出有关过去社会的普遍认识。在宾福德看来，过去的考古研究中，许多认识是没有'中间理论'的，他们通常只有"共感基础"（common sense），是不严谨的。考古学有必要大力提倡和发展"严格的'中间理论'"。

中间理论如同自然科学中的实验。但考古学的中间理论从何而来？

由于我们不可能看到过去的人制造石器，我们能做的就是在现在制造石器，然后进行类比，找到中间理论。我们可以作出精细而准确的记录，记录某一特定行为或行为系统是如何形成特定的考古遗物或遗物形态的。

这一结果导致了实验考古的发达。

民族考古学与实验考古学类似，也是新考古学取得"中间理论"的重要方法。

在宾福德提倡实验考古进行类比研究之前，许多学者已经用民族学材料进行了类比研究。这已经有了一个很长的历史。不过宾福德建议，这种"民族考古学"工作（ethnoarchaeological work）主要应该由考古学家而非民族学家来做。因为考古学家在观察过去与现在之间视角独特，与民族学家收集材料的目的是不相同的，考古学家不能依赖民族学家为自己收集材料。

在宾福德看来，中间理论需要满足两个条件：一是它必须独立于普遍理论之外，二是它应基于一个前提（a uniformitarian assumption）。即需假定过去的"条件"与"现在"条件相类似，否则类比不成立。

（四）新考古学中的系统论观点

考古学试图解释古代社会是如何存在和如何发展变化的。

新考古学的"文化"定义不同于历史文化学家。他们认为，文化是一个系统。对这一系统，戴维·克拉克定义为：复杂整体中的不同特征或因子所组成的交互作用网（An intercommunicating network of attributes or entities forming a complex whole）。

对于新考古学家来说，考古学正是要找出文化系统中各个子系统，研究这些子系统的关系。他们不是依赖于人们头脑中的"内在想法"去解释文化现象，而是将视野投向人类以外，讨论文化的各个子系统是如何相互作用，如何适应外部环境的。

英国学者马修·约翰逊（Marthew Johson）总结了新考古学系统思想中的六个方面：

1. 系统之所以是系统，是因为系统中各个因子都对外部或相邻环境相依赖或适应。

2. 系统或多或少是可以进行观察的。如生业系统、贸易系统。

3. 系统可以在电脑中进行模拟或修正。

4. 所有子系统是相互依赖的。改变其中任一子系统，其他都将受到影响。改变系统平衡状态，将导致系统转换。

5. 子系统相互之间是一种功能关系。因此考古记录是极重要的，因为它记录某一子系统中的因子或因子变化。

6. 考古学考察的是子系统间的相互关系，而不是某几项单项原因。

系统思想避免了解释问题的主观性，也避免了单方面原因的解释，如有关文明突然消亡的解释，先前不少解释是单原因的，如山坨锐尼（Santorini）火山爆发导致米诺安（Minoan）文明的消亡，地震导致玛雅文明毁灭等。

此外，系统论思想为推测提供可能。既然系统中的各子系统是相互依存的，则知道其中一个子系统的变化，就有可能推测其他变化。因此系统思想与功能主义有密切联系。

1968 年，宾福德提出了有关"农耕革命"的新的普遍解释。他给出的解释不是针对近东的，而是针对全世界的。他将解释放到最后一次冰期这样一个全球性事件中（环境系统），同时将人口的增减（人口生态系统）与迁徙运动联系起来。他认为，人口一旦定居下来，数量将迅速增加，这将导致对食物的压力。采集已不能满足人口增加的需要，因而产生了对作物的驯化。他引用近东的考古发现为证据，的确，近东的农业是定居出现之后才开始的。他的解释与 1978 年巴巴拉·邦德（Barbara Bender）从马克思主义角度给出的解答是不同的。后者认为，在农业起源之前，曾经存在一个地方群体之间的竞争问题。这些群体间都试图通过"宴饮"（feasting）的方式和豪华的礼制活动掌控邻近人群，因而导致对资源的需求。正是这种对资源需求而引发了土地利用的竞争和食物生产的发展，从而导致农业的出现。

弗兰拉里也曾提出对墨西哥农业起源的解释，他认为从采猎经济到农业经济的转化是对一个更大的系统变化的适应。

四　后过程主义时代

（一）概况

从 20 世纪 70 年代中期开始，早期过程主义或"功能过程主义"开始遭到多方面的批评。布鲁斯·炊格尔（Bruce Trigger）在《时间与传统》（Time and Tradition）一书中指出，发现"普遍解释法则"（explanatory laws）是十分困难的。他本人更倾向于历史学的解释。同样地，伊·霍德也发觉考古学与历史学有着更为紧密的联系，但他希望看到更多的关于历史知识中个体作用的认识。他提出一个概念，称为物质文化能动性（The Active Role of Material Culture），即认为物质文化不是被动地记录社会的，而是"活跃的"，它可以作用于社会。无论作为社会产品还是作用于社会的物质文化，都应该理解为融入了社会个体的思想意识的对象（Meaningfully Constituted）。这种融解在其中的个体力量是不能被忽视的。

20 世纪 70 年代后期和 20 世纪 80 年代初期，越来越多的考古学家感到新考古学正变得干瘪起来。伊·霍德早年曾做过"过程主义"式的考古学研究，他用电脑进行过贸易方面的研究，发现在用电脑模拟贸易路线的过程中，不同的贸易过程在电脑中产生的模型很相似。因此他们注意到：不同的过程形式可以留下同样的考古记录。考古学其实什么也"验证"不了。

伊·霍德为了考察考古记录的解释，还特地前往东非，研究现存的"文化"是如何留下考古学记录的。他发现，留在地下的遗物，很大程度上取决于人们的态度与信仰。

很难制定"模式"进行记录或解释。因此他认为："物质文化应当被看成有意识的遗存"（material culture should be seen as meaningfully constituted）。

英国学者马修·约翰逊将后过程主义的核心思想概括为八个方面：

1. 反对科学的实证主义思潮，认为理论与材料是不可以分开的。材料只能是带有理论负荷的材料。

2. 解释永远是阐述性的（Interpretation is always hermeneutic）。

3. 反对将物质与意识相对立。

4. 必须对人类过去的思想意识与价值观加以研究。

5. 个体是能动的（过程主义研究中常常看不到个体存在）。

6. 物质文化如同文字记录，解读它即如同解读书籍（解读者也身陷其中）。

7. 考古研究必须考察各种遗存的"存态"（context 或"系落"）。对于伊·霍德来说，这是最重要的，它决定了考古学科的特点。因此后过程考古学有时也被称为"系落考古学"（context archaeology）。

8. 我们解释古代遗存得到的结论，都带有政治的烙印。对过去的解释行为永远都是政治行为（如对任何纪念性建筑，不同人总有不同看法）。

（二）后过程主义的哲学基础

许多后过程主义者认为考古学不可能是"科学"。在其中一些人看来，考古学是对人类文明本质的贵族式、美学式、罗曼蒂克式的追求，它当然不是可以用实验室的白大褂和玻璃试管能够完成的。人类的活动不同于自然界，人类是独一无二的，不可预测的，因此不能简单地统计、抽象和综合的。一些古典学家和艺术史家有这种观点。

1. 科学的基石是对结果的检验观察。但过夫已不复存在，我们不可能直接观察到。

2. 原子、化学甚至生物器官都可以视为无意识的东西加以预测，但人类行为却不能。人类行为只能在了解了人们所持有的意识的前提下进行解释，但后者却根本不是物质的，只存在于人们的思想。因此考古学中的解释只能是阐释性（hermeneutic）而非科学性的。

实证主义其实是一种理想化的科学哲学。要考古学循着实证主义去发展是不可能的。

一些学者公开提出，要得到更好的结果，必须反对单一方法，而应该提倡方法的无限多样化，而且应该提倡"非科学"的方法。

因此，一些非实证主义哲学逐渐对考古学理论产生影响。这其中包括社会结构主义（Social Constructivism）、法兰克福学派、新马克思主义、法国编年学派、后现代主义等。我们将在下面谈有关各派理论观点时简要提到。

（三）后过程主义对过程主义的系统论和中间理论的批评

系统论的最大失误是将人的自主行为排除在了研究范围之外。既然文化的发展是系统中子系统间的相互作用的动力，则个人在其中是没有地位的。

随着批评声不断，到 20 世纪 70 年代后，老派的系统思维越来越不受欢迎。新的系统论者不得不对其系统观点加以修正。他们不再像过去一样死板地紧抱系统论。如弗兰拉里和马科斯（Marcus）给系统重新定义为：系统的特征在于其所有构成部分之间的物质、能量和信息的交换（System were characterized by exchanges of matter, energy and information among their components），这一定义提到了信息，较之功能过程主义的定义进了一步。

宾福德的中间理论对于考古学的科学化至关重要。如果我们的确可以依靠中间理论，则考古学的确可以跻身于科学。

但中间理论和类比显然面临两个问题：

一是当我们利用中间理论进行类比时，我们永远不知道相比较的"前提"是否存在或是否正确。如果相信所有文化都是历史地独一无二存在，则以 2000 年后的事物或现象与 2000 年类比是没有意义的。北美印第安文化的研究中采用过直接历史法（direct historical method），从现代印第安人的文化回溯他们祖先的文化。这两种类比是有区别的。艾里森·苇利（Alison Wylie）、伊·霍德均讨论过正式（formal）类比法和相关（relational）类比法，认为后者其实更具有可信度。因为它基于文化延续性。因此更应该提倡。而宾福德主张的"客观"的以"相类似的因素"匹配的正式（formal）类比法可能有更大的危险。

二是人类行为是受文化理念影响的。文化不同，类比是否可以相信？

（四）后过程主义旗下的各个分支

结构主义　结构主义最初源于语言学。对于结构主义来说，语言由一些隐藏在后的"规则"组成。

例如我写一个句子，运用了一系列语法规则去组织文字，你也知晓这些规则，因此你对这些规则的知晓使得你可以读懂这些句子。读者和作者都对这些规则有深层的了解，但都不曾将这些规则写出来（put those rules into words）。总之，这些规则是隐藏着的，深印在人类大脑中。如果你想解释不同的语言，你当然必须了解这些深层规则。

考古学所受的影响即在于此。他们认为，物质文化如同语言，考古研究的对象因而应该被看成是人的思想意识所创造的"符号"，存在于某一生活圈中的思维分类也会存在于另一生活圈中，如熟与生、左与右，脏与净、男与女等。要想解释文化，就必须了解文化形式背后的规则。在这一背景下，结构模型被很自然地用于考古学分类中。

如亨利·戈拉西（Henry Glassie）以语法类比的方法去研究 18 世纪弗吉尼亚普通房屋的布局。他认为，普通人设计这些房子时，运用了一系列基本的空间单元，而又通过某种语法规则建成了不同的房屋（相当于写成了不同的句子）。

不过，结构主义对考古学的影响主要不是具体方法（如上述方法），而是对考古学整体思维方式的影响。如，结构主义提出：什么是结构背后但又主导着结构的深层规律呢？如果说一支文化是对世界的一种反映，其背后的规则又能告诉我们什么呢？

对结构主义来说，文化本质上是一种表达，是一个背后深藏着特定意义的系统。

马克思主义考古学　马克思主义思想其实早在文化历史学时期便已渗透到考古学中。比如戈登·柴尔德的名著《人类创造自己》一书中，首次提出了新石器革命和城市革命的概念。即使受法国新马克思主义（Neo-Marxism or Structural Marxism）影响下而发展出来的马克思主义考古学家，在某种程度上也可纳入经典马克思主义中。

马克思主义认为社会存在决定社会意识。社会发展主要是生产力的发展。生产力（forces of production）与生产关系（relations of production）是人类社会中的一对矛盾。这一矛盾存在于社会之中，这对矛盾的冲突或急或缓，最终会导致社会形态的变化。

马克思主义对考古学的影响主要表现在以下几方面：

在某种程度上，马克思主义与新考古学有相通之处，如都认为社会运动是有规律的。因此接受马克思主义的考古学家也主张寻找社会发展的普遍规律。但马克思主义认为，思想意识离不开其政治环境，这又是不同于新考古学的方面。受马克思主义影响的学者们均认为：考古学与政治是分不开的。

马克思主义使得考古学家考虑客观、主观问题（如马克思主义中的地主或农民，其实是存在于不同社会中的，但又是人为划分出来的。不同时代其内容完全不同，因此他是客观的，但又不是客观的）。

而马克思主义对考古学影响最大的是其思想体系中的"意识"的定义。新马克思主义（古典马克思主义的后期发展）将重点由"物质"转移到"意识形态"问题上。这一转变，使得考古学家开始深入地探索人类意识是如何起作用的。

1987 年，马克·莱恩以一处 18 世纪美国马里兰州富翁威廉·帕卡（William Paca）所拥有的一处庄园为例，研究了花园的所有权和历史上被主人使用的情况。他注意到庄园主人与其奴隶之间的矛盾。庄园主不仅将自己的权力用法律形式明确下来，而且通过某种形式将权力体现到庄园本身及其自然环境中。

另一名学者吉尔曼（Gilman）研究了西班牙和葡萄牙地区青铜时代和新石器时代平等社会向等级社会的转型问题。先前的解释更强调，拥有一个相对权力中心（例如以酋长为中心）的社会要比没有权力中心的平等社会更有效率。但吉尔曼不同，他关心的是这样一个酋长制是否有利于整个社会，而不是效率问题。他强调的是酋长们是通过冲突来达到和维系其权力的，而且他们通过剥削他人，生活得更好一些。这种关注阶级、关注剥削的态度，是典型的马克思主义角度。

弗朗克斯汀（Frankenstern）和罗兰兹（Rowlands）提出一个模型解释中欧铁器时代社会阶级出现的问题。他们强调当地酋长从地中海地区输入"身份标志物"（Prestige Goods）的社会意义。

新马克思主义考古学与经典马克思主义的不同是，它更强调意识形态在决定社会发展演变中所起的作用。

马克思主义考古学的问题是过于教条。在考古实践中，理论与田野工作常有脱节现象。

批评理论和社会考古学　批评理论是在 20 世纪 70 年代后期兴起的德国法兰克福学派的影响下产生的。这一学派认为所有知识都具有历史性，都是被扭曲表达的。任何获取"客观知识"的愿望都是迷惑人、没有可能性的。客观存在本身即受世界观决定，与理论有关。这种观点被运用到考古学中，其结果是大为怀疑后过程主义者提出的所谓"假设—检验"。因为既然事实受世界观决定，谁来检验？何来检验？麦克·申克斯和克里斯朵夫（Michael Shanks and Christopher Tilley）在其名著《重构考古学》〔Re-constructing Archaeology（1987）〕一书中，对过程主义考古学家的许多推理过程进行了批评。按照该派观点，必然导致相对主义的出现。即任何个体对历史的认识都是受其世界观决定的，因此每个人之间的认识没有正确与错误之分。甚至任何人获得的历史知识都是有道理的。

社会政治考古学　该分支有时候被称为社会建构学派（Social Constructivism）。他们认为：科学知识并非纯粹是客观的。它至少部分地，甚至可能全部是"基于社会而构成的"（socially constructed）。如夸克的发现，其实不是"发现"的，而是由基金会、大学"制造"出来的。又如"种族"，体质人类学家其实无能为力，种族本质上是一个社会问题。因此他们主张，实验室的工作应该当成日常生活看待。实验室的工作本身是社会结构的一部分。在建构学派看来，"科学"与"不科学"是没有优劣之分的。因此新考古学要求将考古学引入"科学"领域，就成为一个很滑稽的事。对接受这一哲学的学者如麦克·申克斯和克里斯朵夫而言，根本不可能出现和存在实证主义考古学。考古学对过去的描述主要是一个有关政治规则问题（the way we write about the past is largely about political rules）。

这一派别的问题是，如果我们放弃实证主义的标准，我们还有别的标准吗？我们若接受他们的观点，要么必须相信有一种类似"科学"的理性神秘力量或魔法在起作用，要么陷于相对主义。

性属考古学　性属考古学是当代考古学中的最大热门话题之一。20 世纪 80 年代以后，性属考古与其他学科中的性属研究一道，席卷英美社会科学领域。

性属考古学涉及了以下几方面问题：

考古学研究中性属偏见的纠正：考古研究中存在男性中心论。即认为男性是社会的中心。现在需要在必要的地方"将女性放回"考古记录中。

性属的作用也属讨论范畴。性属作用因文化而异。从理论上说，性别是生物学上的，但性属是社会的。女性可以在社会中起男性的作用。而男性有时的表现却是女性的特征。因此，性属是文化的和社会结构的，它向考古研究提出的问题是：我们不能事先将男性的社会作用和女性的社会作用规定好了以后去研究古代社会。性属本身是需要研究的，至少不同时期男性和女性的作用不同。

认知考古学　认知考古学派从来不承认自己是后过程主义旗下的一个分支，他们宣称自己属于修订版的"过程主义"，甚至直名为"认知过程主义"（Cognitive Processualism）。的确，认知考古学提倡接受后过程主义的批评，因此与功能过程主义者有明显区别。

认知考古学反对单纯的描述，而主张解释。它仍然强调寻找社会发展的普遍性规律，不仅强调提出解释性假说，而且重视运用数据对假说进行检验。它反对作为批评理论死结的相对主义，它怀疑结构主义（或其他）考古学理论所主张的优先规探所谓古代社会内部的"意义"或倡导"意义的普遍法则"（universal principles of meaning）。就其外部来说，它不提倡拒绝新考古学实证成就的"后过程主义"。相反，它视它自身为吸收了众多后过程主义批评意见的 20 年前的功能过程主义的继承者。

认知考古学将自己与功能过程主义在以下方面区别开来：

1. 承认意识是社会生活中的活跃因素，因此必须在解释过程中予以足够重视，正如新马克思主义者所倡导的，意识形态作用于个体观念中。

2. 物质文化被视为组成今天世界的活跃因素，个体与社会相结合产生社会存在。

3. 社会内部冲突是研究中必须考虑的一个方面（吸收了马克思主义的观点）。

4. 早期的有关社会个体的历史解释应该重新审视。

5. 理智地放弃极端的实证主义哲学观。"事实"不再被视为独立于理论之外的客观存在（因为事实只有通过观察才能成为"事实"，而观察如果没有关于世界的理论和某种推理是办不到的，事实主要在于可以用来修正某种理论）。而且也认识到，像物理学一样寻求"文化过程法则"的方程式，未必是取得考古解释的必经之路。认知考古学与所有过程主义者一样，认为理论必须接受实践检验。它反对批评理论哲学信仰下的相对主义和后过程主义。但同时认为理论与实践的关系的确不像 30 年前人们认为的那样简单。

认知考古学派产生于英国，在美国也受到许多学者支持。如肯特·弗兰拉里和纠斯·马克斯（Joyce Marcus）考察了文化系统中的"意识形态系统"与其他子系统，认为它与其他系统是同样重要的。他们认为，对宇宙观、宗教观、符号观的研究，必须立足于经验（empirically grounded）。史蒂芬·弥森（Steve Mithen）则认为，考古学可以在适应生存的系统中，通过考察采猎者作出决定的过程来推导认知过程。

总的说来，他们认为可以在保住过程主义基本原则的同时开展对人类思维的探讨。

五 1990 年以来的考古学

进入 20 世纪 90 年代以来，考古学逐渐从冲突中建立起共识。结果是：过程主义"软化"其科学腔调。历史文化考古学在某种程度上找回了其本来的地位。而后过程主义在它的许多主张被认可之后，慢慢回到现实研究中来。

20 世纪 90 年代的考古学理论界，是一个多种声音共存的局面。认知考古学仍然有着比较大的市场，达尔文的进化论学说被考古学家赋予了新的生命。其他上述提到的各种理论也被人们应用到考古实践中。在研究实践中，理论正在逐渐成为某种问题的理论，与具体的研究结合得越来越紧密。正如伊·霍德指出的："抽象的理论并未与特殊领域分离。相反，特殊理论往往被某一类兴趣或在研究某一类问题时被人们接受。"

比如，旧石器或渔猎时代的研究往往乐于接受进化论观点。性属的观点对于后期考古的影响远大于对旧石器时代考古的影响；基于生存的物质主义理论也更多地被用于采集和狩猎时代的研究。而权力和观念理论则行之于复杂社会的研究中。现象学则特别被运用于史前纪念性建筑和景观考古（monuments and landscapes）。当人们讨论行为考古或认识考古时，人们头脑中通常已经有具体的问题（Specific Question）。因此，考古学理论其实是"××的理论"。

这样的认识不利于那种呼吁一元化理论的主张。

的确，20 世纪 90 年代的考古学界，也不乏主张用统一的学科理论来指导考古研究的，所谓用同一声音来说话（speak with a unified voice）。他们担心如果没有统一的理论将不利于考古学回报其他学科。如伦弗〔Renfrew（1994）〕试图将过程主义和后过程主义统一在认知考古学的旗帜之下（reaching an accommodation between processual and post-processual archaeology in cognitive processual archaeology）。而席福（Schiffer）等学者则认为其他理论主张可以转化为或者补充到行为考古学（Behavioral approaches）的行列中。甚至对于理论上的双重主义者（Theoretical Pluralism），也在试图最终归于一种理论主张中（can be seen as a strategic attempt to embrace and incorporate within one position）。

不过，在伊·霍德看来，我们不必担忧考古学理论的多样性（theoretical diversity in the discipline）。即使在当前理论并未统一的情况下，考古学也开始"回报"其他学科，开始向其他学科"输出"理论知识。

各种理论"并存"的同时，不同理论之间也出现明显的"相互吸收"现象。这种相互吸收现象在许多例子中可以看到。我们不妨举墓葬研究为例。

20世纪60年代以前，西方墓葬研究主要用来考察考古学文化的时空框架，建立文化谱系。有的学者也通过墓葬资料来探讨古代的宗教观念，但很少有学者利用墓葬的资料研究社会组织。随着新考古学的兴起，以宾福德和萨克思等为代表的一批美国考古学家通过观察、整理和统计现代民族学资料，逐渐发现埋葬制度的变化主要反映了社会组织的变化。用宾福德的话说，"社会埋葬制度的形式和结构取决于社会本身的组织的形式和复杂程度。"他曾以全球范围内40个非国家形态的社会民族学资料检验这一结论，结果得到证明。

20世纪70年代初，萨克思对3个著名的现代土著族的埋葬习俗进行了详细考察，得出与宾福德几乎完全一致的结论。20世纪70年代末，又有一名美国学者以30个现代土著民族为研究对象，再次证明宾福德和萨克思的结论是正确的。因此从20世纪70年代开始，认为埋葬制度反映社会组织的观点被学术界普遍接受，形成主导西方考古学研究的重要学说，即墓葬分析学。

西方的墓葬分析学不仅通过民族调查建立起理论基础，而且由于皮博（Peeble）、坦特（Tainter）等学者的努力，逐渐发展出一系列分析墓葬的具体的方法。其间经过20世纪80年代以伊·霍德、克里斯朵夫等为代表的后过程主义学者的有益批评，至20世纪90年代中期，墓葬分析法在西方已逐步走向完善。其中最重要的方法论成果是1995年美国人克里斯朵夫·卡尔（Christopher Carr）的对全球31个现代原始民族的埋葬制度的统计学分析。较之先前的调查，他的统计精到细密。他根据民族学资料列出39项可能决定埋葬制度的"主导因素"（determinants），如死亡地点、社会地位、年龄、性别。同时又根据考古资料，将埋葬制度细分为46个"回应变量"（response variables），如考古学观察到的死者的葬式、葬具、墓葬方向、墓葬形制等。然后分析这些"主导因素"

与"回应变量"之间的关系。

克里斯朵夫·卡尔的调查明显受到后过程主义的影响。由于他对过程主义墓葬学说产生不满,所以他才调查。

他的统计表明,墓地结构、能量投放、墓葬形制等变量明显偏向于反映社会组织。这些变量甚至可进一步区分为反映垂直社会结构的变量和反映横向社会组织的变量。另外一些变量如尸骨位置、墓葬方向、葬具摆放等偏向于反映宗教观念。

墓葬研究的理论从 20 世纪 60 年代以前的简单推测,到新考古学时期的民族调查(寻求中间理论)以探讨社会组织,再到 20 世纪 90 年代通过大量调查,详细列出墓葬变量背后包括社会组织和宗教观念在内的综合"决定因素",显示的不仅仅是墓葬学说的重大进步,它更是考古学理论在西方世界的发展道路的生动描述。

1989～1991：中国文明起源研究历程中的重要时刻

朱乃诚

1989 年 9 月至 1991 年 12 月，是中国文明起源研究历程中的重要时刻。

1989 年，中国社会科学院考古研究所在当时担任所长及《考古》杂志主编职务的徐苹芳主持下组成了"文明起源课题组"，并于当年 9 月 9 日以《考古》编辑部的名义召开了"中国文明起源座谈会"，该研究所的刘观民、谢端琚、高广仁、徐光冀、殷玮璋、杨锡璋、任式楠、邵望平、高炜、郑光等研究者参加了会议，并阐述各自对中国文明起源和文明社会产生的有关问题的看法，标志着该阶段的开始。

这以后，"文明起源课题组"展开了一系列的活动，前往浙江、上海、江苏、辽宁等地，对良渚文化和红山文化的重大发现进行学术考察。于 1991 年 11 月 17 日在徐苹芳主持下又召开了为期 13 天的"中国文明起源研讨会"，"文明起源课题组"成员杨锡璋、任式楠、邵望平、高炜、郑光，以及辽宁省文物考古研究所孙守道与郭大顺、上海博物馆黄宣佩与宋建、南京博物院纪仲庆、汪遵国与邹厚本、浙江省文物考古研究所牟永抗与王明达等有关研究人员近 20 人参加了会议。会议前一阶段考察山西襄汾陶寺、河南偃师二里头、偃师商城和殷墟等重要遗址，后一阶段在北京举行学术座谈。苏秉琦在座谈会上作了报告，会议就文明的概念与标志、中国文明的特点与模式、考古学探索文明起源的作用与地位，以及今后探索的途径与方法等问题进行了讨论。

进入 1992 年，"文明起源课题组"因故突然中断学术研究活动。所以，1991 年 11 月 17 日至 29 日召开的"中国文明起源研讨会"，可作为这一阶段文明起源研究结束的标志。

1989 年 9 月至 1991 年 12 月，仅有两年多的时间。我们之所以将这两年多的学术研究历程划分为一个小的发展阶段，是因为这两年多的学术研究历程，在中国文明起源研究史上具有特别重要的历史意义，产生了一系列引导后来中国文明起源研究方向的重要的研究认识。

一　1989～1991 年中国文明起源研究的历史意义

1989 年 9 月至 1991 年 12 月这两年多的中国文明起源研究的历史意义，主要有以下三个方面。

(一) 开创了以国家一级学术研究机构为主导的有组织、有计划地进行中国文明起源专项研究的形式

在 1989 年以前，中国文明起源研究，虽然是由于考古学发掘研究的进展及其获得的重大突破而引发进而发展的，但是，应用考古学研究成果进行中国文明起源的专项研究，并不是学术研究机构组织进行的，而是那些学术研究机构中研究者个人的学术探索。所以，在 1989 年以前，中国文明起源研究从来没有以学术研究机构的名义有组织的进行，研究形式，严格地讲都是个人的学术行为，这种研究方式影响了中国文明起源研究的有计划有步骤地进行，即影响了中国文明起源研究全面有序的展开。

1989 年，中国社会科学院考古研究所组成"文明起源课题组"，开展一系列的学术活动，是当时该研究所设立并力图落实的一项长期的研究计划，并联系有关学术研究机构一起有步骤地开展相关的研究工作，开创了以国家一级学术研究机构为主导的有组织、有计划地进行中国文明起源专项研究的形式，改变了以个人为主或以某个考古发掘队为主的单打独斗的研究局面。这样的研究形式，一开始就展示出十分稳健的研究姿态和雄厚的研究实力，顿时使中国文明起源研究呈现出一派生机。有力地激发了许多研究者探索中国文明起源的激情与欲望，又一次促进了当时在学术界有影响的一批学者参与到中国文明起源的研究中来。

(二) 使中国文明起源研究获得实质性的进展

在夏鼐的《中国文明的起源》[1]一文在国内公开发表之后的 1986～1989 年期间，虽然因苏秉琦等学者的推动，中国文明起源研究开始进入全面开展时期。但是，除了苏秉琦对中国文明起源问题提出了突破性的看法，形成了系统的认识，以及田昌五从理论上对中国文明起源的概念提出新看法外，一些学者的研究尚属初试或初论状态，有的则抱守原有的认识未作深入的探索，更多的学者则是在云山雾罩里看花等待。所以，1986～

1989 年的中国文明起源研究，虽然十分高涨、引人注目，但整体上缺乏有序的进行，加上苏秉琦的一些论述迟于发表，或一些学者疏于阅读、难于理解，使得这时期的中国文明起源研究，表现得较为混乱。

而 1989 年中国社会科学院考古研究所组成"文明起源课题组"，展开系列学术活动，在短短两年的时间内，有步骤地开展对"文明"的概念与标志的探索，考察与文明起源研究有关的重要遗址及发掘研究收获，分区域重新认识中原、太湖、辽西等地区的文明起源问题，探索中国文明起源的特点与模式，探索研究方法和途径，拟重点发掘有关重要遗址，进行全方位的个案研究，对整个探索研究过程及研究成果形式等，做出十分理智和稳妥的安排。这些探索研究措施的出台和落实，表明中国文明起源研究，继前一阶段提出问题之后，开始有序地开展并获得实质性的进展。这时期探索研究取得的对中国文明起源问题的一系列认识（见后述），更表明了该阶段的中国文明起源研究获得实质性进程的状况。

（三）对后来的中国文明起源研究产生了重要的影响

"文明起源课题组"的研究工作在 1992 年因故突然中断，意味着以国家一级学术研究机构为主导的有组织、有计划地进行中国文明起源研究的形式突然中断，标志着这一阶段的结束。然而这一阶段开展的探索中国文明起源的研究形式以及形成的一系列认识，对后来的中国文明起源研究产生了重要的影响。

例如，以国家一级学术研究机构为主导的有组织、有计划地进行中国文明起源研究的形式，在间隔了 1992~2000 年这 9 年之后，于 2001 年又开始了由国家科学技术部支持的"中华文明探源工程预研究"项目。"中华文明探源工程预研究"项目实施课题组形式，设立了 9 项子课题 24 个专题，其研究组织形式，实际上是 1989~1991 年以国家一级学术研究机构为主导的有组织、有计划地进行中国文明起源研究形式的继续与发展。

又如，"文明起源课题组"的一系列学术活动及其形成的一系列认识，如"文明"的概念与标志、各区域的文明起源过程、史前城址、中国文明起源的模式与特点、龙山时代礼制问题等方面的议题，成为 1992 年以后重点探索研究的内容。而由夏鼐明确的、在 1989~1991 年期间得到强调的考古学探索解决中国文明起源问题的研究作用，在 1992 年以后成为学术界的共识，在全国几个主要区域积极推进考古学研究，寻找与中国文明起源有关的考古学遗存，全面地开展考古学研究解决中国文明起源问题。

还如"文明起源课题组"的系列学术活动与研究工作的开展所造成的学术气氛与

声势，在全国范围内带动了一大批研究者参与中国文明起源研究，尤其是一批在学术界有影响的学者在 1992 年开始纷纷开展中国文明起源问题的研究，成为 1992～2000 年期间中国文明起源研究的主要支撑者，并且形成了对中国文明起源的系统认识，使中国文明起源研究结出了丰硕的果实。

上述三个方面的历史意义表明，1989 年 9 月至 1991 年 12 月这短暂的两年多时间里，是中国文明起源研究史上的一个十分重要的时刻。他开创了中国文明起源研究的新局面，为全面推进中国文明起源研究做出了重要的贡献。这时期的中国文明起源研究的形式，虽然在 1992 年中断了，但研究的内涵却被学术界延续了下来；某些研究计划，以改变了的形式继续进行。如在撰写《中国文明的形成》一书的推动下，一批有分量的研究成果相继问世，成为 1992 年以后中国文明起源研究中重要的学术研究成果。

二　1989～1991 年中国文明起源研究的主要成果

1989～1991 年中国文明起源研究的学术成果，主要体现在由中国社会科学院考古研究所组织召开的"中国文明起源座谈会"[2]与"中国文明起源研讨会"[3]的两次会议上，以及苏秉琦努力重建中国史前史。此外，由山东省考古学会举办的"纪念城子崖遗址发掘 60 周年国际学术讨论会"对中国文明起源研究亦有极大的推进。而取得的重要进展，则主要是对"文明"一词的概念与标志的认识，对中国文明起源的模式与特点以及研究途径与方法的探索，对中原、海岱、环太湖及辽西等几个主要区域的文明起源问题产生了新的认识等。

(一) 对"文明"一词的概念与标志的探索所形成的新的认识

对"文明"一词的概念与标志问题，这时期进行了重点探索。如在 1989 年 9 月 9 日召开的"中国文明起源座谈会"和 1991 年 11 月下旬召开的"中国文明起源研讨会"上进行了深入的探讨，近 20 位研究者发表了看法，形成了一批重要的认识。这些认识大体上是在理解摩尔根—恩格斯的有关社会发展史学说，以及夏鼐论述的有关"文明"一词的概念与标志的基础上的进一步阐述。

这时期探索"文明"一词的概念与标志，有以下三个特点。

一是在概念上一般都明确文明要素的起源和文明社会的形成是两个不同的概念。对"文明"一词的概念大都认为是社会发展的一个阶段，其核心是阶级社会、国家。这方面的认识，基本上与夏鼐在 1983 年对"文明"一词的概念所下的定义是相同的。

　　二是对"文明起源"的内涵进行深层次的探讨。这种探讨，有的重在理论上的阐述，有的则重在考古学探索上的具体内涵。

　　三是着力探索文明的标志，或是文明的要素，探索具有中国特点的文明要素。除了以往提出的文明的三个标志或三要素外，还提出了四个标志、五个要素、六个要素等。

　　这时期探索"文明"一词的概念与标志所形成的认识，最重要的有两项。一是提出将礼乐制度的形成作为中国文明时代的一项标志，并对龙山时代礼制的内涵进行广泛的探索。二是指明文明起源研究的确切含义是氏族到国家。

　　对龙山时代礼制问题的探索　龙山时代的礼制问题，最早是在 20 世纪 70 年代末由唐兰和邹衡注意到的。如唐兰在 1978 年已注意到大汶口文化晚期大墓随葬品的组合可以和殷周墓葬中的彝器相比[4]。邹衡则认为二里头文化中的觚、爵、鸡彝、瓦足皿等四种器物是夏文化中最主要的礼器，它们大都来自东方，或者同东方有着密切的关系，并推测夏礼可能是继承虞礼而来的[5]。而 1978 年至 1988 年期间，陶寺文化、红山文化、良渚文化及山东龙山文化的一系列考古发现，学术界开始提出了研究龙山时代的礼器、礼仪性建筑及礼制问题。在这些研究基础上，1989 年，高炜开始系统阐述龙山时代礼制问题，并强调把礼制列为文明要素之一。

　　高炜在 1989 年 9 月 9 日召开的"中国文明起源座谈会"上以及在 1989 年发表的《龙山时代的礼制》[6]一文中提出：同城市、文字、金属器、礼制性建筑诸文明要素一样，应该把礼乐制度的形成视为中国进入文明时代的一项标志。他认为礼的许多内容来源于原始习俗，同属上层建筑范畴，但它们又有质的区别，是不同社会关系的产物。礼是植根于私有制基础上的等级制的产物，其核心是贵族的等级名分制度，用以确定上下、尊卑、亲疏、长幼之间的隶属服从关系。礼的产生标志着随着社会关系改变，人们伦理道德观念发生的质变。国家是文明社会的基本条件，无论是研究古代思想文化，还是研究早期国家的政治制度以至阶级和等级构成，都离不开对礼乐制度的研究。

　　他认为在礼与城市、文字、青铜器、礼制性建筑诸文明要素的关系方面，三代城市的规则应该说与礼有关，甲骨文中关于祭祀等内容的记载也涉及礼的范畴，青铜礼器实质上是礼的物质表现形式，礼制建筑同样是礼的物化。礼制建筑和青铜器的存在都不是孤立的，它们都是按照礼制来设置并表现其社会功能的。

　　他还认为礼制形成于龙山时代，龙山时代墓葬中非铜礼器组合，是早期礼器的特点；礼乐制度产生于中国古代文明的形成期，是中国文明固有的特点之一。并进一步认为通过对考古发掘出土的各种与"礼"有关的遗迹遗物的研究，找出它们的内在联系，才有助于对文明形成过程有更深入的了解，得出规律性的认识。即重视对礼乐制度的考古学研究，将有助于把中国文明起源的研究引向深化，同时也有助于对中国文明自身特点的理解。

与此同时，徐苹芳、刘观民、任式楠、邵望平、汪遵国、吴汝祚、牟永抗等也都认为礼制遗存可以作为进入文明的标志。如徐苹芳认为：在中国文明起源中，"礼"是很重要的。"礼"表现在建筑上有宫室宗庙；要祭祀，便要有礼器；为了表示身份和地位也要用礼器。礼除青铜器外，还有彩绘陶器、漆木器和玉器，其中有些是礼乐之器。礼里面的玉器，是中国独有的[7]。刘观民则指出：中国的礼制是观念形态上的最高体现，它的发生发展促使原始社会解体[8]。高炜还认为礼与刑并行不悖，相辅相成，标志着国家职能的完备[9]。

由于以上这些认识的形成，探讨中国早期礼的出现和礼制的形成问题，成为中国文明起源研究中的一个热点。

苏秉琦提出文明起源研究的含义是氏族到国家 文明起源研究的确切含义是什么，在1991年以前没有进行过专门的探索，也没有提出过明确的解答。虽然夏鼐在1983年论述《中国文明的起源》时已指明了"文明"一词是指"一个社会已由氏族制度解体而进入有了国家组织的阶级社会的阶段"。但许多研究者都疏于理解这句话的深刻含义，在后来的中国文明起源研究中，往往忽略了其所进行的文明起源研究的确切含义是什么。1991年，苏秉琦经过多年的探索，并结合重建中国史前史，提出文明起源研究的含义是氏族到国家。

如苏秉琦在1991年9月18日召开的"中国考古学会第八次年会"闭幕式上指出："文明起源，换句话说，即'从氏族到国家'"[10]。他在1991年11月27日至30日召开的"中国文明起源研讨会"上还进一步指出："文明起源，我意就等于恩格斯《家庭、私有制和国家的起源》的另一种简化的提法。它是马克思主义哲学的组成部分。其实'文明起源'的确切含义，恩格斯的书名已经很清楚地表达出来了，指的就是家庭、私有制和国家的起源。全部人类历史的中间分界线不就是这些吗？"[11]

苏秉琦对文明起源研究含义的这一提法，不仅以极其简赅的语言阐明了摩尔根—恩格斯的有关社会发展史学说中有关文明起源的认识，而且还与他努力重建中国史前史结合了起来。如他在1991年发表的《重建中国古史的远古时代》[12]和《关于重建中国史前史的思考》[13]两篇文章中强调要研究从氏族到国家发展的历史。又如他于1991年8月再次强调："重建中国史前史，就是要回答中国从氏族到国家是怎么走过来的。"[14]

苏秉琦强调的文明起源研究的确切含义就是氏族到国家，以及是为了重建中国史前史的这一认识，为中国文明起源研究的发展，指明了方向。

（二）对中国文明起源的模式与特点的探索

中国文明起源的模式与特点，虽然在 1989 年以前有研究者已注意到，但进行重点探索，则是在 1989～1991 年期间开展起来的，主要是佟柱臣、苏秉琦的有关探索，以及 1991 年 11 月下旬在北京召开的"中国文明起源研讨会"上进行重点探索所形成的一些认识。其中，除安志敏等人再次强调黄河流域是中国文明的发祥地外[15]，最重要的是："方国文明"内涵的揭示，将"方国文明"作为中国文明起源过程中的一个发展阶段；提出中国文明起源的模式与特点是多源一统的格局等。

将"方国文明"作为中国文明起源过程中的一个发展阶段 "方国"概念，在中国先秦史研究中，尤其是商周史研究中，早已应用，在中国文明起源研究中也早就提出。但在开展中国文明起源研究中应用"方国文明"概念表明中国文明起源与发展的特点，则始见于 1991 年。主要有佟柱臣和任式楠的探索。佟柱臣在《考古》1991 年第 11 期上发表《中国夏商王国文明与方国文明试论》一文，从考古学角度论述了"方国文明"。他指出："方国为王畿以外之余国，夏朝、商朝均有方国"，并认为夏家店下层文化是方国。1991 年 10 月 12 日在山东济南召开的"纪念城子崖遗址发掘 60 周年国际学术讨论会"上，他又作了进一步的论述。提出：王国文明有起源问题，方国文明亦有起源问题；方国文明赖王国文明以促进，王国文明赖方国文明而璀璨，这应是中国文明起源的特点；只有王国文明与方国文明结合在一起去探索，才能找到中国文明起源的实际[16]。

佟柱臣提出"方国文明"的概念，是相对于夏商"王国文明"而言的。并指明了各方国文明都有各自的起源问题。而任式楠提出了新的"方国文明"的概念。他在论述良渚文化中、晚期遗存当已进入方国文明时代时指出："《史记》记载禹会诸侯于涂山，执玉帛者万国。反映存在'邦国'、'方国'的史实。这种方国文明应是中国文明时代始创期的普遍形式。"任式楠运用的"方国文明"概念，是指夏商以前龙山时代的社会形态，是中国历史发展的一个阶段[17]。这种将二里头文化之前有一个"方国"或"邦国"发展阶段的认识，对后来的中国文明起源研究探讨距今四五千年间的社会形态等，产生了重要的影响。

苏秉琦提出中国文明起源模式是多源一统的观点 苏秉琦自 1981 年提出重新认识黄河流域在中国文明起源中作用以来，1987 年提出了涉及中国文明起源模式与特点的新认识，后又不断探索，于 1991 年从宏观上对中国史前文化的总体系做出理论概括，提出了多源一统的观点。

他指出：相对于世界其他几大历史文化系统而言，中国文化是自我一系的；中国古代文化又是多源的；它的发展不是一条线贯彻始终，而是多条线互有交错的网络系统，但又有主有次。各大文化区系既相对稳定，又不是封闭的。通过区内、外诸考古学文化的交汇、撞击、相互影响、相互作用，通过不断地组合、重组，得到不断更新，萌发出蓬勃生机，并最终殊途同归，趋于融合。中国文明之所以独具特色、丰富多彩、延绵不断，中华民族之所以能够形成一个统一的多民族国家并在数千年来始终屹立在世界的东方，都与中国文化的传统、中国文明的多源性有密切关系。同世界上其他文明古国的发展模式不同，多源、一统的格局铸就了中华民族经久不衰的生命力[18]。

苏秉琦在这时期提出的有关中华民族多源（元）一统的格局的看法，在当时即产生了重要影响。在 1991 年 11 月下旬召开的"中国文明起源研讨会"上，一些研究者从不同角度论证中国文明起源形成的"多源一统"的观点。如邵望平提出夏商文明的形成既是以中原为中心的更是多源的。高炜通过对埋葬制度、尤其是对陶寺墓地的分析，理解多源一统的观点，他提出：在各区系互有交错的网络格局中，以华夏族为主体的中原地区，占有优越的地理位置和地理环境，并且具有极强的开放性和凝聚力，能博采众长，纳四方之精华，从而造就出蓬勃生机，并最终在公元前第三千纪后半叶形成高于周邻的中心地位，奠定了三代文明的根基[19]。苏秉琦在这时期提出的这一看法，也是后来他论述中华民族多元一体格式的先期认识。这种以新石器时代考古学文化研究为基础来探索中国文明起源的模式的方式，一直影响着后来这方面的探索研究。

（三）对研究方法的探索

探索中国文明起源研究的方法和途径，是中国社会科学院考古研究所组成"文明起源课题组"后特别强调的，尤其是强调考古学研究的方法。如徐苹芳多次强调探索研究的方法与途径问题。他在 1989 年 9 月 9 日召开的"中国文明起源座谈会"上指出：中国文明的起源和文明社会的产生是中国古代史上的大课题，也是中国考古学上的大课题，而最终的解决还是要靠考古学。探索文明社会的产生是很具体的，我们的工作基础必须是在文化序列发展清楚，文化类型关系清楚，文化内涵丰富的遗址上面，要对这个文化或遗址作深入地个案研究，揭示其文明社会产生的具体过程和细节，在若干个案研究的基础上，再作大区域的综合研究，逐步推广，找出带有规律性的东西。这就要求我们要重视田野考古工作，提高田野考古的质量[20]。他还在 1991 年 11 月下旬召开的

"中国文明起源研讨会"上将文明起源研究在中国考古学中的地位和今后探索的途径作为会议的一项重要议题，与会者提出了一系列有益的意见。如探索中国文明起源的研究，必须以马克思主义为指导，有组织地进行大小课题的研究；应将中华文明起源研究列入国家"八五"社会科学重点课题，并在全国范围内组织实施；中华文明起源考古学研究的内容、方法，应与以文献为主体的历史学研究有所区别，重点应放在考古学遗迹遗物的发现，即野外工作的突破；有目的地探寻和较大规模发掘几处关键性遗址；在文化交汇地区多做工作；加强对自然环境与生态环境的变化、气候变化的研究；制定近期与远期的研究规划，特别是多学科研究的规划，或联合攻关，或分工研究，一并实施；深入理解考古学上已得到确证的商周文明的内涵和特点；搜集、翻译、编写国内外有关中国文明起源发现研究的最新信息、资料和论文集等；重视社会的反响和参与，取得社会各界更多的支持[21]。这些意见，虽然未在"文明起源课题组"运作时期得到落实，但大多为 2001 年开展的国家科技部支持项目"中华文明探源工程预研究"以及后来开展的"中华文明探源工程——中华文明起源与早期发展研究"项目所吸取并组织实施。

　　1989～1991 年中国文明起源研究的方法与途径还有如下一些特点。如加强对文明要素的研究，对文字、青铜器、城市和礼制的起源，逐项进行讨论探索；通过研究王国文明的起源和方国文明的起源来探索中国文明的起源，提出进行王权与神权相结合的特征的研究以探讨国家形成过程中的社会形态核心结构；提出"玉器时代"并试图从玉器这一具有东方文明特征的角度来探索中国文明的起源；强调与夏文化探索结合起来进行中国文明起源研究等。而其中最重要的是通过重建中国史前史以深化中国文明起源的研究。

　　重建中国史前史是苏秉琦开展中国文明起源研究的目的之一，但在重建中国史前史的过程中却深化了中国文明起源的研究。苏秉琦在 1989 年提出重建中国史前史到 1991 年形成三篇有关重建中国史前史的文章，阐发了一系列他应用考古学研究成果构建中国史前史的认识。而研究方法和途径方面则有两个重要突破。

　　一是围绕社会从氏族公社向早期国家的发展，着重论述中华民族的形成与中国文化传统组合与重组问题，使得全面分析中国新石器文化以探索中国文明起源的研究，得以有效地开展起来。

　　二是在重建中国史前史过程中，吸取的经典著作的思想，明确的文明起源研究的含义，形成的要从社会分工、技术进步和社会发展水平，即从技术、经济发展的角度来研究从氏族到国家发展的认识，从中国文化传统组合与重组现象中考察中华民族形成的方式等，拓宽了研究思路，为重建中国古史框架铺平了道路，也为构建中国国史框架模式找到了理论依据,使得中国文明起源研究中对经典著作理论的运用,开始步入吸取其精髓、灵活运用、创造中国国家起源学术体系的新阶段。

强调以马克思主义的理论为指导开展中国文明起源研究,是这时期在研究方法方面的一个重要的特点。

(四) 对中原、海岱、环太湖及辽西等几个主要区域文明起源问题的新认识

1989~1991 年形成的对中原、海岱、环太湖及辽西等几个主要区域文明起源问题的认识,较前一阶段有了重大的发展。这些认识主要是在"中国文明起源座谈会"、"中国文明起源研讨会"、"纪念城子崖遗址发掘 60 周年国际学术讨论会"这三个学术会议上以及苏秉琦重建中国史前史的研究中产生的。

对中原地区文明起源问题的新认识　对中原地区文明起源问题的认识,除了注重对文明因素起源的实证研究,大都认为二里头文化已进入文明时代外,敏感的议题是如何认识龙山文化时期的社会发展阶段,以及苏秉琦对中原地区文明起源问题的系统的看法。

对龙山文化时期的社会发展阶段,提出了两种不同的看法。一种意见以杨锡璋为代表,认为中原龙山文化正处在"英雄时代"、文明社会的大门口中,尚未进入国家社会。另一种意见以郑光为代表,认为中原龙山文化中、晚期甚至更早一些时候已进入文明时代、国家社会[22]。杨育彬则认为,河南龙山文化晚期即夏代初期,进入了文明时代[23]。这种不同的观点,主要是对陶寺文化遗存的认识不同产生的。也就是说,这时期对中原地区文明起源问题的认识,开始聚焦于陶寺文化。又如邵望平认为,陶寺文化显现了中央王国的气派与核心地位;高炜认为,陶寺遗存同颛顼以后的传统较吻合,可以理解为国家朝成熟的方向又迈进一步[24]。

苏秉琦对中原地区文明起源问题的系统认识,是在重建中国史前史中形成的。他认为:半坡、姜寨所处的时代发生了氏族社会的转折,即由繁荣的顶点走向衰落、解体的转折。至距今 5000 年前后,在古文化(原始文化)得到系统发展的各地,古城、古国纷纷出现。陶寺文化的文明的火花,主要是在中原原始文化与北方原始文化交流重组中产生的,由此奠定了"华夏"的根基。并再次论述了"中国"发展的三个过程,即龙山时代或传说中"五帝"时代的"中国",三代时期的"中国"和秦汉时期的"中国"[25]。

对海岱地区文明起源问题的新认识　对海岱地区文明起源问题的认识,因这时期

发掘确认了山东章丘城子崖与邹平丁公山东龙山文化城址，以及临朐西朱封山东龙山文化大型木椁墓而开始获得突破；江苏新沂花厅墓地的再次发掘又发现一批重要现象引起研究者对海岱地区文明起源的特别关注；而"纪念城子崖遗址发掘 60 周年国际学术讨论会"的召开，和东夷文化的全面探索，进一步推进了海岱地区的文明起源研究。使得 1989～1991 年是海岱地区文明起源研究历程中一个十分重要的时期。

这时期形成的对海岱地区文明起源问题的新认识，主要有以下三种。

汪遵国提出了山东龙山文化时期，地区性的由大部落发展而形成的雏形国家已经出现[26]。

张学海认为海岱地区在距今 5000 年左右的大汶口文化中晚期之交，可能已出现最早的国家——部落古国，进入了文明时代；城子崖龙山文化城址是夷族建立的一个相当强盛的方国；古代中国东方具有五千年的文明史[27]。

严文明论证岳石文化是夏代夷人文化，并推测古史传说中东夷祖先太昊的时代应在大汶口文化晚期[28]。

此外，俞伟超提出了山东龙山文化以及良渚文化的衰变是发生在 4000 多年前的大洪水的推测[29]。

对环太湖地区文明起源问题的新认识　1989～1991 年期间对环太湖地区文明起源问题的认识，主要是在前一阶段发现的浙江余杭反山与瑶山祭坛墓地、上海青浦福泉山墓地等一大批重要资料的分析与消化的基础上产生的，而召开的两次中国文明起源研讨会，则为进一步分析这些资料、阐述这些认识提供了条件与舞台。通过两次中国文明起源研讨会，对环太湖地区文明起源问题的认识，发生了一次质的变化或说是一次飞跃，这种认识上的突破，主要是由任式楠、王明达、黄宣佩、牟永抗与吴汝祚等人提出的。

任式楠首次认识到在我国东部临海地区史前玉器繁盛阶段中、晚期的玉器文化在原始社会瓦解和进入阶级社会的过程中具有特殊的意义，当是与早期文明社会有联系的[30]。并通过对良渚聚落群址、良渚文化高规格墓地，大墓中随葬玉器种类与数量等的分析，提出良渚文化中、晚期当已进入方国文明时代。还由此认识到方国文明应是中国文明时代始创期的普遍形式[31]。

王明达明确提出良渚文化已进入文明[32]。

黄宣佩通过对良渚文化的农工具、手工业、社会等级以及原始文字等方面的具体分析，提出良渚文化中晚期已进入文明时期[33]。

牟永抗与吴汝祚则依据良渚文化、红山文化、大汶口文化——龙山文化、陶寺文化、薛家岗文化、石家河文化、石峡文化等的发现，提出了"玉器时代"一词[34]。

以上这些认识，是在环太湖地区文明起源研究逐步深化的过程中形成的，虽然在当时即引起了激烈的讨论，至今也未得到公认，但是，这些认识将环太湖地区文明起源问题的认识提升至一个新的阶段，开拓了环太湖地区乃至中国文明起源研究的思路，对后来的文明起源研究产生了重要的影响。

对辽西地区文明起源问题的新认识　1989～1991 年对辽西地区文明起源问题的新认识，主要是由苏秉琦、刘观民和郭大顺提出的。

苏秉琦在重建中国史前史中开始提出辽西地区的社会发展早于中原。他依据辽宁阜新查海遗址发现的距今 8000 年左右的玉器等，认为没有社会分工生产不出玉器，没有社会分化也不需要礼制性的玉器，因此，辽西一带的社会分化早于中原。8000 年前阜新查海玉器以及其后红山文化"坛、庙、冢"的发现，是辽河流域前导地位最有力的证明[35]。1991 年 8 月，他还提出了距今 8000 年前阜新查海玉器反映了辽西文明起步问题[36]。

刘观民阐述了在辽西地区寻求文明曙光设想的依据：一是红山文化中发现了礼仪性的大型建筑群，二是红山文化房址中发现了陶范[37]。

郭大顺则将苏秉琦在 1985 年提出的指夏家店下层文化至燕文化时期的"古国"概念，来认识东山嘴、牛河梁红山文化晚期的"坛、庙、冢"等遗存所反映的社会组织[38]。

此外，长江中游地区的文明起源研究，以探索距今四五千年间的中心聚落址和城址为契机，也在这时期开展起来。

以上这些研究成果充分表明，1989 年 9 月至 1991 年 12 月期间的中国文明起源研究，获得了重大的进展。虽然这时期的时间仅有两年多，有关的重大发现也不多，但是由于中国社会科学院考古研究所组成"文明起源课题组"，开始了有组织、有计划地探索中国文明起源的研究，召开的两次小规模的中国文明起源学术讨论会着重于理论探索与系统研究，以及苏秉琦重建中国史前史的探索，使得中国文明起源研究呈现出一派生机，产生了一系列认识上的突破。为后来的中国文明起源研究奠定了理论、方法、认识方面的雄厚基础，开启了中国文明起源研究的一个新阶段。

1989 年 9 月至 1991 年 12 月，是中国文明起源研究历程中具有深远学术史意义的重要时刻。

〔1〕《文物》1985 年 8 期；《中国文物的起源》，文物出版社，1985 年。

〔2〕《中国文明起源座谈纪要》，《考古》1989 年 12 期。

〔3〕《中国文明起源研讨会纪要》，《考古》1992 年 6 期。

〔4〕唐兰：《再论大汶口文化的社会性质和大汶口陶器文字——兼答彭邦炯同志》，《光明日报》1978年 2 月 23 日。

〔5〕邹衡：《夏商周考古学论文集》163～166 页，文物出版社，1980 年。

〔6〕《庆祝苏秉琦考古五十五年论文集》，文物出版社，1989 年。

〔7〕《中国文明起源座谈纪要》，《考古》1989 年 12 期。

〔8〕《中国文明起源座谈纪要》，《考古》1989 年 12 期。

〔9〕《中国文明起源研讨会纪要》，《考古》1992 年 6 期。

〔10〕苏秉琦：《在中国考古学会第八次年会闭幕式上的讲话（提纲）》，《华人·龙的传人·中国人——考古寻根记》，辽宁大学出版社，1994 年。

〔11〕苏秉琦：《在中国文明起源研讨会上的讲话》，《华人·龙的传人·中国人——考古寻根记》，辽宁大学出版社，1994 年。

〔12〕《史学史研究》1991 年 3 期。

〔13〕《考古》1991 年 12 期。

〔14〕苏秉琦：《文明发端 玉龙故乡——谈查海遗址》，《华人·龙的传人·中国人——考古寻根记》，辽宁大学出版社，1994 年。

〔15〕安志敏：《谈谈中国文明的起源》，《河南师范大学学报》1991 年 3 期。

〔16〕佟柱臣：《中国文明起源的诸问题》，《纪念城子崖遗址发掘 60 周年国际学术讨论会文集》，齐鲁书社，1993 年。

〔17〕《中国文明起源研讨会纪要》，《考古》1992 年 6 期。

〔18〕苏秉琦：《关于重建中国史前史的思考》，《考古》1991 年 12 期。

〔19〕《中国文明起源研讨会纪要》，《考古》1992 年 6 期。

〔20〕《中国文明起源座谈纪要》，《考古》1989 年 12 期。

〔21〕《中国文明起源研讨会纪要》，《考古》1992 年 6 期。

〔22〕《中国文明起源研讨会纪要》，《考古》1992 年 6 期。

〔23〕杨育彬：《龙山文化与中国文明——纪念城子崖龙山文化遗址发掘六十周年》，《纪念城子崖遗址发掘 60 周年国际学术讨论会文集》，齐鲁书社，1993 年。

〔24〕《中国文明起源研讨会纪要》，《考古》1992 年 6 期。

〔25〕苏秉琦：《关于重建中国史前史的思考》，《考古》1991 年 12 期。

〔26〕《中国文明起源研讨会纪要》，《考古》1992 年 6 期。

〔27〕张学海：《城子崖与中国文明》，《纪念城子崖遗址发掘 60 周年国际学术讨论会文集》，齐鲁书社，1993 年。

〔28〕严文明：《东夷文化的探索》，《文物》1989 年 9 期。

〔29〕俞伟超：《龙山文化与良渚文化衰变的奥秘——致"纪念城子崖遗址发掘六十周年国际学术讨

论会"的贺信》，《文物天地》1992 年 3 期。

〔30〕《中国文明起源座谈纪要》，《考古》1989 年 12 期。

〔31〕《中国文明起源研讨会纪要》，《考古》1992 年 6 期。

〔32〕《中国文明起源研讨会纪要》，《考古》1992 年 6 期。

〔33〕《中国文明起源研讨会纪要》，《考古》1992 年 6 期。

〔34〕牟永抗、吴汝祚：《试谈玉器时代——中华文明起源的探索》，《中国文物报》1990 年 11 月 1 日。

〔35〕苏秉琦：《关于重建中国史前史的思考》，《考古》1991 年 12 期。

〔36〕苏秉琦：《文明发端 玉龙故乡——谈查海遗址》，《华人·龙的传人·中国人——考古寻根记》，辽宁大学出版社，1994 年。

〔37〕《中国文明起源座谈纪要》，《考古》1989 年 12 期。

〔38〕《中国文明起源研讨会纪要》，《考古》1992 年 6 期。

陶器型式判定的量化问题

——以《赤壁土城》发掘报告的编写为例

彭明麒　朱俊英

陶器的类型学研究，是考古学的一个传统基本功，分型分式几乎是考古报告整理编写的代名词。关于陶器型式的表述，经前人不断地实践与总结，其理论与方法已达到相当的高度和科学水准。因而我们在《赤壁土城》发掘报告的编写过程中，一如既往，充分借鉴已有的研究成果，尽量沿用传统的陶器型式表述方式。但当面对发掘材料的客观实际进行对比分析时，总还是有些疑惑阻碍了我们的规行矩步。因为习用的型式表述词语不具确定性，总觉得不尽如人意；尤其是直观描述不能排除直观错觉所造成的差误，这样的描述并不直接，也并不客观。随着科学研究的不断深入，需要研究的关系越来越复杂，对客观材料的判别和描述的精确性要求也越来越高，由此我们产生了寻求更为明确、肯定的表述方式的愿望。于是，我们尽力从理论上探求，在方法上摸索，将最基本的"量化方法"引入陶器型式的判定与描述。这里布陈一些尝试的心得与作法，以就教于大家。

一　陶器型式传统直观描述的疑点

在传统的陶器型式划分中，常用的词语是没有量度的模糊概念，亦即没有一个明确的标准，完全靠研究者直观的感觉判断，不同的研究者对同一对象会有不同的判断与归类，其结果是游移不定的。

对于出土器物中常见的罐与盆，传统的类型划分上有一定之规，描述也形成了若干程式化的语言。如"型"的描述例子："罐：据口沿特征分二型。A型：小口罐，腹鼓，圆唇。……B型：折沿罐，侈口，体较大，圆腹。……"；"盆：根据口部特征分二型。A型：敞口盆4件。平折沿，浅腹，平底，中腹有一道折棱。……B型：敛口盆：深腹，折沿，弧壁。"

例中 A 型罐为小口，而 B 型罐为侈口。对此可作两种理解：1. 小口不侈，侈口不小。2. 小口就是小口，侈口就是侈口（不管口大还是口小）。无论哪种解释，小口是以什么尺度划分的？我们不知道。同样，A 型盆为浅腹，B 型盆为深腹。"深"与"浅"的划分标准又是什么？也不明确。

又如"式"的描述例子："罐：106 件。分三型。……B 型：14 件；……可分四式。Ⅰ式：3 件。……腹较浅，底微凹。……Ⅱ式：5 件。……腹变深，底内凹。……Ⅲ式：4件。……底内凹较甚。……Ⅳ式：2 件……腹略深直，底内凹更甚……"

可以看出，例中罐的两种变化轨迹分别是腹部由Ⅰ式较浅→Ⅱ式变深→Ⅲ式（？）→Ⅳ式略深；底由Ⅰ式微凹→Ⅱ式内凹→Ⅲ式内凹较甚→Ⅳ式内凹更甚。作者划分的式别是有序的，但因没有计量依据，也还是有些地方不甚明了。存在的问题有如下述：

首先，表述式别变化的偏正词中用于修饰、限制的程度副词并不能明确限制程度。"较浅"、"略深"究竟有多浅、多深？内凹"较甚"、"更甚"，到底凹进多少，二者何以区分？

其次，每式至少 2 件，多者 5 件。虽然每式举例都有口径和身高的尺寸，但恰恰没有腹深和底内凹的统计数据。那么Ⅱ式的 5 件罐的腹部是否都"变深"？它们"变深"的程度是否相同？如果不同，它们之间的变化幅度有多大？与前后式别（Ⅲ式没有腹部深浅的描述）的具体差距状况怎样？都不清楚。假如有了测量统计数据，也就一目了然，不言自明了。

直观模糊表述（描述）的重要问题是不能客观真实地反映对象。因为直观往往产生错觉，错觉会造成差误。

如图一所示，给我们的直觉是：图 1 三角形中的高明显比底边长，图 2 中的白圈比黑点大，图 3 粗线的两条直边向左倾斜，图 4 的右端宽、左端窄。实际上，图 1 的高与底边等长，图 2 中的黑点同白圈的直径相等，图 3 中粗线的两条直边与底边垂直，图 4 中的两端等宽即两边平行。这是检验直观错觉的几个例证，造成量度错觉的例子还有很多，它充分表明主体对客体量度的直观印象是受环境条件影响的。因此，对器物的直觉描述往往因错觉而存在差误，这种有差误的表述不是客观的、准确的，也就不能用作型式比较研究的参照系。

在考古发掘实物资料中，也不乏这样的例证。图二中鼎的侧视（除耳）看来是扁方形，但实则它的宽高比值为 1.00，是标准的正方形。敦的球体侧视看来是纵椭圆，而实则身高与身宽的比值为 1.03，极接近正圆。凡此种种，如没有准确的量度，是极易出现表述错误的。同时，用直观描述的概念进行器物的比较研究，充其量也只能得出"相似"、"近似"、"相当"等"差不多"的判断，不能真正做到心中有"数"。如果对比材料双方有数据可资比较，那么就可以毫不含糊地说甲某型某式同乙某型某式；即令是"相当"、"近似"也是有"数"的。

或许有这样的观点：既然人们的直觉都会有差误，那么同等差误效果等同，不也可以进行比较吗？意思可以将错就错。问题是我们对错觉是否存在个体差异还没有证明，因而也不能肯定所有人的直觉差误效果等同；即使是差误等同，也还是不能纠正实际错误。至关重要的是科学的方法、缜密的表述是任何一门严肃的学科所必须具备的。

在考古学研究的器物描述中，某些方面的计量表述早已有之。如器物某

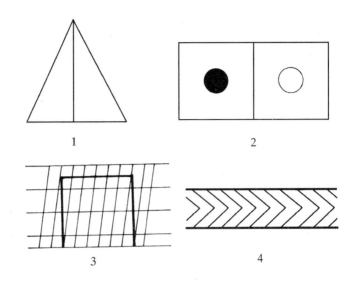

图一　图形错觉举例

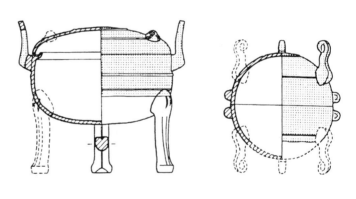

图二　鼎与敦图形错觉举例

些部位的测量数据（通高、口径、腹径、底径等等），百分比的统计、平均值的计算等等，虽是提供了一定的数据，但大都没有用于对器物个体型式的确认表述，更没有形成个体或式别间的量化序列。没有转换成系统信息的数据，其本身在器物型式的划分上没有多大意义。

二　对陶器型式量化表述的理解

陶器型式量化问题的提出除前述现实的直接原因外，有一个逻辑思考过程：→某型的陶器群体是一个系统→整体性和等级性是系统理论的原则→陶器型式就是该系统

整体性与等级性的统一→系统等级是需要划分的→统计是系统科学的基本思想及重要数学工具→统计必须有变量的数据→要对作为系统的陶器型式进行分类研究，也必须掌握必要的变量数据。

陶器量化表述的目的与意义，在于尽量减少对器物型式划分或描述的主观性与模糊性，同时也就便于文化大系统中的对比研究。

我们所说的量化是在层位学和类型学研究的前提下，在分期排认的基础上的量化。而且这种量化并非是对器物所有的特征部位的全面计量，它只是关心特征变化明显且有序的部位的变量数据。

某一"型"的陶器群体是一个系统，则它的子系统是它的"式"，它的分系统是它的某些有由早及晚变化量或状态的特征部位，其分类等级的有序性主要是以分系统的变量来体现的。

重要的问题是对"式"的有序性的理解，即怎样的划分才算是有序的。我们知道，式的划分是为揭示器形纵向演进的逻辑关系，只有有序的演进才是符合逻辑的。我们依据特征变量的连续性和对称性，将式的有序性大致归纳为特征变量的递增、递减、模进或重复。可表示为：

A 递增：$a<b<c<d......<n$

B 递减：$a>b>c>d……>n$

C 模进：

同向模进——$a<b<c> \ a'<b'<c'……n$

例：$4<5<6>1 \ <2<3……n$

$a>b>c< \ a'>b'>c'……n$

例：$3>2>1<6>5>4……n$

反向模进——$a<b<c< \ c'>b'>a'……n$

例：$1<2<3<6>5>4……n$

$a>b>c<a'<b'<c'……n$

例：$3>2>1<4 \ <5< \ 6……n$

D 重复：$a \ <b<c>a'<b'<c'……n$

例：$1<2<3>1<2<3……n$

$a>b>c<a'>b'>c'……n$

例：$6>5>4<6>5>4……n$

这里指称的"递增"、"递减"等是离散量，非连续量；模进与重复中还有变化模进与变化重复等多种样式。诚然，实际材料中会因"缺环"等原因，使其变量不全都是规整的连续和对称，须审慎辨别。

在以上理解的基础上，再来讨论型与式量化的表述方式。

（一）型的定量表述

凡用"高"、"矮"、"长"、"短"、"大"、"小"、"宽"、"窄"等表示比量形状的形容词划分的型别，都应依据实物资料的具体情况和研究目的设定恰当的标准予以量化。

如豆，我们在《赤壁土城》报告中将其划分为高柄豆与矮柄豆两型，其区分标准是器高＞盘径者为高柄豆，反之为矮柄豆；盘，分为大底盘与小底盘两型，其区分标准是底径＞1／2口径者为大底盘，反之为小底盘。

（二）式的定量表述

式的定量表述包括两个内容。一是器物个体各部分及不同部位间的统计数据和对比值，二是式别变化轨迹的数量与级次。

单项表述（简单表述）　当某型器物的器形简单，或某特征部位变化轨迹明显而有序，不需要或没有其他轨迹参数来确定其变化状况的时候，即采用单项数据表述法。

如湖北地区出土的楚器陶敦，无论是江陵，还是赵家湖与九店，所出的敦的变化状况全部是器身圆度由扁圆→圆→纵椭圆→橄榄形，无一例外，即它的器身的圆度变量是递增趋势，因而这种变化可视为规律性演进，无需再依其他部件的变化数据来确定其演进的逻辑关系。当然，其他部位如确有明显变化序列，也应予以表述。

多项表述（复合表述）　当某型器物结构复杂，需要两个或两个以上特征变量划分它变化的时段时，就需要采用多项表述方式。

多项表述的具体形式是系统矩阵。一般而言，矩阵的"行"为子系统，"列"为分系统：

	①	②	③……n
Ⅰ式	a	a	a……n
Ⅱ式	b	b	b……n
Ⅲ式	c	c	c……n

矩阵中①……n为分系统序号，Ⅰ式……n为子系统序号，a、b、c……n为系统元素。式的矩阵只表述元素间的纵横关系，无需计算。

在实际研究中，因各种特征部位（分系统）的变化轨迹并不都是同步的，所以很少遇见以上那种规整排列的矩件，但只要分系统的发展是有序的，那么子系统的等级一定是有序的。

如某器型有两个特征（1、2）有变化序列："1a→1b→1c→1a"和"2a→2b→2c→2a"，其中后"1a"与前"1a"，后"2a"与前"2a"相近或相同，往往将后者视为早期特征的晚期再现（承袭），后面的1a不另行分式，但这仅仅是在两个轨迹变化同步时才是正确的。如果这两个轨迹变化并不同步，有如下 A、B、C、D 四种组合关系：

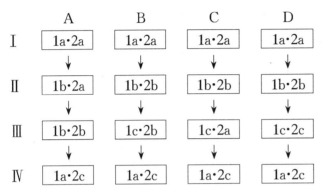

这两个轨迹变化不同步的排列组合并未穷尽，但仅以上四种（A、B、C、D）排列组合中的任何一种，都表明该型可划分为四式。

我们将每一式视为一个集合，则可以看出，虽然出现了差集的情形，但它们的元素不完全相同，且相异的元素有序地进入新等级。

设 A ＝Ⅰ{1a，2a} ＋Ⅱ{1b，2a}

      = {1a，2a，1b}

A−Ⅱ= {1a，2a，1b} − {1b，2a}

      = {1a}

A−Ⅰ= {1a，2a，1b} − {1a，2a}

      = {1b}

因此，我们给多项表述规定两个原则：

第一、多个分系统（列）中，每一分系统是有等级次序的；早期元素与晚期元素首次出现时不得颠倒次序。

第二、子系统（行）中，不得有两个系统（行）完全重复。

三　陶器型式量化表述的方法

所谓量化表述，必须有计量的数据，这是不言而喻的。尽管我们只关心陶器上的那些特征部位，但特征部位的结构形态是各有差异的，因而决定了对不同形态应有不同的计量方法。

任何陶器的空间形态都是由平面或曲面、或平面和曲面的复合形式的几何体构成的，所以我们计量的内容也就是对器物上的某些平面（直线）或曲面（曲线）以及它们之间的关系测取数据。

我们所应用的数据有两种，一种是直接数据，一种是间接数据。

直接数据：直接测取，直接运用。如赤壁土城楚墓（以下同）中的 Aa 型陶豆，变化是器体依次由矮变高，呈递增趋势：Ⅰ式 13.0～16.0 厘米→Ⅱ式 16.4～18.6 厘米→Ⅲ式 18.8～20.0 厘米→Ⅳ式 21.0 厘米，式与式之间无一例交叉。再如 A 型陶斗，其柄与底的夹角由大变小到稍大，总体呈递减趋势：Ⅰ式 148°→Ⅱ式 145°～137°→Ⅲ式 133°～120°→Ⅳ式 140°。

间接数据：直接测取的数据经换算得出新的应用数据。如 Ba 型陶鼎，主要是通过相关比值计算，描述形态变化状况（表一）。

表一　Ba 型陶鼎形态变化状况表　　　　单位：厘米

器号	式别	裆由矮→高		腿由细→粗→更细	
		裆高：腹深	比值	腿径：腿长	比值
WM8：6	Ⅰ	5.2:17.6	0.30	3.24:32.0	0.10
WM8：5	Ⅰ	(5.2:17.2)	0.30	(3.00:30.4)	0.10
HM56：1	Ⅰ	6.4:14.6	0.44	2.68:28.0	0.10
WM17：3	Ⅰ	5.6:12.0	0.47	2.52:23.0	0.11
WM9：2	Ⅱ	(7.2:14.4)	0.50	2.84:27.0	0.11
HM59：27	Ⅱ	7.2:15.0	0.48	2.76:26.0	0.11
WM16：3	Ⅱ	6.4:12.8	0.50	2.36:23.6	0.10
WM11：3	Ⅲa	7.6:14.4	0.53	2.88:26.0	0.11
WM15：6	Ⅲa	6.8:12.8	0.53		
WM49：13	Ⅲa	6.4:11.8	0.54	2.44:23.6	0.10
WM49：8	Ⅲa	6.8:12.4	0.55	2.36:22.8	0.10
WM47：3	Ⅲa	9.2:16.8	0.55	3.00:32.4	0.09
WM47：10	Ⅲa	7.6:13.2	0.58	2.40:23.4	0.10
HM44：3	Ⅲb	(6.6:10.8)	0.60	(0.20:20.8)	0.09
WM7：1	Ⅲb	7.2:12.0	0.60	2.48:26.0	0.09
WM47：4	Ⅲb	(9.6:12.0)	0.80	2.36:24.0	0.10
HM36：5	Ⅳ	10.4:16.0	0.63	3.04:32.4	0.09

注：① "W"、"H" 分别为 "王家岭"、"花园岭" 代号（下同）。

② "（　）" 为器物修复后测得的数据（下同）。

　　以上均属平面（直线）的数据测取，而最为繁复的是曲面（曲线）弧度比较的间接数据的测取，因为绝大多数陶器的曲面（线）是不规则或不具对称性的连续曲线，如要测取数据，也许要运用微积分的数学方法。但考虑到考古研究的一般情况，我们主张用比较研究的数学方法，大体不超出初等数学知识范围，力求简便，易于操作。为此我们着重讨论曲面（线）数据的简易测取方法。

　　我们在《赤壁土城》发掘报告中将 A 型陶缶（有圈足者）依腹部弧度的不同分为 Aa 型（圆鼓腹）和 Ab 型（圆弧腹）两亚型。在编写报告的当时，还没有找到一种简便的定量方法来表述两亚型区分的数量标准，仍旧采用的是传统直观的表述。现经摸索，基本上能给定一个相对客观的区分尺度。思考探索过程中遇到的问题和解决方法如次。

　　我们进行比较的特征部位是腹部，而 A 型陶缶颈与腹的衔接是连续曲线（没有明显的转折），二者的分界点难以确定。如果凭直观感觉划分，有很大的随意性，那么比较研究就自然缺乏一个相对客观而统一的标准，进而导致得出的数据结果的可信程度不高。虽然我们想到了以"拐点"（连续曲线凹凸的分界点）来确定颈与腹的分界点，但这又涉及微积分的数学内容。

　　根据我们研究的对象与目的的实际，运用最简便的几何方法来确定"拐点"。以庙底沟彩陶盆为例（图三·1）：

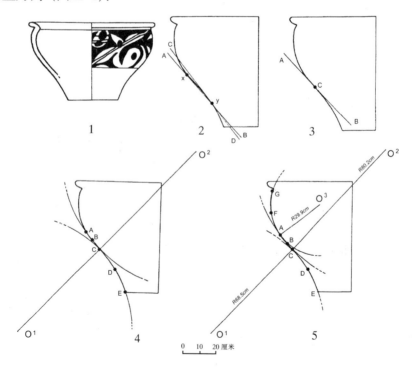

图三　器物"拐点"的确定（以陕县庙底沟遗址彩陶盆为例）

其作法之一：

A. 用实验法寻找腹部曲线（上凸，下凹）的公共切线，如图（三·2），可以看出，切线 AB、CD 均与反向弧相交，并将其部分地切割成不规则的弓形，所以这类切线不是我们要寻求的公共切线。

B. 用排除法逐个试验，直至所作切线不再出现图三·2 的情况时，这条切线基本上是所求的公共切线。那么切点 C 亦是公共切点；也应是腹部连续曲线的"拐点"（图三·3），最好加以验证。

C. 根据"不在同一直线上的三点可以确定一个圆"的定理，分别在切点 C 以上和以下的弧上取三点（含 C 点）A、B、C，C、D、E 作⊙01、02，如两圆外切于 C 点，且两圆的$\overset{\frown}{ABC}$、$\overset{\frown}{CDE}$ 与线图腹部该段曲线重合，则证明 C 点为连续曲线的"拐点"（图三·4）。

还有一种更为简易的方法。以土城陶器缶为例（图四·1）。

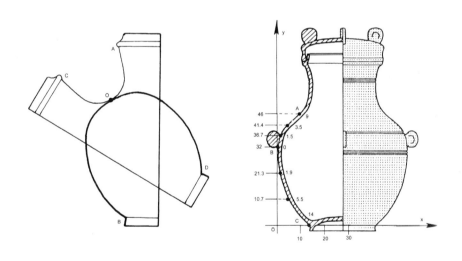

图四　曲线"拐点"的获取

将缶右半部线图用透明介质描摹两份，一正一反地重叠，使两条连续曲线交叉成"X"形，然后反复移动，直至呈现 $\overset{\frown}{AC}$、$\overset{\frown}{BD}$ 为自然的圆滑线（没有转折和连续曲线）为止，那么这两条连续曲线相交的一点"O"则是连续曲线的"拐点"。

我们的目的是要定量表述整段连续曲线的弧度，那就应将其全部测量。显然，图三·4 A 点以上的弧线还没有计量依据，因而也须用同样的方法在该弧上取三点（A 点连用）A、F、G 作⊙03，其圆弧与线图弧线基本重合。这样，整段连续曲线被分为 $\overset{\frown}{GFA}$、$\overset{\frown}{ABC}$、$\overset{\frown}{CDE}$，且得知其半径分别为 29.9、80.2、68.5 毫米（图三·5）。

有了半径的数据，便可以比较弧度的大小了。因为弧具有半径小则弧度大，反之弧度小的性质。如要比较 C 点以上的凸弧与 C 点以下的凸弧的弧度，则可以从（$\overset{\frown}{GAR}$ + $\overset{\frown}{ACR}$）÷2＝（29.9＋80.2）÷2＝55.05 厘米，得出 R68.5 的$\overset{\frown}{CE}$的弧度小。

如此，同一个体或不同个体之间的弧度都可以进行比较了。

四　陶器型式量化表述的初步尝试

我们在《赤壁土城》发掘报告中，对墓葬陶器的型与式，做了一些最基本的定量表述的尝试。这些尝试虽是初步的，但结果却令人比较满意。

（一）型的定量表述

在前面已有豆、盘为例的表述，现以土城 A 型陶缶（图五）为例，专就依曲面（线）弧度比较分型的定量表述作些阐明。

1. 依据拐点确定了每件缶的腹部之后，用坐标法测取腹部曲线轨点。

A. 作出器物立面线图左侧（一般为剖面）曲线的平面直角坐标系，使纵轴与腹大径相切，将腹部曲线分为上腹$\overset{\frown}{AB}$与下腹$\overset{\frown}{BC}$，横轴为器底线；

B. 将上腹与下腹范围内的纵坐标各作三段等距划分，并标出上下段在纵坐标上交点的尺寸；

C. 由纵坐标上各点，引平行于横坐标的直线，分别交于$\overset{\frown}{AB}$、$\overset{\frown}{BC}$，并标出对应横坐标的尺寸（图四·2）。

2. 将各器$\overset{\frown}{AB}$、$\overset{\frown}{BC}$的弦长统一为等长。

A. 从该型器物中选择一件$\overset{\frown}{AB}$、$\overset{\frown}{BC}$的弦均为最长者（一般是器物个体最大的）为样本（wm4:3AbⅢ式）；

B. 各器以样本为准，按倍数将各自的$\overset{\frown}{AB}$、$\overset{\frown}{BC}$的弦长分别扩大到与样本的$\overset{\frown}{AB}$、$\overset{\frown}{BC}$的弦长相等；

C. 作平面直角坐标系，记录各器扩大后$\overset{\frown}{AB}$、$\overset{\frown}{BC}$上的各点及其纵横坐标上的数据；

D. 按照非同一直线上的三个点可确定一个圆的定理，分别以$\overset{\frown}{AB}$、$\overset{\frown}{BC}$的两端点和弧上任意两点中的一点（两次作图选择另一点在弧上或距弧最近者）作圆，标出半径长度（图六）；

E. 编制各器$\overset{\frown}{AB}$、$\overset{\frown}{BC}$的原标本弦长、统一弦长的半径数据和$\overset{\frown}{AB}$、$\overset{\frown}{BC}$半径的累加数据及大小序号表（表二）。

3. 给定一个与其他类型器物式别划分相对应的尺度标准分型。

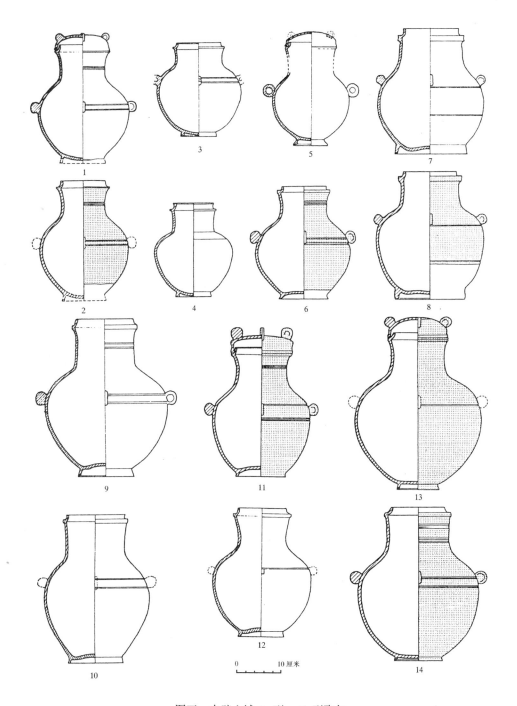

图五　赤壁土城 Aa 型、Ab 型陶缶

1. AaI式（WM46:4）　2. AaI式（WM46:5）　3. AaII式（WM12:1）　4. AaII式（WM12:2）　5. AaII式（HM52:2）　6. AaIII式（HM18:4）　7. AaIII式（WM32:3）　8. AaIII式（WM32:6）　9. AbI式（WM8:8）　10. AbI式（HM49:7）　11. AbII式（WM16:4）　12. AbII式（WM16:5）　13. AbIII式（WM4:3）　14. AbIII式（WM4:2）

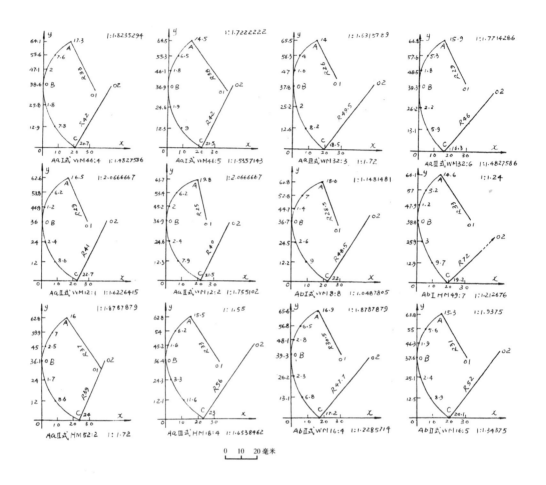

图六　赤壁土城 Aa 型、Ab 型陶缶腹部统一弦长图

以上作法的理由是：

第一，要比较大小不同个体器物的腹部弧度，须使需要比较的部位有一个统一的标准——弦长，否则不能进行比较。

第二，之所以分别在 AB、BC 上只分三段四点，是为了作圆时简洁明了，而且陶器虽是手工制作，但用轮制所拉的腹部弧面大都是较圆滑自然的，一般不会呈现复杂的连续曲面，所以四点基本上可作出腹部的近似曲面；再者，我们对手工制作的陶器的比较研究，只需要也只能是近似值，至少它比我们直观的描述要精确些，也客观得多。如果真有较复杂的曲面需要比较，如敛腹、耸肩等等，无非是根据研究的需要，将其曲线分段划分得更细一点而已。

表二　A型陶缶腹部弧度比较表　　　　　　　单位：毫米

型	式	器号	原标本弦长		统一弦长的半径		累加 R	大小序号	备注
---	---	---	上弦	下弦	上 R	下 R			
Aa 圆鼓腹		WM46:4	17	29	33	42	75	4	
	Ⅰ	WM46:5	18	28	38	38	76	6	
	Ⅱ	WM12:1	15	26.5	29	41	70	2	
	Ⅱ	WM12:2	15	24.5	25	40	65	1	
	Ⅱ	HM52:2	16.5	25	37	39	76	6	
	Ⅲ	HM18:4	20.0	26	33	56	89	11	
	Ⅲ	WM32:3	19	25	26	49.5	75.5	5	
	Ⅲ	WM32:6	17.5	29	29	46	75	4	
Ab 圆弧腹	Ⅰ	WM8:8	27	41	28.5	48.5	77	7	
	Ⅰ	HM49:7	25	35.3	33	72	105	12	修复变形
	Ⅱ	WM16:4	16.5	30	30.5	47.7	78.2	8	
	Ⅱ	WM16:5	16	32	31	52	83	10	
	Ⅲ	WM4:2	23	42	36.7	45	81.7	9	
	Ⅲ	WM4:3	31	43	29	42	71	3	

表二中大小序号为1～12。可看出原来所分两亚型间，有交叉现象，即3号与11号半径的大小倒错，那么这两件器物的型号就应予以换位，同时其式别也要作相应调整。由此表明，虽然我们的直观描述就总体而言没有大的错误，但还是由于器物个体的大小、腹径的大小等"环境"因素造成的错觉，作出了一些不正确的主观臆断，这也进一步证明了定量表述的必要性。

（二）式的定量表述

单项表述　例：赤壁土城楚墓陶敦型式可辨的58件。据足形的不同，分A型蹄形足，B型兽形足。

A型36件。据其体形（身高比身宽）由a扁圆（0.73～0.82）→b横椭圆（0.85～0.91）→C圆（0.92～0.96）→d纵椭圆（1.03～1.09）→e纵长圆（1.12～1.16）分为五式（表三）。

表三 陶敦侧视器身变化规律计量表

器号	式别	圆度变化		器号	式别	圆度变化	
		身高:身宽	比值			身高:身宽	比值
	A型				B型		
WM46:1	I	14.4:19.6	0.73				
WM17:7	I	13.4:17.8	0.75				
WM28:1	I	12.8:16.0	0.80				
WM17:8	I	14.2:17.6	0.81				
HM43:2	I	(13.6:16.8)	0.81				
HM43:7	I	(16.0:19.6)	0.82				
WM29:5	II	(16.0:18.8)	0.85	HM33:5	I	15.6:18.4	0.85
WM12:5	II	15.2:17.6	0.86				
WM19:6	II	19.6:22.8	0.86				
HM67:14	II	15.6:18.0	0.87				
HM61:2	II	(16.0:18.8)	0.89	HM3:8	I	15.6:17.6	0.89
WM16:1	II	16.8:18.8	0.89				
HM41:3	II	(16.8:18.8)	0.89				
HM44:8	II	14.4:16.0	0.9				
HM49:4	II	18.8:20.8	0.9				
WM9:3	II	16.4:18.0	0.91				
WM234:7	II	17.2:18.8	0.91				
WM34:6	II	17.2:18.8	0.91				
HM40:8	II	(17.2:18.8)	0.91				
HM17:7	II	16.8:18.4	0.91				
HM48:7	III	15.8:17.2	0.92				
HM48:8	III	15.8:17.0	0.93				
WM33:14	III	19.8:21.2	0.93				
WM33:15	III	19.8:21.2	0.93				
WM24:5	III	17.4:18.8	0.93	HM59:5	II	(16.8:18.0)	0.93
WM4:6	III	18.8:20.0	0.94				
WM52:4	III	15.2:16.0	0.95	HM57:4	II	(15.6:16.4)	0.95
HM15:7	III	(14.0:14.8)	0.95	WM25:7	II	(17.2:18.0)	0.96
HM53:7	III	(17.2:18.0)	0.96	HM30:2	II	(13.0:13.2)	0.98

续表三

A 型				B 型			
器号	式别	圆度变化		器号	式别	圆度变化	
		身高:身宽	比值			身高:身宽	比值
WM4:4	Ⅲ	18.4:19.2	0.96	WM50:3	Ⅱ	16.0:16.4	0.98
				WM49:14	Ⅲ	16.8:16.8	1.00
				WM3:6	Ⅲ	18.4:18.2	1.01
				HM21:3	Ⅲ	17.0:16.8	1.01
WM45:5	Ⅳ	17.8:17.2	1.03	WM7:2	Ⅲ	18.0:17.6	1.02
HM38:2	Ⅳ	18.0:17.4	1.03	WM49:11	Ⅲ	17.6:16.8	1.05
				HM50:6	Ⅲ	17.6:16.4	1.07
				WM44:8	Ⅲ	(16.8:15.6)	1.08
WM15:3	Ⅳ	17.0:15.6	1.09	WM47:7	Ⅲ	19.6:18.0	1.09
				WM32:16	Ⅲ	19.0:17.2	1.10
				WM32:17	Ⅲ	19.0:17.2	1.10
HM66:6	Ⅴ	18.4:16.4	1.12	WM54:3	Ⅳ	17.0:15.2	1.12
HM54:2	Ⅴ	20.2:18.0	1.12	WM2:13	Ⅳ	20.8:18.6	1.12
HM54:8	Ⅴ	21.2:18.2	1.16	HM25:5	Ⅳ	20.8:18.4	1.13
				HM25:4	Ⅳ	21.0:18.0	1.17
				WM14:5	Ⅴ	22.2:16.8	1.32

Ⅰ式　6件。WM17:7，器身上下扣合呈扁圆体，比值0.75，盖面三等距扁卧兽式纽，底部三小蹄足，胫部向内折曲，胫下段与足呈鸭掌状，盖、底口沿各有两个对称盲孔环形纽。器身轮制，足、纽模制。泥质灰黄陶。全器各部位满施仿铜绿色，口沿与足纽根部各有一至三周细凹弦纹。通高17.8、身高13.4、口径17.8厘米。WM28:1，器身上下扣合呈扁圆体，比值0.80，盖面三等距侧扁卧兽式纽，底部三小蹄足内聚，胫部向内弯曲，足尖着地，盖、底口沿各有两个对称盲孔环形纽。泥质灰陶。器身轮制，足、纽模制。素面。通高18、身高12.8、口径16厘米。

Ⅱ式　14件。HM44:8，器身上下扣合呈横椭圆体，比值为0.90，盖底各有三小蹄足（六足均出一范）外撇，胫部略向内弯曲，足扁圆，盖、底口沿处纽失，有接痕。泥质褐陶。器身轮制，足、纽模制。素面。通高19.6、身高14.4、口径16厘米。此敦足纽同为蹄足形，是A型敦中具特色者。WM12:5，器身上下扣合呈横椭圆体，比值为0.86，盖面三等距"S"形卧兽纽，底部三小蹄足直立，足掌着地，盖、底口沿处各有两个对称的环形纽。泥质红陶，褐衣。器身轮制，足纽模制。素面。通高 21.6、身高 15.2、口径 17.6 厘米。

多项表述 如赤壁土城楚墓 Ab 型陶鼎，可辨型式的 22 件。经观察，其足形（曲直、胫部截面形状）变化是明显有序的，且时段区分较细，尚未出现早期因素于晚期再现的情况。但它本身包含两个因素，不仅不简明，而且不便作定量研究；底部的变化虽是明显，但等级过于宽泛，一直到晚期才显现变化；在足的粗细变化方面，尽管有较清晰的脉络，但它晚期又再现了早期的特征；裆的变化亦如此。因而我们必须将它们综合一起，相互参照以表述 Ab 型鼎的变化时段特征。具体作法是：首先给定式的划分标准（元素及代号），即特征部位的变化状况，再将这些变量元素用系统矩阵表述，接着在举例描述中，要对所有变量元素都按一定的次序对位给出数据或状况。

Ab 型 22 件。据其①裆由 a 矮（0.36～0.43）→b 高（0.44～0.53）→c 更高（0.60～0.67）→d 最高（0.68～0.73），②腿由 a 细（0.15～0.16）→b 粗（0.17～0.20）→c 更细（0.14）→d 最细（0.11～0.12），③底由 a 圜底→b 圜底近平→c 圜突，④腿形（曲直、胫部截面形状）由 a 微曲、圆→b 微曲、削槽→c 微曲、多棱削槽→d 较直、多棱→e 挺直、多棱，分为六式（表四）。

	①	②	③	④
Ⅰ式	a	a	a	a
Ⅱ式	b	b	a	a
Ⅲ式	c	b	a	b
Ⅳ式	c	c	a	c
Ⅴ式	d	d	b	b
Ⅵ式	b	c	c	e

Ⅰ式 2 件。WM17:4，盖弧隆，中央桥形纽，周边三等距盲孔环形纽，方附耳直立，敛口，腹壁较直，圜底，三实蹄足，膝部仅具兽面轮廓，胫部微曲，其截面为内平、侧圆、外起尖棱形，微外侈，较细（胫部最小径），比值为 0.16，矮裆，比值（裆高比腹深）0.43。泥质褐陶，腿夹砂。身、盖轮制，腿、耳、纽模制，桥纽手制。膝部以上各部位满施仿铜绿色，膝下（底、腿胫部）、器内均为黑衣，盖面两周、腹部一周凸弦纹。通高 21.6、口径 18.4、腹径 22.4、腹深（含底）12、裆高 5.2、腿长 12.6 厘米。HM43:6，盖失，扁矩形附耳直立，耳根下斜与腹部相接，口微敛，腹壁较直，圜底（复原），三实蹄足微外侈，膝部仅具兽面轮廓，胫部中段细，其截面为纵椭圆形，后侧微凹，腿较细，比值 0.15，矮裆，比值 0.43。泥质灰陶，腿夹砂。器身轮制，腿、耳模。膝部以上满施仿铜绿色，腹部一周凸弦纹。通高 24.4、口径 19.2、腹径 23.2、

表四　Ab型陶鼎形态变化状况表（单位：厘米）

器号	式别	裆高由矮→高		腿由细→粗→更细	
		裆高:腹深	比值	腿径:腿长	比值
WM17:4	Ⅰ	5.2:12.0	0.43	2.0:12.6	0.16
HM43:6	Ⅰ	(5.8:13.6)	0.43	2.0:13.2	0.15
WM19:7	Ⅱ	(5.0:14.8)	0.34	2.4:14.4	0.17
HM53:2	Ⅱ	(5.2:14.6)	0.36	2.6:14.0	0.19
HM53:1	Ⅱ	6.2:14.0	0.44	2.8:14.4	0.19
HM26:1	Ⅱ	6.4:14.4	0.44	2.8:15.2	0.18
WM29:4	Ⅱ	6.2:14.0	0.44	2.6:13.0	0.20
WM33:7	Ⅱ	6.8:15.6	0.44	3.2:16.0	0.20
WM19:8	Ⅱ	6.6:14.8	0.45	2.4:14.8	0.16
HM51:5	Ⅱ	6.8:14.4	0.47	2.4:14.0	0.17
WM29:1	Ⅱ	6.8:14.0	0.49	2.4:14.4	0.17
HM19:2	Ⅱ	7.2:13.6	0.53	2.4:15.6	0.15
HM17:2	Ⅱ	6.8:12.8	0.53	2.4:15.2	0.16
HM57:5	Ⅲ	7.2:12.0	0.60	2.4:14.4	0.17
HM48:6	Ⅲ	7.6:12.0	0.63	2.4:14.4	0.17
HM48:5	Ⅲ	8.2:12.2	0.67	2.4:14.4	0.17
WM61:8	Ⅲ	8.0:12.0	0.67	2.4:13.8	0.17
WM50:2	Ⅳ	7.8:12.0	0.65	2.0:14.4	0.14
WM44:3	Ⅳ	8.2:12.2	0.67	2.0:14.8	0.14
HM63:8	Ⅴ	(9.2:13.6)	0.68	2.2:18.2	0.12
HM24:7	Ⅴ	11.6:16.0	0.73	2.4:21.2	0.11
WM14:2	Ⅵ	6.4:14.0	0.46	2.0:14.8	0.14

腹深（复原）13.6、裆高5.8、腿长13.2厘米。

Ⅱ式　11件。WM19:8，盖弧隆，中央低矮桥形纽，周边三等距盲孔环状纽残，扁曲矩形附耳较高，直立，耳根厚实，敛口，直壁腹，圜底，三实蹄足粗矮，略向外侈立，膝部仅具兽面轮廓，胫部截面纵椭圆形，其与众不同的是胫部有俏似的"腿肚"，腿粗细比值0.16，裆稍高，比值0.45。泥质红陶，腿夹砂。身、盖轮制，腿、耳、纽模制，桥纽手制。膝部以上各部位满施仿铜绿色，底部交拍绳纹，盖面两周、腹部一周凸弦纹。通高28.2、口径23.6、腹径27.2、腹深14.8、裆高6.6、腿长14.8厘米。

HM53：1，盖失，扁曲矩形附耳侈立，耳根下斜与腹部连接，敛口，直壁腹，圜底，三实蹄足稍外侈，膝部仅具兽面轮廓，胫部截面呈内稍弧凹的圆形，腿较I式粗，比值0.19，裆较I稍高，比值0.44。泥质灰陶，腿夹砂。器身轮制，腿、耳模制。膝部以上满施仿铜绿色，腹部一周凸弦纹。通高25.4、口径21.2、腹径26.1、腹深14、裆高6.2、腿长14.4厘米。

五　问题讨论

　　首先要讨论的是手工制作陶器在特征上的随机变异问题。虽然陶礼器中的附件（耳、足、纽等）都是模制，而且轮制部分也有一个基本的尺寸，但因修整、安装、干胚、窑变等因素使器物成形后，不可能都是那么规范划一，由此产生变量值差，尤其是同墓同型同式器物的差异（如WM19：2、7、8三件Ab型鼎），我们曾尝试着用统计学中的一些办法加以处理，但还是不理想，究竟怎样判断解决，还是一个尚待研究的问题。

　　其次是器物的修复。第一要尽量修复完整，使其能在各个部位测取数据。第二要尽力保持"形"准，只有"形"正，数据才真。第三是安装部件的角度及残缺部分的复原等要尽可能做到有依据。这里并非是对以往的修复表示怀疑，只是对修复提出更高的、近乎苛刻的技术要求，其目的是为了最大限度的保证再现器物的原形（尽管手工陶器本身并非规范划一），使其所取值客观真实。如鼎足的复原安装，应先测量完好的足位的角度，再按所得数据安装。再如残缺口部的修复，虽然技艺精湛的修复高手凭直观经验可以修补得很漂亮，但也只是"八九不离十"；严格的要求应先求出残存口部的弧，再用几何画法，求其圆，然后依此圆直径为准修复。这种有依据的修复才可谓之"复原"。总之，由器物型式的"量化表述"而提出了"量化修复"的要求。

　　我们对陶器型式量化表述方法的摸索，仅仅是在以往研究成果的基础上，作了一点新的尝试，谈不上完备缜密，也未能"脱胎换骨"，还有相当部分应该而且可能量化表述的还未做到量化；至少凡使用程度副词（微、稍、较、更等等）和表示比量形状的形容词（高、矮、长、短、宽、窄等等）都应使其有量化依据。虽然如此，但倘若"量化方法"的探索于考古器物形态学有所意义的话，还希同仁斧正，使其渐臻完善。

略议中国书画价值与价格的错位

刘远修

近年来，对于进入中国艺术市场投资的人来说，书画与价格是一个经常困惑他们的难题。

一　书画与价格的怪圈

在艺术商品化的过程中，书画价值与价格有以下几个怪圈。

1. 从一般商品价格规律来看，应该是"高质高价"，"劣质低价"。但是，艺术市场已背离商品价格的这种规律，书画艺术品"高质低价"，"劣质高价"的现象司空见惯，即使是名家书画作品，也出现了一些应酬品卖出高价的实例。如在中国嘉德'94春季拍卖会上的一幅齐白石的水墨画《松鹰图》，取材、笔墨都一般，构思布局也无多大的新意，且画上的题款又有受画人的名字，这幅据行家估价在 20～30 万之间的应酬品，竟被人以 176 万元的高价购走。

2. 从艺术价值的标准衡量来看，应该是艺术水平越高的书画艺术品越容易为市场和投资者所接受，其价格也就越高。但是，在艺术市场上，同一名家的一些艺术水平较高的书画作品，在市场上的价格却反而要低于其艺术水平较次的书画作品。如清末海派画家任颐是中国近代公认的最擅长人物画的名家，但他的人物画作品《山鬼》在北京'95瀚海秋季拍卖会上只以 5 万元价格成交；而他的花卉作品《富贵白头》，因画面绘有寓意富贵的三色牡丹，对富有阶层成功人士有强烈的事业发达的心理暗示，则在同一拍卖会上被一企业家以 80 万元的高价买走。

3. 从一般商品流通的市场规律来看，应该是到原产地进货便宜，经销者才有利可赚。但在艺术市场上，同一幅书画，在作者的"原产地"是高价，而到非产地价格却反而走低。在尺寸形制相同、艺术水平相近的条件下，本地书画家的作品价格往往比外地书画家作品高出许多。近年来这种在中国不同地区，形成书画"原产地"价高于非产地的现象越来越明显。

上述三种市场现象之所以称之为怪圈，是因为书画价格与价值的错位，即一幅高质量的书画艺术品在市场上不一定能卖出高价，而一幅拙劣的书画"行货"却能在市场上卖出高价，这样发展下去，中国书画艺术势必会形成恶性循环的趋势，陷入怪圈而不能自拔。

二 对错位成因及其所产生弊端的探析

为什么书画价值与价格会形成这样的错位？它又会对中国书画艺术的发展产生怎样的负面影响？下面拟作一探析。

首先，形成这种错位有其深远历史文化背景及社会背景的影响。中国传统画学品第观，不是就画评画，而是以其人观其画，即以画家的格调、品位、等级来衡量其画作的优劣。书法鉴赏也是如此，如唐代张怀瓘根据魏晋时期社会对不同书法家的认可程度，在其《书估》中对书法作品作了评估："三估者，篆籀为上估，钟（繇）张（芝）为中估，羲、献为下估。"在这种鉴赏观的影响下，中国自唐以后的历代收藏家大都是主要收藏有地位有声望的名人书画，而较少收藏那些真正画得好而缺乏名气者的书画。中国作为一个封建等级制度森严的社会，收藏书画自然是历代皇帝、官僚、富商等上层阶级的"专利"，然而他们中有些人并不懂得艺术欣赏，根本无法从创作水平和造型质量去判别书画的优劣，判定水准的标准唯有书画作者被社会认可的名气。另有一些收藏家，他们虽是懂行的鉴赏家，或者本身就是美术史上最有艺术成就的书画名家。如宋代的赵佶、米芾，元代的赵孟頫，明代的董其昌等。但他们由于受封建社会等级观念的影响，在收藏时也是自觉或不自觉地偏重鉴定某件书画作品是否真正出于某某名家之手。如翻开中国目前几家大博物馆收藏的书画珍迹，我们就会发现上面的鉴藏题跋，大都是对书画的真伪作出考证的鉴定内容，而缺少对作者的构思章法、墨色意境等最本质最重要的艺术质量的赏评，这种历代沿袭下来的重鉴轻赏的鉴赏观、收藏观，既是目前中国书画界重名轻艺的习气症结所在，又是把书画价值与价格引入错位的最重要的原因之一。

再从艺术创作主体来看，书画作为中国历代文人士大夫创作的一门艺术，理应重艺轻利。但实际情况如何呢？在几千年的中国美术史上，确有许多淡泊名利而沉寂于艺术的书画家；如宋代的李公麟、元代的吴镇、明代的徐渭、清代的朱耷等等。他们竭尽自己的聪明才智，为中华民族创作出了许多珍贵的艺术佳作，但因社会现实的书画收藏只认作者知名度，不认艺术水平，造成这些成就卓著的书画家总是屡遭社会冷落而被埋没，其作品也大都是在其去世后的许多年才能得到市场认可。由此，我们不难想像中国历代文人不拘世俗、虔于艺事的艰难。唯其如此，也有相当一部分书画家在成名后不得不放弃自身原先的艺术至高境界的探索和创造。如最被明清文人推崇的元代画家倪瓒晚年也为买主所累，画多应酬，其画作被人们批评为："晚年率略酬应，似出二手。"明代中期以后，中国沿海城市商业经济的发达，又促使一些文人书画家公开地走上了艺术商品化的道路。如明中期的唐寅、仇英，清中期的金农、郑燮，民国初期的吴昌硕、齐白石、张大千等名家，无不是在市场经济的影响下，创作适应商品应酬之需的画作。当今，高利润的商品画，又诱惑着许多未成名的书画从业者，一些中青年深知自己在艺术水平上不可能很快上升，便急功近利，热衷于"画外功夫"，拼命寻找各种关系营造作品价位，希望借助媒体舆论把自己"炒"出知名度……如此这种种为逐利而求名的浮躁画风，必定给中国美术界带来相当大的影响，对书画艺术自身影响就更大，许多无名小辈呕心沥血创作的佳作，只能成为"滞销商品"。而一些名家胡乱涂鸦的东西，虽艺术水平泛泛，但却价格高昂，从而使书画价格从根本上违背了它本身的艺术价值规律。

最后，从艺术市场行情来看，书画价格的涨跌一般都受到收藏取向的影响。书画收藏虽是一种丰富人们精神生活的文化收藏，但收藏家只有在收进与抛出书画的过程中获得利润，才能有资金购买更高层次的藏品，所以书画收藏大都带有营利性的商业色彩。从这种意义上讲，收藏家为了赚取高额利润，大都爱收进名家的精品。因为名家精品都能经受时间的考验，其价格的运行轨迹是只涨不跌，具有超高价的潜质。然而，名家精品是书画家殚精竭虑的佳作，毕竟数量有限，真正在市场上流通的就更少了，其价格又都很昂贵，动辄几百万，甚至上千万，对于一般的收藏家来说，能否有机会有实力收进名家精品，是件可遇而不可求的事情，在这种情况下，他们只有不得已才退而求其次，把收藏目标锁定在名家的一般作品上。在这种收藏取向影响下，名家随便涂抹应酬的书画自然也是人们竞相购买的对象。特殊的市场供求关系，使这类书画价格往往远远超出于其艺术价值之上。再者，由于书画艺术质量本身无法客观量化的特征，使人们对书画价值的评定是智者见智，仁者见仁，在这种状况下，书画价格的定位也就不能像其他商品那样，有广泛的基础市场作为参照系数。如

2003年3月上旬在成都的一场书画拍卖会上，有一位江苏人以超过起拍价数倍的价格买走5幅名人字画。当记者问及原因时，他回答说："艺术品是无市场价的，只有心理价，我就认为这些东西我喜欢，他们就值这样的价。"其投资书画价值尺度的非理性从中可见一斑。更何况书画价格常常受特定条件的地域文化氛围的影响，人们总是愿意花大价钱购买自己最熟悉最有感情的本地书画家作品，而对于其他区域书画家作品则少有兴趣。在这种地域趣味的影响下，某幅书画价格的定位，常常并不能体现作品真正的艺术价值，也就是自然而然了。

三 出路与对策

在市场经济的条件下，书画不仅是精神产品，也是特殊商品，其作为艺术商品的价值与价格之间究竟是一种怎样的关系？这是关于中国美术发展研究中所不可忽视的一个重要问题。目前，有些论者认为："艺术作品价格的确定更多地取决于各种市场因素。而不是作品的质量。"因而提出书画要走出"高质高价"的认识误区，这种艺术价值与市场价格相背离的观点，从表面上看是有一定的道理。然而实际上，价格是商业的货币表现，既然书画是以商品的形式进行流通，那么它作为一种价值载体，在市场流通过程中，就必须具有一定的一般等价物的交换功能。因而我认为，书画价值与价格的统一，不仅是中国艺术市场走向成熟的标志，也会反作用于书画艺术创作的繁荣和提高。而要实现这个目标，我们应尽快采取以下几项应对措施。

1. 要积极地引导审美，努力提高人们的文化艺术素养。从商业经济规律来看，书画价值与价格之间的契合统一，是要有一个被社会所认可的过程，而这个认可主要是指人们对艺术认识的程度和水平。目前，尽管随着人们对艺术的需求不断增长，书画已走入千千万万的中国百姓家，然而老百姓对中国书画艺术了解不多，很多人分不清真迹与赝品、精品与应酬品的不同，而书画家也不知道老百姓需要什么样的书画艺术品。尤其一些专门从事书画投资的收藏家，由于缺乏文化艺术修养，"走眼"赔本的屡见不鲜。因而，这就需要政府有关部门为书画家、老百姓、收藏家搭建一个交流的服务平台。如江苏省文化厅近年来就经常定期或不定期地组织本省书画家、鉴赏家、收藏家通过电视媒体指导人们如何审美、如何鉴识选购书画艺术品。南京市的一些大型艺术品拍卖公司也经常组织书画家与老百姓面对面对话，当场作画出售。这种交流服务，既可以使书画家更清楚地了解什么样的书画才是老百姓所需要的艺术,从而提高自己的创作水平,又可以有效地提高一般公众在投资书画时所需要的艺术素养与市场判断力,从源头上遏制书画价值与价格的背离。

2.实施精品战略,鼓励书画家以精品开拓市场。先从书画家个人来讲,精品是书画家的牌子,牌子就是市场,牌子就是信誉,牌子就是效益。在充满竞争意识的商品经济时代,一些书画家为了打造品牌,便借助报纸、电视等新闻媒体宣传自己的作品,这是无可非议的。而从长远看,一些单纯靠媒体"炒"起来的书画艺术品,目前可能会相当值钱,但将会如昙花一现,终难逃被市场淘汰的命运。因为,高价位书画佳品的魅力首先来源于其令人信服的质量和品质。北宋赵佶的《写生珍禽图》时至今日之所以能拍出2530万元的高价,撇开本身固有的历史价值外,其所具有的极高的艺术价值也是不容置疑的。这就说明,越是艺术价值高的书画才越是具有高价的潜质。所以,书画家能否创作出经得起历史考验的精品力作,也就成为他能否延伸自己的社会知名度、不断开拓自己作品的市场的关键。再从中国书画在世界艺术市场上所占有的份额来讲,还没有达到应有的认知度,就连像傅抱石、张大千这样中国一流大师的作品,与西方同级大师凡·高、鲁本斯的作品相比,仍有十几分之一的价格差距,中国书画艺术品要想在市场和价格上与欧美同类美术作品"接轨",就必须坚持实施精品战略,中国书画只有整体创作质量上去了,投资者信得过,才能既在国内市场上赶走"劣质高价"的书画次品,又能在国际市场上与西方同类美术作品相媲美,提高其自身的市场竞争力。

3.政府部门要强化艺术市场监管,加强调研巡查,依据有关法令规范艺术市场操作。市场经济是法制经济,目前书画"劣质高价"现象之所以愈演愈烈,主要是政府部门过去长期对艺术市场疏于管理,导致一些不法画商常常把劣品赝品"炒"作充当名家精品出售,使得书画价格水分太多。因此,政府部门要尽快制定完善有关文化产业方面的法律法规,依法整顿净化艺术市场。具体地讲,一是对画商经营资质审查不能流于形式,应该重点考察其经销书画的优劣、真伪的信誉状况,保护信誉好的合法经营者,对恶意哄抬市价、坑害投资者的制假贩假者,行政执法部门要坚持把其驱逐出市场;二是定期不定期地对书画经销从业人员进行职业道德教育,提高其专业知识水平,逐步做到书画鉴定估价专业化,市场操作规范化,保障售出书画的真实性和保值性,切实维护投资者的利益。

综上所述,历史形成的中国艺术市场现状,虽然不能短时间内所能改变,但是随着社会法制和人们文化艺术素养的不断提高,依靠全社会的共同努力,书画艺术也必将从价值与价格的错位怪圈中走出，进入一个更为广阔的发展天地。

---

〔1〕 金阙：《题材与行情》，《东方艺术市场》1996 年 5 期。

〔2〕 李向民：《中国艺术品经营史话》，上海书画出版社，1998 年。

〔3〕 王志军：《中国艺术品市场的现状和未来》，《古玩行情手册》，学术出版社，1997 年。

〔4〕 陆涛声：《艺术品鉴赏和收藏倾向折射》，《艺术百家》1993 年 2 期。

重庆市万州胡家坝汉魏墓葬发掘报告

南京师范大学文博系
重庆市文物考古研究所
万州市文物管理委员会

概述

胡家坝遗址位于万州区新乡镇和平村。该遗址分布在长江右岸的第二级台地上，东面背负胡家坝，南距青龙嘴遗址约2公里，西与禹安陈家坝、上河坝遗址隔江相望。遗址所处台地西低东高，呈缓坡状，起伏不平。地理位置约在东经108°56′，北纬30°30′，海拔高度148~152米。遗址上农作物主要为小麦、水稻及少量的柑橘树。

为配合三峡工程，南京师范大学社会发展学院文博系受重庆市文化局委托组成三峡工作队，于2001年10月30日~12月30日，2002年9月20日~12月29日两次对胡家坝遗址进行了发掘，共发掘面积5000平方米。胡家坝遗址可分为遗址区和墓葬区，墓葬区分四区，沿长江右岸逶迤约500米（图一）。从南至北分别被当地人称为陈家湾（I区）、望天丘（II区）、周家嘴（III区）和胡坪丘（IV区）。

I区墓葬位于重庆市万州区新乡镇和平村长江右岸的二级台地上，海拔150米。距青龙嘴遗址约1000米。由于山上流水形成沟渠，将台地分割为一个个彼此孤立的山丘状台地，台地南、西、北三面为斜缓坡，发掘前为当地农民的稻田和菜地，间或种植有柑橘树，隶属和平村一组和十组。2001年该区布5×5米探方50个，发掘1250平方米，清理墓葬3座。2002年该区布10×10米探方1个，发掘100平方米，清理墓葬1座。

II区位于重庆市万州区新乡镇和平村八组被称为望天丘的台地。发掘地点坐落在长江右岸的二级台地上，面对长江，背负胡家坝、张家祠堂、大崖（从南至北）。该台地地势平整，黄土发育良好。台地上种植的农作物有红薯、白菜、柑橘树等。2001年该区布5×5米探方30个，发掘750平方米，清理墓葬5座。2002年该区布5×5米探方6个，发掘150平方米，清理墓葬4座。

III区被称为周家嘴，位于长江右岸的二级台地，地势较为平整，台地西、南、北三面为向下缓坡，东面为向上缓坡，地面种植小麦、豌豆、白菜、柑橘树等，隶属万州五桥区新乡镇和平村二、八社。2002年该区布5×5米探方40个，发掘面积1000平方米，清理墓葬2座。

IV区胡坪丘亦为长江右岸的二级台地，台地南北两面为山湾梯田，西为向下陡坡，东为向上缓坡，面临长江，背负大崖丘，隶属万州五桥区新乡镇和平村八社。地面种植小麦、豌豆、白菜等物。该台地地势平坦，黄土发育良好。2002年在该台地布5×5米探方40个，10×10米探方10个，发掘面积为2000平方米，清理墓葬10座。

四个发掘区的墓葬地层情况都不很复杂，地层也大同小异。第一层为耕土层，色黑褐，土质较疏松，内含大量的腐殖质及植物根茎，几乎不见文化遗物。第二层为褐色土层，堆积很薄，且不整合，时断时续，土质稍硬，黏度较大。内含明清时期的青花瓷、黑釉瓷片，可分为②a层和②b层两个亚层。IV区第二层略有不同，为黄褐色块状黏土层，土质结构致密，包含物有石块、打制石器，可能为早期地层。II区第三层为黄灰色土，土质较硬、夹砂，出土有少量石器、陶片等，仅分布于部分区域。其他各区第三层为黄色生土，内含大量钙质结核的料礓石和沙砾黄色土。所发掘墓葬大多开口在二层下，打破生土层。但有个别探方不见第二层，耕土层下即为生土层。

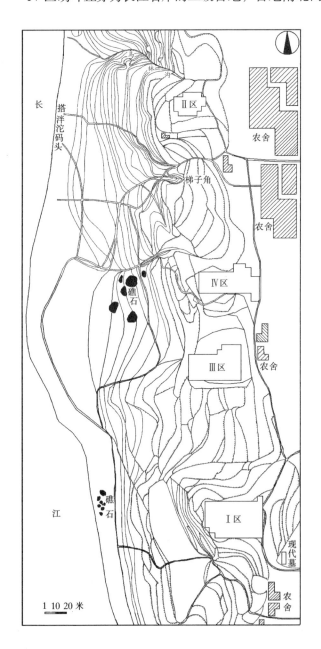

图一　胡家坝遗址平面图

四个区共发掘墓葬 25 座。其中汉代墓葬 19 座（ⅠM2、ⅡM1、ⅡM2、ⅡM3、ⅡM4、ⅡM6、ⅡM8、ⅡM9、ⅢM1、ⅢM2、ⅣM1、ⅣM2、ⅣM3、ⅣM4、ⅣM5、ⅣM7、ⅣM8、ⅣM9、ⅣM10），六朝墓葬 4 座（ⅠM1、ⅠM3、ⅠM4、ⅡM7）。还有两座晚期墓葬（ⅡM5、ⅣM6），因其葬式不明，且无出土遗物而难以判断其时代。下面我们对汉代、六朝墓葬逐一加以介绍和描述。

一　汉代墓葬

ⅠM2　墓葬所处台地地层较简单，其地层分二层。第①层为耕土层，含有大量的有机质，土色为黑褐色。第②层为灰褐色土，土质坚硬，遇水则黏性增大，颗粒细密透气性能不好。

M2 严重破坏，只残留有铺地砖，在其东北角残留砖砌墙，从所残留部分情况来看，M2 是一座砖砌墓，现全貌不清，高长宽均不清，现残留铺地底面长 2.5、宽 1.7 米，铺地砖的方向与墓室的方向一致，砖长 45、宽 17、厚 9.5 厘米，残留砖墙一角，只留有东北各一块，砖墙距离地面 21 厘米，墙砖饰有菱形纹。M2 因严重破坏，墓室结构形状、墓道的结构形状等不清。方向：152°（图二）。

因盗扰严重，M2 在墓室中间出土残陶器 4 件，可修复 3 件。

标本 2001WWHIM2∶2　陶罐。通高 11.1、口径 10.2、腹径 16.8、底径 8.4 厘米。泥制灰陶，圆唇，直口，折肩，鼓腹，平底，下腹向内斜收，素面（图二，2）。

标本 2001WWHIM2∶3　陶罐。通高 11.1、口径 10.2、腹径 15.3、底径 6.6 厘米。泥质灰陶。圆唇，直口，下腹部有一道凸状弦纹，平底，素面（图二，3）。

标本 2001WWHIM2∶4　陶瓶。通高 17.4、口径 8.4、腹径 15.9、底径 9.6 厘米。泥质灰陶。平沿，方唇，束颈，溜肩，鼓腹，平底，肩部有一周附加堆纹（图二，4）。

ⅡM1　地层堆积较为简单，可分为二层。第①层为耕土层，黑褐色颗粒状黏土，结构松散。第②层可分②a 层和②b 层。②a 层农耕层下板结层，黑褐色黏土，结构紧密，内有近代瓷片、瓦片、石块等。②b 层灰褐色黏土，结构紧密，内含有近代瓷片、瓦片。M1 开口此层下。

M1 为长方形土坑竖穴墓，由土坑和二层台组合而成，墓口距地表 0.5 米，口长 3.3、宽 0.9~1.3 米。底长 1.95、宽 0.9 米，墓底距墓口 1 米。四壁均有二层台，为生土台，台面平整，二层台高 0.2、宽 0.1~0.24 米。方向：352°（图三）。

墓内填土为黄褐色夯土，夹杂灰褐色土块，结构紧密，含有烧土、木灰及陶片、石片。内有人骨架一具，保存基本完整，头骨严重粉化，仰身直肢，左手放于腹部，身长 166 厘米，头向北，面向上，从盆骨看，属女性，年龄不清，牙齿已采。在人架周围有木板痕迹，长 194、宽 44 厘米，可能属棺板遗留，棺高与板厚不清。

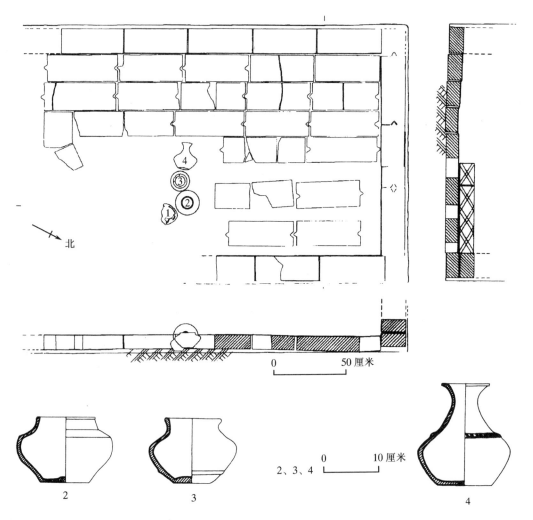

图二 IM2平剖面图及器物组合

1. 陶罐（IM2:1） 2. 陶罐（IM2:2） 3. 陶罐（IM2:3） 4. 陶瓶（IM2:4）

该墓出土遗物较少，有陶甑、陶罐、陶釜、铜钱等。

标本 2001WWHⅡM1:1 陶甑。通高 18、口径 28.8、腹径 28、底径 11.2 厘米。泥质灰陶。平沿，敛口，卷唇，折肩，腹部有弦纹间断绳纹，凹底有 23 个小孔（图三，1）。

标本 2001WWHⅡM1:2 陶釜。通高 14.8、口径 16.8、腹径 20 厘米。夹砂粗陶，侈口，圆唇，上腹部至底饰有分错绳纹，圜底（图三，2）。

标本 2001WWHⅡM1:3 陶罐。通高 15.2、口径 13.6、腹径 19.2、底径 6.4 厘米。泥质灰陶。平沿，直口，尖唇，鼓腹，圜底近平，表面饰有弦纹间断绳纹（图三，3）。

标本 2001WWHⅡM1:4 铜钱。直径 2.3～2.4 厘米，钱文为"半两"（图三，4）。

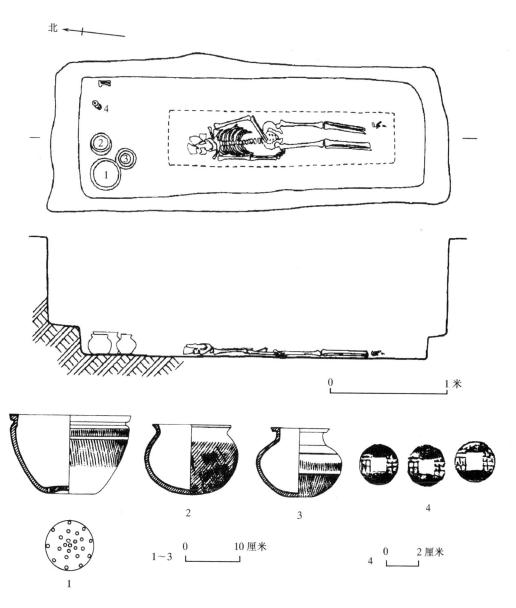

图三　ⅡM1 平剖面图及器物组合

1. 陶甑（ⅡM1:1）　2. 陶釜（ⅡM1:2）　3. 陶罐（ⅡM1:3）　4. 铜钱（ⅡM1:4）

ⅡM2　地层堆积较为简单，可分为三层。第①层为耕土层，黑褐色颗粒状黏土，结构松散。第②层可分②a层和②b层。②a层为农耕层下板结层，黑褐色黏土，结构紧密，内有近代瓷片、瓦片、石块等。②b层为灰褐色黏土，结构紧密，内含有近代瓷片、瓦片，M2 开口此层下。③层土色为黄灰色，土质较硬、夹砂，出土有石器、陶片等。

M2 为长方形竖穴土坑墓，墓底东南西角侧留有二层台，墓口距地表 0.37 米，口长

3.92、宽2.26米。墓底长2.26、宽1.5米,墓底距地表1.6米,墓底平坦。方向:344°
(图四)。

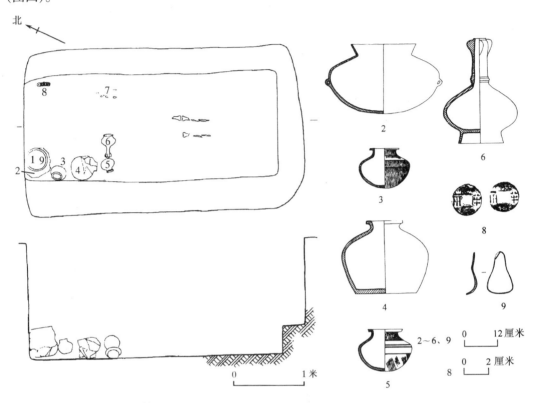

图四 ⅡM2平剖面图及器物组合

1. 陶甑(ⅡM2:1)　2. 铁釜(ⅡM2:2)　3. 陶罐(ⅡM2:3)　4. 陶罐(ⅡM2:4)　5. 陶罐(ⅡM2:5)
6. 陶壶(ⅡM2:6)　7. 扣饰(ⅡM2:7)　8. 铜钱(ⅡM2:8)　9. 铁勺(ⅡM2:9)

M2内人骨腐朽严重,能看清肢骨,从迹象看数目1具,葬式不详,性别不清。出土遗
物有陶壶、陶罐、铁釜、铜钱等。

标本2001WWHⅡM2:2　铁釜。通高24、口径24、腹径40、底径4厘米。侈口,尖唇,
束颈,鼓腹,圜底,下腹部饰对称两耳(图四,2)。

标本2001WWHⅡM2:3　陶釜。通高15.6、口径11.2、腹径18.4、底径5.6厘米。泥
质灰陶,平沿,直口,方唇,鼓腹,肩腹饰有弦纹间断绳纹,凹底(图四,3)。

标本2001WWHⅡM2:4　陶罐。通高26.4、口径13.6、腹径32.8、底径23.2厘米。泥
质灰陶。平沿,方唇,直口,束颈,平底,通体素面(图四,4)。

标本2001WWHⅡM2:5　陶罐。通高15.2、口径12.8、腹径19.6、底径4.8厘米。泥
质灰陶。平沿,卷唇,细颈,广肩,鼓腹,圜底略平,肩、腹饰弦纹,颈下腹部饰绳纹
(图四,5)。

标本 2001WWHⅡM2:6 陶壶。通高 31.8、口径 4、腹径 23.2、底径 14.4 厘米。泥质灰陶。平沿，直口，长颈溜肩，鼓腹，盘状高圈足，颈部饰有三道凸弦纹（图四，6）。

标本 2001WWHⅡM2:8 铜钱，为"半两"钱（图四，8）。

标本 2001WWHⅡM2:9 铁勺。长 14.4、宽 8.7 厘米。勺体呈葫芦形，侈口，圜底（图四，9）。

ⅡM3 地层堆积较为简单，可分为三层。第①层为耕土层，黑褐色颗粒状黏土，结构松散。第②层即②a层，为农耕层下板结层，黑褐色黏土，结构紧密，内有近代瓷片、瓦片、石块等。M3 开口此层下。第③层土色为黄灰色，土质较硬、夹砂，出土有石器、陶片等。

M3 为长方形土圹竖穴墓，由土圹和二层台组合而成，墓口距地表 0.22 米，口长 3.46 米，口宽 1.85~1.94 米。底长 2.9、宽 1.02 米，底距墓口 1.9 米。四壁均有二层台，为熟土筑成。二层台高 0.53、宽 0.27~0.46 米。方向为 344°。

M3 内填土为黄褐色黏土，夹杂有灰褐土块，结构紧密，含有烧土、木灰及陶片、石块等。内有人骨架一具，保存基本完整，骨架长 180 厘米，仰身直肢，双手置于腹部，头向北，面向东，年龄不清，从尸骨和盆骨来看当属男性。M3 内未见棺板痕迹。出土遗物有陶罐、铁釜、铜钱等。

标本 2001WWHⅡM3:1 陶罐。通高 23.6、口径 15.2、腹径 29.6、底径 7.2 厘米。泥质灰陶。平沿，直口，广肩，鼓腹，圜底微凹，上腹及底饰竖绳纹（图五，1）。

标本 2001WWHⅡM3:2 陶罐。通高 18、口径 15.2、腹径 22.4、底径 4 厘米。泥质灰陶。平沿、直口方唇，鼓腹圜底，肩、腹部饰弦纹，颈下腹部饰绳纹（图五，2）。

标本 2001WWHⅡM3:3 铁釜。通高 20、口径 19.2、腹径 24.8、底径 4 厘米。侈口，尖唇，垂腹，圜底（图五，3）。

标本 2001WWHⅡM3:4 陶罐。通高 15.3、口径 13.2、腹径 20.4、底径 6 厘米。泥质灰陶。平沿，方唇，束颈，广肩，鼓腹，圜底近平，肩腹饰弦纹间断绳纹（图五，4）。

标本 2001WWHⅡM3:5 陶甑。通高 19.2、口径 31.2、腹径 28.8、底径 15.2 厘米。泥质灰陶。平沿，直口，卷唇，折腹，平底，底有 20 个小孔。素面（图五，5）。

标本 2001WWHⅡM3:6 铁支架。直径 26 厘米。圆环形，下面有三个支架，支架微外撇。（图五，6）

ⅡM4 地层堆积可分为三层。第①层为耕土层，黑褐色颗粒状黏土，结构松散。第②层可分为②a层和②b层。②a层为农耕层下板结层，黑褐色黏土，结构紧密，内有近代瓷片、瓦片、石块等。②b层为灰褐色黏土，结构紧密，内含有近代瓷片、瓦片，M4 开口此层下。③层土色为黄灰色，土质较硬、夹砂，出土有石器、陶片等。

M4 为长方形土圹竖穴墓，由土圹和二层台组合而成，墓口距地表 0.24 米，口长 3.4、

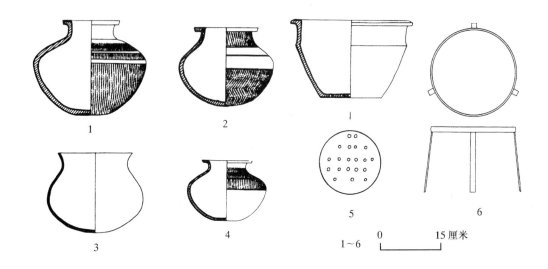

图五　ⅡM3 器物组合

1. 陶罐（ⅡM3:1）　2. 陶罐（ⅡM3:2）　3. 铁釜（ⅡM3:3）　4. 陶罐（ⅡM3:4）　5. 陶甑（ⅡM3:5）
6. 铁支架（ⅡM3:6）

宽 1.62 米。底长 3.02、宽 1.26 米，墓底距地表 2.1 米。方向：350°（图六）。

M4 内有人骨一具，人骨腐朽严重，仅下肢骨较为完整。从残存骨架看，似为仰身直肢葬，面向朝上，为女性遗骸。出土遗物较少，有陶甑、陶釜、铜钱等。

标本 2001WWHⅡM4:1　陶甑。通高 13.2、口径 20、腹径 23.2、底径 4.8 厘米。泥质灰陶。平沿，敛口，折腹，上腹饰有对称两耳，圈足，底部有三个小孔，腹饰横向篮纹（图六，1）。

标本 2001WWHⅡM4:2　陶釜。通高 18.8、口径 12.8、腹径 23.2 厘米。泥质灰陶。平沿，直口，肩饰对称两耳，颈部有两道弦纹，腹至底均饰横向篮纹。下有三足（图六，2）。

标本 2001WWHⅡM4:4　铜钱，为"半两"钱（图六，4）。

ⅡM6　地层堆积较为简单，可分为二层。第①层为耕土层，土色灰褐色，土质松散，内含大量植物根茎、石块和近代瓦片等。②层为黑褐色黏土，土质较硬，结构较密，内含有植物根茎、瓦片等，M6 开口于此层下。

M6 为长方形竖穴土坑墓，南北走向，口端长 3.3、宽 1.8 米。墓底长 3、宽 1 米，墓底距地表 1.55 米。清理至 1.16 米时出现二层台，北端无二层台。二层台宽度东为 0.38 米，南宽 0.28 米，西宽 0.44 米。方向：355°（图七）。

M6 内有一副骨架，头有裂痕及凹陷，其余保存较完整，为仰身直肢葬，头向北，面向东，葬具不详。出土遗物 11 件，有陶罐、铁釜、陶豆、铜钱等。

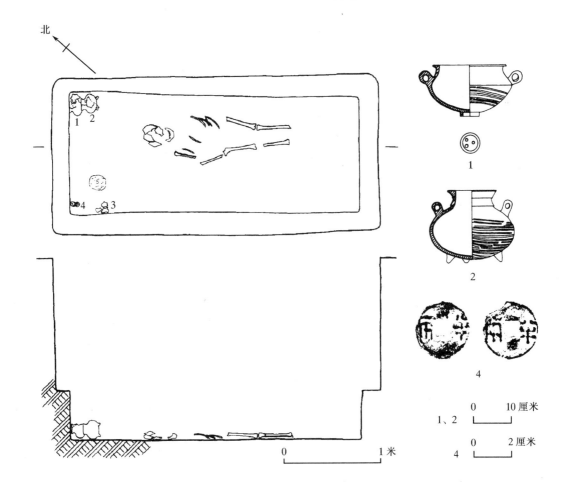

图六 ⅡM4 平剖面图及器物组合
1. 陶甑（ⅡM4∶1） 2. 陶釜（ⅡM4∶2） 3. 陶片（ⅡM4∶3） 4. 铜钱（ⅡM4∶4）

标本 2002WWHⅡM6∶1 陶罐。通高 24、口径 16、腹径 32 厘米。泥质灰陶。口沿稍向外翻，方唇，鼓腹，颈部有一道弦纹，圜底有一道旋纹，腹部饰有纹饰（图八，1）。

标本 2002WWHⅡM6∶2 陶罐。口径 12、腹径 18.8 厘米。泥质灰陶。圆唇，鼓腹，腹部饰有纹饰，底残（图八，2）。

标本 2002WWHⅡM6∶3 陶豆。通高 4、口径 10、底径 3.8 厘米。泥质灰陶，圆唇，口部微敛，矮圈足（图八，3）。

标本 2002WWHⅡM6∶4 陶豆。通高 4、口径 9.6、底径 3.8 厘米。泥质灰陶。口部微敛，矮圈足，底有鸡心（图八，4）。

标本 2002WWHⅡM6∶5 陶豆。残高 3.4、口径 10 厘米。泥质灰陶，口部微敛，足底已残（图八，5）。

北 ←

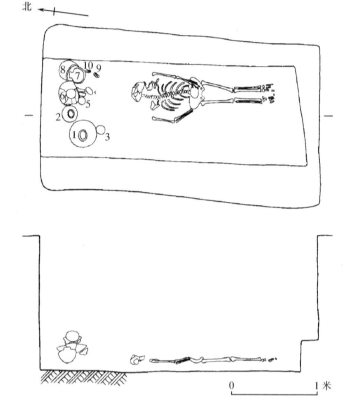

图七　ⅡM6 平剖面图

标本 2002WWHⅡM6∶6 陶甑。通高 20.4、口径 28.8、底径 8 厘米。泥质灰陶。口沿外翻，方唇，折腹，腹下有轮制痕迹，平底（图八，6）。

标本 2002WWHⅡM6∶7 陶罐。通高 15.4、口径 12.2、腹径 19.8 厘米。泥质灰陶。平折沿，方唇，束颈，溜肩，鼓腹，圜底，肩部有三道凹弦纹，腹部饰绳纹，底部微凹（图八，7）。

标本 2002WWHⅡM6∶8 铁釜。通高 24、口径 20.8、腹径 28 厘米。直领，腹下有两耳（图八，8）。

标本 2002WWHⅡM6∶9 铜钱。可分为三式。A型：无郭，"半"字上横上

较长，两头向上弯，下横较短，"两"字上横较短，"两"字中间两笔呈反"Y"字型，直径 2.5~2.7 厘米，方孔宽 0.9 厘米。B型：无郭，字迹清晰，"半"字横等齐，上横左侧稍向上弯，"两"字上面一横与下部等齐，"两"字下部中间两笔稍弯，直径 2.4 厘米，方孔宽 0.9 厘米。C型：无郭，字迹清楚，"半"字上横等齐，上横向上弯与上部相连，"两"字下部中间竖笔较长，横笔只有一笔，直径 2.3 厘米，方孔宽 0.9~1 厘米（图八，9）。

标本 2002WWHⅡM6∶10 陶豆。通高 4、口径 10、底径 2.8 厘米。泥质灰陶，圆唇，口部微敛，矮圈足，底有鸡心（图八，10）。

标本 2002WWHⅡM6∶11 陶甑。口径 28 厘米。泥质灰陶。平折沿，圆唇，折腹，腹下有轮制痕迹，底部已残（图八，11）。

ⅡM8　该墓为当地村民偶然发现。地层堆积极为简单，第①层为耕土层，土色灰褐色，土质松散，内含大量植物根茎、石块和近代瓦片等。墓葬直接开口于①层下。

M8 从残留部分确定为长方形竖穴土坑墓，残长 2.2、残宽 0.8 米，距地表 1.2 米（图

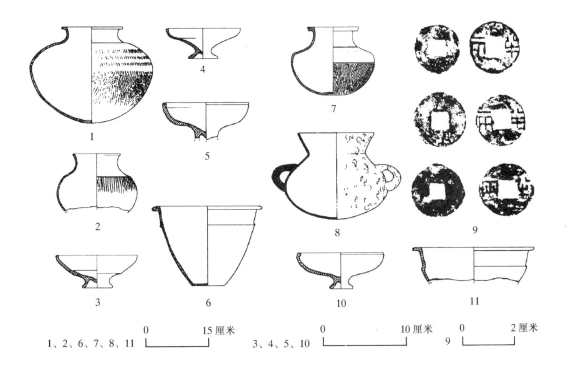

1、2、6、7、8、11　　0 └────────┘ 15 厘米　　　　3、4、5、10　　0 └────────┘ 10 厘米　　9　0 └────┘ 2 厘米

图八　ⅡM6 器物组合

1. 陶罐（ⅡM6:1）　2. 陶罐（ⅡM6:2）　3. 陶豆（ⅡM6:3）　4. 陶豆（ⅡM6:4）
5. 陶豆（ⅡM6:5）　6. 陶甑（ⅡM6:6）　7. 陶罐（ⅡM6:7）　8. 铁釜（ⅡM6:8）
9. 铜钱（ⅡM6:9）　10. 陶豆（ⅡM6:10）　11. 陶甑（ⅡM6:11）

九）。

M8 内未见骨架，有无葬具不详。出土遗物有灯盏、铜钱等。

标本 2002WWHⅡM8:1　陶豆。通高 4.4、口径 10.8、底径 4 厘米。夹细砂灰陶。圆唇，敛口，折腹，鸡心底，圈足外撇，素面，外沿饰有凹弦纹（图九，1）。

标本 2002WWHⅡM8:2　陶豆。通高 4.2、口径 10.8、底径 4 厘米。夹细砂灰陶，圆唇，敛口，折腹，圈足，外撇，素面，鸡心底，外沿及腹部饰有凹弦纹（图九，2）。

标本 2002WWHⅡM8:3　陶豆。通高 4.4、口径 10.8、底径 4 厘米。夹细砂灰陶，圆唇，敛口，折腹，鸡心底，圈足外撇，素面，外沿饰有凹弦纹（图九，3）。

标本 2002WWHⅡM8:4　陶豆。通高 4.2、口径 10.8、底径 4 厘米。夹细砂灰陶。圆唇，敛口，折腹，鸡心底，圈足外撇，素面，外沿腹部饰有凹弦纹（图九，4）。

标本 2002WWHⅡM8:5　铜钱，为"半两"钱。A 型：无郭，"半"字上部不清，下部上横弯，下横较短，"两"字上横较短，下部字迹清晰，中间一竖较长，直径 3～3.1 厘米，方孔宽 0.9～1.1 厘米。B 型：无郭，字迹较清晰，"半"字两横等齐，"两"字上横与下端

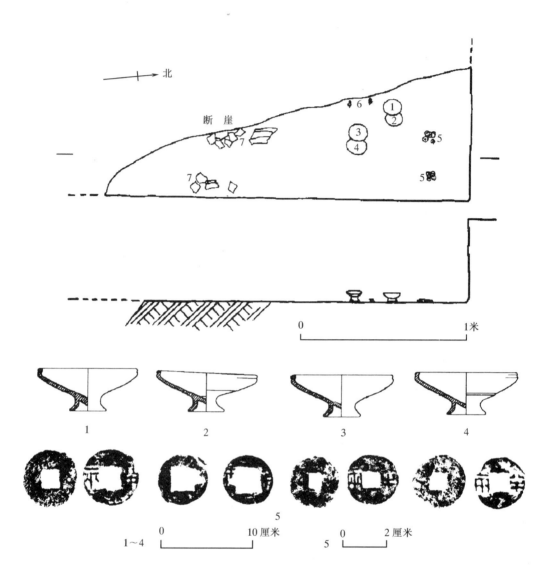

图九　ⅡM8 平剖面图及器物组合

1. 陶豆（ⅡM8∶1）　2. 陶豆（ⅡM8∶2）　3. 陶豆（ⅡM8∶3）　4. 陶豆（ⅡM8∶4）

5. 铜钱（ⅡM8∶5）　6. 铜饰（ⅡM8∶6）　7. 陶片（ⅡM8∶7）

等齐，中间两笔较直，直径 2.2 厘米，方孔宽 0.8~0.9 厘米。C 型：无郭，"半"字下横，左边不清，上部左边也不清，"两"字上横与下部等齐，下部只有中间，直径 2.4 厘米，方孔宽 0.9~1 厘米。D 型：无郭，周边较小，"半"字部不清，下部一竖较长，"两"字已残，从残部看"两"字上横与下部一竖相连，直径 2.3 厘米，方孔宽 1.1 厘米（图九，5）。

ⅡM9　地层堆积较为简单，仅余一层耕土层。耕土层土色灰褐色，土质松散，内含大量植物根茎、石块和近代瓦片等。墓葬直接开口于①层下。

M9为刀把状砖室墓，由甬道、墓室组成，墓道因破坏不详，M9开口距地表0.5米、距墓底1.53米，其甬道长1.6、宽1.6、残高1米，墓室长2.9、宽3.1、残高1.53米，墓室和甬道的壁面为菱形子母砖和素面砖两种，错缝相间隔一层、二层、三层不等，平砌而成，券顶因破坏较严重，现残留四层，为菱形子母砖同缝平券而成，菱形砖长45、宽18、厚8厘米，平面饰有绳纹。素面砖长45、宽18、厚10厘米，底面为绳纹碎砖错向平铺而成，封门残高1.4米，为碎砖平砌而成。方向：5°（图十）。

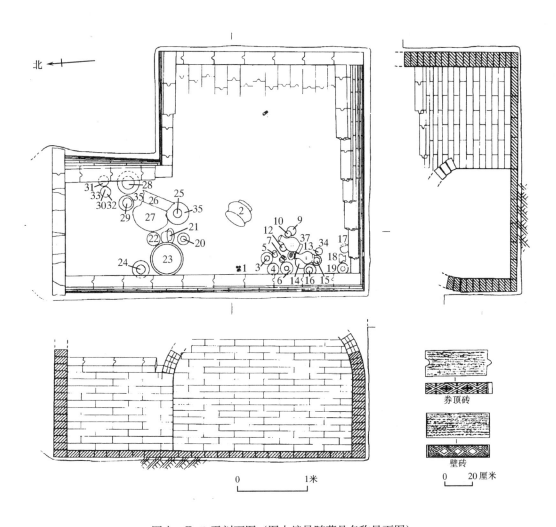

图十　ⅡM9平剖面图（图内编号随葬品名称见下图）

M9填土为淤积土，土色为黄褐色片状淤土，结构松散，土质较纯净。清理时未发现骨架和葬具，其葬式、葬具等不详。出土遗物较多，共计37件，有陶罐、铁釜、陶仓、铜钱、陶钵等。

标本 2002WWHⅡM9∶1　铜钱。A 型：边郭清楚，字迹清晰。较瘦长"五"字交叉处较圆，"铢"字边旁"金"字上端呈三角形，"朱"字上下两端较直，直径 2.5、方孔宽 1 厘米。B 型：边郭清楚，字迹清晰，"五"字上下较直，"铢"字瘦而长，"金"字旁上端呈三角形，下端中间以点为五"朱"字上端较直，下端较圆，直径 2.5、方孔宽 1 厘米。C 型：边郭清楚，字迹清晰，"五"字左边为两笔，"铢"字边旁"金"字上端呈三角形，"朱"字上下两端较圆，直径 2.5、方孔宽 1 厘米（图十一，1）。

标本 2002WWHⅡM9∶2　铜簋。通高 15.2、口径 26、腹径 24、底径 16 厘米。折沿，尖唇，束颈，鼓腹，矮圈足，腹部两侧有兽首衔环，且有三道弦纹（图十一，2）。

标本 2002WWHⅡM9∶3　陶罐。通高 13.5、口径 10、腹径 18 厘米。泥质灰陶，带盖，盖为一侈口陶钵，鼓腹，圜底，腹下饰绳纹，直领，圆唇，鼓腹，溜肩（图十一，3）。

标本 2002WWHⅡM9∶4　陶钵。通高 5.8、口径 16、底径 6 厘米。泥质红陶，方唇，敛口，腹部有两道弦纹，施绛红釉，平底，鼓腹（图十一，4）。

标本 2002WWHⅡM9∶5　陶杯。通高 7.2、口径 8、腹径 8 厘米。泥质红陶，施绛黄色釉，方唇，桶状身，一侧带有短柄器，身上有两道弦纹（图十一，5）。

标本 2002WWHⅡM9∶6　陶罐。通高 11、口径 10、腹径 16 厘米。泥质灰陶，沿外翻，圆底，直领，折肩，圜底，腹部饰绳纹（图十一，6）。

标本 2002WWHⅡM9∶7　陶罐。通高 11、口径 10、腹径 11 厘米。泥质红陶，绛黄釉，翻沿，方唇，折肩，圜底，施釉不到底（图十一，7）。

标本 2002WWHⅡM9∶8　陶壶。通高 30.5、口径 16.5、腹径 24.5、底径 15 厘米。泥质红陶，施绛红釉，矮圈足，鼓腹，高领，束颈，方唇，侈口，腹部两侧有兽首衔环，腹颈部有数道凸棱，带盖，盖上有三个圆形钉，呈三角状分布（图十一，8）。

标本 2002WWHⅡM9∶9　陶鼎。通高 11.5、口径 12、腹径 12 厘米。泥质红陶，施绛黄色釉，折沿，尖唇，束颈，三足，两耳，沿面有弦纹（图十一，9）。

标本 2002WWHⅡM9∶10　陶勺。通高 8 厘米。泥质红陶，施绛红釉，平底，右部靠内壁附加一柱状柄，并加以挤捏（图十一，10）。

标本 2002WWHⅡM9∶11　铜壶。通高 33、口径 15、腹径 24、底径 16.5 厘米。方唇，高圈足，底中有焊（铸）疤，鼓腹，腹上两侧有兽首衔环，环连接铜链穿盖上双环，铜提梁相接，提梁上为双龙首衔环（图十一，11）。

标本 2002WWHⅡM9∶12　陶薰炉。通高 16.5、口径 10、底径 11 厘米。泥质红陶，绛黄釉，方唇，尖盖，盖上有三处刻划纹，束腰，高圈足（图十一，12）。

标本 2002WWHⅡM9∶13　陶钵。通高 6.5、口径 14.5、底径 6 厘米。泥质红陶，绛红釉，口微敛，腹微鼓，腹部有一道弦纹（图十一，13）。

标本 2002WWHⅡM9∶14　陶钵。通高 6.5、口径 16、底径 6 厘米。泥质红陶，绛黄釉，平折沿，厚方唇，腹部有一凸棱和一道弦纹，鼓腹（图十一，14）。

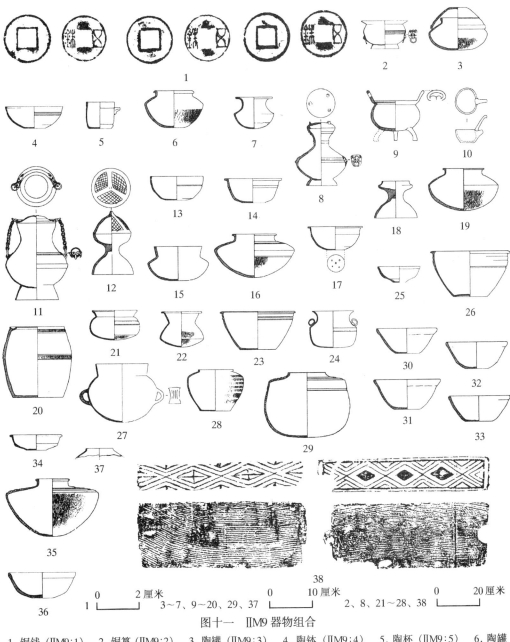

图十一　ⅡM9 器物组合

1. 铜钱（ⅡM9:1）　2. 铜篦（ⅡM9:2）　3. 陶罐（ⅡM9:3）　4. 陶钵（ⅡM9:4）　5. 陶杯（ⅡM9:5）　6. 陶罐
（ⅡM9:6）　7. 陶罐（ⅡM9:7）　8. 陶壶（ⅡM9:8）　9. 陶鼎（ⅡM9:9）　10. 陶勺（ⅡM9:10）　11. 铜壶（ⅡM9:
11）　12. 陶薰炉（ⅡM9:12）　13. 陶钵（ⅡM9:13）　14. 陶钵（ⅡM9:14）　15. 陶罐（ⅡM9:15）　16. 陶罐（Ⅱ
M9:16）　17. 陶甑（ⅡM9:17）　18. 陶薰炉（ⅡM9:18）　19. 陶罐（ⅡM9:19）　20. 陶仓（ⅡM9:20）　21. 陶釜
（ⅡM9:21）　22. 陶罐（ⅡM9:22）　23. 陶盆（ⅡM9:23）　24. 陶鍪（ⅡM9:24）　25. 陶钵（ⅡM9:25）　26. 陶甑
（ⅡM9:26）　27. 铁釜（ⅡM9:27）　28. 陶罐（ⅡM9:28）　29. 陶仓（ⅡM9:29）　30. 陶钵（ⅡM9:30）　31. 陶钵
（ⅡM9:31）　32. 陶钵（ⅡM9:32）　33. 陶钵（ⅡM9:33）　34. 陶钵（ⅡM9:34）　35. 陶罐（ⅡM9:35）　36. 陶钵
（ⅡM9:36）　37. 陶罐（ⅡM9:37）　38. 壁砖（ⅡM9:38）

标本 2002WWHⅡM9：15　陶罐。通高 11.5、口径 12、腹径 15、底径 4 厘米。泥质红陶，高直领，方唇，小平底，腹微折，折肩（图十一，15）。

标本 2002WWHⅡM9：16　陶罐。通高 8、口径 11.5、腹径 22 厘米。泥质灰陶，厚折沿，圆唇，直领，折肩，肩上有两道弦纹，腹部有一道弦纹，其下部饰绳纹（图十一，16）。

标本 2002WWHⅡM9：17　陶甑。通高 6.3、口径 15、底径 5 厘米。泥质红陶，平折沿，方唇，腹微折，底部有五个孔呈梅花状排列（图十一，17）。

标本 2002WWHⅡM9：18　陶薰炉。通高 10、口径 7.5、底径 12 厘米。泥质红陶，施绛红釉，敛口，盖残缺，束腰，大圈足（图十一，18）。

标本 2002WWHⅡM9：19　陶罐。通高 10、口径 10、腹径 16.5 厘米。泥质灰陶，折沿圆唇，矮直领，折肩，腹部饰绳纹，圜底（图十一，19）。

标本 2002WWHⅡM9：20　陶仓。泥质灰陶。通高 19、口径 15.5、腹径 19、底径 14 厘米。沿向内折，形成双尖唇，腹部有两道间断绳纹和三道弦纹（图十一，20）。

标本 2002WWHⅡM9：21　陶釜。通高 12.5、口径 19 厘米。夹细砂红陶，折沿，侈口，圜底，腹部有两道弦纹，圜底，底微平，底部饰粗绳纹（图十一，21）。

标本 2002WWHⅡM9：22　陶罐。通高 18、口径 20 厘米。泥质灰陶。折沿，厚方唇，口沿微下翻，折腹圜底（图十一，22）。

标本 2002WWHⅡM9：23　陶盆。通高 21、口径 41.5、底径 20 厘米。泥质灰陶。折沿，尖唇，靠口沿下有三道弦纹和一道凸棱，口沿微下翻（图十一，23）。

标本 2002WWHⅡM9：24　陶鍪。通高 18、口径 20、底径 20 厘米。泥质灰陶。翻沿，圆唇，束颈，折肩，肩上有双耳，腹部有两道弦纹，圜底（图十一，24）。

标本 2002WWHⅡM9：25　陶钵。通高 6.5、口径 18、底径 5.5 厘米。泥质灰陶。侈口，口沿外稍做堆加，腹微鼓（图十一，25）。

标本 2002WWHⅡM9：26　陶甑。通高 22、口径 39、底径 20 厘米。泥质灰陶，厚折沿，尖唇，腹部有两道凸棱和一道弦纹，底稍薄，微上鼓（图十一，26）。

标本 2002WWHⅡM9：27　铁釜。通高 38、口径 31 厘米。直领，鼓腹，溜肩，腹部两侧有双耳，锈蚀严重，唇不清（图十一，27）。

标本 2002WWHⅡM9：28　陶罐。通高 22.5、口径 19.5、腹径 31、底径 17 厘米。泥质灰陶。厚沿唇，束颈，溜肩，通体饰间断绳纹（图十一，28）。

标本 2002WWHⅡM9：29　陶仓。通高 20、口径 11.5、腹径 26 厘米。泥质灰陶，矮领，圆唇，折肩，肩部有三道弦纹，圜底，鼓腹．腹部有一道弦纹（图十一，29）。

标本 2002WWHⅡM9：30　陶钵。通高 6.2、口径 16、底径 6 厘米。泥质灰陶，侈口，圆唇，平底（图十一，30）。

标本 2002WWHⅡM9：31　陶钵。通高 7、口径 16.5、底径 6 厘米。泥质灰陶，侈口，圆唇，平底（图十一，31）。

标本 2002WWHⅢM9∶32　陶钵。通高 7、口径 16.5、底径 6 厘米。泥质灰陶，侈口，圆唇，腹微折，平底（图十一，32）。

标本 2002WWHⅢM9∶33　陶钵。通高 6.7、口径 16.5、底径 7.5 厘米。泥质灰陶。侈口，圆唇，腹微敛，平底（图十一，33）。

标本 2002WWHⅢM9∶34　陶钵。通高 5、口径 10.5、底径 6.5 厘米。泥质。绛红釉，窄折平沿，方唇，折腹，腹部堆加泥条，内外均施釉（图十一，34）。

标本 2002WWHⅢM9∶35　陶罐。通高 19.8、口径 12、腹径 32 厘米。泥质灰陶。矮直领，沿微外翻，唇稍尖，束颈，鼓腹，折肩，肩上有弦纹，腹部饰绳纹，圜底（图十一，35）。

标本 2002WWHⅢM9∶36　陶钵。通高 6.5、口径 17、底径 5 厘米。泥质灰陶。侈口，口沿外微堆加，腹微鼓（图十一，36）。

标本 2002WWHⅢM9∶37　陶罐。口径 8 厘米。泥质红陶，圆唇，矮直领，仅残留口沿及肩部以上（图十一，37）。

ⅢM1　地层堆积较为简单，可分为二层。第①层为耕土层，黑褐色颗粒状黏土，结构松散。②b 层为灰褐色黏土，结构紧密，内含有近代瓷片、瓦片，M1 开口此层下。

M1 墓向坐南朝北，刀把形砖室墓，距地表约 0.4 米，全长 5.82 米。方向 355°。该墓由墓道封门甬道、墓室组成，采用条砖相互错缝平砌而成。墓道在封门北端，在平整土地时已破坏。封门在墓道与甬道之间，上部已被破坏，只残留下部一层，是用子母砖相扣平砌而成，封门平面呈长方形，长 2、宽 0.2、残高 0.08～0.11 米。封门有两种子母砖，侧面都印有几何形纹饰。一种子母砖侧面，两边饰有车轮状纹饰，中间饰有"田"字纹饰，平面呈长方形，长 36～40、宽 20、厚 10 厘米。另一种子母砖侧面两边饰有菱形纹饰，中间饰有"田"字纹饰，平面呈长方形，长 30～32、宽 20、厚 10 厘米。甬道在墓室北端，平面呈长方形，土圹长 2.28、宽 2.12 米。砖室长 2.5、宽 1.7、残高 0.1～0.68 米，顶部完全破坏，只残留有墙壁。铺地砖在封门处与其他铺地砖不同，为横向，仅余两排，其中一排已被破坏，甬道内填土可分为两部分，上层填土为扰土，下层填土为浅黄色淤土，土质较硬，墙壁上的条砖印有纹饰。墓室在甬道南端，顶部被破坏，只残留墙壁，平面呈长方形，土圹长 3.32、宽 2.9 米，室内长 2.9、宽 2.46、残高 0.68～0.78 米，西部铺地砖是用碎砖块铺垫，在甬道和墓室墙壁上的砖有菱形和车轮形两种不同纹饰的条砖。墓室内填土与甬道一样（图十二）。

M1 破坏严重，葬具葬式不详，无出土器物。

ⅢM2　地层堆积较为简单，可分为二层。第①层为耕土层，黑褐色颗粒状黏土，结构松散。

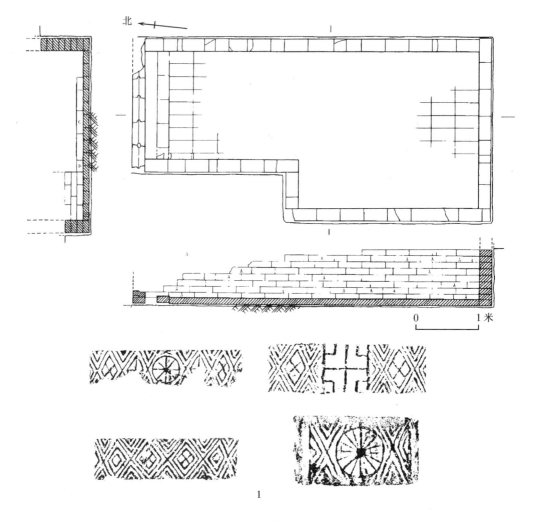

图十二　ⅢM1 平剖面图及壁砖
1. 壁砖（ⅢM1∶1）

②b层为灰褐色黏土，结构紧密，内含有近代瓷片、瓦片，M2开口此层下。

M2墓向坐南朝北，长方形石室墓，距地表约0.15～0.5米，全长3.4米。方向342°。该墓修建时，先挖好土圹，再用石条砌成，先砌墙壁后铺底，土圹与石室之间是用碎石渣和土垫起，该墓由墓道、封门、墓室组成。墓道在封门北部，已被破坏。封门在墓道与墓之间，上部已破坏，只残留一层，长0.88、宽0.4、残高0.11米。墓室上部已被破坏，东南部只残留二层石条，平面呈长方形，土圹长2.9、宽1.62、残高0.14米，石室长2.63米，宽0.96、高0.2米（图十三）。

M2破坏严重，葬具葬式不详。仅出土铜钱。

标本2002WWHⅢM2∶1　铜钱，主要为"五铢"钱。A型：无郭，字迹不清，"五"字

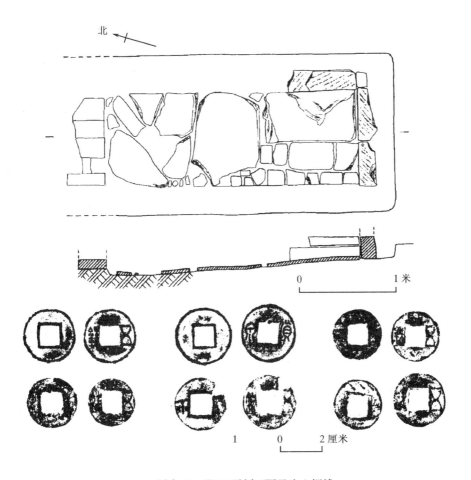

图十三　ⅢM2 平剖面图及出土铜钱
1. 铜钱（ⅢM2:1）

中间交叉处较圆，"铢"字不清，直径 2.3、方孔宽 0.9 厘米。B 型：残，无郭，"五"字不清，"铢"字边旁"金"上端呈三角形，其他不清，直径 2.3、方孔宽 1 厘米。C 型：边郭不清，字迹较模糊，"五"字中间交叉较圆，"铢"字不清"金"字旁上端呈三角形，"朱"字下端较圆，在其旁有"八"字，直径 2.6、方孔宽 1.1 厘米。D 型：无郭，字迹不清，"五"字中间较圆，"铢"字边旁"金"字上端呈三角形，直径 2.3、方孔宽 1 厘米。E 型：边郭较整齐，字迹清楚，"五"字中间交叉处稍圆，"铢"字边旁"金"字上端呈三角形，"铢"字上端方直，下端略弯，直径 2.4、宽 0.9～1 厘米。另有"货泉"，边郭清楚，字迹清晰，篆体阴文，直径 2、方孔 0.9 厘米（图十三）。

ⅣM1　地层堆积较为简单，可分为二层。第①层为耕土层，深灰褐色颗粒状黏土，土质结构较为松散，含有植物根茎腐蚀物、木炭粒、瓦砾、黑陶片、青花瓷片、石块等，M1 开口此层下。②层为黄褐色块状黏土，土质结构致密，含物有石块、打制石器。

M1 呈南北走向，为竖穴土坑墓，平面为长方形，剖面为倒凹字形，底部有熟土二层台。墓口距地表深 0.2 米，口长 3.6、宽 1.92 米。底长 3.5、宽 1.1 米，底距地表深 2.8 米，方向为 349°（图十四）。

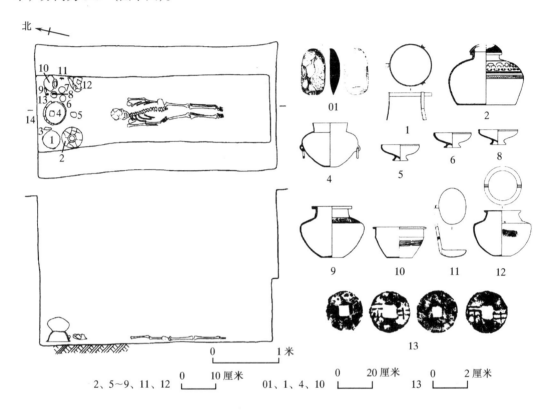

图十四　ⅣM1 平剖面图及器物组合图

01. 石斧（ⅣM1∶01）　1. 铁支架（ⅣM1∶1）　2. 陶罐（ⅣM1∶2）　3. 石块（ⅣM1∶3）　4. 铁釜（ⅣM1∶4）　5. 陶豆（ⅣM1∶5）　6. 陶豆（ⅣM1∶6）　7. 陶豆（ⅣM1∶7）　8. 陶豆（ⅣM1∶8）　9. 陶罐（ⅣM1∶9）　10. 陶甑（ⅣM1∶10）　11. 铁灯（ⅣM1∶11）　12. 陶罐（ⅣM1∶12）　13. 铜钱（ⅣM1∶13）

M1 内有骨架 1 具，头向北，面向上，为仰身直肢葬，骨架保存基本完好，据其盆骨得知该墓主为女性。据该墓陪葬品铁釜上粘的朽木痕迹来看，葬具为木棺，出土铁器、陶豆、陶甑等物。

标本 2002WWHⅣM1∶01　石斧。长 20.2、宽 5.5～9、厚 4.5 厘米。灰色砂岩，利用长条形鹅卵石打击而成，一面为砾石面，另一面为劈裂面，两侧刃反向修整，端刃单面磨制，石片疤粗大，制作工艺粗放（图十四，01）。

标本 2002WWHⅣM1∶1　铁支架。通高 19.5、口径 24 厘米。圆环形，三个支撑，有两只已残，锈蚀严重（图十四，1）。

标本2002WWHⅣM1:2 陶罐。通高22.5、口径12、腹径27.5、底径21.5厘米。泥质灰陶。方唇，矮直领，束颈，溜肩，肩部有朱色彩绘，带盖（图十四，2）。

标本2002WWHⅣM1:4 铁釜。通高20、口径18、腹径30厘米。直领，敛腹，肩下有两耳，耳带铁环（图十四，4）。

标本2002WWHⅣM1:5 陶豆。通高4、口径10、底径4厘米。泥质灰陶，圆唇，口部微敛，矮圈足，底有鸡心（图十四，5）。

标本2002WWHⅣM1:6 陶豆。通高4、口径9.8、底径4.5厘米。泥质灰陶，圆唇，口沿外有一圈弦纹，矮圈足，圈足外翻（图十四，6）。

标本2002WWHⅣM1:8 陶豆。通高4.2、口径10.5、底径4.4厘米。泥质灰陶。圆唇，口部微敛，口沿外有弦纹，矮圈足，底有鸡心（图十四，8）。

标本2002WWHⅣM1:9 陶罐。通高17、口径13、腹径21.8、底径6厘米。平折沿，厚方唇，中直领，肩微折，肩部有两道弦纹，中间饰暗纹，且有刻划符号（图十四，9）。

标本2002WWHⅣM1:10 陶瓿。通高18.6、口径32、腹径30.8、底径7.2厘米。平折沿方唇，折腹，腹下有轮制痕迹（图十四，10）。

标本2002WWHⅣM1:11 铁灯。通高9厘米。残缺，锈蚀严重，壁薄（图十四，11）。

标本2002WWHⅣM1:12 陶罐。通高17、口径14.4、腹径22.8厘米。泥质灰陶。方唇，平折沿，束颈，折肩，肩部有两道弦纹，且有两处刻划符号，口沿有两处刻划符号，腹部饰绳纹（图十四，12）。

标本2002WWHⅣM1:13 铜钱，为"半两"钱。A型：无郭，"半"字上部不清，下部两横等齐，中间一竖较长，"两"字上部横等齐，下部只有中间，直径2.2、方孔宽0.6～0.7厘米。B型：无郭，"半"字上部只有左边，字迹宽短，"两"字上横较短，中间一竖较长，直径2.4、方孔宽0.6～0.7厘米（图十四，13）。

ⅣM2 地层堆积较为简单，可分为二层。第①层为耕土层，深灰褐色颗粒状黏土，土质结构较为松散，含有植物根茎腐蚀物、木炭粒、瓦砾、黑陶片、青花瓷片、石块等，M2开口此层下。②层为黄褐色块状黏土，土质结构致密，含物有石块、打制石器。

M2为长方形竖穴土坑墓，底部有熟土二层台。开口距地表0.2米。长3.1、宽1.8米。方向为351°（图十五）。有骨架1具，保存状况极差，仅残存头骨和腿骨印痕，葬式、葬具、面向不清。该墓无出土物。

ⅣM3 地层堆积较为简单，可分为二层。第①层为耕土层，深灰褐色颗粒状黏土，土质结构较为松散，含有植物根茎腐蚀物、木炭粒、瓦砾、黑陶片、青花瓷片、石块等，M3开口此层下。②层为黄褐色块状黏土，土质结构致密，含物有石块和打制石器。

M3为长方形竖穴土坑墓，带有生土二层台，填土花杂，土质较硬，墓口距地表0.2

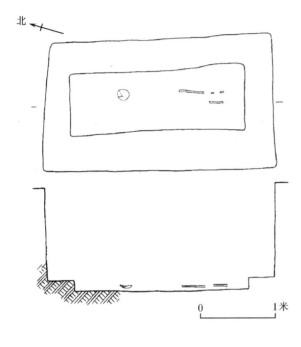

北

0　　　　　　1米

图十五　ⅣM2 平剖面图

米，墓室长 3.3 米。二层台南壁长 1.15、宽 0.25 米，西壁长 3、宽 0.25 米，东壁长 3、宽 0.3 米。方向为 353°（图十六）。

M3 清理一具骨架，部分已腐朽，但可辨认出葬式为仰身直肢，头向北，性别不详。出土物较少，有陶罐、陶瓿、陶豆及铜钱。

标本 2002WWHⅣM3:1　陶罐。通高 9.6、口径 10、腹径 14、底径 10 厘米。卷沿，束颈，圆肩，平底，素面，内壁轮制痕迹不明显（图十六，1）。

标本 2002WWHⅣM3:3　陶罐。通高 22、口径 13、腹径 28、底径 8 厘米。平折沿，方唇，束颈，扁圆肩，有凹弦纹，底部有细绳纹（图十六，3）。

标本 2002WWHⅣM3:4　陶罐。通高 16、口径 10、腹径 25、底径 12 厘米。泥质灰陶，敞口，直领，平底，肩部有二道凸弦纹，肩部有两个对称的装饰性环耳（图十六，4）。

标本 2002WWHⅣM3:10　铜钱，为"半两"钱。A 型：无郭，"半"字上部左边只有一点，下部两横等齐，上横稍向上弯，中间一竖在底部露出较长，"两"字字迹瘦长，上横与下部等齐，在钱的一边有凸块，直径 2.3，方孔宽 0.8~0.9 厘米。B 型：无郭，"半"字上横稍向上斜，中间一竖较短，"两"字上横不清，下部中间左边不清，直径 2.2，方孔宽 0.8~1 厘米（图十六，10）。

ⅣM4　地层堆积较为简单，可分为二层。第①层为耕土层，深灰褐色颗粒状黏土，土质结构较为松散，含有植物根茎腐蚀物、木炭粒、瓦砾、黑陶片、青花瓷片、石块等，M4 开口此层下。②层为黄褐色块状黏土，土质结构致密，含物有石块和打制石器。

M4 为长方形竖穴土坑墓，南北走向，口端长 3.5、宽 1.8 米，墓深 1.56 米。墓底长 2.96、宽 0.8~0.92 米，清理至 1.25 米时，出现二层台，东二层台宽 0.16 米，方向 355°（图十七）。有一具骨架，由于墓坑内湿度较大，骨架多已腐朽，只留有几片残头骨和腿骨，为仰身直肢葬，头向北，面向葬具不详。出土物较少，有陶豆、陶罐、陶瓿等。

标本 2002WWHⅣM4:1　陶豆。通高 4.6、口径 11.2、底径 4.4 厘米。泥质灰陶，口沿

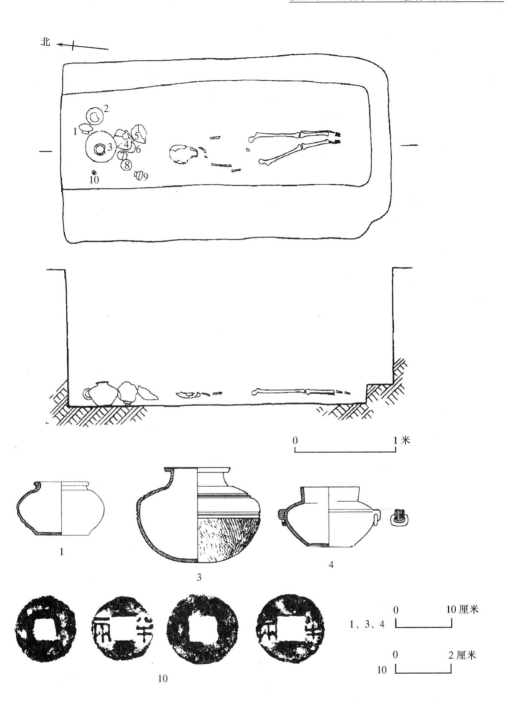

图十六　ⅣM3平剖面图及器物组合

1. 陶罐（ⅣM3:1）　2. 陶罐（ⅣM3:2）　3. 陶罐（ⅣM3:3）　4. 陶罐（ⅣM3:4）　5. 陶瓿（ⅣM3:5）
6. 陶豆（ⅣM3:6）　7. 陶豆（ⅣM3:7）　8. 陶豆（ⅣM3:8）　9. 陶豆（ⅣM3:9）　10. 铜钱（ⅣM3:10）

外有弦纹，口部微敛，矮圈足，底有鸡心（图十七，1）。

标本 2002WWHⅣM4:2　陶豆。通高 4.6、口径 9.2、底径 4.4 厘米。泥质灰陶，口沿外有弦纹，口部微敛，矮圈足，底有鸡心（图十七，2）。

标本 2002WWHⅣM4:3　陶豆。通高 4.4、口径 10.6、底径 4.8 厘米。泥质灰陶，口部微敛，口沿外有弦纹，矮圈足，底有鸡心（图十七，3）。

标本 2002WWHⅣM4:4　陶豆。通高 4、口径 10、底径 4 厘米。泥质灰陶，口部残，矮圈足，有鸡心（图十七，4）。

标本 2002WWHⅣM4:5　陶甑。通高 12、口径 25.2、底径 13.6 厘米。口沿外翻，圆唇，折腹，腹下有轮制痕迹，平底（图十七，5）。

标本 2002WWHⅣM4:6　陶鼎。口径 23.4、腹径 30.8 厘米。平折沿，方唇，鼓腹，腹部饰有绳纹，底部残缺（图十七，6）。

标本 2002WWHⅣM4:7　陶罐。通高 16 厘米、口径 13.6、腹径 21.6 厘米。泥质灰陶，平折，沿厚，方唇，肩部有两道凹弦纹，圜底（图十七，7）。

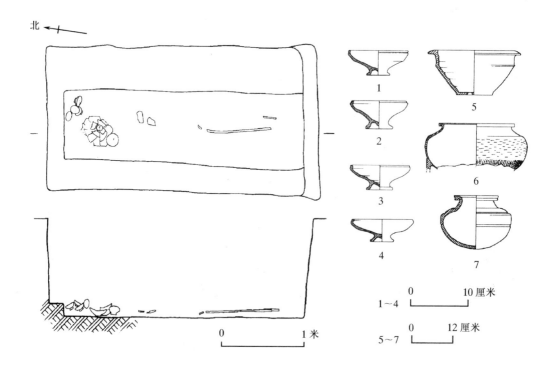

图十七　　ⅣM4 平剖面图及器物组合

1.陶豆（ⅣM4:1）　2.陶豆（ⅣM4:2）　3.陶豆（ⅣM4:3）　4.陶豆（ⅣM4:4）　5.陶甑（ⅣM4:5）
6.陶鼎（ⅣM4:6）　7.陶罐（ⅣM4:7）

ⅣM5　地层堆积较为简单，可分为二层。第①层为耕土层，深灰褐色颗粒状黏土，土质结构较为松散，含有植物根茎腐蚀物、木炭粒、瓦砾、黑陶片、青花瓷片、石块等，M5开口此层下。②层为黄褐色块状黏土，土质结构致密，含物有石块和打制石器。

M5为长方形竖穴土坑墓，带有二层台，填土花杂，土质较硬。墓口距地表0.2米，长3.4、宽1.8米，墓底距地表2米。二层台距地表1.8米，长3.4、东宽0.35、西宽0.56、南宽0.19米。方向352°（图十八）。

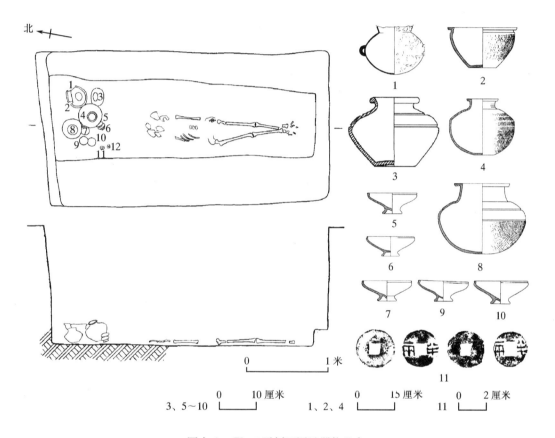

图十八　ⅣM5平剖面图及器物组合

1. 铁釜（ⅣM5:1）　2. 陶甑（ⅣM5:2）　3. 陶罐（ⅣM5:3）　4. 陶罐（ⅣM5:4）　5. 陶豆（ⅣM5:5）
6. 陶豆（ⅣM5:6）　7. 陶豆（ⅣM5:7）　8. 陶罐（ⅣM5:8）　9. 陶豆（ⅣM5:9）　10. 陶豆（ⅣM5:10）
11. 铜钱（ⅣM5:11）

M5清出一具骨架，头向北，仰身直肢葬，骨架保存较差，无法辨认性别。出土物较少，有陶罐、陶甑等。

标本2002WWHⅣM5:1　铁釜。通高47、口径16、腹径30厘米。铁质，敞口，直领，口部稍残，鼓腹圜底，腹部有两个对称的半圆形耳（图十八，1）。

标本2002WWHⅣM5:2　陶甑。通高14、口径25、腹径23、底径10厘米。平折沿，方唇，宽肩，平底，中间略向上凹，全身有拍印绳纹（图十八，2）。

标本 2002WWHⅣM5:3 陶罐。通高 15、口径 12、腹径 20、底径 10 厘米。夹砂灰陶。侈口，圆唇，卷沿，束颈，广肩，扁圆腹，小平底，中间略凹，素面（图十八，3）。

标本 2002WWHⅣM5:4 陶罐。通高 24、口径 15、腹径 30、底径 8 厘米。夹砂灰陶。平折沿，方唇，束颈，广肩，圜底，腹部及底部均有细绳纹（图十八，4）。

标本 2002WWHⅣM5:5 陶豆。通高 4.5、口径 11.4、底径 4 厘米。夹砂灰陶。敛口，圆唇，唇底有一圈螺旋纹，唇外壁也有，圈足外撇，底部有轮制痕迹，腹浅，上壁微弧，内敛素面（图十八，5）。

标本 2002WWHⅣM5:6 陶豆。通高 4.5、口径 11.4、口径 4 厘米。夹砂灰陶。内敛，圆唇，外部有一弦纹，通体灰褐色，圆足外撇，鸡心底，底部有轮制痕迹（图十八，6）。

标本 2002WWHⅣM5:7 陶豆。通高 4.5、口径 11.4、口径 4 厘米。夹砂灰陶。内敛，圆唇，外部有一弦纹，通体灰褐色，圆足外撇，鸡心底，底部有轮制痕迹（图十八，7）。

标本 2002WWHⅣM5:8 陶罐。通高 15.5、口径 13、腹径 21、底径 8 厘米。夹砂灰陶。平折沿，方唇，束颈，扁圆肩，圜底，下腹及底部有细绳纹（图十八，8）。

标本 2002WWHⅣM5:9 陶豆。通高 4.5、口径 11.4、底径 4 厘米。夹砂灰陶。敛口，圆唇，唇部略有些变形，可能因烧制而导致，唇底勒有一圈螺旋纹，唇外壁边也有，圈足外撇，底部有轮制痕迹，腹浅，上壁微弧，内敛，素面，鸡心底（图十八，9）。

标本 2002WWHⅣM5:10 陶豆。通高 4.5、口径 12、底径 4 厘米。夹砂灰陶。敛口，圆唇，圆足外撇，鸡心底，底部有轮制痕迹，腹浅，上壁微弧，内敛，素面（图十八，10）。

标本 2002WWHⅣM5:11 铜钱，为"半两"钱。A 型：无郭，字迹清楚，"半"字上横上边稍向上弯，"两"字中间两笔较直"两"字瘦而成，直径 2.3、方孔宽 0.9～1 厘米。B 型：无郭，字迹清晰，"半"字宽而短，上横两边向上弯，左边弯长与上端相连，"两"字中间两笔稍弯，左边向外弧与右边相连，直径 2.4、方孔宽 0.8 厘米。C 型：无郭，字迹清晰，"半"字横等齐，上横向上弯，左边与上面相连，"两"字中间两笔较弯直，直径 2.3、方孔宽 0.8 厘米（图十八，11）。

ⅣM7 地层堆积较为简单，可分为二层。第①层为耕土层，深灰褐色颗粒状黏土，土质结构较为松散，含有植物根茎腐蚀物、木炭粒、瓦砾、黑陶片、青花瓷片、石块等，M7 开口此层下。②层可分为②a 层和②b 层。②a 层土色黄褐，土质较硬，含有钙质化合物。②b 层土色为浅黄褐色土，含沙量较高，包含有少量石块。

M7 为长方形竖穴土坑墓，填土花杂，土质较硬，包含有少量石块。开口距地表 0.25 米，长 3.4、宽 1.6 米，墓底距地表 2.25 米。出土二层台南北长 3.4、宽 0.2 米，东西长 1.15、宽 0.15、高 0.8 米。方向为 351°（图十九）。

M7 清出一具骨架，头向北，仰身直肢，性别为男性，年龄不详。葬具不详。出土有陶罐、陶甑、铁釜、铁凿及铜钱等物。

标本 2002WWHⅣM7∶1　陶甑。通高 18.4、口径 33.6、腹径 28、底径 14 厘米。夹砂灰陶。平折沿，方唇，束面平底略向上凸，底部有数个加工小孔，下腹到底轮制痕迹明显（图十九，1）。

标本 2002WWHⅣM7∶2　铁釜。通高 20、口径 18.5、腹径 19、底径 12 厘米。敞口，圆唇，束颈，弧腹，腹部两侧有两耳，圜底（图十九，2）。

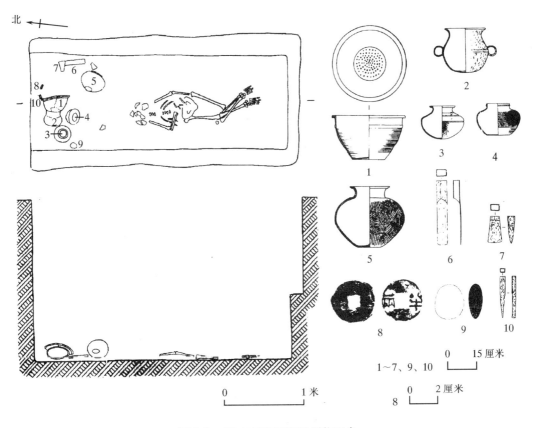

图十九　ⅣM7 平剖面图及器物组合

1. 陶甑（ⅣM7∶1）　2. 铁釜（ⅣM7∶2）　3. 陶罐（ⅣM7∶3）　4. 陶罐（ⅣM7∶4）　5. 陶罐（ⅣM7∶5）
6. 铁锄（ⅣM7∶6）　7. 铁斧（ⅣM7∶7）　8. 铜钱（ⅣM7∶8）　9. 卵石（ⅣM7∶9）　10. 铁凿（ⅣM7∶10）

标本 2002WWHⅣM7∶3　陶罐。通高 15.2、口径 12、腹径 20、底径 6 厘米。泥质灰陶。平折沿，方唇，束颈，广肩，肩部及腹部有三道平行弦纹，下腹到底施有拍印网格纹（图十九，3）。

标本 2002WWHⅣM7∶4　陶罐。通高 16.4、口径 12.4、腹径 23.2、底径 12 厘米。夹砂灰陶。敛口，卷沿，圆唇，束颈，广肩，平底，肩部至下腹施有斜向拍印绳纹，下腹到底轮制痕迹明显（图十九，4）。

标本 2002WWHⅣM7:5 陶罐。通高 21.2、口径 20.4、腹径 25.2、底径 8 厘米。夹砂灰陶。卷沿，束颈，广肩，圆腹，圜底，底中间略向上凸，腹部施有斜向拍印绳纹，下腹到底为竖斜交错拍印绳纹（图十九，5）。

标本 2002WWHⅣM7:6 铁锄。长 30、宽 5、厚 0.4 厘米。平面呈长方形，壁厚，刃部较锐利，顶端有镶木柄套（图十九，6）。

标本 2002WWHⅣM7:7 铁斧。长 7、宽 3.6、厚 2 厘米。梯形，刃部阔于柄部，柄部有镶木柄方形套管（图十九，7）。

标本 2002WWHⅣM7:8 铜钱，为"半两"钱。无郭，字迹清晰，"半"字两横等齐，上横向上弯，"两"字上横与下端等齐，下端左上边稍向内收，直径 2.2~2.3、方孔宽 0.7~0.8 厘米（图十九，8）。

标本 2002WWHⅣM7:9 卵石。长 10.8、宽 9、厚 4.3 厘米。灰褐色椭圆形，通体光滑，石质为砂岩（图十九，9）。

标本 2002WWHⅣM7:10 铁凿。长 20、宽 2.4、厚 2 厘米。保存较完整，壁厚，刃部尖锐，柄部留有镶木柄套（图十九，10）。

ⅣM8 地层堆积较为简单，可分为二层。第①层为耕土层，深灰褐色颗粒状黏土，土质结构较为松散，含有植物根茎腐蚀物、木炭粒、瓦砾、黑陶片、青花瓷片、石块等，M8 开口此层下。②层可分为②a 层和②b 层。②a 层土色黄褐，土质较硬，含有钙质化合物。②b 层土色为浅黄褐色土，含沙量较高，有少量石块。

M8 为长方形竖穴土坑墓，填土花杂，土质松软，包含少量石块及石片，开口距地表 0.25 米，长 3.3、宽 1.65~1.8 米，墓底距地表 2.2 米。带生土二层台，南北长 3.3、宽 0.3 米，东西长 1.1、宽 0.14、高 0.25 米。方向为 345°（图二十）。

M8 清出一具骨架，保存较差，但可辨认为仰身直肢葬，头向北，性别年龄不详。出土器物较少，有陶罐、陶甑及铜钱等物。

标本 2002WWHⅣM8:1 陶罐。通高 21.2、口径 10.4、腹径 24.8、底径 8 厘米。夹砂灰陶。平折沿，侈口，方唇，束颈，颈部有一道小凸纹，广肩，饰有两道凹弦纹和一道凸纹，鼓腹，斜收，外施一道凹弦纹，腹下部周圈施有交错绳纹，圜底，微内凹（图二十，1）。

标本 2002WWHⅣM8:2 陶甑。通高 13.2、口径 21、腹径 22、底径 11.6 厘米。夹砂灰陶。平折沿，敛口，高肩，腹上部较鼓，折沿有一道凸弦纹，腹下斜收，平底，底部有五个小圆孔（图二十，2）。

标本 2002WWHⅣM8:4 铜钱，为"半两"钱。无郭，"半"字横等齐，上横稍向上弯"两"字，只有半面，其他不清，直径 2.3、方孔宽 0.8 厘米（图二十，4）。

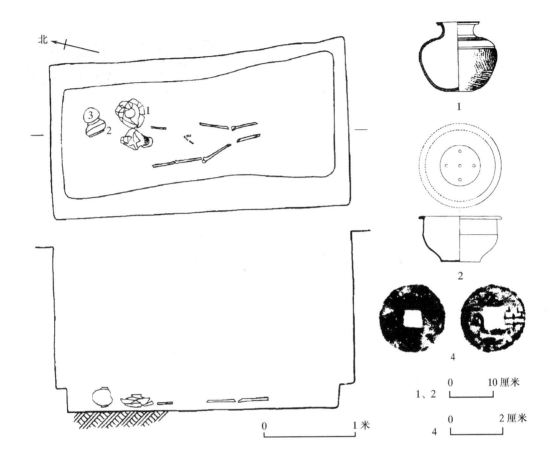

图二十　ⅣM8 平剖面图及器物组合
1. 陶罐（ⅣM8:1）　2. 陶甑（ⅣM8:2）　3. 陶釜（ⅣM8:3）　4. 铜钱（ⅣM8:4）

ⅣM9　地层堆积较为简单，可分为二层。第①层为耕土层，可分为①a层和①b层，①a层土质较松散，土灰褐色，内含有大量的植物根茎、陶片、瓦片、石块、玻璃瓶块等。①b扰土层，土质较硬，结构细密，土为浅灰褐色，内含有植物根茎、陶片、石块、瓦片青花瓷片。M9 开口于此层下。②层可分为②a层和②b层。②a层土色黄褐，土质较硬，含有钙质化合物。②b层土色为浅黄褐色土，含沙量较高，包含有少量石块。

M9 为长方形竖穴土坑墓，南北走向。平面呈长方形，开口距地表约0.25米，长3、宽1.52～1.6米，墓深1.52～1.6米。填土花杂，土质松软，内含有石块等。有二层台分布四周，南、北二层台长0.9～0.94、宽0.1～0.2、深0.28～0.4米。东、西二层台长1.6、宽0.32～0.36、深0.28～0.4米。在二层台出现后，墓室填土有约0.1米为夯土。方向342°（图二十一）。

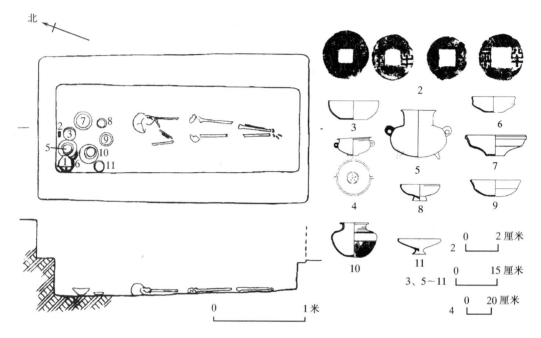

图二十一　ⅣM9平剖面图及器物组合

1.银环（ⅣM9：1）　2.铜钱（ⅣM9：2）　3.陶钵（ⅣM9：3）　4.陶甗（ⅣM9：4）　5.陶釜（ⅣM9：5）
6.陶钵（ⅣM9：6）　7.陶钵（ⅣM9：7）　8.陶豆（ⅣM9：8）　9.陶钵（ⅣM9：9）　10.陶罐（ⅣM9：10）
11.陶豆（ⅣM9：11）

M9 内清出一具骨架，仰身直肢，头向北，面向东。根据头骨及残留的盆骨推断为一男性，年龄不详。出土器物较少，有陶钵、陶甗、陶盏及铜钱等物。

标本 2002WWHⅣM9：2　铜钱，为"半两"钱。A 型：无郭"半"字上端与中间一竖相连，"两"字上横不清，下部中间只有一笔，稍向右弧，直径 2.3、方孔宽 0.7～0.8 厘米。B 型：无郭，字迹清晰，"半"字两横等齐，中间一竖下端露出较长，"两"字上横稍短，下部中间两笔呈反"T"字形，直径 2.3、方孔宽 1 厘米（图二十一，2）。

标本 2002WWHⅣM9：3　陶钵。通高 6、口径 16.5、腹径 16、底径 9.6 厘米。夹砂灰陶。直口，方唇，浅腹，素面，平底（图二十一，3）。

标本 2002WWHⅣM9：4　陶甗。通高 11.5、口径 23、腹径 21、底径 8 厘米。夹砂灰陶。方唇，折平沿，小圈足，圈足底部有六个长条纹饰的条状甗算，肩部有两个对称的环形耳，颈部有一道凹弦纹（图二十一，4）。

标本 2002WWHⅣM9：5　陶釜。通高 17.5、口径 13、腹径 21、底径 11.6 厘米。夹砂灰陶，高领方唇，侈口，鼓腹，圜底，底部有三个矮足，肩部有两个对称的环形耳（图二十一，5）。

标本 2002WWHⅣM9：6　陶钵。通高 7.2、口径 11、底径 4.4 厘米。夹砂灰陶。侈口，扁圆唇，上腹微向内凹，平底（图二十一，6）。

标本2002WWHⅣM9：7　陶钵。通高6、口径20、底径5.2厘米。泥质灰陶。侈口，圆唇，折腹，下腹斜收，平底（图二十一，7）。

标本2002WWHⅣM9：8　陶豆。通高4.2、口径10.4、底径4厘米。夹砂灰陶。泥质灰陶。敛口，圆唇，唇下有一圈螺旋纹，圈足，外撇，鸡心底，底部轮制痕迹明显（图二十一，8）。

标本2002WWHⅣM9：9　陶钵。通高4.8、口径15、腹径12.1、底径4厘米。泥质黑陶。敞口，圆唇，浅腹略向内凸，平底，素面（图二十一，9）。

标本2002WWHⅣM9：10　陶罐。通高36、口径8.2、腹径9.2、底径20厘米。夹砂灰陶。平折沿，口微敞，方唇，束颈，广肩，肩部施有两道凹弦纹，腹上部较鼓，下腹斜收，外施一道弦纹，圜底，微内凹，腹下部周圈施有交错绳纹（图二十一，10）。

标本2002WWHⅣM9：11　陶豆。通高4.5、口径10、底径4厘米。泥质灰陶。敛口，圆唇，唇下有一圈螺旋纹，浅腹，圈足外撇，鸡心底，底部轮制痕迹明显（图二十一，11）。

ⅣM10　地层堆积较为简单，可分为二层。第①层为耕土层，可分为①a层和①b层，①a层土质较松散，土呈灰褐色，内含有大量的植物根茎、陶片、瓦片、石块、玻璃瓶块等。①b扰土层，土质较硬，结构细密，土为浅灰褐色，内含有植物根茎、陶片、石块、瓦片、青花瓷片，M10开口于此层下。②层可分为②a层和②b层。②a层土色黄褐，土质较硬，含有钙质化合物。②b层土为浅黄褐色土，含沙量较高，包含有少量石块。

M10为南北向竖穴土坑墓，内填土为五花土，土质较硬，内含有碎陶片等，墓口距地表约0.25米，平面呈长方形，长3.3、宽1.4、深2米。二层台分布在墓室三边，北部二层台长0.98~1.2、宽0.15、高0.3米，东部二层台长1.6、宽0.12~0.2、高0.3米，西部二层台长1.6、宽0.07~0.19、高0.3米。方向337°（图二十二）。

M10内有一具骨架，根据头骨和盆骨断为女性，头向北，面向东，仰身直肢，葬具不详。出土器物有陶钵、陶甑、陶盏、陶釜及铜钱等物。

标本2002WWHⅣM10：1　铜钱，为"半两"钱。A型：无郭，"半"字上部左边不清，下部上横向上弯，"两"字下部中间不清，直径2.3、方孔宽0.9~1厘米。B型：无郭，"半"字上部不清，下部两横等齐，中间一竖较短，"两"字上横稍短，下部只有中间，直径2.2、方孔宽0.8~0.9厘米（图二十二，1）。

标本2002WWHⅣM10：2　陶钵。通高6、口径20、腹径16.8、底径7.5厘米。泥质灰陶。侈口，方唇，折腹，下腹斜收，较深（图二十二，2）。

标本2002WWHⅣM10：3　陶罐。通高14、口径13.2、腹径17.2、底径6厘米。夹砂灰陶。平折沿，方唇，束颈，广肩，肩部及腹部有两道相平行凹弦纹，下腹至底施有拍印

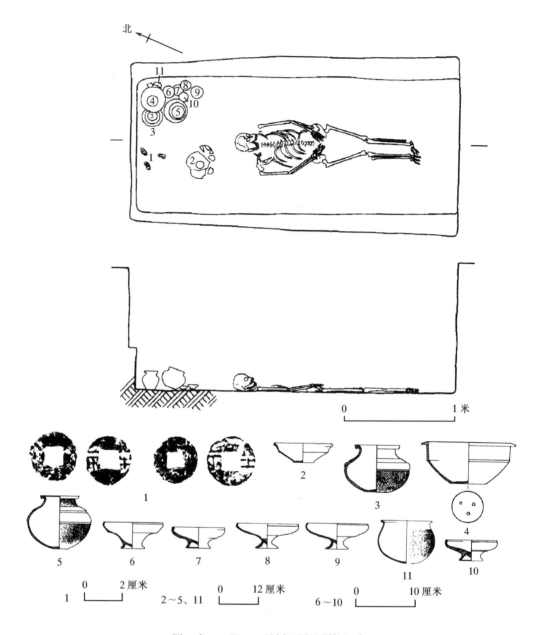

图二十二　ⅣM10 平剖面图及器物组合

1.铜钱（ⅣM4:1）　2.陶钵（ⅣM4:2）　3.陶罐（ⅣM4:3）　4.陶甑（ⅣM4:4）　5.陶罐（ⅣM4:5）
6.陶豆（ⅣM4:6）　7.陶豆（ⅣM4:7）　8.陶豆（ⅣM4:8）　9.陶豆（ⅣM4:9）　10.陶豆（ⅣM4:10）
11.陶釜（ⅣM4:11）

网格纹，圜底，底部中间略向上凸（图二十二，3）。

标本 2002WWHⅣM10:4　陶甑。通高 14、口径 24、腹径 20.8、底径 8 厘米。夹砂灰陶。平折沿，尖唇，素面，平底，底部中央略向上凸，底部有三小孔（图二十二，4）。

标本 2002WWHⅣM10∶5　陶罐。通高 16、口径 12.8、腹径 20、底径 4 厘米。夹砂灰陶，卷沿，尖唇，束颈，广肩，腹微鼓，腹部及肩部有两道相平行的凹弦纹，圜底，下腹到底施有拍印网格纹（图二十二，5）。

标本 2002WWHⅣM10∶6　陶豆。通高 4.5、口径 10、底径 4 厘米。泥质灰陶。敛口，圆唇，唇下有一圈螺旋纹，浅腹，圈足外撇，鸡心底，底部轮制痕迹明显（图二十二，6）。

标本 2002WWHⅣM10∶7　陶豆。通高 3.6、口径 8.2、底径 4 厘米。夹砂灰陶。敛口，圆唇，外饰一道凹弦纹，浅腹，在腹下部有一道凸纹，喇叭形底座（图二十二，7）。

标本 2002WWHⅣM10∶8　陶豆。通高 4.5、口径 10、底径 4 厘米。夹砂泥质灰陶。敛口，圆唇，唇下有一圈螺旋纹，浅腹，圈足外撇，鸡心底，底部轮制痕迹明显（图二十二，8）。

标本 2002WWHⅣM10∶9　陶豆。通高 4.5、口径 10、底径 4 厘米。泥质灰陶。敛口，圆唇，唇下有一圈螺旋纹，浅腹，圈足外撇，鸡心底，底部轮制痕迹明显（图二十二，9）。

标本 2002WWHⅣM10∶10　陶豆。通高 3.6、口径 8.2、底径 4 厘米。夹砂灰陶。敛口，圆唇，外饰一道凹弦纹，喇叭形底座（图二十二，10）。

标本 2002WWHⅣM10∶11　陶釜。通高 11.5、口径 14、腹径 14.5 厘米。夹砂灰陶。折沿，圆唇，溜肩，弧腹，圜底，腹部到底部施有绳纹。（图二十二，11）

二　六朝墓葬

ⅠM1　墓葬所处台地地层较简单，其地层分二层。第①层为耕土层，含有大量的有机质，土色为黑褐色。第②层为灰褐色土，土质坚硬，遇水则黏性增大，颗粒细密透气性能不好。

M1 为双券顶砖室墓，墓道和墓室各有一盗洞。墓道因盗洞而被扰乱，仅东部残留部分墓道边，墓道券顶被扰乱，填土花杂，夹有块状青泥以及被扰乱后的砖。甬道位于墓室以内，长 2.3、宽 1.54、高 2 米，券顶保存完整。墓室券顶部也有一盗洞，墓室内淤土的泥沙黏度较大，墓室残留券顶砖上带有“富贵”两字，墙砖共 10 层错缝平铺，券顶砖南北三排砖分别由 7、8、9 层砖起券，其余 10 层起券，墓室长 5.02、宽 2.54、高约 2 米。方向 170°（图二十三）。

M1 甬道中清理出一具骨架，由于保存较差无法辨清葬式。墓室清理出三具骨架，头向南，似为仰身直肢葬。出土有陶罐、瓷罐、瓷盘、瓷钵、瓷壶等物。

标本 2001WWHⅠM1∶1　陶罐。通高 15.9、口径 21.9、腹径 23.7、底径 14.4 厘米。泥质灰陶。侈口，圆唇，束颈，垂腹，平底，上腹部饰弦纹。（图二十四，1）

标本 2001WWHⅠM1∶2　瓷罐。通高 15.8、口径 12.4、腹径 19、底径 12.8 厘米。敞口，圆唇，上腹部饰有四个对称横耳，上部施酱色釉，罐内饰两道弦纹，平底（图二十四，

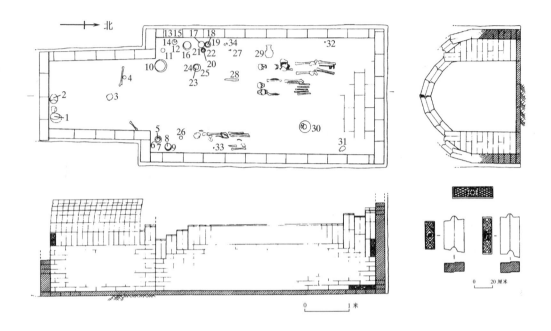

图二十三　IM1 平剖面图（图内编号随葬品名称见下图）

2)。

标本 2001WWHIM1：3　瓷罐。通高 12.8、口径 8、腹径 13.2、底径 8.4 厘米。灰白胎，敞口圆唇，肩部饰有四个对称桥状横纽，口至下腹部施有豆青色釉，以下露胎，平底（图二十四，3）。

标本 2001WWHIM1：4　瓷碗。通高 4.6、口径 8.4、腹径 8.8、底径 4.8 厘米。口微敛，圆唇，内通体施豆青色釉，外壁只施一半釉，假圈足（图二十四，4）。

标本 2001WWHIM1：5　瓷钵。通高 3.5、口径 8.6、腹径 8.8、底径 4 厘米。敛口圆唇，腹部弧收，内外壁施豆青色釉，假圈足，未施釉（图二十四，5）。

标本 2001WWHIM1：6　瓷钵。通高 3.6、口径 8.8、腹径 8.9、底径 3 厘米。灰白胎，口微敛圆唇，内壁施豆青色釉，外壁上部施釉下部露胎，假圈足（图二十四，6）。

标本 2001WWHIM1：7　瓷碗。通高 7.4、口径 14.4、腹径 14.6、底径 9.6 厘米。灰白胎敛口，圆唇，通体施有豆青色釉，内底有 12 个支钉痕（图二十四，7）。

标本 2001WWHIM1：8　瓷盘。通高 2、口径 14.8、底径 13.2 厘米。圆唇，侈口，腹向底部斜收，通体施豆青色釉，盘内有一圈弦纹，外有三个支钉痕，底部旋削一圆凹槽，未施釉（图二十四，8）。

标本 2001WWHIM1：9　瓷碗。通高 6.2、口径 15、底径 10.8 厘米。直口，尖圆唇，腹部弧收，上部有一道凹状弦纹，内外壁均未施釉，暴露灰色胎，内外底均有支钉痕（图二

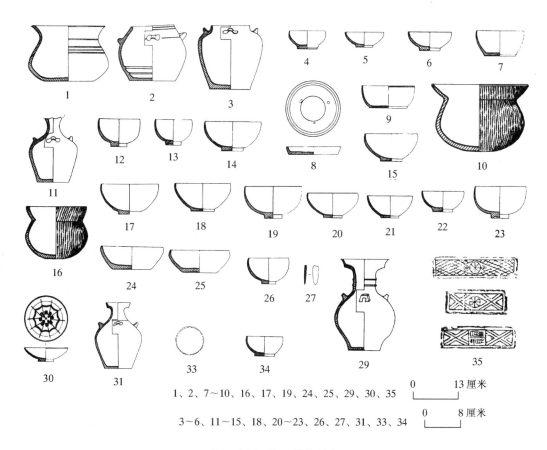

1、2、7～10、16、17、19、24、25、29、30、35

0 13 厘米

3～6、11～15、18、20～23、26、27、31、33、34

0 8 厘米

图二十四　IM1 器物组合

1.陶罐（IM1：1）　2.瓷罐（IM1：2）　3.瓷罐（IM1：3）　4.瓷碗（IM1：4）　5.瓷钵（IM1：5）　6.瓷钵（IM1：6）　7.瓷碗（IM1：7）　8.瓷盘（IM1：8）　9.瓷碗（IM1：9）　10.陶釜（IM1：10）　11.瓷壶（IM1：11）　12.瓷碗（IM1：12）　13.瓷碗（IM1：13）　14.瓷碗（IM1：14）　15.瓷碗（IM1：15）　16.陶釜（IM1：16）　17.瓷碗（IM1：17）　18.瓷碗（IM1：18）　19.瓷碗（IM1：19）　20.瓷碗（IM1：20）　21.瓷碗（IM1：21）　22.瓷碗（IM1：22）　23.瓷碗（IM1：23）　24.瓷碗（IM1：24）　25.瓷碗（IM1：25）　26.瓷碗（IM1：26）　27.铁器（IM1：27）　28.铁器（残）　29.瓷壶（IM1：29）　30.瓷盘（IM1：30）　31.瓷壶（IM1：31）　32.铁币　33.铜手镯（IM1：33）　34.瓷碗（IM1：34）　35.壁砖（IM1：35）

十四，9)。

标本 2001WWHIM1：10　陶釜。通高 19、口径 28.4、腹径 25.6、底径 8 厘米。灰褐色，侈口，尖唇，束颈，圜底微平，通体饰绳纹（图二十四，10）。

标本 2001WWHIM1：11　瓷壶。残高 13.1、口径 3.6、腹径 10、底径 6.4 厘米。盘口，口残，肩部饰有四个对称桥状横纽，平底，下部未施釉（图二十四，11）。

标本 2001WWHIM1：12　瓷碗。通高 5.2、口径 8、底径 3 厘米。直口，圆唇，内外通体施豆青色釉，假圈足，未施釉（图二十四，12）。

标本 2001WWHIM1∶13　瓷碗。通高 5.3、口径 7.6、底径 3.2 厘米。尖圆唇，口微敛，内外壁均施豆青色釉，假圈足，底微凹，未施釉（图二十四，13）。

标本 2001WWHIM1∶14　瓷碗。通高 5.9、口径 11.4、底径 4.4 厘米。口微敛，圆唇，弧壁，内外壁施豆青色釉，内底有三个支钉痕，假圈足，未施釉（图二十四，14）。

标本 2001WWHIM1∶15　瓷碗。通高 6、口径 11.6、底径 4.8 厘米。灰白胎，口微敛，圆唇，内外壁均施豆青色釉，内底有四个支钉痕，假圈足，未施釉（图二十四，15）。

标本 2001WWHIM1∶16　陶釜。通高 15.6、口径 17.2、腹径 19.2、底径 6.4 厘米。夹砂粗陶。侈口，方唇，圜底，通体饰粗绳纹（图二十四，16）。

标本 2001WWHIM1∶17　瓷碗。通高 7.6、口径 14.8、底径 5.6 厘米。白色胎，敞口微敛，内外壁均施豆黄色釉，假圈足，未施釉（图二十四，17）。

标本 2001WWHIM1∶18　瓷碗。通高 5.8、口径 11.6、底径 5 厘米。圆唇、口微敛、白色胎，内外壁均施豆青色釉，假圈足，未施釉，内底部有三个支钉痕（图二十四，18）。

标本 2001WWHIM1∶19　瓷碗。通高 8、口径 14.2、底径 4.4 厘米。直口圆唇，腹部弧收，内外壁均施豆青色釉，内底部有一个直径为 1.4 厘米的弧纹，底部旋削一周凹槽，假圈足，未施釉（图二十四，19）。

标本 2001WWHIM1∶20　瓷碗。通高 5.6、口径 11.6、底径 4.4 厘米。灰白胎，口微敛，圆唇，腹部斜收，施豆青色釉，碗内有三个支钉痕，假圈足，未施釉（图二十四，20）。

标本 2001WWHIM1∶21　瓷碗。通高 4.6、口径 8.8、底径 3.6 厘米。灰白胎，敞口，圆唇，内外壁施豆青色釉，假圈足，未施釉（图二十四，21）。

标本 2001WWHIM1∶22　瓷碗。通高 4、口径 8、底径 3.8 厘米。直口圆唇，内外壁施豆青色釉，假圈足，未施釉，有三个支钉痕（图二十四，22）。

标本 2001WWHIM1∶23　瓷碗。通高 7.8、口径 12.6、底径 4.4 厘米。敞口圆唇，内外壁施豆青色釉，假圈足，底部微凹，未施釉。（图二十四，23）

标本 2001WWHIM1∶24　瓷碗。通高 5.2、口径 14.4、底径 8.8 厘米。灰色胎，敛口，圆唇，碗内通体施豆青色釉，外壁上半部施釉，平底（图二十四，24）。

标本 2001WWHIM1∶25　瓷碗。通高 5.6、口径 14.8、底径 8.8 厘米。口微敛，圆唇，内壁施豆青色釉，外壁上半部分施釉，内底有 13 个支钉痕，平底（图二十四，25）。

标本 2001WWHIM1∶26　瓷碗。通高 5.7、口径 8.8、底径 3.2 厘米。圆唇，口微敛，内外通体均施豆青色釉，假圈足，未施釉（图二十四，26）。

标本 2001WWHIM1∶27　铁器。长 3.1、宽 0.95 厘米（图二十四，27）。

标本 2001WWHIM1∶29　瓷壶。通高 27.2、口径 14.4、腹径 18、底径 9.6 厘米。浅盘口，口外撇，圆唇束颈，颈部饰有两道凸弦纹，上腹部饰有四个对称桥状横耳，鼓腹，口至下腹施豆青色釉，平底（图二十四，29）。

标本 2001WWHIM1：30　瓷盘。通高 4、口径 12.8、底径 4.6 厘米。灰白胎，敞口圆唇，腹部微弧斜收，内外壁均施豆青色釉，假圈足，底外周略向上卷，盘内饰有纹饰（图二十四，30）。

标本 2001WWHIM1：31　瓷壶。通高 15.1、口径 5.6、腹径 10.8、底径 6.4 厘米。浅盘口，盘口外撇，鼓腹，肩部饰有四个对称桥状横纽，外壁上半部施釉，平底（图二十四，31）。

标本 2001WWHIM1：33　铜手镯。直径 6.45、镯宽 0.7 厘米。圆环形，无接口，外壁铸有一周波浪纹（图二十四，33）。

标本 2001WWHIM1：34　瓷碗。通高 4.4、口径 7.6、底径 4.2 厘米。灰色胎，圆唇，敞口，弧腹，内外壁施豆青色釉，假圈足，未施釉（图二十四，34）。

IM3　墓葬所处台地地层较简单，其地层分二层。第①层为耕土层，含有大量的有机质，土色为黑褐色。第②层为灰褐色土，土质坚硬，遇水则黏性增大，颗粒细密透气性能不好。

M3 为"凸"字形砖室墓。该墓有长斜坡形土坑墓道、砖式封门、甬道和墓室。墓道填土为灰褐色五花土，夹杂有陶片、石块等，甬道墓室多淤泥，为扰乱后的堆积，填土为黄褐色黏土，夹杂有陶片、砖块、青花瓷片、石块等，属早期破坏后平整土地的填土。墓道为长方形，位于墓的最南端，口长 3.9、宽 1.3～2 米，口距地表深 0.2 米，坡底长 0.8、宽1.8 米，坡底距墓口深 1.94 米，坡度为 30°。坡底浅坑内东南角距坑底 0.8 米。外有一近四方形台阶，台阶上放一块残砖，在台阶偏北的壁面上有一脚窝，脚窝距台阶面约 0.8 米，坡底浅坑内为踩踏土，结构紧密。封门残高 1.44 米，位于墓道北端，在墓道和甬道之间，横向平砖垒砌，中间夹土或泥，砖缝错落无序，多为拱顶子母砖。甬道长 2.4、宽 1.4、残高 0.96 米，其东壁上靠近封门处仅保留一块券顶砖，铺地砖为横向直缝，大部分地方铺地砖已被扰乱，墙砖为纵向平铺错缝，其墙砖有三种纹饰。墓室长 4.7、宽 2.3 米，原有券顶，因早期盗扰，券顶已荡然无存，现仅保留下墓室砖砌墙，残高 2.3 米，墙为纵向平铺错缝砌成，铺地砖为横向平铺直缝铺成，部分地方铺地砖已被扰乱。方向为 175°（图二十五）。

M3 因严重扰乱，骨架零散夹杂于填土之中，其骨架数目及骨架的头向、面向、葬式葬具均已不清楚。出土有陶罐、瓷罐、瓷盘、瓷钵、瓷盘口壶等物。

标本 2001WWHIM3：1　铜钱，为"五铢"钱（图二十五，1）。

标本 2001WWHIM3：4　瓷碗。通高 6.8、口径 15.2、底径 8.8 厘米。灰色胎，圆唇，腹部弧收，平底，内壁通体施豆青色釉，外壁上半部施釉，碗内有一圈弦纹，并有 13 个支钉痕，在碗壁与底相接处饰有一道凹弦纹（图二十五，4）。

标本 2001WWHIM3：5　瓷盘。通高 2.2、口径 14、底径 13.6 厘米。灰色胎，圆唇，直口，通体施有豆青色釉，盘内饰有一道弦纹，并有 4 个支钉痕，平底，底部旋削一圈凹槽，

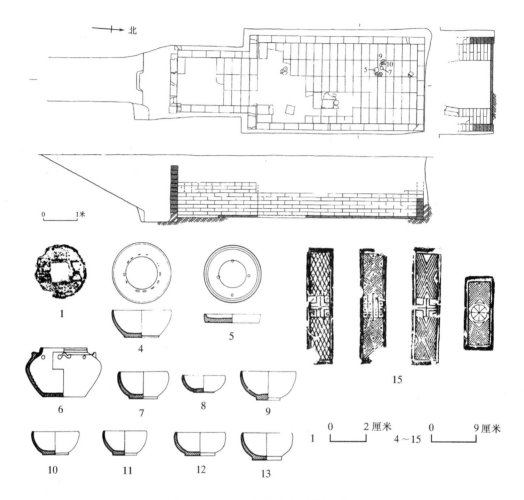

图二十五　IM3 平剖面图及器物组合

1. 铜钱（IM3：1）　2. 链珠（IM3：2）　3. 指环（IM3：3）　4. 瓷碗（IM3：4）　5. 瓷盘（IM3：5）　6. 瓷罐（I M3：6）　7. 瓷碗（IM3：7）　8. 瓷碗（IM3：8）　9. 瓷碗（IM3：9）　10. 瓷碗（IM3：10）　11. 瓷碗（IM3：11）　12. 瓷碗（IM3：12）　13. 瓷碗（IM3：13）　14. 陶罐（IM3：14）　15. 壁砖（IM3：15）

未施釉（图二十五，5）。

标本 2001WWHIM3：6　瓷罐。通高 10.5、口径 10.2、腹径 16.5、底径 9.6 厘米。灰色胎，圆唇，鼓腹，平底，口部有两道凸弦纹，肩部有四个对称桥状组，还有四个对称釉滴，并饰有一道弦纹，内壁通体施豆青色釉，有数道凸弦纹，外壁腹以下未施釉（图二十五，6）。

标本 2001WWHIM3：7　瓷碗。通高 4.9、口径 9、底径 5.2 厘米。灰色胎，尖圆唇，假圈足，内壁施豆青色釉，外壁上半部施釉（图二十五，7）。

标本 2001WWHIM3：8　瓷碗。通高 3.6、口径 8.8、底径 4.4 厘米。灰色胎，尖圆唇，口微敛，弧腹，内壁施豆青色釉，外壁上半部施釉，假圈足（图二十五，8）。

标本 2001WWHIM3：9　瓷碗。通高 6.9、口径 12.6、底径 5.6 厘米。灰色胎，直口，尖圆唇，弧腹内外壁施豆青色釉，内底部上凸，假圈足，未施釉（图二十五，9）。

标本 2001WWHIM3：10　瓷碗。通高 4.2、口径 8.8、底径 4.8 厘米。灰色胎，尖圆唇，直口，内壁施豆青色釉，内底部有一道弦纹，并有 3 个支钉痕，外壁上半部施釉，假圈足（图二十五，10）。

标本 2001WWHIM3：11　瓷碗。通高 4.8、口径 8.6、底径 4.8 厘米。灰色胎，圆唇，口微敛，假圈足，内壁施豆青色釉，外壁上半部施釉（图二十五，11）。

标本 2001WWHIM3：12　瓷碗。通高 4.1、口径 9、底径 5.4 厘米。灰色胎，圆唇，口微敛，腹部弧收，内外壁均施豆青色釉，内底部饰有一道弦纹，并有 3 个支钉痕，假圈足，未施釉（图二十五，12）。

标本 2001WWHIM3：13　瓷碗。通高 4.9、口径 9、底径 5.6 厘米。灰色胎，尖圆唇，口微敛，内外壁通体施釉，内底部饰有涡旋纹，假圈足，底部有 3 个支钉痕（图二十五，13）。

IM4　墓葬所处台地地层较简单，其地层分二层。第①层为耕土层，含有大量的有机质，土色为黑褐色。第②层为灰褐色土，土质坚硬，遇水则黏性增大，颗粒细密透气性能不好。

M4 为砖室墓，由墓室、甬道、墓道组成。其墓道因破坏不详，墓距地表 0.9 米，平面呈刀形，剖面为长方形，残长 5.48、残宽 2.04～2.88 米。墓底距开口高 1.36 米，底距地表 2.26 米。墓室残长 3.12、残宽 2.78、残高 1.24 米。封门残高 0.11、长 0.19 米。墓砖壁面为素面，侧面饰有菱形纹，错缝平砌而成。券顶为榫枘结构的字母砖，侧面饰有车轮网纹，横向同缝拱成，因破坏现只留有一砖高，底面为素面砖横向直缝平铺而成。封门为素面子母砖相夹平砌而成。M4 填土为五花色黏土，结构松散，含有石块、木炭、红烧土块。方向为 225°（图二十六）。

M4 从清理的情况来看，葬具为木棺，因骨架已严重风化其葬式、头向、面向、性别、年龄不详。出土器物较少，有陶罐、瓷碗、瓷钵、陶盆等。

标本 2002WWHIM4：1　瓷钵。通高 3.5、口径 4、腹径 4.2、底径 2.2 厘米。尖唇，口微敛，腹微鼓，厚唇，绛黄釉，施釉不到底部，底较厚（图二十六，1）。

标本 2002WWHIM4：2　铜指环。直径 2.5、内径 1.9 厘米，表面有铜锈（图二十六，2）。

标本 2002WWHIM4：3　陶罐。通高 26.4、口径 24.4、腹径 28、底径 16 厘米。圆唇，厚卷沿，矮束颈，溜肩，带双耳，平底（图二十六，3）。

标本 2002WWHIM4：4　陶盆。通高 13.6、口径 28、腹径 22、底径 9.6 厘米。圆唇，侈口，束颈，鼓腹，平底（图二十六，4）。

标本 2002WWHIM4：5　瓷碗。通高 4、口径 16、底径 5.6 厘米。圆唇，侈口，黑釉，

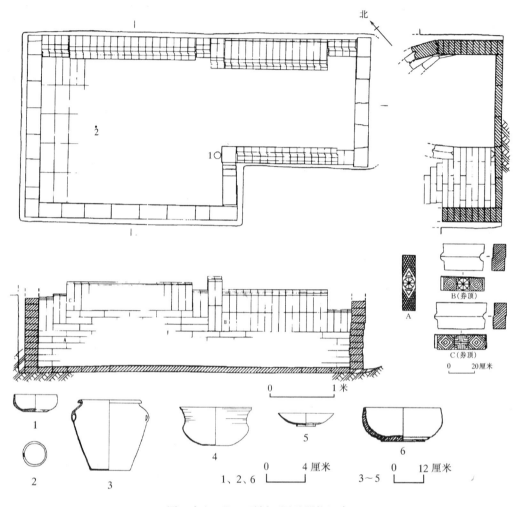

图二十六　IM4 平剖面图及器物组合
1. 瓷钵（IM4:1）　2. 铜指环（IM4:2）　3. 陶罐（IM4:3）　4. 陶盆（IM4:4）
5. 瓷碗（IM4:5）　6. 瓷钵（IM4:6）

圈足，施釉不到底（图二十六，5）。

标本 2002WWHIM4:6　瓷钵。通高 3.6、口径 7.6、底径 4.4 厘米。灰白色胎，青色釉，上釉未到底，敛口，尖唇，腹向外微鼓，平底。（图二十六，6）

ⅡM7　地层堆积较为简单，可分为二层。第①层为耕土层，土色灰褐色，土质松散，内含大量植物根茎，石块和近代瓦片等。②层为黑褐色黏土，土质较硬，结构较密，内含有植物根茎、瓦片等，M7 开口于此层下。

M7 为短斜坡墓道刀把形券顶砖室墓，距地表约 0.3～0.48 米。墓道坡度为 50°，墓全长 5.74 米。该墓在修建时，先挖好土坑，再用条砖相互错缝平砌成墙壁后拱顶，先砌好墙壁最后铺地，该墓由墓道、封门、甬道、墓室四部分组成。墓道在封门北端，呈斜坡状，底部铺有底砖，长 0.56、宽 1.1、残高 0.58 米，内填土为五花土，土质较硬，含有炭灰、植物根茎、砖块、石块等。甬道在墓室北端，平面呈长方形，土廓边长 2.38、宽 1.96、残高 0.6 米。砖室长 2.26、宽 1.12~1.35、残高 0.6~1.05 米。铺地砖基本被破坏，铺地砖与墓室铺地砖不同，为横向，内土质较硬，填土为淤土，内含有碎砖块等。墓室在甬道的南端，平面呈长方形，土廓边长 4.1、宽 2.8、残高 1.1 米。墓室长 3.5、宽 2.24、残高 1.1 米，墓室东壁上有破坏的乱砖，西部铺地砖塌陷，内填土为淤土，土质较硬（图二十七）。方向为 12°。

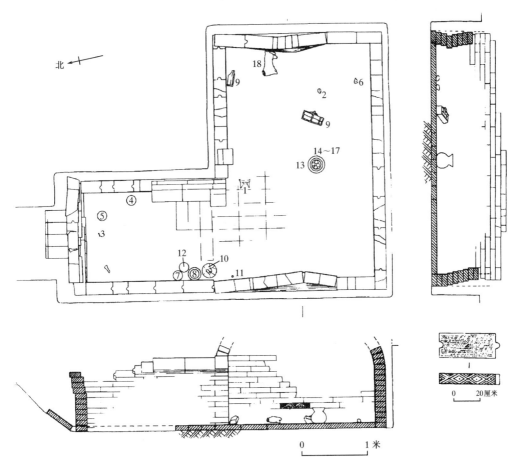

图二十七　ⅡM7 平剖面图（图内编号随葬品名称见下图）

M7 内骨架被扰乱，已朽，葬式、葬具不详。出土遗物有陶井、陶俑、瓷罐、瓷碗、瓷壶、铜钱等。

标本 2002WWHⅢM7:1　陶井。残高 15、宽 14、厚 4 厘米。夹砂灰陶（图二十八，1）。

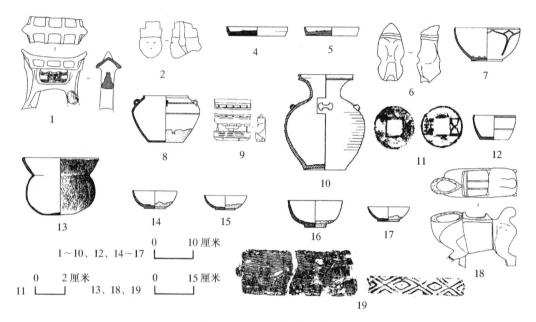

图二十八　ⅡM7 器物组合

1.陶井（ⅡM7:1）　2.陶俑（ⅡM7:2）　4.瓷盘（ⅡM7:4）　5.瓷盘（ⅡM7:5）　6.陶俑（ⅡM7:6）　7.瓷碗
（ⅡM7:7）　8.瓷罐（ⅡM7:8）　9.陶房　（ⅡM7:9）　10.瓷壶（ⅡM7:10）　11.铜钱（ⅡM7:11）　12.陶钵
（ⅡM7:12）　13.陶釜　（ⅡM7:13）　14.瓷碗　（ⅡM7:14）　15.瓷碗　（ⅡM7:15）　16.瓷碗　（ⅡM7:16）
17.瓷碗（ⅡM7:17）　18.陶马（ⅡM7:18）　19.壁砖（ⅡM7:19）

　　标本 2002WWHⅡM7:2　陶俑。泥质红陶，模制，戴帽，圆脸凸出（图二十八，2）。

　　标本 2002WWHⅡM7:4　瓷盘。通高 2、口径 13.2、底径 12.4 厘米。灰白色胎，青色
釉，釉未到底，敛口，尖唇，浅腹，平底，内底略向上凸，内底有支钉（图二十八，4）。

　　标本 2002WWHⅡM7:5　瓷盘。通高 2、口径 13.6、底径 12.4 厘米。灰白色胎，青色
釉，釉未到底，敛口，尖唇，浅腹，平底，内底略凸，带有支钉（图二十八，5）。

　　标本 2002WWHⅡM7:6　陶俑。泥质红陶，模制（图二十八，6）。

　　标本 2002WWHⅡM7:7　瓷碗。通高 8、口径 15.8、底径 7.8 厘米。灰白色胎，青色
釉，尖唇内敛，浅腹，假圈足，凸底，带有半圈支钉，上釉未到底，外部有莲花瓣形刻划
纹（图二十八，7）。

　　标本 2002WWHⅡM7:8　瓷罐。通高 13、口径 13、腹径 19.6、底径 10 厘米。浅灰白色
胎，青色釉，釉未到底，卷沿，广肩，肩部有一道凹弦纹，肩部左右两侧有两对耳系，三
个已被破坏（图二十八，8）。

　　标本 2002WWHⅡM7:9　陶房（图二十八，9）。

　　标本 2002WWHⅡM7:10　瓷壶。通高 42、口径 16、腹径 24、底径 12 厘米。浅灰白色
胎，青色釉，施釉未到底，盘口，束颈，广肩，肩部有四个耳系，腹外鼓，平底（图二十

八，10）。

标本 2002WWH II M7：11　铜钱，为五铢钱。边郭清楚，字迹清晰"五"字交叉处较斜，"铢"字"金"字旁上部呈三角形，"朱"字上端和下端较圆，整个字迹瘦高，直径 2.4、方孔宽 0.9~1 厘米（图二十八，11）。

标本 2002WWH II M7：12　陶钵。通高 7、口径 11、底径 8 厘米。夹砂灰陶。敛口，圆唇，外纹一道凹弦纹，腹上部较鼓，腹下斜收，外饰一道凹弦纹，平底（图二十八，12）。

标本 2002WWH II M7：13　陶釜。通高 20、口径 33、腹径 30、底径 10 厘米。夹砂黑陶。敞口，方唇，折肩，腹外鼓，圜底，全身施有拍印绳纹（图二十八，13）。

标本 2002WWH II M7：14　瓷碗。通高 3.6、口径 9、底径 4.2 厘米。灰白色胎，青色釉，釉未到底，敛口，尖唇，浅腹，假圈足，内底有支钉（图二十八，14）。

标本 2002WWH II M7：15　瓷碗。通高 3、口径 8.6、底径 4 厘米。灰白色胎，青色釉，敛口，尖唇，浅腹，假圈足，釉未到底（图二十八，15）。

标本 2002WWH II M7：16　瓷碗。通高 2、口径 13.6、底径 3.2 厘米。灰白色胎，青色釉，釉未到底，敛口，尖唇，浅腹，假圈足（图二十八，16）。

标本 2002WWH II M7：17　瓷碗。通高 3.2、口径 9、底径 5 厘米。灰白色胎，青色釉，施釉未到底，敛口，尖唇，浅腹，假圈足，内底上鼓，带有支钉（图二十八，17）。

标本 2002WWH II M7：18　陶马。残高 20 厘米。作站立状，头部残，肩上有马鞍，尾巴捆成一团（图二十八，18）。

四　分期与断代

2001~2002 年在胡家坝共发掘 25 座墓葬，除 2 座晚期不能明确判定时代，其余 23 座分属两汉和六朝。胡家坝墓地发掘的墓葬数量不是太多，类型较少，变化不够丰富。从其墓葬形制及其随葬器物的演变规律，还是可以建立起一个较为粗略的考古类型学框架。

在胡家坝发掘的墓葬中，墓葬之间没有打破关系，从器物形制的比较和墓葬形制来看，胡家坝的 23 座墓葬，可以分作三期：西汉早中期（II M2、II M4、II M1、II M3、II M6、II M8、IV M1、IV M2、IV M3、IV M4、IV M5、IV M7、IV M8、IV M9、IV M10）、东汉（II M9、III M1、III M2、I M2）、六朝（I M1、I M3、I M4、II M7）。

胡家坝发掘的墓葬主要有土坑墓、砖室墓、石室墓三种。

土坑墓　胡家坝共出土土坑墓 15 座，都是长方形竖穴土坑墓，均无墓道。方向多朝北，依二层台的位置区别可分四壁均有二层台的和四壁中的北壁或南壁没有二层台的竖穴土坑墓两种，但比较其随葬器物以及墓葬方向、葬式等，两者区别不大。

从整个峡江地区看，长方形竖穴土坑墓的延续时间比较长，春秋战国的巴族墓葬直至西汉晚期、新莽前后的墓葬，均有该种形制存在。如涪陵小田溪的巴族墓葬 M7、M4[1]；

涪陵黄溪的西汉早期墓葬 M1、M2[2]；巫山麦沱汉墓群中西汉中期的 M31、晚期的 M34、新莽时期的 M35[3]等都是这种形制。胡家坝墓群的 15 座土坑墓中，其中 12 座内发现有"半两"钱，大都钱文清晰方正，笔画方折，篆书，钱径在 2.3～2.4 之间，应为文帝时期所铸的四铢半两，因而我们推断这批土坑墓的年代应在西汉早中期。

砖室墓　砖室墓的情况比较简单，墓葬形制时代特征不是很明显，变化不大。胡家坝共出土砖室墓 7 座，除 1 座残破不明形制外，其余 6 座可分二型："凸"字形、刀把形。

A 型：刀把形墓。4 座。均为单室券顶墓。甬道与墓室长度在 5 米左右。墓甬道偏在长方形墓室前方的一侧，与墓室平面共同构成一刀形。

B 型："凸"字型墓。2 座。墓室前方中部设置一较窄的甬道，与墓室相接，构成平面如"凸"字型。单室券顶墓。

A、B 型砖室墓最早出现于西汉晚期，东汉、蜀汉两代盛行，一直延续到六朝。A 型刀把形墓应该是由出现于西汉晚期的带偏墓道的方形土坑墓演变而来。

石室墓　ⅢM2 为石室墓，墓底仅存几块石板，周边砌以砂岩石条。《华阳国志·蜀志》云："周失纲纪，蜀先称王。有蜀侯蚕丛，其目纵，始称王，死，作石棺石椁，国人从之，故俗以石棺椁，为纵目人冢也"。尽管文献中的石室墓始于先秦，但从胡家坝ⅢM2 中出土的五铢钱和货泉判断，其当属东汉时期。峡江地区已出土的石室墓，时代多在西汉晚期或新莽到东汉时期，如巫山跳石遗址的 M1[4]，万州曾家溪墓地的 M13、M15[5]等。

墓砖　胡家坝的砖室墓从东汉出现，直至南朝，但其数量和种类太少，且变化不大。胡家坝东汉时期的花纹砖均为几何纹形，由三角和直线复合构造而成，附带有"十"字纹、斜向"回"字纹、"田"字纹，或主题纹饰为四联方格，方格内饰左右对称"回"字纹与"田"字纹，这种类型的砖在三峡也是多有发现，如云阳旧县坪的 Da 型、Db 型、Eb 型砖[6]，万州安全墓地 M27[7]，丰都汇南墓群的 M27[8]的花纹砖。

车轮纹、菱形纹、富贵文字砖是从东汉盛行至南朝的纹饰。在胡家坝发现的南朝墓中，花纹砖的纹饰并无太大变化，除了三角和直线构成的回纹砖、菱形纹砖、车轮纹砖外，还出现了网格纹砖。这种网格纹砖和菱形纹砖与在忠县崖脚墓地的 DM2[9]中的相同。

器物　胡家坝汉墓从时代来看可以分作西汉前期、西汉中期、西汉晚期、王莽时期、东汉以及南朝等六期，但由于西汉晚期和王莽时期的墓葬破坏严重，除铜钱外几乎没有随葬器物保存下来，所以根据出土随葬器物的类型学排队情况来看，胡家坝墓葬只能分作四期：西汉前期、西汉中期、东汉时期和南朝时期。

第一期：西汉前期，包括ⅡM2、ⅡM4。墓内随葬品组合为甑、釜、罐。ⅡM2 中出土有蒜头壶，与宜昌前坪早期汉墓中出土的相似[10]，ⅡM4 出土的三足釜也具有早期特征。而且两座墓中均出有半两钱，从其钱文观察，字迹较为模糊，字体狭长，似为西汉早期铸造。

第二期：西汉中期，包括ⅡM1、ⅡM3、ⅡM6、ⅡM8、ⅣM1、ⅣM2、ⅣM3、ⅣM4、

ⅣM5、ⅣM7、ⅣM8、ⅣM9、ⅣM10。西汉中期的随葬品组合为甑、豆、大平底罐、圜底罐、釜等。中期墓中还随葬有半两钱，多为四铢半两，这是我们确定其时代的主要依据。《汉书·食货志》云："自孝武元狩五年三官初铸五铢钱，至平帝元始中，成钱二百八十亿万余"，这里说的就是汉武帝元狩五年（公元前118年）的币制改革，废半两钱，铸行五铢钱。胡家坝发现的西汉中期墓的半两钱钱文规整，字迹清晰，多为文帝四铢半两，但也也有一些是武帝四铢半两。故推断该期时代当在汉武帝改革币制之前。

第三期：东汉时期。包括ⅡM9、ⅢM1、ⅢM2、ⅠM2。由于该期四座墓中ⅢM1、ⅢM2、ⅠM2出土遗物其少甚至没有出土物，因而根据ⅡM9出土器物状况将其笼统的划为东汉时期。该期器物组合有碗、圜底罐、平底罐、仓、勺、钵、壶、釜、甑等。该期时代确定主要是从墓砖及其出土钱币推定。ⅡM9出土五铢钱，钱文清晰，字体方正，制作精致，"五铢"二字宽肥圆柔，钱背加有记号，因而推断其为东汉时期。又根据随葬器物中实用器物仍占一定比例，不像蜀汉或东汉晚期墓葬那样明器和红陶占主流，器形趋小趋薄，我们推断胡家坝东汉墓葬的时代最晚不超过中期。

第四期：南朝。包括ⅠM1、ⅠM3、ⅠM4、ⅡM7。墓砖形式上基本与东汉时期无异，出土器物以瓷器为主，器物组合为瓷碗、瓷钵、盘口壶等。

根据胡家坝出土器物我们可以看到一些典型器物器型的演变和发展情况。

1. 罐类。可分为平底罐和圜底罐两大类，平底罐可分为五型；圜底罐分二型。A型平底罐较为常见，在两汉墓中多有发现。西汉前期的BI式罐，大底小口，广肩，发展到西汉中期时BII式罐时，口径增大，腹径下移，至东汉腹部形成折肩。C型罐是由直口鼓腹向敞口折腹演变；D型罐底口部与底部大小相当，鼓腹，至东汉时下腹斜收，且制作粗糙（图二十九）。圜底罐两汉始终都有，变化比较明显。早期的圜底罐整个器形瘦高，领稍高，直口折沿方唇，而东汉时期则矮胖，广肩，领部变为无领的束颈，侈口，尖唇或圆唇（图三十）。

2. 甑、釜。胡家坝出土的甑可分A、B、C三型。A式甑敛口，平折沿，方唇，外壁口部下似束颈般的勒槽，小底大口，从口沿下部骤收；到东汉初期时，唇部变尖，腹部弧下收。B型甑腹部也有一个从折腹变为弧腹的过程（图三十）。陶釜胡家坝类型较少，可分为三型。A型釜西汉中期为侈口球形釜，口径略小于腹径，至南朝时期口部变为大敞口，口径大于腹径的球形釜了。B型陶釜为三足陶釜，其肩部双耳由腹部上侧逐渐下移（图二十九）。铁釜分为有耳和无耳二型，A型釜的腹部由椭圆形腹向球形釜变化。（图三十一）

3. 豆与钵。西汉早中期的矮柄弇口状的豆是承继商周以来碗形豆的风格，西汉晚期这种豆便绝迹不见了。钵可分折腹和弧腹二型，但其早晚期变化不大（图三十一）。

4. 六朝墓葬随葬器物的品种较少，瓷碗、瓷钵、盘口壶的器型变化不大，因而不作类型学研究。

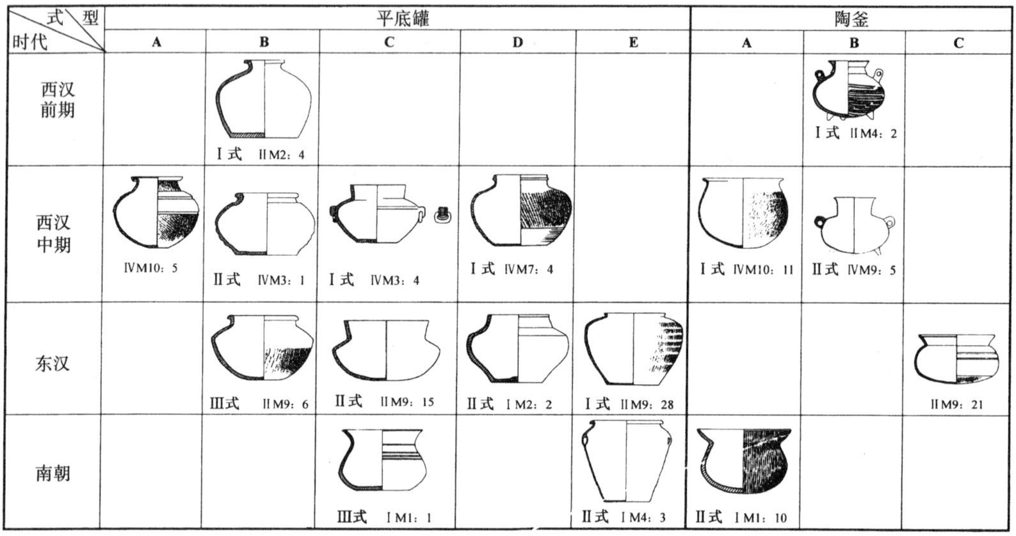

时代 \ 型式	平底罐					陶釜		
	A	B	C	D	E	A	B	C
西汉前期		I 式 II M2: 4					I 式 II M4: 2	
西汉中期	IVM10: 5	II 式 IVM3: 1	I 式 IVM3: 4	I 式 IVM7: 4		I 式 IVM10: 11	II 式 IVM9: 5	
东汉	III式 II M9: 6	II 式 II M9: 15	II 式 I M2: 2	I 式 II M9: 28				II M9: 21
南朝			III式 I M1: 1		II 式 I M4: 3	II 式 I M1: 10		

图二十九　器物分期图之一

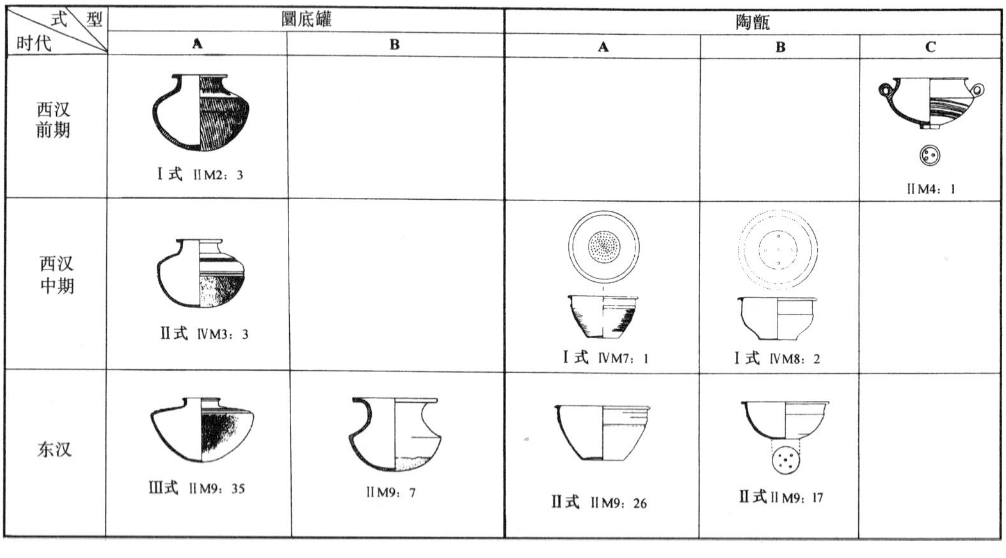

时代 \ 型式	圜底罐		陶甑		
	A	B	A	B	C
西汉前期	I 式 II M2: 3				I 式 II M4: 1
西汉中期	II 式 IVM3: 3		I 式 IVM7: 1	I 式 IVM8: 2	
东汉	III式 II M9: 35	II M9: 7	II 式 II M9: 26	II 式 II M9: 17	

图三十　器物分期图之二

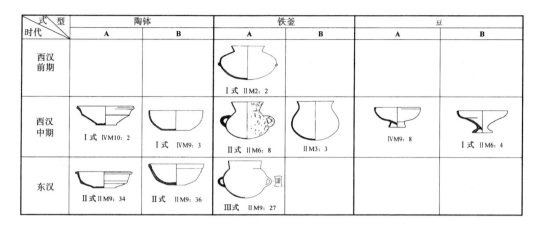

图三十一　器物分期图之三

五　结语

　　胡家坝墓群此次发掘的 25 座墓葬，分布于几个相对独立的山丘之上，墓葬之间也没有打破关系。土坑墓集中于Ⅱ区和Ⅳ区，而且大多方向一致，时代与随葬器物相似，可能为家族墓区。这批墓葬时代从西汉早期延续至南朝时期。

　　汉魏墓葬大概是峡江地区最常见、同时也是近年发掘最多的文化遗迹，这与汉代的厚葬习俗是分不开的，《盐铁论·卷第六》云："死以奢侈相尚，虽无哀戚之心，而厚葬重币者，则称以为孝，显名立于世，光荣重于俗。故黎民相慕效，至于发屋卖业"。不过正因如此，才使后来的考古学家们获得了更多的汉代实物资料和了解汉代历史的机会。面对峡江地区这些来自不同地区域的众多的汉魏考古资料，应该能够区别出更为具体的地方文化，譬如在巫山地区，器物下腹的削棱风格远远盛于万州地区，而且出现的时间亦较长，巫山一般出现于西汉中期，亦即汉武帝时，西汉晚期至东汉早期最盛，并一直持续到东汉晚期；而万州地区一般多出现于新莽至东汉早中期。总结各地区文化的特征，梳理其间的相互关系，建立起一个关于峡江地区汉代考古文化比较全面和系统的时空框架，应该是我们做下一步深入研究的方向。其次，汉代是我国明器最为发达的时期，通过明器来研究汉代的观念意识与精神文化，也是一个亟待研究的课题，这对整个古代中华文明的复原与重构，将有着重要意义。

执笔：李一全、汤惠生

绘图：孙鸣生、曲学芳、袁桂清

附记：参加发掘的人员有：汤惠生、张进、李一全、吴晓红、宋青、史浩善、李全保、豆军辉、吕建平、吕宏乐、吴平、刘国宁、孙鸣生、刘小强、卜玉凤以及南京师范大学社会发展学院文博系 2000 级全体同学。工作中还得到了重庆市文物考古队、万州区三峡博物馆的热情关怀和大力支持。在此，谨向以上单位致以衷心的感谢！

〔1〕四川省文物管理委员会等：《四川涪陵小田溪 4 座战国墓》，国家文物局三峡工程文物保护领导小组湖北工作站编《三峡考古之发现》426～430 页，湖北科学技术出版社，1998 年。

〔2〕四川省文物管理委员会等：《四川涪陵西汉土坑墓发掘简报》，国家文物局三峡工程文物保护领导小组湖北工作站编《三峡考古之发现》444～450 页，湖北科学技术出版社，1998 年。

〔3〕湖南省文物考古研究所等：《巫山麦沱汉墓群发掘报告》，重庆市文物局等编《重庆库区考古报告集 1997 卷》100～124 页，科学出版社，2001 年。

〔4〕南京博物院考古研究所等：《巫山跳石遗址发掘报告》，重庆市文物局等编《重庆库区考古报告集 1997 卷》65～99 页，科学出版社，2001 年。

〔5〕肖梦龙：《重庆市万州区新田曾家溪墓地发掘收获与初步认识》，重庆市文物局等编《重庆·2001 三峡文物保护学术研究会论文集》136～141 页，科学出版社，2003 年。

〔6〕黑龙江考古研究所：《云阳旧县坪发掘报告》，重庆市文物局等编《重庆库区考古报告集 1998 卷》416～453 页，科学出版社，2003 年。

〔7〕陕西省考古研究所：《万州安全墓地发掘报告》，重庆市文物局等编《重庆库区考古报告集 1998 卷》560～574 页，科学出版社，2003 年。

〔8〕四川省文物考古研究所：《丰都汇南墓群发掘报告》，重庆市文物局等编《重庆库区考古报告集 1998 卷》767～812 页，科学出版社，2003 年。

〔9〕北京大学考古文博学院三峡考古队：《忠县崖脚墓地发掘报告》，重庆市文物局等编《重庆库区考古报告集 1998 卷》679～734 页，科学出版社，2003 年。

〔10〕湖北省博物馆：《宜昌前坪战国两汉墓》，国家文物局三峡工程文物保护领导小组湖北工作站编《三峡考古之发现》382～415 页，湖北科学技术出版社，1998 年。

表一　胡家坝墓葬一览表

墓号	形制与结构	墓室尺寸（米）	二层台位置	葬式	方向	随葬器物
ⅡM1	长方形竖穴土坑	3.3×1.95~1	四周	仰身直肢	352°	甑、釜、罐、半两
ⅡM2	长方形竖穴土坑	3.92×2.26~1.6	东南西		344°	甑、釜、壶、罐、半两
ⅡM3	长方形竖穴土坑	3.46×1.85~1.9	四周	仰身直肢	344°	甑、釜、罐
ⅡM4	长方形竖穴土坑	3.4×1.62~2.1	四周	仰身直肢	350°	甑、三足釜、半两
ⅡM6	长方形竖穴土坑	3.3×1.8~1.55	东南西	仰身直肢		甑、罐、豆、半两
ⅡM8	长方形竖穴土坑	残				豆、半两
ⅣM1	长方形竖穴土坑	3.6×1.92~2.8	东南西	仰身直肢	349°	甑、豆、釜、半两
ⅣM2	长方形竖穴土坑	3.1×1.8~1.4	四周		351°	
ⅣM3	长方形竖穴土坑	3.3×1.2~1.4	东南西	仰身直肢	353°	罐、半两
ⅣM4	长方形竖穴土坑	3.5×1.8~1.56	东北西	仰身直肢	355°	甑、豆、鼎、罐
ⅣM5	长方形竖穴土坑	3.4×1.8~2	东南西	仰身直肢	352°	釜、罐、甑、豆、半两
ⅣM7	长方形竖穴土坑	3.4×1.6~2.25	东南西	仰身直肢	351°	甑、釜、罐、斧、锄、半两
ⅣM8	长方形竖穴土坑	3.3×1.8~2.2	四周	仰身直肢	345°	甑、罐、半两
ⅣM9	长方形竖穴土坑	3.3×1.6~1.6	四周	仰身直肢	342°	罐、豆、钵、釜、半两
ⅣM10	长方形竖穴土坑	3.3×1.4~2	东北西	仰身直肢	337°	甑、豆、釜、罐、钵、半两
ⅢM2	长方形石室墓	2.9×1.62~0.2			342°	五铢、货泉
ⅠM2	砖室墓	2.5×1.7~0.15			152°	罐、瓶
ⅡM9	刀把形砖室墓 （墓室） （甬道）	2.9×3.1~1.53 1.6×1.6~1			5°	簋、釉陶钵、罐、壶、鼎、仓、五铢
ⅢM1	刀把形砖室墓 （墓室） （甬道）	2.5×1.7~0.68 2.28×2.12~0.1			355°	
ⅠM1	"凸"字形砖室墓 （墓室） （甬道）	5.02×2.54~2 2.3×1.54~2		仰身直肢	170°	瓷碗、瓷钵、盘口壶
ⅠM3	"凸"字形砖室墓 （墓室） （甬道）	4.7×2.3~0.53 2.4×1.4~0.96			175°	瓷碗、罐、盘、五铢
ⅠM4	刀把形砖室墓 （墓室） （甬道）	3.12×2.78~1.24 2.3×1.9~1.2			225°	瓷钵、罐、碗
ⅡM7	刀把形砖室墓 （墓室） （甬道）	2.26×1.35~1.05 2.38×1.96~0.6			12°	瓷碗、盘口壶、陶俑、五铢

编后记

    在 2004 年即将成为历史的时候，我们编辑出版了《东亚古物》学术丛书 A 卷。这是南京师范大学文博系自我完善的一个园地，也是学界同行研究东亚考古与文物的一个新论坛。愿这个园地有百花盛开，也愿这个论坛有百家争鸣。《东亚古物》会与我们的文博系一同成长，一同走向未来。按我们的设想 A 卷以后将有 B、C……卷陆续编辑出版。

    在此要特别感谢海外诸位作者的惠稿，他们是吕烈丹教授（香港中文大学人类学系）、姜寅虎教授（韩国东方国际交流中心东夷研究室）、邱兹惠教授（美国伊利诺依大学）和张寅成教授（韩国忠南大学史学科）。

    需要特别说明的是，在编辑过程中我们统一了大部分稿件的注释格式，但个别特殊稿件仍然保留了作者的原注释形式。

编者

2004 年 11 月 16 日